石鸥 主编

李祖祥 编著

百年中国

教科书图文史

1840—1949

德育

国家出版基金项目
NATIONAL PUBLICATION FOUNDATION

SPM 南方传媒
全国优秀出版社
全国百佳图书出版单位
广东教育出版社
·广州·

图书在版编目（CIP）数据

百年中国教科书图文史：1840—1949. 德育 / 石鸥
主编；李祖祥编著. -- 广州：广东教育出版社，2024.
10. -- ISBN 978-7-5548-6442-5

Ⅰ. G423.3-092

中国国家版本馆CIP数据核字第20246N3J77号

百年中国教科书图文史　1840—1949　德育
BAINIAN ZHONGGUO JIAOKESHU TUWENSHI　1840—1949　DEYU

出 版 人：朱文清

丛书策划：李朝明　卞晓琰

项目负责人：林检妹　黄　倩

责任编辑：林检妹　程亚兵　邱思宇

责任校对：黎飞婷

责任技编：杨启承

装帧设计：邓君豪

出版发行：广东教育出版社

　　　　　（广州市环市东路472号12—15楼　邮政编码：510075）

销售热线：020-87615809

网　　址：http://www.gjs.cn

邮　　箱：gjs-quality@nfcb.com.cn

发　　行：广东新华发行集团股份有限公司

印　　刷：广州市岭美文化科技有限公司

　　　　　（广州市荔湾区花地大道南海南工商贸易区A幢）

规　　格：889 mm×1194 mm　1/16

印　　张：19.75

字　　数：395千

版　　次：2024年10月第1版
　　　　　2024年10月第1次印刷

定　　价：188.00元

如发现因印装质量问题影响阅读，请与本社联系调换（电话：020-87613102）

导　论

小课本，大启蒙，大学问，大政治。

需要构建中国特色的课本的学问——教科书学。

教科书学只能建立在多领域、多维度研究成果基础上，尤其是建立在教科书文本丰富、教科书发展史得到基本梳理、教科书理论研究成果突出、教科书使用研究取得明显进展等基础上。

很显然，教科书发展史的研究是重要维度。教科书发展史就是教师教什么、学生学什么的历史，就是教育教学内容的历史，就是一代又一代的先辈对后辈的期望的历史。这种历史的研究，要依赖过往人们的教育活动所保留下来的实物或遗存来进行。本套教科书图文史就是注重遗存的教科书实物的体现——聚焦于1840—1949年我国教科书文本实物。

一

19世纪中叶以来，中华大地风起云涌，巨大裂变在社会的各个领域发生。1862年京师同文馆的成立与大量洋务学堂的创办，标志着我国古代教育的开始退出和新式教育逐渐兴起。新式教育能否成功，很大程度上取决于能否提供适应时代的新式教科书。一代开眼看世界的知识分子行动起来，新式教科书如雨后春笋般涌现，新知识、新思想、新观念如开闸之水，轰然涌入古老的中国。中国传统的知识系统为西方以近代学科为分类标准构建起来的新知识系统所冲击，中华民族壮丽的启蒙大幕徐徐拉开，中国近现代教科书事业也走上了一条可圈可点之路。

教科书是时代的镜子。1840—1949年中国近现代教科书发展历程，折射出中国艰难曲折的变革之路、复兴之路。教科书的发展史，就是中华文明的进步史，是中国社会的变迁史，是中华民族的心灵史。

（一）西学教科书的引进时期

大约处于19世纪中至19世纪末这一时期。科举时代，没有近代意义的新式教育和新式学堂，只有启蒙教育和科举预备教育，学生初学"三百千千"，进而学"四书五经"，我们称之为"教材"，但不是现代意义上的教科书。现代意义的教科书是从19世纪后期开始，伴随着新式学堂而逐渐发展起来的。当时大量西学教科书被教会学校和洋务学堂引进，拉开了中国现代教科书发展的帷幕。这一过程表现出如下基本特征：

第一，现代教科书处于萌芽阶段。作为教科书，这些西式教材的基本要素不全，没有分年级编写，基本上还没有使用"教科书"一词，多用"读本""须知""入门""课本"等来命名。不仅"教科书"文本还未出现，即便现代意义的"科学"也没有找到恰当的名称，所以当时出现了不少类似于"格致""格物""火学""汽学""名学""计学"等教材。这些教材整体上处于前教科书阶段，或现代意义的教科书的萌芽阶段。

第二，教科书多从西学编译而来，且多出现在科学技术领域。这些西式教材主题多为洋务运动中最急迫需要的知识类型，如工兵、制造、天文、算学等，同时也适应了当时洋务学堂的教学需要。教材的编译和出版多与教会的印刷机构以及洋务运动的教育与出版机构相关，如墨海书馆、美华书局、京师同文馆、江南制造局翻译馆等。西式教材的编译者主要由中国学者和欧美传教士共同组成。

第三，教科书与一般科技类西学书籍没有明显界限，广泛流布于社会和学堂。19世纪中晚期的中国，从国外译介的西学著作和教材几乎是相同的，没有本质区别。它们既是开明知识分子了解西学的门径，也被充作教会学校和早期新式学堂的教学用书，甚至中国一些地方的书院也多以它们为教材。

（二）自编教科书的兴起与蓬勃发展时期

这一阶段起始于19世纪末南洋公学自编教科书，止于清朝终结。这是教科书的引进与自编自创结合、引进逐渐为自编自创所取代的阶段，是教科书涉及学科基本齐全的阶段，也是教科书要素日益完整的阶段。这一时期产生的教科书，我们一般称为"新式教科书"，以区别于前一阶段的以翻译为主的"西式"或"西学"教科书。有学者认为，"西学"与"新学"二词意义相仿，但新学在1894年后方见盛行。西学更重在引进之学[1]，新学则已经有国人自动、主动建设，用本国语言消化的味道了[2]。这很能够说明近代西式和新式教科书的微妙区别。这一时期的标志性事件是我国第一个近代学制的颁布，延续1300多年的科举制度的废除，以及第一套现代意义的教科书产生。这一时期教科书发展的主要特征是：

第一，学堂自编教科书不断涌现。伴随着科举制的取消，新式学堂迅猛出现，对新式教科书的需求激增，以南洋公学、上海澄衷蒙学堂、无锡三等公学堂等为代表的学堂自主编写的教科书影响大、使用范围广，逐渐打破了编译的西学教科书垄断的格局。

第二，我国最早的现代意义的教科书产生。适应1904年《奏定学堂章程》的正式实施，中国第

[1] 王尔敏. 中国近代思想史论[M]. 北京：社会科学文献出版社，2003：18.

[2] 孙青. 晚清之"两政"东渐及本土回应[M]. 上海：上海书店出版社，2009：12.

一套现代意义的教科书——《最新教科书》（商务印书馆1904年版）出版发行，紧接着由清学部编撰的第一套国定本教科书也开始陆续出版发行。这些教科书首先是以"教科书"命名，其次要素基本齐全，分册、分年级、分学科编写，有配套教授书发行，已经是很完整的现代意义的教科书了。[1]

第三，教科书编写主体发生变化。这一阶段的教科书作者大多是中国学人，以留日学生群体为主，部分教科书原型也来自日本教科书。以商务印书馆和文明书局等为代表的中国本土民间书坊开始加入教科书编写与出版队伍。

（三）教科书的兴盛与规范化时期

时间大致定位在中华民国成立到壬戌学制颁布及其相应的教科书编写出版使用[2]。中华民国的建立，把教科书推向了重要的发展阶段。清末到民国早期，各种思潮纷至沓来，形成了中国历史上教科书受各种新思潮、新主义影响，发展最开放、最活跃的时期之一。新教育思潮下多样化的教科书不断涌现，为民国共和思想的传播和民国教育的发展作出了重要贡献。这一阶段的主要特点有：

第一，清末旧教科书全部退出，民国新政体要求下的新教科书迅速登场。为适应1922年新学制需要，成套而完整的教科书逐渐实现对学校教学的全覆盖，零散的、单本单科的、小型出版机构的教科书逐渐被挤出学校、挤出市场，新教科书编写与出版机构以商务印书馆、中华书局以及后起的世界书局为突出代表。

第二，教科书编写主体再次发生变化。1922年新学制的出台，以适应该学制的教科书的编写出版，把留欧美学生推上了教育的前台。留欧美学生逐渐取代留日学生成为教科书的主要编撰队伍，大批崭露头角的学者参与到教科书的编写中。

第三，以白话文编写的教科书逐渐取代文言文教科书，横排教科书逐渐取代竖排教科书，教科书外在形式基本定型。从表面来看，白话文只是一种语言形式，它与教育内容的新旧无必然的关系。但白话文具有平民性和大众性，对国民文化的普及，对塑造国民全新的世界观、价值观都意义重大，可以说，白话文是传播新文化、新思想的有效载体。民初白话文的使用，使得现代教科书以摧枯拉朽之势普及。同理，没有海量的教科书，任胡适等知识分子如何呼号呐喊，白话文的普及都可能非常缓慢。

（四）多种政治制度并存下的教科书发展时期

这一阶段大致从1927年开始，一直持续到1949年。前期是教科书稳定、制度化并略显沉闷时期；中后期是教科书全面服务抗战、服务尖锐的阶级对抗的时期，是一个统整和分化并行的时期。

---

[1] 在我们看来，现代意义的教科书要符合如下基本条件：分册、分开级编写，按学科编写，有配套的教授书或教授法。
[2] 因为根据新学制编写的教科书全面投入使用总会滞后于新学制实施几年，所以此阶段约到1927年前后。

抗日战争的爆发致使中国政治格局发生新的变化，由土地革命战争时期中国共产党领导的革命根据地和国民党统治区域，到解放战争时期逐渐分割成解放区、国统区、沦陷区的不同政治气候，形成了不同政治语境下的教科书新格局。

第一，国民党的党化教育、三民主义教育在教科书中强势出现。国统区教科书的编写与出版逐渐往国定本集中，教科书逐渐进入相对平稳甚至沉闷的发展时期，日益规范化、标准化，但也少了开放的生气，少了创新的锐气，教科书发展的兴盛时期结束了。

第二，中国共产党领导的抗日根据地及解放区的教科书呈现出服务抗战、服务党的宣传的鲜明特征。它们为共产党的事业发展和壮大作出了重要贡献，为新中国教科书建设铺垫了基石。

第三，抗战时期，沦陷区教科书的奴化教育色彩浓厚，尤以伪满洲国的教科书为甚。

总体而言，抗战期间的地缘政治导致教科书分化发展，教科书的社会动员与政治宣传功能发挥到极致。

二

尼采说过：重要的不是怀念过去，而是认识到它潜在的力量。而要认识教科书的潜在力量，恰恰又需要认清楚教科书的过去或过去的教科书。这是我们编撰这套教科书图文史的初衷之一。

首先，早期教科书对于我国现代科学具有重要的启迪、导引甚至定型价值。著名学者托马斯·库恩（Thomas kuhn）认为"任何一门科学中第一个范式兴起的附带现象，就是对于教科书的依赖"[1]。中国一些学科的早期发展与定型，几乎都离不开早期教科书。比如，有研究认为张相文《初等地理教科书》和《中等本国地理教科书》的出版，标志着中国民族的新地理学的产生[2][3]。台湾学者王汎森认为，在近代中国建立新知的过程中，新教科书的编撰具有关键的作用，很多学科的第一代或前几代教科书，定义了我们后来对许多事物的看法，史学就是其中的一个[4]。傅斯年在20世纪30年代写了《闲谈历史教科书》一文，称编历史教科书"大体上等于修史"，可见其对教科书的"充分看重"[5]。

其次，早期教科书是传播新思想、新伦理的最适切的工具，是新教育得以成功的最重要的保障。在漫长的传统教育里，"三百千千""四书五经"等都是不可撼动的经典教材，但是当新学校创办、新课程实施以后，这种不分科、不分年级，不顾教与学，只重灌输的旧教材日益暴露出它的不适应性。旧教材是可以"修之己"，但不易"传之于人"的文本。旧学堂先生大多是凭经验和

[1] 托马斯·库恩. 科学革命的结构[M]. 金吾伦，胡新和，译. 北京：北京大学出版社，2003：85.

[2] 杨吾扬. 地理学思想史纲要[M]. 开封：河南大学地理系，1984：98.

[3] 林崇德，姜璐，王德胜. 中国成人教育百科全书：地理·环境[M]. 海南：南海出版公司，1994：192.

[4] 王汎森. 执拗的低音：一些历史思考方式的反思[M]. 北京：生活·读书·新知三联书店，2014：33.

[5] 傅斯年. 傅斯年集[M]. 广州：花城出版社，2010：401.

理解来教的，学童大多是凭禀赋和努力来学的，大多的结局是"人人能读经而能经学者无几，人人能识字而能小学者无几，人人能作文而能词章学者无几"[1]。所以，在西学知识大量涌入中国、新式教科书逐渐进入新学堂的时代，理论上旧教材就已经失去了作为新学堂教材继续存在的基础。尤其是废科举、兴学堂之际，旧教材被取代已经是大势所趋。传统旧教材不敌按照现代教育学理论构建的、关注教也关注学的新教科书。当时的士人事实上已经意识到旧教材与新教科书之间的巨大差距，甚至认为，即便教旧内容，也应该用新形式。许之衡1905年就指出，经学乃孔子之教科书，今人能够完全理解者极少，这因为旧教材与今天的新教科书不同，"使易以今日教科书之体例，则六经可读，而国学永不废"[2]。这实际上等于已经承认旧教材不如新教科书效果好。张之洞更是明确表示，中学之"存"不能不靠西学之"讲"。[3]可见，现代意义的教科书闪亮登场完全是时代所需，是应运而生，而且一出现，就以摧枯拉朽之势取代了旧教材，新式教科书地位得以确立。到《最新教科书》出现时，教材的性质发生了巨大的变化，在文本意义上真正实现了教与学的统一，以"教科书"命名的现代新式教科书全面登场，完成了由纯粹的教本、读本向教学结合文本的转型。

再次，早期教科书为我国的现代化进程培养与输送了大批新式人才。到第二次鸦片战争之后，洋务派及当时的先进知识分子基本上已经认识到中国落后于西方，主要是人才的培养落后，是科学技术落后。因此，中国要改变落后挨打的局面，就必须发展新式教育，大力培养人才。而新式教育的成功，依赖于新式教科书。19世纪末20世纪初，中国历史的进程到了一个极具转折意义的时刻，新式学堂如雨后春笋般涌现，一批最不能遗忘的教科书诞生了，演绎了一幕思想大启蒙、科学大传播的历史教育剧，它们为启民智、新民德，培养大批现代社会的呐喊者和建设者，作出了重要的知识贡献和人才储备。

章开沅先生曾经为戊戌变法的失败找原因："百日维新是幸逢其时而不得其人。"[4]这是非常有道理的。不过，戊戌变法的失败也许还与新教育即开而未开，新教科书即出而未出，即将找到但还没有大规模实践传播改革思想的媒介或工具有关。在这一意义上，确实是"不得其人"。即便在士大夫精英中，有新思想、新知识者也寥寥无几，更不要说普通民众了。这个时候，任变法者颁布的维新诏令雪花般飞舞，也只能看作主观愿望，一厢情愿。社会还没有准备好，心态、舆论、思想、观念都还没有准备好迎接这场变法。所以，不管是谁，都无法完成这场不能完成的变法，它失败得如此迅速也就在情理之中了。谭嗣同曾经自责性急而导致事情不成。其实，性急也就意味着时候还不到，之所以时候不到，是因为新思想之星火还未成燎原之势，人才还没有储备到基本够用。

几年后情况变了。维新变法以后十余年，几乎是新思想、新观念如火如荼的燎原时期，其中新教育、新式教科书教材起了重要作用，它把新思想、新观念传播到千家万户，由此推动了近代中国

[1] 罗志田. 裂变中的传承：20世纪前期的中国文化与学术[M]. 北京：中华书局，2003：143.
[2] 许之衡. 读国粹学报感言[J]. 国粹学报，1905（6）：4.
[3] 罗志田. 裂变中的传承：20世纪前期的中国文化与学术[M]. 北京：中华书局，2003：143.
[4] 章开沅. 改革也需要策略[J]. 开放时代，1998（3）：12-13.

启蒙高潮的形成。严格地说，辛亥革命的成功一定程度上与当时的变革舆论的传播和革命思想的宣传有密切关系。当时初步的民主自由的思想、宪政共和的观念随着海量新式教科书铺天盖地而来。以《最新教科书》为例，1904年一经出版便势不可挡，在那毫无现代化营销渠道的时候，"未及数月，行销10余万册"[1]。1907年有传教士惊叹，商务印书馆"所编印的优良教科书，散布全国"[2]。民智为之而开，民德为之而新，武昌的枪炮声尚未完全平息，许多地方已经插上了革命的旗帜。读书声辅佐枪炮声，革命的成功乃成必然。没有教科书的普及，就不会有民众思想与观点的前期储备，就不会有辛亥革命的一呼百应。某种意义上，教科书的出现比康有为等人深邃的著作，对普通民众的影响更大。

最后，早期教科书是中国课程与教学论的重要研究领域，它对今天的教科书建设仍具有难得的参考价值。早期教科书的内容结构与形式呈现，选文的经典性与时代性、稳定性与变迁性，作业设计与活动安排等，都是今天课程教学论需要研究的，都是教科书编写值得参考的。课程教学历史不是一个个文本，可离了文本，历史难以企及。今天看来，几乎教科书的所有要素、结构与类型，都发生并完成在19世纪后期至20世纪20年代，以后只是在这些基础上的漫长提质过程。我们完全可以从今天的教科书中看到百年前教科书的样子。遗憾的是，总体上我们对这一时期的教科书研究还不够，这是一个学术开拓空间非常广阔的研究领域。教科书是一个跨学科、综合性的资料库和研究域，种类繁多的教科书，对政治、经济、文化、教育有全方位的反映和描述，是研究该时期社会思潮、观念认识、语言形态、乡风民俗、价值观、人生观等领域的鲜活而宝贵的历史材料。大部分学科可以从中获取本学科需要的早期研究史料及发展素材。这是一个没有断裂的、连续的而又变化的学科发展史的活资料库。难怪不同学科的科学史专家对现代科学引入、发展与定型的研究几乎都要盯着早期教科书。[3]

<h1 style="text-align:center">三</h1>

几乎没有教科书可以溢出教科书史的范畴，也几乎没有一个教科书文本能够挣脱教科书史的发展谱系而天然地、孤立地获得价值。教科书一定是继承的，也是创新的；一定是独立的文本，也是系列文本。站在教科书的历史延长线上，摆在我们面前可资借鉴的精神遗产既广阔又复杂。系统梳

---

[1] 王建军. 中国近代教科书发展研究[M]. 广州：广东教育出版社，1996：111.

[2] 林治平. 近代中国与基督教论文集[C]. 台北：宇宙光出版社，1981：219.

[3] 比如郭双林著《西潮激荡下的晚清地理学》（北京大学出版社2000年版）、邹振环《晚清西方地理学在中国：以1815至1911年西方地理学译著的传播与影响为中心》（上海古籍出版社2000年版）、杨丽娟《地质学在中国的传播与发展：以地质学教科书为中心（1853—1937）》（浙江古籍出版社2022年版）、张仲民等《近代中国的知识生产与文化政治：以教科书为中心》（复旦大学出版社2014年版）等，甚至本杰明·艾尔曼《中国近代科学的文化史》（上海古籍出版社2009年版）等，都把早期教科书与早期科学的发展紧密关联起来。

理其实很难，厘清它们的背景与意义更难。本套书涉及的教科书覆盖1840—1949年晚清民国中小学主要学科。而在清中晚期，学堂课程并未定型，很多学科边界也不明晰，教科书本身也未定型，诸如格致教科书、博物教科书、蒙学课本、蒙学读本等均属于这种情况，均有综合类教材的色彩。一些教科书按今天的课程命名不好归类，一些教科书更是随着课程的选取而昙花一现，这都给我们今天的梳理带来了困难。所以，有些早期教科书也许出现在不同分卷上，比如格致教科书，有可能出现在物理卷，也可能出现在化学卷、生物卷。同理，也有些早期教科书因为分类不明晰，所以各卷都可能忽视、遗漏了它。也有些教科书实在不好命名，比如早期的修身、后来的公民一段时期也出现过"党义""三民主义"等等，都和今日之课程名称不能完全对应。

教科书发展史的梳理需要依赖过去师生用过的文本，这是历史上的课堂教学活动仅存下来的几种遗存之一。本套书的一个特点就是看重教科书实物，这遵循了我们的研究原则：不见课本不动笔，不见课本慎动笔。我们很难想象离开教科书实物的教科书脉络的梳理。无文本，不研究，慎研究。就好像中国的小说史、诗歌史、电影史研究，甚至任何文本研究，离开文本，一切都是浮云。特别是教科书，它和其他任何文本不一样，因为其他文本都有独一无二的名称，独一无二的作家，一提起某某人的某某书，大家就有明确的指向性，绝不会混淆犯晕，研究者和读者可以在同一文本上展开对话。比如曹雪芹的《红楼梦》，茅盾的《子夜》。唯有教科书是名称高度雷同的文本，我们说"历史"，说"数学"，几十年上百年一直这么说，成百上千的、完全不一样的文本都是这个名称，因此让研究者和读者很难迅速在同一文本上展开对话的命名，如果不展示文本的实物图像，很容易让人云里雾里一时半会进不了主题。如何让读者明白我们是在讨论这本《历史》，而不是那本《历史》？

由此，本套书特别关注图文结合，简称"图文史"。适时展示教科书实物照片，让读者能够比较清晰地知道我们在讨论哪一种教科书。而且，以图证史、以图佐文也是我们的重要追求（沿袭了《新中国中小学教科书图文史》的风格）。南宋史学家郑樵曾在《通志·图谱略》中谈到图文结合的价值是"左图右史""索象于图，索理于书"。足见图像对学理呈现的重要性。确实，有时图像比文字包含更多的东西。英国著名史学家彼得·伯克（Peter Burke）在《作为证据的图像：十七世纪欧洲》（*Images as Evidence in Seventeenth-Century Europe*）一文中提出，图像是相当重要的历史证据，要把图像视为"遗迹"或"记录"，纳入史料范围来处理。他著有《图像证史》（北京大学出版社2008年版）一书，专门研究怎么让图像说话。在他看来，现在的学界已经出现了一个"图像学转向"（Pictorial Turn）。

本套书以时间为经，以学科为纬，以文领图，以图辅文，由语文（国语、语文）、数学（含珠算）、外语（英语、日语、法语）、科学、物理（含格致等）、化学、生物、德育（修身、公民、政治）、历史、地理（含地文学、地质学等）、音乐、体育、美术共13册组成。这套书与《新中国中小学教科书图文史》（广东教育出版社2015年版）衔接贯通，比较系统地呈现出一个多世纪以来中国近现代中小学教科书的发展历史，也算了却我们一个心愿。

这套书的编写非常艰难。一是作者的组织不易。从事教育史、学科史研究的学者相对较多，即便是学科课程史也有不少研究者，但长期研究教材史（像内蒙古师范大学的代钦教授之于数学教材史、上海师范大学的胡知凡教授之于美术教材史）的学者还是相当少的，长期研究教材史而又有暇能够参与本套书编写的人更少，能够集中一段精力主动参与本项目的研究者更是少之又少。二是虽然我们最后组织了一个小集体，但这些作者多是高校的忙人，有的还是大学的校级领导，尽管他们已经尽力了，但让他们完全静下心来如期而高质量地完成任务还是很难。三是项目进行期间遭遇三年新冠疫情，而要较好地完成这套书，需要翻阅大量教科书文本实物，疫情使得我们几乎没有办法走进首都师范大学教科书博物馆，更不要说将书中文本与实物一一对应，而有些文本的照片及其清晰度又几乎是必不可少的。这一切因素都直接影响了本套书的进展，也影响了书中一些照片的品质，加之受限于作者和主编的水平导致各卷质量多少有些不均衡，难免遗憾。还有方方面面不必一一言说的困难。说实在的，我这个主编有时候很有挫败感，也很难受。不仅我难受，有些作者也被我逼得很难受，逼得他们害怕收到我的微信，逼得他们害怕回复我的要求。对不起这些作者！感谢之余，希望得到他们的谅解。

主编难，作者难，责任编辑也很难。

难为广东教育出版社的卞晓琰、林检妹、黄倩及其团队成员了。他们要面对作者，面对主编，面对多级领导，面对一而再再而三进行的审读与检查，面对有时候模糊不清的照片和让人提不起神的文字。他们要一一解决，一一突破。他们做到了，只是多耗了一杯又一杯的猫屎咖啡，多熬了一个又一个的漫漫长夜。面对他们的执着与认真，我们还能松懈、还敢松懈吗？我们的水平不易提高，态度还是可以端正的。感谢他们！

感谢广东教育出版社社领导多年来的支持与看重。曾经有学界朋友对我说：你们的成果要是在北京的国家级出版社出版就好了！我笑笑。我以前说过：我看重认真做我们的书的人和出版社。今天我还是这么说，我依然把郑重对待一个学者的学术成果作为选择出版社最重要的标准，这就是我们选择广东教育出版社的原因。感谢他们！感谢广东教育出版社几任社领导及其具体操持者对我们作品的看重！

感谢时任教育部教材局局长、现在是我的同事的田慧生教授长期对我们的关心！感谢首都师范大学孟繁华教授对我们研究成果的支持！感谢首都师范大学教育学部、教育学院及首都师范大学教科书博物馆提供的各种帮助与便利！感谢我的同事和我们可爱的博士、硕士团队！感谢给我们直接、间接引用了其研究成果或给我们以启发的所有专家学者！感谢在心，感激在心，感恩在心。

2024年7月20日于北京学堂书斋

（石鸥，首都师范大学教育学部教授、博士生导师）

目　录

1912　1922　1927

第一章

萌芽——1901 年以前的德育教材

1901年以前我国没有近代意义的学制，学生所用的读本也不是真正意义上的教科书，仅仅是教材而已。因此，本章使用"德育教材"介绍1901年以前的相关状况。

我国在西周时期有了正式的小学，出现了被认为是中国最早的小学读本——字本《史籀篇》。自此书的出现至1840年，2000多年的漫长历史岁月里出现了众多学生读本或教材。这段时间的教材主要有两个来源：一是儒家典籍被皇权确定为学校教材，比如《大学》《中庸》《孝经》《论语》等；另一类是皇权规定或学校选取的专门的蒙学读本作为教材使用，比如《弟子职》《三字经》《百家姓》《劝学》《开蒙要训》等。这些教材多为综合性读本，内容涵盖识字、礼仪、伦理道德、博物知识、经学诗赋、历史知识、学习态度等方面，虽非专门的德育教材，但它们以伦理道德为核心，充满了忠君孝亲、委曲求全、明哲保身等思想，在当时发挥了重要的教化作用，也可算作德育教材。随着社会的发展，古代德育教材内容的政治属性没有改变，但其具体文字和呈现形式有着缓慢的变化。

1840年鸦片战争至1901年，中国社会和教育发生了巨变。在古老的中国土地上，外国侵略者（包括传教士）、太平天国、洋务派、维新派等多种力量基于自己的利益和取向举办或改良学校，编写或翻译教材，其中一些属于德育教材，试图让中国当时的年轻一代朝着他们希望的方向发展。这个时期的德育教材有教会学校出版的《大英国志》；太平天国出版的改编版《三字经》《幼学诗》等；京师同文馆翻译的《万国公法》《公法会通》《公法新编》《富国策》等；南洋公学编辑的《蒙学课本》。这些教材各具特色，在那半殖民地半封建社会里给了学生一个学习的媒介。

1901年以前的德育教材虽然不是严格意义上的德育教科书，但有效发挥了德育的功能，更为20世纪的德育教科书发展做好了铺垫，是近现代德育教科书的"根"。

第一节
1840年以前的德育教材

我国古代的学生读物，尤其是蒙学读物，绝大多数将识字教育、知识教育及伦理道德教育有机地结合起来，其核心内容是教人做人，充分体现了文道统一、德育为先的原则，可算作德育教材。

一、周秦两汉时期的德育教材

（一）周秦两汉时期德育教材的发展

我国从夏朝开始进入奴隶社会，这时出现了学校，有了最早的"学校德育"，但据现有考古结果，夏朝尚无专门的学校教材。西周时期，我国有了正式的小学，周宣王时出现了字本《史籀篇》，这被认为是我国最早的小学读本。这本书是一本识字教材，虽非专门的思想品德教材，但其中渗透了思想品德内容，因而也可算是德育教材的萌芽。

春秋战国时期儒家学派撰写了多部典籍，其中《大学》《中庸》《论语》和《孟子》等在后世作为教材，尤其是宋朝以后作为科举考试的主要教材，蕴含丰富的德育内容。该时期还有《弟子职》等蒙学读物。

秦代的教材主要有李斯的《仓颉篇》、赵高的《爰历篇》以及胡毋敬的《博学篇》，这三种教材都以识字写字为主，是对《史籀篇》的发展。

汉代的教材有史游的《急就篇》、司马相如的《凡将篇》、李长的《元尚篇》、扬雄的《训纂篇》以及贾鲂的《滂喜篇》，都是字书，其中流传最广、影响最大的是《急就篇》。在汉代，随着董仲舒的"罢黜百家，独尊儒术"文教政策的推行，经学成了当时知识分子追求的热门，所谓"经术既明，取青紫如拾芥""遗子黄金满籝，不如一经"，无论官学、私学，都以儒家经典为教学内容。班固说是"利禄之势使然"，真是一语破的。从此，官学以施行道德教育为主，且形成了比较稳定的通用教材，其中比较典型的德育教材是《论语》和《孝经》。《孝经》论孝，无以复加，把孝抬到"至德要道"的高度，主张"以孝治天下"。《论语》和《孝经》虽不是专门的教材，也不是因董氏文教政策的推出才编辑的，但《论语》是儒学创始人孔子的语录，是儒家最经典的著作之一，具有特别的权威价值，其中的内容符合"罢黜百家，独尊儒术"文教政策的需要，所以很快就成了通用教材。且《论语》《孝经》和《礼记》从汉代起到清代，一直作为主要教材，为封建伦理教育及儒家思想传播发挥了极为重要的作用。

（二）周秦两汉时期具有代表性的德育教材

1. 《大学》

《大学》是《礼记》中的一篇，学界比较认可的是由曾参所作的说法。此书所提出的"三纲领"（明明德、亲民、止于至善）和"八条目"（格物、致知、诚意、正心、修身、齐家、治国、平天下），说明治国平天下和个人道德修养的一致性，奠定了儒家"修齐治平""内圣外王"思想的理论基础。

2. 《中庸》

《中庸》是《礼记》的篇目之一，在南宋前从未单独刊印，相传为战国时孔子之孙子思所作。宋代朱熹将其与《大学》《论语》《孟子》并称"四书"。《中庸》主张处理事情不偏不倚，认为过犹不及，是儒家核心观念之一。全书集中讲述性情与封建道德修养，肯定"中庸"是道德行为的最高准则，将"诚"看作世界的本体，并提出"博学之、审问之、慎思之、明辨之、笃行之"的学习过程和认知方法。

3. 《论语》

《论语》是一部记载孔子及其弟子言行的书，由孔子的弟子和再传弟子编辑而成。孔子学说的核心思想是"仁"，《论语》中始终如一地贯穿了这一思想。《论语》的篇章排列在内容上没有什么必然联系，各章各节独立成篇。它涉及的领域极其广泛，记录了孔子关于哲学、经济、政治、伦理、美学、文学、音乐、道德等方面的言论，是研究孔子及其创立的儒家学说的主要文献。其中关于道德的句子："士志于道，而耻恶衣恶食者，未足与议也。""君子怀德，小人怀土；君子怀刑，小人怀惠。""道之以政，齐之以刑，民免而无耻；道之以德，齐之以礼，有耻且格。""知者不惑，仁者不忧，勇者不惧。""己所不欲，勿施于人。在邦无怨，在家无怨。"这些已成为中国人普遍认可的道德规范。

4. 《弟子职》

《弟子职》这本蒙学教材，相传是春秋时期的管仲所撰。和同时期其他教材不同的是，它主要讲学生在学习中应遵守的规则以及在学塾中的行为规范。

5. 《孝经》

《孝经》是中国古代儒家的伦理著作，儒家十三经之一。清代纪昀在《四库全书总目》中指出，该书是孔子"七十子之徒之遗言"，成书于秦汉之际。该书以孝为中心，比较集中地阐述了儒家的伦理思想。它肯定"孝"是上天所定的规范。"夫孝，天之经也，地之义也，民之行也。"指出孝是诸德之本，认为"人之行，莫大于孝"，国君可以用孝治理国家，臣民能够用孝立身理家。首次将孝与忠联系起来，认为"忠"是"孝"的发展和扩大，强调"孝"要"始于事亲，中于事君，终于立身"，并把"孝"的社会作用推而广之，认为"孝悌之至"就能够"通于神明，光于四海，无所不通"。对实行"孝"的要求和方法也作了系统而详细的规定，还根据不同人的身份差别规定了行"孝"的不同内容：天子之"孝"要求"爱敬尽于事亲，而德教加于百姓，刑于四海"；诸侯之"孝"要求"在上不骄，高而不危，制节谨度，满而不溢"；卿大夫之"孝"，要求"非法不言，非道不行，口无择言，身无择行"；士阶层的"孝"要求"忠顺不失，以事其上，然后能保其禄位，而守其祭祀"；庶人之"孝"要求"用天之道，分地之利，谨身节用，以养父母"。

图1—1 《孝经》，传为孔子弟子曾参编，汉代刘向整理，湖北官书处1885年刻

　　《孝经》问世之后，备受帝王推崇，在汉代成了教材。汉代以孝治天下，汉高祖刘邦揭开了尊父倡孝的序幕，其后帝王承顺祖制，推行孝治：以孝作谥、优待孝子、选拔官吏、诵读《孝经》等[1]。汉武帝时立五经博士，以后增《论语》为六经，再增《孝经》为七经。"孝"的思想通过《孝经》立为经典而成为汉代的指导思想之一，这在汉代思想史和社会史上都具有重要的意义，它标志着维系家族血缘关系的"孝"的思想，已经成为封建统治思想的重要组成部分。汉代大臣奏疏中引《春秋》与引《孝经》并驾，前者是政治上的根据，后者是思想上的准绳，两者相辅相成，成为汉代政治思想和意识形态的两大精神支柱，加上汉武帝时施行"举孝廉"，将孝纳入选拔优秀人才，尤其是选拔官吏的标准，《孝经》遂成为汉代通行的教材。最高统治者首先要读《孝经》，汉昭帝诏书云："朕修古帝王之事，通保傅，传《孝经》《论语》《尚书》，未云有明。"[2]汉宣帝地节三年（公元67年），选疏广教授皇太子以《孝经》。汉平帝元始二年（公元2年），又定学官制，"郡国曰学，县、道、邑、侯国曰校，校、学置经师一人"[3]。汉代的《孝经》教育已经普及到农村，《孝经》成为普及民间的初级启蒙读物。《四民月令》说："十一月，砚冰冻，令幼童读《孝经》《论语》。"东汉时，令武人也习《孝经》："自期门羽林之士，悉令通《孝经》章句，匈奴亦遣子入学。"[4]不仅中原地区读《孝经》，边远地区也读《孝经》。

　　值得注意的是，《孝经》在清代科举考试中有着重要地位。顺治初年，清政府就规定乡试、会

[1] 赵克尧. 论汉代的以孝治天下[J]. 复旦学报（社会科学版），1992（3）：80-94.

[2] 班固. 汉书[M]. 北京：中华书局，2007：83.

[3] 班固. 汉书[M]. 北京：中华书局，2007：302.

[4] 范晔. 后汉书[M]. 北京：中华书局，2007：714.

试第一场要用《孝经》出题；雍正继位之初，"诏《孝经》与《五经》并重，为化民成俗之本"，恢复了二场用《孝经》出题的旧制。

二、魏晋南北朝时期的德育教材

据《隋书·经籍志》记载，魏晋南北朝时期的常用教材有《三仓》《急就篇》《吴章》《小学篇》《少学》《始学》《劝学》《发蒙记》《启蒙记》《千字文》等，此外还有《杂字指》《俗语难字》《杂字要》等。其中《三仓》《急就篇》是汉代的教材，到魏晋南北朝仍然沿用，流传最久远而广泛者首推《千字文》。与前面一个历史时期不同的是，这个时期的教材没有那么明显的前后因承关系，而呈现一种发散式的发展趋势。

魏晋南北朝时期具有代表性的德育教材

1. 《劝学篇》

《劝学篇》作者是东汉末年的蔡邕。《旧唐书·经籍志》和《新唐书·艺文志》都曾著录《劝学篇》。此书早已佚失，清代学者任大椿、马国翰、黄奭、顾震福、王仁俊及民国时期的学者龙璋等人均有辑本[1]。该书提出"人无贵贱，道在者尊"，勉励人们虚心向学、虔诚求道。

2. 《开蒙要训》

《开蒙要训》是我国古代儿童课本之一，为马仁寿所撰写。此书约在宋代以后于中原佚亡，直到公元1899年，人们才在敦煌藏经洞保存的文献中发现27个写卷，其中完整的有两个写卷。全书350句、175韵、凡1400字，"四字一句、两句一韵"，和《千字文》一样，是儿童开蒙识字兼及教育的教材[2]。该书既有自然和社会知识，又有关于做人、理家和治国的内容，具有百科全书性质。

该书关于君臣、伦理和婚姻的内容，如："君王有道，恩惠弘廓。万国归投，兆人欢跃。谄佞潜藏，奸邪慝恶。臣佐辅弼，匡翊勤恪。赏赉功勋，封赐禄爵。""孝敬父母，承顺弟兄。翁婆曾祖，嫂侄孙婴。伯叔姊妹，姑姨舅甥。婚姻娉嫁，夫妇媒成。油灯蜡烛，炬照辉盈。贫贱富贵，奴婢使令。"

3. 《千字文》

据《梁书·文学传》，《千字文》作者周兴嗣，字思纂，陈郡项人，汉太子太傅周堪的后代。该书四字一句，共250句，计1000字。这1000字不是简单的单字堆积，而是条理分明，通顺可诵，咏物咏事的韵文，其内容涉及自然、社会、历史、教育、伦理等多方面的知识。

《千字文》讲人的品德修养和做人的标准，如：

[1] 任新宇. 中国古代蒙学教材研究[D]. 武汉：华中师范大学，2008：6.
[2] 汪泛舟. 开蒙要训初探[J]. 敦煌研究，1999（2）：138-145，188.

　　恭惟鞠养，岂敢毁伤。女慕贞洁，男效才良。

　　知过必改，得能莫忘。罔谈彼短，靡恃己长。

《千字文》最后讲人的饮食起居和家庭日常生活，并在文末勉励学子珍惜时光，抓紧学习。

　　年矢每催，曦晖朗曜。璇玑悬斡，晦魄环照。

　　指薪修祜，永绥吉劭。矩步引领，俯仰廊庙。

　　束带矜庄，徘徊瞻眺。孤陋寡闻，愚蒙等诮。

《千字文》的续广增编，宋元以来不下数十种，如《续千字文》《广易千文》《叙古千文》《正字千字文》等，但都不能与周兴嗣编的《千字文》媲美。

三、隋唐时期的德育教材

这个时期的教材一方面延续了以往教材的发展方向，另一方面突破了过去相对单一的模式，新编了一些形式新颖、注入了时代新内容的教材，如《蒙求》《太公家教》等。

从皇权对教材的控制看，唐初君臣在进行认真的历史反思后，认为儒家思想对于国家政权具有"如鸟有翼，如鱼依水"的重大意义。基于这种认识，唐太宗登基之后，大兴儒学[1]。唐太宗复兴儒学最为根本的措施，则是诏令孔颖达等人完成《五经正义》，并在最后使之成为科举教材，以此推行"尧舜之道，周孔之教"。《五经正义》编者根据最高统治者的旨意，从儒家经典中为新兴的李唐王朝寻找最为权威的理论依据，把文学的政教作用摆在第一位，很好地适应了当时的社会政治需要。从这个意义上讲，《五经正义》也可算德育教材。

隋唐时期具有代表性的德育教材

1.《蒙求》

《蒙求》是唐代李瀚所撰，其主要内容是以历史传说、人物故事、古代寓言神话为材料，正文皆用四言，上下两句成对偶，各讲一个故事。它内容涉及广泛，包括天文、地理、历史、神话、医药、占卜、民族、动植物、战争等多方面的知识。其中借历史人物、传说故事向蒙童进行思想品德教育的内容也很丰富，如宣扬孝道，教诲友悌的"毛义捧檄，子路负米。江革忠孝，王览友弟……姜肱共被，孔融让果。"又如教诲忠义诚信的"季布一诺……不疑诬金"。

2.《太公家教》

《太公家教》作者不详。它曾经盛行一时，又一度佚失，直到敦煌文献的出现才得以被人们重新认识。在敦煌所出的古写本中，《太公家教》有几十个不同写本。"《太公家教》是中唐到北宋初年最流行的一本童蒙读物。大概说来，自从第八世纪的中叶直到第十世纪的末年（公元750—

[1] 吴兢. 贞观政要[M]. 北京：北京燕山出版社，1995：241-245.

1000年）通用在中国本部；第十一世纪到第十七世纪的中叶（公元1000—1650年），还不断地被中原北部和东北的辽金高丽满洲各民族采用。这个童蒙读物的流传之广、使用时间之长，恐怕再没有第二种能比得上它。自从第十一世纪以后，这个童蒙读物在中国本部因为有了《百家姓》《三字经》来代替它，流行的程度就渐渐减低。"[1]

该书侧重于讲为人处世之道。书中一些内容是吸取古书上的话，如"三人行，必有我师焉。择其善者而从之，其不善者而改之"是《论语》的内容。又如"知过必改，得能莫忘""女慕贞洁，男效才良"则是径抄《千字文》。它的大多数内容借鉴当时的俗谚格言，其中一些流传下来，甚至直到现在，如"人无远虑，必有近忧""贪心害己，利口伤身""罗网之鸟，悔不高飞；吞钩之鱼，恨不忍饥""凡人不可貌相，海水不可斗量"等。所以有学者称此书为当时"一部格言谚语的汇海"。就其内容而论，它充满了忠君孝亲、委曲求全、明哲保身等思想。也许正是它迎合了古代社会需要，再加上编写方法通俗易懂、平易近人，所以能在千百年间广为流传[2]。

这个时期的德育教材从形式上看，有韵语、有偶句、有诗歌，也有长短不一的格言俗句，可读性较强。数量虽然不多，但质量都很高，而且结束了前期教材单一的发展模式，向多元化迈进。

四、宋元明清时期的德育教材

（一）宋元明清时期德育教材的发展

宋元明清时期是教材发展的繁荣期。各种教材尤其是蒙学教材大量涌现，层出不穷。有全国通用的蒙学教材，也有某一私塾为教学编写的蒙学教材，还有私人为了教育孩子而专门编写的蒙学教材。印刷术的发明为蒙学教材的广泛流传提供了强大的物质条件。儒家理学的确立也引发了社会各个层面对各种类型教材的需求。

在这个时期，一些有名的学者也加入蒙学教材编写的队伍中。如宋代的朱熹、吕祖谦、王应麟等；元代的许衡、程端礼、胡一桂等；明代的王守仁、方孝孺、陈继儒等；清代的张伯行、陈宏谋、王荡等。这些学者的加入，使得蒙学教材的编写更有分量、更加规范，也促使蒙学教材更为广泛地流传。

宋元时期德育教材的编写出现了空前繁荣的局面，产生了宋末大学者王应麟编撰的《三字经》、宋代著名理学家朱熹编撰的《小学》和《童蒙须知》、朱熹弟子程端蒙等人所撰的《性理字训》、宋代吕祖谦所撰的《少仪外传》、宋代陈淳所撰的《小学诗礼》、宋代李邦献所撰的《省心杂言》、元代理学家许衡所撰的《小学大义》、元代舒天民编撰的《六艺纲目》二卷等多部德育教材。其中，最为著名的则是《三字经》；其次是朱熹的《小学》，影响尤大，一直流传到日本、朝鲜等国。

[1] 王重民. 敦煌古籍叙录：卷三[M]. 北京：商务印书馆，1958：220.

[2] 任新宇. 中国古代蒙学教材研究[D]. 武汉：华中师范大学，2008：6.

明清时期（鸦片战争前）一方面补充和修订了过去广泛使用的蒙学教材，如《三字经》《千字文》等，另一方面也新编了大量的蒙学课本，其中很多是德育教材。如明清时期吕得胜、吕坤父子的《小儿语》《续小儿语》《女小儿语》和《演小儿语》，明代涂时相的《养蒙图说》，清代李毓秀的《弟子规》，罗泽南的《小学韵语》以及明清两代的学者先后补编的《幼学琼林》和《龙文鞭影》等。还值得一提的是，清代采用严厉的惩罚措施，如用文字狱等惩罚措施来规范和控制教材内容。

（二）宋元明清时期具有代表性的德育教材

1. 《三字经》

《三字经》，南宋著名学者王应麟所作。全书三字一句，仅1500多字，但这短短的一千多字却包含了丰富的内容，涉及教育的意义、礼仪、伦理道德、博物知识、经学诗赋、历史知识、学习态度等，广泛生动而又言简意赅。

作者认为教育儿童要重在礼仪孝悌，端正儿童的思想，知识的传授则在其次，即"首孝悌，次见闻"。训导儿童首先要从小学入手，即先识字，然后读经、子两类的典籍。读过经部、子部书后，再学习史书，最后强调学习的态度和目的。该书用三言写成，句子简短，便于儿童诵读。"从句法上看，可以说得上是灵活丰富，包罗了文言里的各种基本句式，既有训练儿童语言能力的作用，又使全书的句子显得有变化，样式多，不枯燥。"[1]

《三字经》关于德育的论述包括以下几个方面：

一是德育的内容，主张"亲师友，习礼仪"，并列举了"黄香温席""孔融让梨"的例子说明"孝悌"是为人之本。

二是德育的目标，主张"明人伦"。

三是德育的时机，主张从"为人子，方少时"即开始进行道德品质教育。

四是德育的环境，主张"亲师友"，十分重视德育环境，特别是朋友的选择。

五是德育的方法，主张将品德教育融入知识教育之中。从《三字经》的编纂来看，是将品德教育与知识教育穿插进行的。再从《三字经》所列的教育内容来看，四书、五经、诸子百家和诸史等著作的内容也是德育与知识教育并行的。

2. 《弟子规》

《弟子规》作者李毓秀，字子潜，清代山西绛州人。在以三字一句编写的蒙学教材里，除了《三字经》外，就数此书的影响最大了。"在清代，所有的蒙学读物，没有一部比它更风行的。许多地方政府都曾饬令所属州县，把它列为私塾和义学的童蒙必读书。"[2]全书360句，共1080字。它以"弟子规，圣人训。首孝悌，次谨信。泛爱众，而亲仁。有余力，则学文"为总叙，然后依次介

---

[1] 张公志. 传统语文教育教材论：暨蒙学书目和书影[M]. 上海：上海教育出版社，1992：23.
[2] 徐梓. 蒙学读物的历史透视[M]. 武汉：湖北教育出版社，1995：110.

绍孝悌、谨信、爱众、亲仁、学文的具体内容。

讲孝悌的内容：

父母呼，应勿缓，父母命，行勿懒。

父母教，须敬听，父母责，须顺承。

冬则温，夏则凊，晨则省，昏则定。

……

进必趋，退必迟，问起对，视勿移。

事诸父，如事父，事诸兄，如事兄。

讲爱众、亲仁的内容：

凡是人，皆须爱，天同覆，地同载。

行高者，名自高，人所重，非貌高。

能亲仁，无限好，德日进，过日少。

不亲仁，无限害，小人进，百事坏。

3. 《增广贤文》

《增广贤文》为中国古代儿童启蒙读物，又名《昔时贤文》《古今贤文》。书名最早见于明代万历年间的戏曲《牡丹亭》，据此可推知此书最迟写成于万历年间。后来，经过明清两代文人的不断增补，才改成《增广昔时贤文》，通称《增广贤文》。该书的内容主要包括谈人际关系、谈命运、谈勤劳、谈处世以及谈读书。谈人情世故的有"人情似纸张张薄，世事如棋局局新""无钱休入众，遭难莫寻亲""人情似水分高下，世事如云任卷舒"；谈为人处世的有"逢人且说三分话，未可全抛一片心""忍得一时之气，免得百日之忧""得忍且忍，得耐且耐。不忍不耐，小事成大""闲事休管，无事早归"；谈人际关系的有"谁人背后无人说，哪个人前不说人""求人须求大丈夫，济人须济急时无""责人之心责己，恕己之心恕人。守口如瓶，防意如城"；谈命运的有"善恶到头终有报，只争来早与来迟""善有善报，恶有恶报，不是不报，日子未到"；等等。

4. 《小学》

《小学》为南宋理学家朱熹和他的弟子刘清之所编，全书分内、外两篇。内篇有四个纲目：立教、明伦、敬身、鉴古；外篇分两部分：一是嘉言，二是善行。鉴古、嘉言和善行，均各有立教、明伦、敬身三纲目。这三个纲目中，最主要的是明伦（明人之伦），立教是为了明伦，敬身也是为了明伦。该书的核心内容是教育儿童如何处事待人，如何孝顺父母，如何尊敬长辈。正可谓"后生初学，且看《小学》书，那个是做人的样子"[1]。

该书是封建社会的小学教材，其中自有两重性，有必须批评的糟粕，也有应该继承发扬的优良成分，诸如讲究气节、重视品德、强调自我节制、发愤立志等，这些对中华民族的主体意识结构是有积极影响的。

---

[1] 朱熹. 朱子语类[M]//朱杰人. 朱子全书·朱子语类. 上海：上海古籍出版社，2002：274.

第二节
1840—1901年间的德育教材

鸦片战争后，中国逐渐沦为半殖民地半封建社会。无论是传教士、洋务派抑或是太平天国，都探索他们眼中的新教育，编写他们眼中的新教材，试图以各自的思想观念占领教育阵地。

一、太平天国的德育教材

（一）太平天国具有代表性的德育教材

1851—1864年洪秀全领导的太平天国起义，是中国历史上规模最宏大的农民战争。太平天国教育在这次起义中，占有非常重要的地位，它的基本特征是与政治、宗教紧密地联系在一起。太平天国政治体制、意识形态上的政教合一决定了它的儿童教育也必然是政教合一。

太平天国1853年冬颁布的革命纲领《天朝田亩制度》对儿童教育问题作了明确阐述，提出："其二十五家中童子俱日至礼拜堂，两司马教读《旧遗诏圣书》《新遗诏圣书》及《真命诏旨书》焉。"[1]从而具体规定了儿童教育的对象、教材和方式。太平天国辛酉十一年（1861年）颁行的《钦定士阶条例》规定："拟文士子所习之经，须钦遵圣诏，习理'旧约''新约''真约'诸书：'旧约'即《旧遗诏圣书》，'新约'即《新遗诏圣书》，'真约'即《天命真圣主诏旨书》，以及钦定《天条书》《三字经》等，皆宜时时功习，以悟天真。"[2]

太平天国教育的主要内容就是"拜上帝教"的宗教教育。他们把政治、宗教和教育统一起来，宗教教育同时也是政治教育。基督教的《圣经》——《旧约全书》和《新约全书》，经过太平天国翻印并对其中不适合于太平天国运动利益的部分进行修改，成为太平天国的《旧遗诏圣书》（"旧约"）和《新遗诏圣书》（"新约"）。1853年前"天父、天兄下凡诏旨"和"天王诏旨"多件，则编为《真命诏旨书》（"真约"），旨在确立洪秀全、杨秀清等人的神圣地位。这三本书是太平天国最重要的官书，也是太平天国教育的主要教材。按《天朝田亩制度》规定，这是每个儿童必读的教材。此外，《主祷文》《赞美经》《天条书》《幼学诗》《三字经》和《御制千字诏》等政

[1] 南京太平天国历史博物馆. 太平天国印书：下[M]. 南京：江苏人民出版社，1961：410.
[2] 南京太平天国历史博物馆. 太平天国印书：下[M]. 南京：江苏人民出版社，1961：153.

治、宗教读物也是太平天国教育的重要教材。其实，太平军起义初，在艰苦转战中就颁布儿童教材了。《幼学诗》1851年初刻，1852年、1853年又重印；《御制千字诏》1854年初印，1855年再版。到了后期，经过删改的四书、五经也成为重要的教材。

《幼学诗》《三字经》《御制千字诏》等童蒙读物在继承中国古代传统蒙学教材形式的基础上，重在培养儿童"敬上帝""战胜妖"，倡导推翻清王朝的思想。

比如，太平天国癸好三年（1853年）编印的《三字经》向儿童灌输"皇上帝"和"上帝创造了物"的思想。该书开篇就是"皇上帝，造天地，造山海"的文字，在全文300多字中，仅"皇上帝"就重复了20余遍。当然，该书也使用了旧《三字经》的一些词句，如"商有汤，周有文"等。

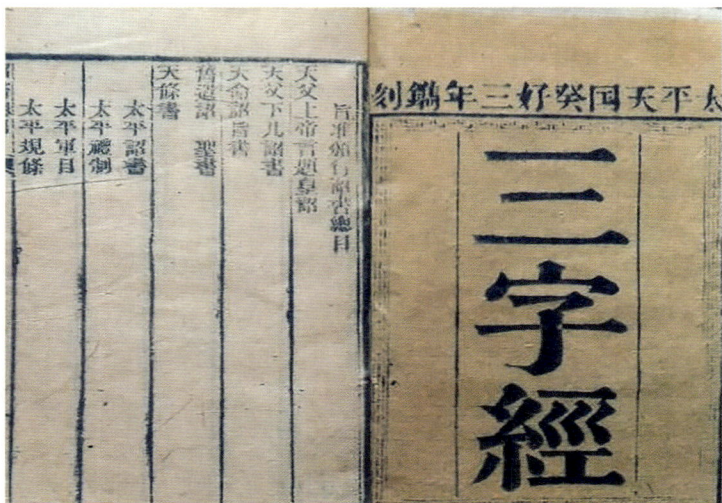

图1-2　《三字经》，宋代王应麟原著，太平天国癸好三年（1853年）改编

除《旧遗诏圣书》（"旧约"）、《新遗诏圣书》（"新约"）和《真命诏旨书》（"真约"）这三本书外，太平天国的《十款天条》也有着浓厚的基督教思想。1851年洪秀全、冯云山等人编制的《十款天条》是教育太平天国民众的重要工具，其第一至第四条均与"皇上帝"有关[1]。另值得一提的是，太平天国的《御制千字诏》虽然也是宣传教义、教育儿童的启蒙教材，形式仿效传统蒙学教材《千字文》，但内容与其有所区别，具体知识内容及思想观念还是有明显差异。其中自然科学内容比较丰富，如描述自然界天体变化的："悠然作云，雨下空际""雷轰电掣，霜寒雪白"；描写地理、地貌的："岸高谷深，野广原平，峰尖岳秀，波绉涛惊"；描写鸟兽鱼虫的："麒麟狮象、凤凰鹿麀、虎豹熊罴、獬豸犰猩、猿猴麝麕"；描写树木、庄稼的："种植树艺、禾麦豆麻、薯芋菜蔬、芸菱萝卜、松柏梨楂"；描述人体生理结构的："耳目舌鼻、心肝肺腑、臀肾脾胃、胯臂肱骨"。由此可以看出，与传统儒家重视道德修养轻视自然与科学知识不同，太平天国倡导儿童多亲近自然，重视科学教育，教材内容多少带有趋向近代化所显露的特征。

---

[1] 林志杰. 试论太平天国文化与教育改革的特点[J]. 广西师范大学学报（哲学社会科学版），2002（3）：109-113.

（二）太平天国德育教材的主要特点

1. 宣传拜上帝教教义

如《幼学诗》第一部分为"敬上帝"三首。开篇就说："真神皇上帝，万国尽尊崇。世上多男女，朝朝夕拜同"，要儿童"天恩虔答谢，永远得光荣"。第二部分为"敬耶稣"三首，叙述了耶稣为民赎罪的故事[1]。《三字经》则不仅重复了上述内容，而且增加了上帝帮助以色列出麦西国，在西奈山订"摩西十诫"的传说和中国帝王对上帝的态度。关于后者，它指出中国在远古时也是崇拜上帝的："中国初，帝眷顾，同番国，共条路。盘古下，至三代，敬上帝，书册载。"但秦汉以后，中国帝王不拜上帝误入歧途了，"自宋徽，到于今，七百年，陷溺深。讲上帝，人不识，阎罗妖，作怪极"[2]。《三字经》还告诫儿童"小孩子，拜上帝，守天条，莫放肆"[3]。《御制千字诏》从"维皇上帝，独一无二"开始，至"赦旧开新"的124句496字，介绍上帝的功绩和权能。接着从"爱差爱子，救彼寰尘"到"现与保罗，授传愈普"，[4]共64句256字介绍耶稣事迹，这两节共752字，占全文1104个字的绝大部分。

2. 宣传太平天国的历史

《天命诏旨书》是太平天国初期的革命斗争史的重要记录。《三字经》叙述了上帝派洪秀全下凡的神话："上帝怒，遣己子，命下凡，先读史"，又叙述了洪秀全丁酉升天的故事："丁酉岁，接上天，天情事，指明先"，还叙述了戊申年（1848年）杨秀清、萧朝贵在冯云山被捕，拜上帝会内部混乱的危急关头，先后托言上帝和耶稣下凡稳定军心的故事："戊申岁，子烦愁，皇上帝，乃出头，率耶稣，同下凡，教其子，胜肩担。"[5]《御制千字诏》写道："洞庭长驱，鲸鳌沫涎，皖省直进，将士扬鞭，舆驻建康，统绪延绵"。讴歌太平军的胜利进军史。

《御制千字诏》中，洪秀全也宣扬了"胡越贡朝，蛮夷率服，任多版图，总归隶属"[6]的封建君主和大国沙文主义的思想。

3. 充斥着许多封建主义的糟粕

以《幼学诗》为例，它宣传："天朝严肃地，咫尺凛天威，生杀由天子，诸官莫得违。""一人首出正，万国定咸宁。王独操威柄，谗邪遁九渊。"这是典型的君为臣纲、君权至上论。在伦理道德上，《幼学诗》分别阐述了家道、父道、母道、子道、媳道、兄道、弟道、姊道、妹道、夫道、妻道、嫂道、婶道、男道、女道、亲戚等，包括了家庭关系的各个方面。它的原则是什么

[1] 南京太平天国历史博物馆. 太平天国印书：下[M]. 南京：江苏人民出版社，1961：59.

[2] 呤唎. 太平天国革命亲历记[M]. 王维周，译. 北京：中华书局，1961：233.

[3] 南京太平天国历史博物馆. 太平天国印书：下[M]. 南京：江苏人民出版社，1961：32.

[4] 南京太平天国历史博物馆. 太平天国印书：下[M]. 南京：江苏人民出版社，1961：547.

[5] 南京太平天国历史博物馆. 太平天国印书：下[M]. 南京：江苏人民出版社，1961：28.

[6] 南京太平天国历史博物馆. 太平天国印书：下[M]. 南京：江苏人民出版社，1961：579.

呢？"子道"说："子道刑于妻，顺亲分本宜。妇言终莫听，骨肉自无离。""妻道"则说："妻道在三从，无违尔夫主。牝鸡若司晨，自求家道苦。""女道"则鼓吹："女道总宜贞，男人近不应。幽闲端位内，从此兆祥祯。"这完全是父为子纲、夫为妻纲、三从四德的说教。关于个人修养，《幼学诗》则有心箴、目箴、耳箴、口箴、手箴、足箴等方面。如"心箴"中说道："心正能真宰，官骸自顺承。""目箴"则说："群邪先诱目，目正自无牵。人子端凝立，身光耀九天。""口箴"又说："惟口起兵戎，多言自召凶。谎邪休玷秽，谨慎理为从。""手箴"的内容则是"被牵将手断，节烈真堪诵。两手道惟恭，非礼戒勿动"[1]。可见，《幼学诗》规定的个人修养原则也是封建主义的"慎独"，即"非礼勿视，非礼勿听，非礼勿言，非礼勿动"那一套。

二、教会学校的德育教材

（一）教会学校的发展

最早设立于中国本土的比较正式的教会学校是马礼逊学堂（Morrison School），学校由"马礼逊教育会"于1839年11月在澳门开办，由布朗（R. Brown）负责管理，1842年迁到香港，成为香港开埠后的第一所学校，1849年因故停办。该校开设音乐课，此为现知中国人最早在新式学校中接受音乐教育的学堂。中国近代第一批留学生容闳、黄胜、黄宽等即是该校学生。

1842年《南京条约》签订后，五口通商，外国人活动范围扩大。两年后，《望厦条约》和《黄埔条约》签订，外国人获得在通商口岸建造教堂、学校的特权。第二次鸦片战争中，清政府被迫又签订了《天津条约》和《北京条约》，规定外国人可以在内地传教。凭借不平等条约的保护，西方传教士纷纷来华传教、办医院、办学校。到1860年，天主教耶稣会在江南一带办天主教小学达90所；基督教传教士在五个口岸城市开设的基督教新教小学达50所，学生1000余人[2]。到1875年左右，基督教传教士开办的学校约有350所，在校生6000余人，仍以小学为主，但教会中学开始出现。截至1899年，教会学校增加到2000所左右，在校生约40000人[3]。到1900年，几乎所有在华的重要传教中心都开设一所小学。

从1842年到1900年，中国土地上出现了这些比较著名的教会学校：英国传教士阿尔德赛在宁波创办的女子学塾，天主教在上海创办的徐汇公学，长老教会在宁波办的崇信义塾和在上海开办的清心书院，公理会在福州办的格致书院，英国圣公会在上海办的英华书院，狄考文在山东登州办的文会馆，林乐知在上海创办的中西书院、圣约翰书院等。另外，一批教会女子学校也比较有名，如裨文女塾、文纪女塾、明德女子学堂、徐汇女子学堂、崇德女校、中西女塾、育英学堂以及贝满女学堂等。

[1] 南京太平天国历史博物馆. 太平天国印书：下[M]. 南京：江苏人民出版社，1961：686.
[2] 杨齐福. 教会学校的兴起与近代中国的教育改革[J]. 扬州大学学报（高教研究版），2000（1）：37-41.
[3] 杨齐福. 教会学校的兴起与近代中国的教育改革[J]. 扬州大学学报（高教研究版），2000（1）：37-41.

教会学校的办学因传教士的国别、教派、专业以及学校程度的不同，教学内容也有差异。就中小学程度的学校而言，其课程可分为三类。

第一类是宗教课。通常是教会学校的主课，学生主要学《圣经》及各种宗教书籍、教义，还要参加宗教仪式和宗教集会，以及教会组织的传教活动。宗教课不及格不能升级，违反教规者，轻则体罚，重则开除，甚至还要追缴学杂费。许多学校诱迫学生信教，对不入教的则多方歧视。

第二类是中国传统的经学课。请一些信教的旧儒生讲课，学生从《三字经》读起，一般都要读完"四书"，女校则读《女儿经》。开设传统的经学课原本是为了培养学生基本的中文能力，后来也是为了更好地将宗教教育与旧的封建礼教相结合。

第三类是近代的科学文化课。如数学、物理、化学、生物、生理卫生、地理、历史、音乐、美术、体育等。绝大部分学校开设英语，而且分量很重，到高年级已可用外语进行教学了[1]。

（二）教会出版机构出版的德育教材

传教士为在中国传播西学，创立了一系列印刷出版机构，其中在内地设立的第一家出版机构是1843年创立的墨海书馆，继之有1844年美国基督教长老会在澳门开设的花华圣经书房，1864年创办的土山湾印书馆，1877年创办的益智书会，1887年创办的上海中华广学会等。这些教会出版机构出版的西学著作，在19世纪基本上都被教会学校采用为教科书[2]。

比如，广学会出版了大量图书，所编历史、伦理、宗教等程度稍高的书籍，大多被学堂作为教科书。1856年上海墨海书馆出版了慕维廉编译、蒋敦复润色的《大英国志》，该书共8卷，前7卷讲英国历史，第八卷介绍英国的社会、政治、文化等方面的制度与概况，可算作政治方面的教科书。遗憾的是，教会出版机构出版的德育类教材存世很少。

三、洋务学堂的德育教材

19世纪60年代以后，清政府洋务派官僚为适应外交事务和洋务运动发展需要，秉持以"中学为体，西学为用"的教育思想，相继创办一批新式西学学堂，共30多所。这些学堂一方面培养洋务运动所需要的翻译、外交、工程技术、水陆军事等多方面的人才；另一方面引进西学教科书，客观上极大地推动了西学东渐。当时，洋务派创办的译书机构以京师同文馆和江南制造总局翻译馆最为有名。

（一）京师同文馆及其德育教材

京师同文馆成立于1862年，1902年并入京师大学堂。京师同文馆第一年仅开设英文馆，第二年

---

[1] 俞启定. 中国教育简史[M]. 北京：中央广播电视大学出版社，1999：199.

[2] 石鸥，吴小鸥. 中国近现代教科书史：上[M]. 长沙：湖南教育出版社，2012：6-13.

开设了俄文馆、法文馆，1867年以后陆续增设近代学科，包括算学、天文、地理、矿学、各国史略、万国公法等，1871年设德文馆。1876年，京师同文馆正式规定，除外语外学生还要学习数学、物理、化学、天文测算、万国公法、各国历史、地理等课程，这使得京师同文馆成了以外语教学为主，兼习各门"西学"的综合性学校。同年还附设印书处，有印刷机7台、活字4套，以代替武英殿的皇家印刷所[1]。1888年添设翻译处、天文台、格致馆，1895年又添设了东文馆（日文馆）。从课程设置看，京师同文馆已具有"普通中学的性质"[2]。

京师同文馆为了适应当时中国的政治、经济、文化变化需要，也为了满足自身的课程需要，相应地编译、印刷了各学科的西学教材。对于京师同文馆编译书籍的数量，目前说法不一，相对认可度较高的是台湾学者苏精的说法，他在《清季同文馆》中写到京师同文馆共出版了36种书籍，涵盖法律、天文学、物理、数学、化学、语言学、医学、历史学、经济学、游记等领域[3]。其中一部分作为京师同文馆的教材。从内容性质看，京师同文馆编译的《万国公法》《公法会通》《公法新编》《富国策》等属于德育教材。

1. 《万国公法》

《万国公法》由美国人惠顿撰，美国传教士丁韪良译，同治三年（1864年）京师同文馆刊行。该书由释义明源、论诸国自然之权、论平时往来、论交战四部分组成。该书第一次较为完整地向中国人介绍了西方资本主义国家之间通行的国际关系准则及交往原则，一经出版便引起广泛的社会关注。该书不仅是京师同文馆出版的第一部西学著作，也是我国近代最早关于法律方面的书籍，对于我国近代法律的建立、健全和发展起到了重要的促进作用[4]。

2. 《公法会通》

《公法会通》由瑞士法学家步伦（J. C. Bluntschli）撰，丁韪良、联芳、庆常、联兴译，1880年京师同文馆刊行。此书共收有国际公法862章，附行军训诫157章，共计1019章，故其最初译名《公法千章》，后出版时采纳总理衙门官员董恂的建议改名为《公法会通》[5]。

3. 《富国策》

1876年，京师同文馆总教习丁韪良参照西方学制，对京师同文馆进行课程改革，设置了八年制和五年制两份课程表，其中最后一年皆有"富国策"一科。在京师同文馆的影响下，"富国策"课程在山东登州文会馆与上海中西书院等其他新式学堂也陆续开设。由于"富国策"在中国是首次开设，没有现成的教材可用，所以丁韪良与汪凤藻合译（丁韪良制订翻译策略并最终定稿，汪凤

[1] 张静庐. 中国近代出版史料补编[C]. 北京：中华书局，1957：9.

[2] 陈青之. 中国教育史[M]. 上海：商务印书馆，1936：80.

[3] 王建辉. 中国出版的近代化[J]. 华中师范大学学报（人文社会科学版），2002（5）：82-87.

[4] 石明利. 京师同文馆译书活动研究[D]. 重庆：西南大学，2012：20.

[5] 万齐洲. 《公法会通》与近代国际法术语及其内涵的输入[J]. 惠州学院学报，2014（2）：32-36.

藻具体贯彻，担当主译角色）[1]英国经济学家亨利·福西特（H. Fawcett）1863年出版的*Manual of Political Economy*（《政治经济学提要》），译书名为《富国策》。该书于1880年出版，是西方资产阶级经济学的第一部中译本。

（二）江南制造总局翻译馆及其德育教材

1865年，曾国藩、李鸿章等在上海建立江南机器制造总局，简称江南制造总局，又称作上海机器局。为翻译西方各种科技著作以求强求富，江南制造总局获曾国藩批准后于1868年6月设立附属机构翻译馆。江南制造总局翻译馆的工作由徐寿主持，译员可考者59人，其中外国学者9人[2]。

江南制造总局翻译馆是19世纪中国最大的西书翻译出版机构，其翻译西书数量最多、质量最佳、历时最久、影响最大，在中国近代西学东渐史、近代科技史和文化史上都有重要地位。从1868年成立到1880年的12年间，该馆翻译、刊印了西书98种235本，销售31111部，共计83454本[3]。到1907年，该馆累计译书160种，销售总量在8万部以上。[4]这些西书，很多被洋务学堂或其他新式书院作为教材使用。其中在1900年前出版且算得上德育教材的有《公法总论》《各国交涉公法》等，下面简要介绍《公法总论》《各国交涉公法》。

1. 《公法总论》

《公法总论》由英国罗柏村（Robertson）撰，英国傅兰雅（John Fryer）、清汪振声同译，约1886—1894年刊行。该书首论公法源流，依次为公法大纲、公法沿革、自主与不自主之国、新得地与定交界法、使臣、和约、战时公法、局外国应守之例、待野人法、会议兵法以息兵争等，内容简略，译文流畅。

2. 《各国交涉公法》

《各国交涉公法》由英国费利摩（Phillimore）撰，英国傅兰雅口译，清俞世爵笔述，约1894年刊行。该书原名《国际法注解》，共有12卷：初集4卷论"国与领土"，二集4卷论"平时公法"，三集4卷论"战时公法"。

四、新式学堂的德育教材

甲午战争后，民族危机加深，清政府探索变法，学界共同关注"开民智"。百日维新时，清政府下令"各省、府、厅、州、县现有之大小书院，一律改为兼习中学西学之学校。至于学校之

[1] 刘晓峰. 汪凤藻的译者惯习和资本及其在晚清翻译场域的轨迹[J]. 外国语文研究，2018（3）：93-101.

[2] 石鸥，吴小鸥. 中国近现代教科书史：上[M]. 长沙：湖南教育出版社，2012：55-56.

[3] 傅兰雅. 江南制造总局翻译西书事略[C]//张静庐. 中国近代出版史料补编. 北京：中华书局，1957：9.

[4] 上海社会科学研究院经济研究所. 江南造船厂厂史：1865—1949[M]. 南京：江苏人民出版社，1983：54.

等级，自应以省会之大书院为高等学，郡城之书院为中等学，州县之书院为小学"[1]。据不完全统计，到甲午战争，中国人开设的新学堂不过25所，而维新浪潮在1895—1899年间就推出150所学堂[2]。其中最早的分阶段的新型普通学校是洋务派官僚、企业家盛宣怀建立的天津北洋西学学堂（1895年）和上海南洋公学（1896年）。此后，北京通艺学堂（1897年）、绍兴中西学堂（1897年）、广州时敏学堂（1898年）、无锡三等公学堂（1898年）、上海澄衷蒙学堂（1899年）等相继创办。

新式学堂的发展，对本土教材的需求也提上议事日程，再以翻译材料为基本的教学用书显然不合适了，一些有创新思想的中国知识分子开始尝试自编教材，而这个尝试直接来自新式学堂，他们的教学需求成为最大、最急迫的动力[3]。他们编的教材适应新式学堂"中西并重"的课程设置准则，大都呈现出很强的综合性，包含德育内容。其中最有名的德育教材是南洋公学的《蒙学课本》和无锡三等公学堂的《蒙学读本全书》。

（一）南洋公学的《蒙学课本》

南洋公学之所以定该名，一是因为地处南洋（当时称江苏、浙江、福建、广东等地为南洋），二是学堂经费是盛宣怀负责筹集，"以电报局和招商局的捐款为主"，虽然带有强烈的官方色彩，但毕竟不用国家教育经费，也不属于国家教育系统，性质介于官学与私学之间，所以称为"公学"。

南洋公学于1896年设立师范院，以培养师资为先务。1897年仿效日本师范设附属小学的做法，首次把普通教育（中小学教育）纳入，设立外院，相当于小学，开设国文、算学、舆地、史学、体育五科，令师范生分班教学。南洋公学外院是我国公立普通新式小学的开始。

南洋公学师范生在对外院进行教学时，遇到了没有合适教材的困难，于是尝试自编教材。在南洋公学所有的教材中，最有名的是师范生编的《蒙学课本》（《新订蒙学课本》）。

关于南洋公学《蒙学课本》的作者有多种说法，从其1899年第二次印刷版看，该书由商务印书馆代印，共两卷，没有作者名，没有目录，没有编辑大意之类的任何说明。第一卷共130课，每课无课题，第二卷共32课，出现课题。[4]该书中有不少德育内容，比如，第一卷第24课写道："人生时，饥不能自食，寒不能自衣，有语不能言，欲出不能行。思之，此时若无父母，将如之何？若年长而忘父母之恩，在家既不知孝敬，在塾又不知勤学以悦其心，于心忍乎？"第57课录司马光之语，教导为人子者如何对待父母之命，所言便纯属孝道："速行""返命"之外，即使"所命有不可行"，也要"和色柔声，备陈此事之是非利害，待父母之许，然后改之；若不许，苟于事无

[1] 朱有瓛. 中国近代学制史料：第1辑　下册[C]. 上海：华东师范大学出版社，1986：454.

[2] 桑兵. 晚清学堂学生与社会变迁[M]. 桂林：广西师范大学出版社，2007：2.

[3] 石鸥，吴小鸥. 中国近现代教科书史：上[M]. 长沙：湖南教育出版社，2012：55-56.

[4] 石鸥，吴小鸥. 中国近现代教科书史：上[M]. 长沙：湖南教育出版社，2012：74.

大害者，亦当曲从。"第一卷涉及中国古人事迹，除孔子外，还有东汉薛包、唐代李绩、宋代司马光[1]。

1901年，南洋公学在已有《蒙学课本》的经验基础上，出版《新订蒙学课本》3编，编者朱树人，由上海商务印书馆代印。《新订蒙学课本》初编为入门之书，主要目的在识字，每课先列生字，再列正文，由联字而缀句成文。第二编课文以段为主，共130课，其中故事60课，"属德育者三十，属智育者十五，属体育者十五"。第三编体例与第二编相同，共130课，"属德育者四十，属智育者七十，属体育者十，复附尺牍十课"[2]。且德育课文多与新学接轨，内容既有中国传统的忠孝等伦理，也有公德意识、爱国意识，还涉及个人隐私保护等方面。

如第三编第28课《检身杂语一》写道："凡他人器皿，未经告知，不可擅动；他人信札，尤不得任意拆阅。凡公用器皿，最宜爱惜。凡公花园内之花木，不得攀折。"[3]显然，该课涉及公德意识和个人隐私保护。

再如，第三编第98课《爱本国说》写道："我身及我之父母祖宗，所生所居之地曰本国，本国之人曰国民。兴盛之家，外人不敢侮其子弟；兴盛之国，外国不敢侮其国民。故国而强，国民之荣也；国而弱，国民之耻也。尔辈虽年幼，非皆中国之国民乎？既为其民，即当爱之。爱之欲其强，不欲其弱矣。"[4]该课有明确的国家观念和国民意识。

无论是言孝言悌，说忠说耻，两种蒙学课本已与传统的蒙学读物有了本质的区别，以新道德为主导的取向已相当明确。在此前提下，与之相合的传统教育资源被纳入或加以改造，否则即摒弃不录。而诸如公德、爱国、国耻一类理念的生发，不只对新道德观的构建意义重大，更与塑造现代国民的基本品格密切相关[5]，起到了真正的启蒙作用。

（二）无锡三等公学堂的《蒙学读本全书》

1898年，无锡举人俞复、裘廷梁会同友人丁宝书、吴稚晖等人学习日本的办学体制，创办无锡

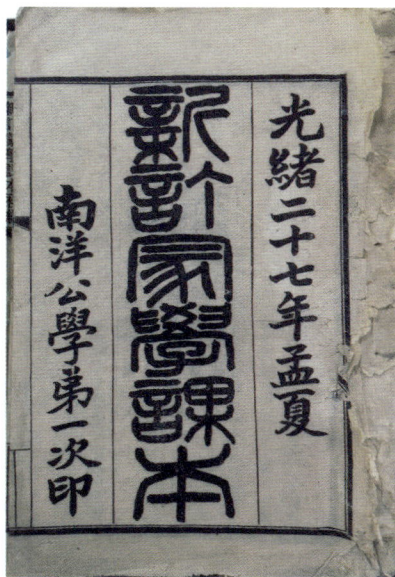

图1-3 《新订蒙学课本》，朱树人编，南洋公学1901年出版，商务印书馆代印

[1] 夏晓虹. 蒙学课本中旧学新知[J]. 清华大学学报（哲学社会科学版），2009（4）：39-55.
[2] 朱树人. 新订蒙学课本[M]. 上海：南洋公学，1901：编辑大意.
[3] 朱树人. 新订蒙学课本[M]. 上海：南洋公学，1901：125.
[4] 朱树人. 新订蒙学课本[M]. 上海：南洋公学，1901：166.
[5] 夏晓虹. 蒙学课本中的旧学新知[J]. 清华大学学报（哲学社会科学版），2009（4）：39-55.

三等公学堂，俞复任堂长。之所以命其名为三等公学堂，是因为该学堂仿照日本学制，开设中学校、高等小学校、寻常小学校三级。"堂中课程，略仿日本寻常小学校，分修身、读书、作文、习字、算术等科。"[1]

无锡三等公学堂应教学之需，从1898年开始，前后历经三载，于1901年完成《蒙学读本全书》7编。"前三编就眼前浅理引起儿童读书之兴趣，间及史地、物理各科之大端""第四编专重德育""第五编专重智育""第六编前半为修辞……后半为达理""第七编选史汉最有兴会之文，暨诸子之篇"。可以看出课本的知识整合与分类思路，虽然仍取材于"史汉诸子"等传统知识，但已显出内容上的分类意识[2]。该书是同时期比较好的新式教材。

《蒙学读本全书》第四编是修身书，"专重德育，用论语弟子章，分纲提目，系以历史故事，每课以示指归"（第四编约旨）。除了第四编专重德育外，其他几编也涉及德育内容，比如，第一编第一课为"我生大清国，我为大清民"，以培养学生明确的国民意识。第三编第二课写道："祝我国，固金汤，长欧美，雄东洋，陆军海军炽而昌，全球翻映龙旗光。帝国主义新膨胀，毋庸老大徒悲伤！印度灭，波兰亡，请看我帝国，睡狮奋吼剧烈场。"意在培养学生的爱国主义情感。再如第二编的《爱君歌》《崇圣歌》《入学歌》《敬孝歌》《友爱歌》《励学歌》等。显然，《蒙学读本全书》的德育内容涉及爱国、孝悌、友爱、勤学等方面。

本章小节

1840年以前，中国漫长的封建社会时期出现过很多德育教材，有的已经失传，有的被传承下来。这些德育教材出现的原因各异，但总体上符合皇权需要，反映封建伦理。

鸦片战争后，中国逐渐沦为半殖民地半封建社会，直到1901年的这60余年里，清政府没有具体的教育制度，当然也无力控制混乱的局面。这种背景下各种力量主导的德育教材都为自身的政治利益服务，内容千差万别。

这一时期的德育教材没有学段、年级之分，甚至没有明确的德育学科属性，要素不全，不注重教，也不注重学，没有配套的教授法，只能是现代意义德育教科书的萌芽。

---

[1] 无锡三等公学堂. 蒙学读本全书[M]. 上海：文明书局，1902：序.

[2] 毕苑. 蒙学教科书：第一部中国近代教科书[N]. 中华读书报，2009-05-13（14）.

第二章

修身立德——清末德育教科书的出现
与发展（1902—1911）

1902

教科书，作为一种文化载体，承载的是国家、民族知识水准和价值取向。不同时代背景下，社会所引导的教科书主张不尽相同。清末，近代中国社会结构开始转型，近代学制颁布，新式教育出现并快速发展，新式学堂迅速增加。1902年颁布的壬寅学制以及1904年颁布的癸卯学制都规定修身科为中小学第一科。修身科较好地体现了新式教育的特点，承担了传统道德教育历史转型载体的角色。这两个学制颁布后，清学部编译图书局和众多民间书局纷纷编辑、出版中小学德育教科书。1907年3月清政府颁布《女子小学堂章程》，规定设立女子小学，这对于女子教育具有划时代的意义。此后三年多，包括清学部编译图书局在内的一些机构出版了8套小学用女子修身教科书。除了出版机构出版德育教科书外，一些劝学所、办学者自编修身课本，还有个别出版商和学堂因实力不济原因，翻印大公司出版的德育课本。

从1902年至1911年的10年时间里，正式出版的中小学德育教科书有修身、伦理、政治学、经济学、法制等类型，其中修身教科书是主流，数量最多，使用面也最广。据不完全统计，这10年内共出版小学用德育教科书44种、中学用德育教科书23种。这些教科书很多仿照日本同类教科书编写而成，有的是直接译自国外的课本，内容和形式差异甚大，质量参差不齐，相对而言，商务印书馆出版的德育教科书质量较好。

这个时期的德育教科书内容上总体以传统的儒家伦理为主，点缀了些许近现代观念，在传承中国传统道德及国民启蒙等方面发挥了重要作用；形式上主要采用叙事法和类比，小学教材图文并茂，但教材元素单一，一般只有标题和正文，语言多为陈述句，强调学生的接受；资源上一般配有教授法、作法、挂图，甚至有"详解"，以辅助教学。

从历史的角度看，尽管清末10年的德育教科书也存在一些问题，但较传统的蒙学读物有很大进步，较好地完成了那个时代赋予的使命。

第一节
清末中小学德育课程和教科书制度

一、清末中小学德育课程

晚清政府在八国联军的压迫下，1901年9月7日被迫签订了《辛丑条约》，付出了巨额赔款、国土丧失的惨痛代价。面对经济负担沉重、政治危机严重的窘境，慈禧太后痛下决心，决定在政策和制度上进行调整，于1901年1月，在西安颁布"预约变法"的上谕，揭开了清末"新政"的序幕。此后，中国进入了长达十年之久的社会大变革时期，此即"清末新政"时期。

此次新政的重点之一是教育改革，以废科举、兴学堂、鼓励出洋留学为中心。它改变了传统的以儒家学说为中心的教育内容，传播了西方先进的思想和文化，也改变了传统的人才选举模式，使更多的国人摆脱封闭自锁走向世界，迎来了中国历史上近代化的新局面。

早在壬寅学制颁布之前，罗振玉就奉命率团赴日考察，1901年2月归国并向张之洞递交了一份考察报告。在比较日俄两国有关教育情况后，张之洞发现日俄两国虽皆学习和借鉴西方，但俄国因采取"法兰西民主国之教科书，而学生屡次滋事"，而日本因保留修身和伦理，情况则不然[1]。这一考察结果使他相信传统的圣贤道德仍然具有重要的教育意义，也让他更加坚定要学习日本的教学模式。事实上，早在新学制颁布之前，在洋务运动的推动下，戊戌变法前后，新式学堂大量创办，这些新式学堂的课程设置早已纷纷仿效日本开设了学科性质的德育课程——修身。比如，1898年创立的广州时敏学堂（邓家仁、邓家让两兄弟创办，后经两次更名，1922年停办）就开设修身科，自编《（时敏学堂）修身科讲义》。

新政开启的随后几年，清政府颁布了系列教育法令，部分法令对中小学修身科作了相应规定。修身科由民间正式进入官方视野则始于清政府1902年拟定的"壬寅学制"，即《钦定学堂章程》。作为我国近代第一个系统完备的法定学制，该学制规定了从初小逐步升入京师大学堂然后分配官职的全过程，将修身科列为百科之首，与读经科共同承担德育任务，两科在所有学科中占40%的比重。此学制将修身科以制度的形式固定下来，使之成为全国中小学的常设与必设科目。该学制还规定全国遍设学校，各地广设学堂。新式学校的设立带动了大批教科书走进市场，形成了教科书市场的新局面，修身教科书的出版在这种背景下也呈现了那个时代特有的繁荣。

《钦定学堂章程》分《京师大学堂章程》《考选入学章程》《高等学堂章程》《中学堂章程》《小学堂章程》及《蒙学堂章程》。其中，《小学堂章程》就规定："儿童自六岁起受蒙学四年，

---

[1] 苏云峰. 张之洞与湖北教育改革[M]. 台北："中央研究院"近代史研究所，1983：174.

十岁入寻常小学堂修业三年。俟各处学堂一律办齐后，无论何色人等，皆应受此七年教育，然后听其任为各项事业。"它还规定小学堂的修身科"教以孝悌忠信，礼义廉耻，敬长尊师，忠君爱国"，再"取《曲礼》朱子《小学》诸书平近切实者教之"。高等小学堂修身科"授以性礼通论、伦常大义，宜选先哲前言往行平近切实者教之"。中学堂修身"当本《论语》《孝经》之旨趣，授以人伦道德之要领"[1]，该学制并以管理条例的形式对各级学堂的仪节、堂规、舍规予以规范[2]。

1903年的《重订学堂章程折》规定了学堂的立学宗旨："无论何等学堂，均以忠孝为本，以中国经史之学为基，俾学生心术壹归于纯正，而后以西学瀹其智识，练其艺能，务期他日成才，各适实用，以仰副国家造就通才，慎防流弊之意。"[3]这是我国第一部由国家制定的教育宗旨。中学以忠孝为本，以中国经史之学为基；西学以西方近代科学知识和艺能为主，以培养国家所需的各种实用通才为目的，这个宗旨充分体现了"中学为体，西学为用"的思想。清政府所规定的德育课程目标和内容，是以其拟订的教育宗旨和各种学堂章程为基本依据的。该宗旨是"新政"时期德育及德育课程总的指导思想[4]。

1903年（农历癸卯年），张百熙、张之洞、荣庆等重新拟定《奏定学堂章程》，并于1904年初经法令公布在全国施行，称为"癸卯学制"。该学制是我国第一个正式颁布并在全国实际推行的学校教育制度，明确规定了师范、农工商、艺徒学堂的双轨非直升学制。《奏定学堂章程》对各学堂的德育课程作了具体规定：初等小学堂、高等小学堂、普通中学堂、初级师范学堂设修身、读经讲经科；高等学堂及优级师范学堂设人伦道德一科；大学堂设理学专科；初等农工商实业学堂、中等农工商实业学堂只设修身科；高等农工商实业学堂设人伦道德科（其中高等商业学堂设商业道德科）[5]。女子小学堂、女子师范学堂只设修身科，以养女德[6]。至此，德育课程在各级各类新式学堂的课程体系上全面、正式确立下来，并取得合法性的首要地位。"修身"即德育，这是直接参照日本模式的结果。

"癸卯学制"较为接近现代教育制度，是我国正式实行的被广泛接受的第一个学制。此学制在修身科的设置上与"壬寅学制"一脉相承，修身科自此成为中小学课堂的主要科目。它带有明显的"中体西用"色彩，在学制设计者看来，修身课程的内容显然属于"中体"的范畴，他们希望传统核心价值观能够通过修身课程及修身教科书得到巩固。《奏定学堂章程》中也规定"其要义在随时约束以和平之规矩，不令过苦；并指示古人之嘉言懿行，动其欣慕效法之念，养成儿童德行，使之

[1] 舒新城. 中国近代教育史资料：上[C]. 北京：人民教育出版社，1981：197，220-226，395-401.

[2] 朱有瓛. 中国近代学制史料：第2辑　上册[C]. 上海：华东师范大学出版社，1987：158-375.

[3] 舒新城. 中国近代教育史资料：上[C]. 北京：人民教育出版社，1981：197.

[4] 孙凤华. 从修身科到公民科：清末民初我国学校公民教育[J]. 华南师范大学学报（社会科学版），2008（5）：129-132.

[5] 舒新城. 中国近代教育史资料：中[C]. 北京：人民教育出版社，1981：411-759.

[6] 舒新城. 中国近代教育史资料：下[C]. 北京：人民教育出版社，1981：685.

不流于匪僻，不习于放纵。尤须趁幼年时教以平情公道，不可但存私吝，以求合于爱众亲仁、恕以及物之旨。此时具有爱同类之知识、将来成人后即为爱国之根基"。这揭示了清末小学修身科的目的是"忠君治人"；内容是"指示古人之嘉言懿行，教以平情公道，诵读有益风化之诗歌"。因此，凸显传统核心价值观的儒家经典以及传统蒙学读物 "老课本"成为修身课程的重要资源。当时，官方明确规定了修身课程可以利用的传统典籍。例如，1903年，京师大学堂刊有暂定各学堂应用书目，其中修身、伦理类的教科书"列入《弟子职》《曲礼》，朱子《小学》《近思录》，刘宗周《人谱类记》"[1]。又如，"癸卯学制"规定，初等小学堂"摘讲朱子《小学》、刘忠介《人谱》各种养蒙图说，读有益风化之极短古诗歌"[2]；高等小学堂"讲《四书》之要义，以朱注为主，以切于身心日用为要，读有益风化之古诗歌"[3]；中学堂"摘讲陈宏谋 《五种遗规》，读有益风化之古诗歌"[4]。壬寅学制颁行之初，这些"老课本"风行一时，新式修身教科书虽然已经出现，但是还没引起广泛重视。

1903年拟定的《奏定学堂章程·学务纲要》第一条也明确指出："外国学堂，于智育体育外，尤重德育，中外固无二理也。"并且强调："各学堂尤重在考核学生品行，造士必以品行为先。""外国学堂有宗教一门。中国之经书，即是中国之宗教。若学堂不读经书，则是尧舜禹汤文武周公孔子之道，所谓三纲五常者尽行皆废，中国必不能立国矣。"[5]

该学制的施行，促使了科举制的废除和近代新式学堂的兴起。此外，《奏定学堂章程·学务纲要》对教科书的编写作了特别强调，鼓励民间自编教科书。这一规定在一定程度上为自编教科书提供了一个宽松的环境。"癸卯学制"颁布前后，清末人士频频去日本进行教育考察，了解日本修身课程的状况，并征求日本同行编写教材的意见。如罗振玉编写《学制私议》采纳了日本著名教育家伊泽修二的建议，仿照日本以《教育敕语》为纲的方法，使得一些中国的德育教科书有了日本教科书的影子。如文明书局1902年出版，蒋黼编著的《蒙学修身书》的例言明确写道："此书体例全仿日本寻常小学修身书，书中事实则撷取中国古今嘉言懿行，引一二外国事，此书凡六卷，每卷二十二课，前二卷通俗文，自三十字至百字，后四卷文言，自六十字至二百字。"[6]

《钦定学堂章程》和《奏定学堂章程》都规定小学堂和中学堂开设修身和读经二科，其中修身

[1] 人民教育出版社课程教材研究所. 20世纪中国中小学课程标准·教学大纲汇编：思想政治卷[C]. 北京：人民教育出版社，2001：172.

[2] 人民教育出版社课程教材研究所. 20世纪中国中小学课程标准·教学大纲汇编：思想政治卷[C]. 北京：人民教育出版社，2001：6.

[3] 人民教育出版社课程教材研究所. 20世纪中国中小学课程标准·教学大纲汇编：思想政治卷[C]. 北京：人民教育出版社，2001：7.

[4] 人民教育出版社课程教材研究所. 20世纪中国中小学课程标准·教学大纲汇编：思想政治卷[C]. 北京：人民教育出版社，2001：132.

[5] 舒新城. 中国近代教育史资料：上[C]. 北京：人民教育出版社，1981：200.

[6] 蒋黼. 蒙学修身书[M]. 上海：文明书局，1902：例言.

为第一科。孙清如在其依据日本教科书所改编的《女子师范讲义·第一种修身学》中对其原因作了分析，写道：

> 修身何为而立学科也？为造就人格之根本而立也。人格之根本何为而造就之也？养育其道德心而造就之也。道德心于何见之于修身。见之中国、日本，名为修身学，欧洲各国名之为道德学，实则一而已矣。道德者，无形之器具，而身心所藉以为修者也。身者，有形之器具，而道德之所显以为用者也。舍道德而修身无所标准，舍修身而道德无所征验，实为道德之中心点，而占各学科最要之目的，最高之地位者也。十九世纪以来，不论东西各国，男女各校，必以修身为开宗明义第一科，学良有以也[1]。

孙清如看到了传统文化作用的一面，但没有看到开设修身科的根本目的是向下一代灌输封建正统观念，进而使行将崩溃的大清帝国得以绵延。对此，张百熙等人在《重订学堂章程折》所提的教育宗旨是最好的证明。《重订学堂章程折》中提出："至于立学宗旨，无论何等学堂，均以忠孝为本，以中国经史之学为基。"[2]有人从孙清如的论述中概括出"既是中国自古以来的意识决定了传统的反映，更主要是出于人们对修身科的认识和对日本教育的认同"[3]。

清末修身之所以被列为第一科，笔者认为主要有两方面的原因。第一，为了向儿童灌输封建观念，养成他们的忠孝观念，进而维持晚清政府的统治，这既是中国伦理本位的传统文化所决定，也是教育的政治功能使然。后文提到的清末修身科的立学宗旨很好地说明了这一点。第二，出于对19世纪后半叶日本教育的认同，借鉴日本的修身科经验，尤其是直接照搬"修身"这个课程名称。

修身科自1902年正式设置到1911年间，清政府对该课程的立学宗旨几乎每两年修订一次。

《奏定学堂章程》规定中学堂修身科摘讲陈宏谋《五种遗规》（《养正遗规》《教女遗规》《训俗遗规》《从政遗规》和《在官法戒录》），所讲修身之要义，"一在坚其敦尚伦常之心，一在鼓其奋发有为之气，尤当示以一身与家族朋类国家世界之关系，务须勉以实践躬行，不可言之不符"。该章程还规定，中学堂设"法制及理财"，"讲法制理财者，当就法制及理财所关之事宜，教以国民生活所必需之知识，据现在之法律制度讲明其大概，及国家财政、民间财用之要略"[4]。

1905年12月，清政府设立学部作为统辖全国教育的中央教育行政机构，中国迈出了建立新教育制度的第一步。

1906年3月，清学部针对民权思想的流行和革命派的相关活动，拟定"忠君、尊孔、尚公、尚武、尚实"五项教育宗旨，这是中国近代第一次正式宣布的教育宗旨。宗旨的前两条虽未脱"中体西用"的窠臼，仍然强调儒家礼教，体现了封建教育的根本性质，但较以前仅一般说明中西关系要

[1] 郑航. 中国近代德育课程史[M]. 北京：人民教育出版社，2004：30.
[2] 郑航. 中国近代德育课程史[M]. 北京：人民教育出版社，2004：30.
[3] 郑航. 中国近代德育课程史[M]. 北京：人民教育出版社，2004：30.
[4] 人民教育出版社课程教材研究所. 20世纪中国中小学课程标准·教学大纲汇编：思想政治卷[C]. 北京：人民教育出版社，2001：131.

更进一步，"尚公"强调国家利益和国民道德，"尚武"重在强兵，"尚实"的最终目的是使国家富强。宗旨对后三项的解释注意到了国民公共心、国家观念、身体素质和基本生活技能的培养，教育方法上学用结合，这五部分均内含品德之要求，它是"新政"后期德育及德育课程总的指导思想。针对学生的品德考核，《奏定学堂章程·学务纲要》有细致的规定："各学堂考核学生，均宜于各科学外另立品行一门，亦用积分法，与各门科学一体同记分数。其考核之法，分言语、容止、行礼、作事、交际、出游六项，随处稽察，第其等差；在讲堂由教员定之，在斋舍由监学及检察官定之。但学生既重品行，则凡选派教员学职，均需推择品行端正之员，以资表率。"

1907年3月的《女子小学堂章程》规定设立女子小学，是我国第一次在国家层面确定女子受教育的权利，主要宗旨为"养成女子之德操与必须之知识技能，并留意使身体发育"，强调女学的教育应当延续历代首倡女德的传统；各年级均需开设修身科以"涵养女子德性，使之高其品位，固其志操"[1]，培养具有传统女德的孝女贤媳。

1909年3月26日，清学部上《奏请变通初等小学堂章程折》，将初等小学教育分为三类：初等完全小学堂（五年毕业）、四年简易科和三年简易科；同年5月25日，《学部奏酌拟变通初等小学堂章程折》又明确了这一点。清学部对小学的分类改良中，又对修身科内容作了局部调整。如1909年的《变通小学堂章程》将修身科内容由《小学》《人谱》等改为专授《孝经》《论语》及《礼记》节本；《女子小学堂章程》规定初小授以"孝悌慈爱""端敬贞淑""信实勤劳"之美德；《初等小学堂章程》中关于读经讲经科的内容规定由第一学年读改为第三、第四学年读，书目也从之前的《论语》和《孝经》改为《论语》《孝经》和《礼记》节本。

1909年5月，出于更好地为学生未来作"升学预备"和"职业预备"的考虑，清学部奏请改革中学课程设置，仿效德国，实行文、实分科。《学部奏变通中学堂课程分为文科实科折》"拟将中学堂分为文科、实科，其课程仍照奏定章程十二门分门教授。惟于十二门之中就文科、实科之主要，权其轻重缓急，各分主课、通习二类。文科以读经讲经、中国文学、外国语、历史、地理为主课，而以修身、算学、博物、理化、法制、理财、图画、体操为通习；实科以外国语、算学、物理、化学、博物为主课，而以修身、读经讲经、中国文学、历史、地理、图画、手工、法制、理财、体操为通习"[2]。主课与通习都是必修课程，其差别体现在课程内容和程度上，比如算学，文科中学的为通习课程，内容包括算术、代数、几何、三角；实科中学的为主课，在文科中学算学课程内容的基础上另增加解析几何、微积分初步。再比如博物，文科中学的包括植物学、动物学，实科中学的另增加动植物实验、矿物、生理卫生学、矿物实验。规定中学修身科"摘讲陈宏谋《五种遗规》，

[1] 清学部. 学部奏详议女子师范学堂及女子小学堂章程折[J]. 东方杂志，1907（4）：99-122.

[2] 璩鑫圭，唐良炎. 中国近代教育史资料汇编：学制演变[C]. 上海：上海教育出版社，1991：553.

读有益风化之古诗歌",学习"理财通论""法制大意"[1]。

清末,德育课程不断调整,以修身教科书为主要教材,以弘扬中国传统文化中的忠孝道德观为主要目的。其立学宗旨虽几经变迁,但在"中体西用"观的支配下,始终以教化"忠君、尊孔"的臣民为核心。这样的制度性安排在本质上也反映了以张之洞为首的上层教育官员对时局的审时度势。维新派一方面有意识地吸收西方近代立宪改良主张下的社会政治伦理;另一方面主要从本民族的文化和传统出发,形成了以修身科和读经科为主导的德育课程体系,将"忠信孝悌"为核心的道德伦理规范和儒家的修身养性之道视为德育的主干,但并未能够进行真正意义上的"本有"与"本无"的调整。[2]

二、清末的教科书制度

1901年,清政府实施"新政",在管学大臣张百熙的推动下,清政府开始了国家统一管理教科书。

1902年,清政府颁行了《钦定京师大学堂章程》,该章程不仅明确了课本编纂的总体宗旨,还对七类课本的编纂要求进行了详细规定。课本编纂总宗旨:"一曰端正学术,不坠畸邪;二曰归于有用,无取泛滥;三曰取酌年限,合于程途;四曰博采群言,标注来历。"[3]其中对"经学课本"和"修身伦理"课本的规定如下。

> 经学课本,除《四书》《五经》分年诵习外,其诸家注释,拟编纂群经通义一书,略仿《尔雅》之例,天地人物,礼乐政刑,类别部居,依次序列,务取简赅,不求繁富。其大义微言,师承派别,亦区分门目,略加诠次,要必符乎普通之义,取资诵习,为通经致用之先,无取乎汉宋专家探微骋博之业也。

> 修身伦理,拟分编修身为一书,伦理为一书,均略取朱子《小学》体例分类编纂。[4]

《钦定京师大学堂章程》第二章第二十一节规定:"刻下各项课本尚待编辑,姑就旧本择要节取教课,俟编译两局课本编成,即改用局本教授。其外省学堂,一律照京师大学堂奏定课本办理,不得自为风气。如将来外省所编课本,实有精审适用过于京师编译局颁发原书者,经大学堂审定后,由管学大臣随时奏定改用。"《钦定高等学堂章程》第一章第十二节规定:"凡各项课本,须遵照京师大学堂编译奏定之本,不得歧异。其有自编课本者,须咨送京师大学堂审定,然后准其通用。京师编译局未经出书之前,准由教习按照此次课程所列门目,择程度相当之书暂时应用,出书

[1] 人民教育出版社课程教材研究所. 20世纪中国中小学课程标准·教学大纲汇编:思想政治卷[C]. 北京:人民教育出版社,2001:133.

[2] 孙凤华. 清末民初我国中小学修身科课程宗旨演变大要[J]. 通化师范学院学报,2010(1):101-103.

[3] 朱有瓛. 中国近代学制史料:第2辑 上册[C]. 上海:华东师范大学出版社,1987:861-864

[4] 舒新城. 中国近代教育史资料:上[C]. 北京:人民教育出版社,1981:353-354.

之后即行停止。"《钦定中学堂章程》《钦定小学堂章程》第一章第十二节均规定中、小学堂各项课本按照《钦定高等学堂章程》之第一章第十二节办理[1]。

《钦定学堂章程》初步确定了京师大学堂具有统一审定全国教科书的最高职能之后，各地书局中确有遵照规定，把所出教科书送呈京师大学堂审定者[2]。

1903年清政府公布《暂定各学堂应用书目》，当中列举了16个门目90种教科书，其中58种是民间的书局、学会、学社、个人编辑（译）出版的。

1904年1月颁布的《奏定学堂章程》明确规定了教科书编审兼备的举措："凡各科课本，须用官设编译局编纂，经学务大臣奏定之本。其有自编课本者，须呈学务大臣审定，始准通用。官设编译局未经出书之前，准由教员按照上列科目，择程度相当而语无流弊之书暂时应用，出书之后即行停止。"[3] 编译的教科书"宗旨纯正，说理明显，繁简合法，善于措词，合于讲授之用者，即准作为暂行通行之本"。该章程还规定，"各种教科书，中国尚无自纂之本……但此类之书无几，目前不得不借用外国成书，以资讲习……其与中国不相宜之字句则节去之，务期教习毫无流弊"[4]。表明清政府出于维护统治秩序的企图，对国外教科书选用持谨慎态度，对新思想进行严密控制。《奏定初等小学堂章程》《奏定高等小学堂章程》规定初等小学堂、高等小学堂教科所用图书，"当就官设编译局所编纂及学务大臣所审定者采用，且须按学堂所在之情形选定"。

1905年12月，清学部成立，并设立隶属于学部的教科书审定科，随后归并学部编译图书局，作为其附设机构之一。次年，学部"拟设编译图书局，即以学务处原设之编书局改办"，"并于局中附设研究所，专门研究、编纂各种课本"[5]。审定科的职责在于对教科书进行统一的审核和评估，严格把关，以判定其是否适合用作教科书。此外，各省学务公所之下分设了图书课，专门负责审查本省各学堂教科图书[6]。由此，清末教科书审定开始步入正轨。从当时教科书审定的实际情况看，各省学务公所的图书课只是协助学部审定科做好教科书的审定工作而已，自身并没有完全独立的教科书审定权限。它在这方面的职责之一是汇集本省各学堂的讲义及私人编纂的教科书籍，送往学部审定；职责之二是在发现本省教科书中的错误时，呈明学部，并相应督促出版编纂者改正[7]。

在清末首任学部尚书荣庆与左右侍郎严修的主持下，学部陆续颁布了一系列审定教科书的凡

[1] 璩鑫圭，唐良炎. 中国近代教育史资料汇编：学制演变[C]. 上海：上海教育出版社，2007：243-280.

[2] 王昌善. 我国近代中小学教科书编审制度研究[D]. 长沙：湖南师范大学，2011：28.

[3] 朱有瓛. 中国近代学制史料：第2辑　上册[C]. 上海：华东师范大学出版社，1987：98.

[4] 张百熙，荣庆，张之洞. 重订学堂章程折[M]//陈学恂. 中国近代教育史教学参考资料：上册. 北京：人民教育出版社，1986：596.

[5] 学部总务司. 奏定学部官职暨归并国子监改定额缺事宜折[C]//沈云龙. 近代中国史料丛刊　第三编第十辑. 台北：文海出版社，1973：42.

[6] 吴科达. 清末教科书审定制度的建立[J]. 教育评论，2008（6）：145-148.

[7] 吴科达. 臣民还是公民：教科书审定制度和思想道德教科书：1902—1949[M]. 北京：中国社会科学出版社，2013：23.

例和书目，并组织审定以中小学为主的各级各类教科书或相对成熟的、教师所编纂的相关学科教材讲义，如《学部第一次审定初等小学教科书凡例》《学部通行第一次审定初等小学暂用书目文》《学部第一次审定高等小学暂用书目表》《学部第一次审定中学堂初级师范学堂暂用书目凡例并表》等。1906年以后，清学部陆续将教科书的审定意见和评语公布在《学部官报》上[1]。学部审定教科书后列出暂用教科书目录，是教科书发展的标志性大事件，推动了新式教科书的使用。

1906年4月，学部颁布《学部第一次审定初等小学暂用教科书凡例》，该凡例共22条，对教科书审定作了较为详尽的规定；同月，学部还公布了《学部第一次审定初等小学暂用书目》，该书目列出了共计103种适用于初等小学的教科书，其中包含商务印书馆出版的最新初等小学教科书55种。同年，学部颁布《第一次审定高等小学暂用教科书凡例》共8条，对高等小学堂教科书的审定作了详细的规定。1907年，学部审定通过的"高等小学堂暂用书"共27种77册，其中文明书局9种21册、商务印书馆8种31册。1907年，学部在上述高等小学教科书"凡例"基础上，体现中学教育特点，略作修正，形成审定中学教科书的有关"凡例"条文。1908年，学部编译图书局颁布《审定中学暂用书目表》，列中学用书共56种。根据《学部官报》及相关资料统计，学部自1905年12月成立到1911年清朝灭亡，大约共审定教科用书679种923册，其中约有596种教科书刊录有学部审定禀批或内容提要。这596种教科书中只有262种通过审定，合格的占比不到一半[2]。

为维护学部审定机构的权威形象，清学部规定"审定之图书准著者于书中标明学部审定字样，如未经本部审定而伪托名者，应行查办"[3]。该项规定在凸显政府权力力量的同时，也有助于整顿教科书市场的混乱局面，在一定程度上保障了教科书使用者的权益。

清政府不仅通过规章、审定和统编等手段保障教科书的质量，还通过法律保护教科书的版权。

1910年颁行的《大清著作权律》（简称《权律》）有部分条款针对教科书设计。譬如针对著作者权利的保护，《权律》第四章第二节专门规定了"禁例"，此类禁例有6条，其中最重要的一点就是，不能更改或隐匿作者的姓名和对作品的内容进行歪曲、篡改。"禁例"第五条规定不得将他人编著的教科书中的问答题擅自编写成问题解答来发行，同时还规定了相关的处罚标准，如将教科书中设问之题擅作答词发行，罚款10~100元。"禁例"的严格规定体现了《权律》对著作者权益的保护。《权律》在规定"禁例"来保护版权的同时，也在第三十九条规定了"合理使用"的情况，

[1] 吴洪成，蔺士琦.清末教科书审定制度述论[J].河北科技师范学院学报（社会科学版），2018（2）：106-115.

[2] 吴科达.臣民还是公民：教科书审定制度和思想道德教科书：1902—1949[M].北京：中国社会科学出版社，2013：30-36.

[3] 学部总务司.学部第一次审定初等小学暂用教科书凡例[C]//李桂林，戚名琇，钱曼倩.中国近代教育资料汇编：普通教育.上海：上海教育出版社，1995：38.

对于节选众人著作成书以供普通教科书及参考书之用者即视为"合理使用"。"合理使用"的条款符合教材编写的实际情况，直到现在也作为一条重要的原则[1]。作为中国历史上第一部版权立法，《权律》结束了教科书单靠官府告示保护版权的历史，为把版权保护正式纳入法治轨道开启了先河。

[1] 刘桂芳，洪港. 晚清及民国时期教科书版权立法述论[J]. 图书情报工作，2009（23）：137-140.

第二节
清末种类繁多的小学德育教科书

一、清末小学德育教科书出版情况

清朝末期，我国的中小学德育教科书出现了新局面。伴随着新式教育的出现和快速发展，一些学堂开设了具有新式教育特点的德育课程——修身。该课程作为传统道德教育历史转型的载体，被置于当时课程体系的首位，并在传承中国传统道德及国民启蒙等方面发挥了重要作用。与此同时，大量的德育教科书开始涌现并流行。清末的中小学德育教科书以修身教科书为主，有少量的伦理教科书、少量的政治教科书和少量的经济学教科书。在那段中西文化、古今文明碰撞并交融的特殊岁月里，德育教科书被教育者们寄予了厚望。

1901年清政府诏设学堂，次年颁布《钦定学堂章程》，通令全国遍设学校，因戊戌变法失败而遭到压制的改革教育的思潮重新抬头，各地广设学堂。自1902年后，学校教育迅速发展，在校生数量增长极快，因此急需新式学校的教科书。在这种背景下，修身教科书的出版也呈现出那个时代特有的繁荣景象。从1902年文明书局出版《蒙学修身教科书》可以推测，1902年清政府颁布《钦定学堂章程》前，一些开设修身课的新式学堂自编过修身教材。

1902年《钦定学堂章程》颁布前后，文明书局、人演社、有正书局等出版机构出版了"修身教科书"，文明书局在1902—1903年间共出版4种小学修身教科书，另两家出版机构在这两年里各出版了1种小学修身教科书。《钦定学堂章程》颁布后，多家出版机构竞相出版修身教科书。之所以出现这种状况，主要是因为当时正值历史剧变，旧的道德观念濒临崩溃，新的道德观念还未能建立，不同阶级阶层提出不同的道德主张。每个阶级阶层的人在道德思想方面"都展开浑身解数，想以自己的思想和观念塑造新一代，这就使修身教科书最后成为品种最多的课本"[1]。

1905年，清政府设立学部，学部编译图书局先后编纂出版了5种初等小学修身教科书，分别为《初等小学修身教科书》《初等小学堂五年完全科修身教科书》《初等小学堂简易科修身教科书》《初等小学堂四年完全科修身教科书》《女子初等小学修身教科书》；1种高等小学修身教科书《高等小学修身教科书》。《初等小学修身教科书》（10册）是编译图书局成立后最早编纂的修身

---

[1] 汪家熔. 民族魂：教科书变迁[M]. 北京：商务印书馆，2008：76.

教科书，是真正意义上的"学部第一次编纂"。五年完全科本（6册）、简易科本（根据《学部官报》推测，3册）和四年完全科本（6册），是为适应1909年的小学教育分类而编纂的，"与《初等小学修身教科书》形式相近"[1]，内容略有差异。

根据北京图书馆、人民教育出版社图书馆合编的《民国时期总书目·中小学教科书》以及蒋致远主编的《中华民国教育年鉴》（台北，宗青图书公司1991年版）统计，1902—1911年的这段时间里，当时全国较有影响的书局或图书出版公司几乎都出版过小学修身教科书，数量共达41种（其中初小25种，高小10种，没有明确是初小或高小的6种）。这些小学修身教科书根据出版主体可分为两大类：第一类是由学部编译图书局组织编写和出版的，指定使用的官定教科书，或称国定教科书；第二类是由各书局、图书公司等组织编写、出版，送学部审定通过后推广使用的教科书。

这些教科书如下：

初等小学堂用：上海文明书局的《蒙学修身教科书》《蒙学经训修身教科书》《初级蒙学修身教科书》《初等小学修身教科书》《初等小学修身书》《小学修身教科书》；商务印书馆的《最新修身教科书》《女子初小修身教科书》《简明修身教科书（初等小学用）》；中国图书公司的《初等小学修身课本》；学部编译图书局的《初等小学修身教科书》《初等小学堂五年完全科修身教科书》《初等小学堂简易科修身教科书》《初等小学堂四年完全科修身教科书》《女子初等小学修身教科书》；同文书会的《小学修身书》；上海会文学社的《最新女子初等小学修身教科书》《修身教科书（女子初等小学堂用）》《初等小学修身教科书（官话）》《初级蒙学修身教科书（官话）》；乐群图书局的《初级小学修身教科书》；群学社的《女子修身教科书（官话）》；中国教育改良会的《最新女子修身教科书》；锟记书局的《绘图女学修身教科书》；集成图书公司的《小学教科初等修身》等。

高等小学堂用：商务印书馆的《最新修身教科书（高等小学用）》《女子修身教科书（高小用）》；乐群图书局的《蒙学修身教科书》（上、下册）；达人书馆的《高等小学修身》；中国图书公司的《高等小学修身课本》；文明书局的《高小修身书国民读本》《新体高等小学修身书》；学部编译图书局的《高等小学修身教科书》；中国教育改良会的《高等修身教科书》；科学图书社的《高等小学修身教科书》；上海群学社的《最新女子修身教科书》；上海会文学社的《高等小学修身教科书》等。

没明确是初小或高小用：文明书局的《高等蒙学修身教科书》《小学修身唱歌书》；彪蒙书室的《绘图蒙学修身实在易》；中国图书公司的《新国民修身教科书》；广智书局的《寻常小学修身（书）》；（东京）同文印刷舍的《小学修身书》等。

这41种小学修身教科书，学部编译图书局仅出版了其中的6种，而且总体质量较差，大为教育界所诟病，使用范围很小，其余皆为民间书局出版。民间书局是清末修身教科书的出版主力，占据绝

[1] 霍丽丽. 清末三种修身教科书版本考[J]. 出版与印刷，2021（1）：77-83.

大多数市场份额。一些书局的修身教科书因为编者水平高，编纂质量好，故多次再版重印。尤其是商务印书馆的《最新修身教科书》不仅本身质量好，还另编"教授法"和"教科书详解"，并配有依照书中图画绘制的放大的挂图，供教学使用，故而所占的市场份额最大，到1911年的时候再版达20余次。文明书局出版的修身教科书系列也多次重印，使用面很广。

除了清学部编译图书局和各出版机构出版的小学修身教科书外，清末还有很多办学者和地方劝学所自编、未正式出版的各种修身教科书，如1907年戴裕著的《修身讲义》。这类教科书名称不一、内容不一、分量不一，绝大多数没有正式出版，多数或因体裁不合，或因取材过迂，均遭学部批斥。虽然如此，这类教科书依然在使用。

清末小学德育教科书除了"修身教科书"外，还有几种"伦理教科书"和"经济学教科书"，比如上海商学会和文明书局1903—1905年出版的《初等伦理教科书》、文明书局1905年出版的高小《经济学教科书》以及达文编译书社1904年出版的《最新蒙学伦理书》等。

此外，还有部分学堂甚至小书局因实力不济等原因，翻印大出版公司的小学修身教科书。比如，上洋文会堂翻印商务印书馆的《最新修身教科书》，去其图绘，只保留其文字，其中一册翻印本是将《最新修身教科书》的第二、第三册合为一册，名为《修身教科书二、三册》。

即使以现在的眼光看，在晚清短短的十余年时间里共正式出版近50种小学德育教科书，也可谓繁盛。

二、具有代表性的小学德育教科书

（一）商务印书馆的《最新修身教科书（初等小学用）》

20世纪初，一些教科书编写者考虑到蒙学类教科书与传统的儒家经典等读物区别不大，并没有凸显德育教科书的特点，于是在编写教科书时作了大胆的尝试：一是引用以德目为中心的教科书，并以此为蓝本，搭建初步的教科书编写框架；二是从经、史、子、集等书籍中寻找适合所列德目的内容，将其整理在初建的框架下编成新的教科书。商务印书馆出版的《最新修身教科书（初等小学用）》就是这方面的集大成者。

图2-1 《最新修身教科书（初等小学用）》（第三册），商务印书馆编译所编纂，高凤谦、蔡元培、张元济校订，1906年商务印书馆出版、发行

该套教科书共10册，每册20课，由商务印书馆编译所编纂（但据汪家熔先生考证，初小10册的实际编撰者是张元济，高小4册的实际编撰者是高梦旦[1]），高凤谦、蔡元培、张元济校订，1906年出版。该套教科书竹纸，石印，尺寸为13.8 cm×21 cm，线装，竖排繁体字印刷；有少量彩页，采用从日本引进的彩色石印技术印制。封面简单，左边一文本框，框内印有"初等小学用"、册次、"最新修身教科书""商务印书馆"，框的上方印有横排的"学部审定"；扉页分3列，正中直书书名，右列为校订者信息，左列印有"上海商务印书馆印行"字样；扉页背面为该书书名及出版社名称等的英文；书后版权页印有出版时间、版次和定价（定价每本大洋1角）、编撰者、校订者、发行者、印刷所、总发行所、分售处等信息。

该套教科书关注儿童品格的养成，一方面强调中国传统道德，大半材料引自《十三经》和《二十四史》；另一方面从自由、平等、博爱的基点出发，强调社会成员和家庭成员的平等关系，注重培养儿童独立自主的精神以及激发其爱国志向。尤其难能可贵的是，200课中没有涉及一个"君"字，300个故事中没有涉及一个"忠"字，大体提倡宽容、公平、进取、尚武等。同时，以开阔的视野把大量的新知识、新事物呈现在儿童面前。课文内容渐次深入，如《最新初等小学修身教科书》第一册，考虑到新生苦于识字，全部采用图画，由教师反复讲演。该套书在当时具有非凡的启蒙意义与价值。

以第一册为例，该册内容循序渐进：前三课为"学规"等相关内容，目的是让刚入学的儿童学会遵守校规；第四课至第十一课"专言孝悌"，主要讲授儿童日常生活中的一些行为规范；第十二课至第二十课以历史人物少年时期的嘉言懿行或寓言故事为例，深入浅出地讲解为人处世、待人接物最基本的道理。其中，还引用了"龟兔赛跑""狐与鹭"等西方寓言故事。

总体看，该套教科书突出以孝为首的纲常伦理，表现出与传统教育的关联及承续，而不是断裂或移植，内容不是大而空泛的话题，而是经过历史打磨、推敲的箴言和美德[2]。整套教科书呈现的方式是直观而鲜明的：第一册全用图画；第二册开始用格言，仍以图画为主；从第三册开始，一直到第十册引用古代优秀人物故事，并配有大量图画，而且同一篇课文的文字和插图编排在同一个展开页上，图文并茂，符合儿童心灵成长的轨迹及他们的认知能力。此外，该套教科书配有"教授法"，以辅助教师教学。不过，该套教科书只有标题和正文，没有其他要素，和同时代某些教科书（如文明书局的《蒙学修身教科书》）比起来，在形式上存在差距。

在当时，该套教科书所占的市场份额最大，原因是多方面的。除了教科书本身的质量外，还因该套教科书另配有"教授法"以及"教科书详解"，并按照书中插图绘制放大的挂图，供教师在课堂上教学使用，大大方便了教师教学和学生学习。

[1] 陈元，林尔蔚，陈锋，等. 商务印书馆九十年：我和商务印书馆[M]. 北京：商务印书馆，1987：482.
[2] 方忆. 百年前的教科书：对《最新初等小学修身教科书》第一册的释读[J]. 杭州文博，2011（2）：119-125.

第二节 清末种类繁多的小学德育教科书

（二）商务印书馆的《最新修身教科书（高等小学用）》

该套教科书由商务印书馆编译所编纂，高凤谦、庄俞校订，1907年出版、发行，共4册。其物理属性及编排策略与商务印书馆同期的《最新修身教科书（初等小学用）》类似，以古代优秀人物故事为主，配有插图，且插图笔法细腻，表现力很强。内容编选历史上可以身体力行的事实，参以当时新的伦理道德观念。除教科书之外，另编"教授法"和"教科书详解"，供教师参考之用[1]。

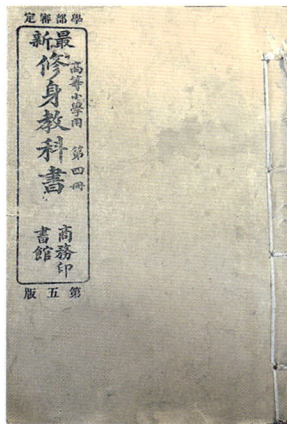

图2-2　《最新修身教科书（高等小学用）》（第四册），商务印书馆编译所编纂，高凤谦、庄俞校订，1907年商务印书馆出版、发行，1910年4月5版

第一册目录：第一课 李绩，第二课 续，第三课 续，第四课 续，第五课 续，第六课 姚崇，第七课 郭子仪，第八课 续，第九课 续，第十课 续，第十一课 续，第十二课 续，第十三课 颜真卿，第十四课 续，第十五课 续，第十六课 续，第十七课 裴度，第十八课 续，第十九课 续，第二十课 柳公绰，第二十一课 续，第二十二课 续，第二十三课 续，第二十四课 阳城，第二十五课 续，第二十六课 韩琦，第二十七课 续，第二十八课 续，第二十九课 续，第三十课 范仲淹，第三十一课 续，第三十二课 续，第三十三课 续，第三十四课 张载，第三十五课 续，第三十六课 司马光，第三十七课 续，第三十八课 续，第三十九课 续，第四十课 续。

从目录可知，该册书讲了中国古代11位名人的故事，体现了中国传统纲常。

（三）上海文明书局的《蒙学修身教科书》

该教科书为1903年文明书局出版的"蒙学教科书"中的一本，是近代学制确立后的第一部较有影响的修身课本，庄俞著，后多次再版。

该书分为修己、保身、待人、处世4章，38节，共120课。有关守法、纳税、财产和政治等内容属于"处世"章，相关课文有"纳税者皆有监督用此税项之权""我于公财产无取用之权，我于私财产有支付之权""天下无无政治之国家……同一政治，必民之多数以为可者，方著为令"等表述。这里"政治"在词义上显然具有了现代含义。课文还对"国民"一词着重强调，相对当时的

---

[1] 顾明远. 教育大辞典[M]. 上海：上海教育出版社，1998：183.

"君臣"观念，尤为难得。这些知识，在中国教育史上具有石破天惊的启蒙意义[1]。

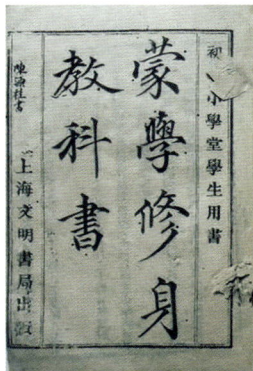

图2-3　《蒙学修身教科书》，庄俞著，1903年上海文明书局出版、发行，1904年8月3版

该书竹纸，木刻，尺寸为12.4 cm×19.6 cm，竖排。封面仅有书名，扉页有书名和"初等小学堂学生用书""上海文明书局出版"等字样，扉页后面接着编辑大意，阐明修身科的内容范围、该书的编辑理念、课时安排、教学策略等。按章—节—课式编排，课文短小，多为20～40字的箴言，课后附有课文的教学目的和教学提问等内容，如第119课"爱国"写道："同心协力，先公后私，则国之强盛可立而待也。"该课正文后有"此课教人以爱国""问我生中国宜爱中国否，问国如何才能强盛"。显然，该教科书已经有了导语和练习的雏形，能为教学提供参考。

（四）蒋智由的《小学修身教科书》

该套教科书共3卷（册），1911年印行的书名为《小学修身教科书》（1906年5月初版的书名为《小学修身书》），1906年初版，1909年4版，蒋智由著述、发行，日本东京同文印刷舍印刷，清学部审定。

图2-4　《小学修身教科书》（卷二），清学部审定，1906年东京同文印刷舍印刷，蒋智由著述、发行，1909年4版

其中第二卷内容共3章28节（目录中只有第一、第二、第四章，没有第三章，应有误），3章的标题分别是家族、国家社会、品行，各节的标题依次是父母、兄弟、祖先、宗族姻戚、爱国、国民之义务、对于社会之人人、图公众之利益、己之职任、诚实、反省、改过、矫癖、远大、谦虚、公平、正直、廉洁、俭约、博爱、报恩、勇气、节操、利济、推想、裁制、完美、进步。"家族"主

[1] 毕苑. 回望教科书：教科书在中国现代化进程中的独特作用[N]. 人民政协报，2017-02-16（9）.

要阐述爱父母、兄弟，敬祖先，关爱亲戚的理由和做法；"国家社会"主要阐述国民的义务有哪些、如何对待公共利益、如何尽职等，强调社会是保障个人生存的基础，指出"人不能独立而存，故必相依相助，而后得谋生活者，此社会之所以必要也"，社会利益不保，则个人利益也难保，"夫人既相合而成国家社会，以谋生活，故所谓我者，即国家社会中之一分子，未有不顾国家社会公众之利益，而我独能保其一己之利益者也"；"品行"主要从公平、勇气、推想等德目阐述如何提升个人修养。难能可贵的是提及"推想"发展学生的思维力，提及博爱、公平、国民义务等现代公民品质。不过，内容间的逻辑关系没有处理得很好，有重叠等问题。

该套书竹纸，尺寸为13 cm×21.5 cm，竖排，章节体编排，每卷3~4章，每章若干节，每节相当于一课。封面仅有书名，扉页印有彩色书名，接着为序、例言、目录、正文、版权页。序主要阐明道德的内涵、道德养成的途径、道德教育的方法；例言主要说明该册与其他册的关系及其行文明白晓畅的价值；目录仅罗列章节名称和页码；正文皆为义理阐发，课文较长，且缺少故事和插图，没有思考题，可读性较差，但有注释以帮助学生理解艰深的词句；版权页在封三，主要有版次、定价、寄售处、著述者、发行者、印刷人、印刷所、"学部审定用书"等信息，还有印着"翻刻必究"的文本框。

（五）清学部编译图书局的《初等小学修身教科书》

该套教科书共10册，清学部编译图书局编纂、印行，1906—1909年出版。该套教科书内容在强调传统意义上的个人修养的同时，渗透了公德、健体等少许近现代启蒙观念。

以第一册为例，书中有20课，分别是学堂、敬师、容体、整洁、恪守时刻、勤学、讲堂与体操场、游戏、父母、孝顺、兄弟、家庭之乐、交友、戒争论、戒讳过、戒恶言、礼仪、戒搅扰人、体育、儿童。其中第一至第八课是儿童入塾了解学堂的环境，第九至第十二课是如何对待家庭，第十三至第十五课是如何对待社会，第十六至第十九课为行为规范，第二十课总结前十九课，讲如何做个好儿童。不过，该教科书"经改审后，错误百出"，质量上存在严重问题，大为教育界诟病，使用范围很小。

2—5

图2—5 《初等小学修身教科书》（第一册），1906年清学部编译图书局编纂、印行

该套书竹纸，石印，尺寸为13 cm×20.6 cm，竖排。封面有书名和册次，扉页印有彩色的"学

部第一次编纂初等小学修身教科书"字样，接着为插页、凡例、目录、正文、版权页。插页写了学部编译图书局印行该书的时间；凡例主要介绍本册的课数及教学时数、主要内容、教学目的和方法等；目录仅罗列课次和名称；各册的正文内容和形式不同，第1~2册主要为插图，第3~10册为图文结合，文在右，图在左；版权页在封三，主要有出版时间、印刷时间、定价、编纂者、印刷者、印刷所、总发行所等信息，以及"学部批准"字样。不同版次的封面形式及版权页信息差别较大。

（六）商务印书馆的《简明修身教科书（初等小学用）》

《简明修身教科书（初等小学用）》共10册，供初等小学用，陆费逵、戴克敦、沈颐编纂，高凤谦校订，商务印书馆1908年出版、发行，后多次再版。

图2-6　《简明修身教科书（初等小学用）》（第五册），陆费逵、戴克敦、沈颐编纂，高凤谦校订，1908年商务印书馆出版、发行，1910年4月5版

该套教科书的内容与商务印书馆此前出版的《最新修身教科书》差不多，主要关注儿童品格的养成。一方面强调中国传统道德，大半内容引自《十三经》和《二十四史》；另一方面从自由、平等、博爱的基点出发，强调社会成员和家庭成员的平等关系，注重培养儿童独立自主能力以及激发儿童爱国志向。总体看，该套教科书突出以孝为首的纲常伦理，表现出与传统教育的关联及承续，而不是断裂或移植，内容不是大而空泛的话题，而是经过历史打磨、推敲的箴言和美德。比较难能可贵的是，该套教科书提倡宽容、公平、进取、尚武等，具有近现代的启蒙意义与价值。不过，由于时代的局限，该套教科书的一些内容在今天看来视野狭隘，比如第三册第三课"友爱"仅讲"兄姊爱弟妹，弟妹敬兄姊"，囿于家庭同辈人的友爱。

形式上，该套教科书也与《最新修身教科书》一样，课文内容渐次深入。第一册全用图画，第二册开始用格言，仍以图画为主，文字渐多，取材多为训词和故事，符合儿童心灵成长的轨迹及他们的认知能力。但该教科书也只有标题和正文，没有其他要素。

该套教科书竹纸，石印，尺寸为15 cm×20 cm。封面形式简单，左侧一个文本框，框内右边是"初等小学用"字样及册次；左边上部是书名"简明修身教科书"，"简明"在上端，横排；下部是"商务印书馆"的字样，排两列，美感一般。扉页与封面形式一样，接着是目录、正文、插页、版权页。目录仅有课次和课名；插页介绍各课要点及教学周数；版权页也分为上、下两部分，上半部分是商务印书馆的出版广告，下半部分是版权信息，主要包括版次、出版时间、定价、编纂者、校订者、印刷所、发行者、总发行所、分售处等信息以及"翻印必究"的字样。该套教科书另配有"教授法"及五彩挂图。

（七）群学社的《女子修身教科书（官话）》

该套教科书共3册，邵廉存编，上海群学社1907年出版、发行。该套教科书逻辑结构明显受传统女学读物的影响，主题依次是"女教""妇道"和"母仪"，这也是传统女学读物常见的逻辑结构。课本内容强调培养"贤妻良母"，以女性私德为主，既有关于"从一""节烈""安分""不妒""贞操"等落后的观念，也有"男女平等"等新观念，如在第二册中写道："我们中国的女人，除会些刺绣习点烹调外，其上等的，亦不过懂几句诗词，所以识量狭小，往往不明大义。哪知女人心思材力与男人同，难道男人要求学问、明道理、干事业，女人可不必吗？"

该书在物理属性上与同期的其他同类课本相近。

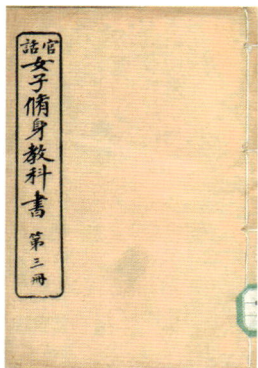

图2-7　《女子修身教科书（官话）》（第三册），邵廉存编，1907年群学社出版、发行

（八）会文学社的《最新女子初等小学修身教科书》

该套教科书共4编，每编两本，共8册，何琪编，1906—1911年上海会文学社出版、发行，供女子初等小学堂4年使用，另编有8册"教授法"供教学用。

图2-8　《最新女子初等小学修身教科书》（第二册），何琪编，1907年上海会文学社出版、发行，汉口会文学社经售，1908年9月改良出版

该套教科书前两编共有孝行、友爱、勤俭、清洁等18个德目，选取中国传统女性典范故事作阐释，如木兰、缇萦、杨香、李寄、赵娥、韩夫人、魏夫人、赵夫人、卫夫人、班昭等。后两编列举了一些外国女子故事以证前两编中出现的德目。虽然选取的人物大多来自《女儿经》《列女传》

《二十四孝》等女子传统启蒙读物，但编撰者积极进行新的意义阐释。内容一方面以传统女德为主，保留了中国传统女德中的大多数内容，如"孝""信""友""爱""诚""尊"等；另一方面批判了"女子无才便是德"等传统错误观念，宣扬了女性经济独立等新观念。如第二册第十五课《劝学》写道："无才便是德，此言大不伦，东西各国，男女通文，中国女校，设立方新，家庭教育，权在妇人。"

该套书采取的编排方式多为，先列一德目，用一课概述，然后在德目下讲述3~5个女性模范人物故事。在孝行、友爱、勤俭、慈善、守礼、烈性等各德目下，塑造一个个或孝顺，或勤俭，或擅长女红的好女儿；一个个或有烈性，或守礼，或有俭德，或善于扶助丈夫的好妻子；还有一个个慈爱、有节制，或善于教育子女的好母亲。比如第一册"孝行"德目下塑造了6个孝女形象，她们分别是投江寻父尸的烈孝女曹娥、上书朝廷救父的缇萦、代父从军的木兰、虎口救父的杨香、年仅三岁为母哭灵的张建女、为父复仇行孝的赵娥。从故事中可以看出，这些女子孝的对象更多是父亲，反映了男女地位的不同[1]。第三册中的"母仪""妇道""妻范"等德目更是将女子修身的目的定位在传统"贤妻良母"上，"男尊女卑"的观念表现很明显。

该套教科书竹纸，尺寸为13 cm×20 cm，竖排。封面仅有书名和册次，扉页印有书名和出版机构，接着为目录、正文、版权页。目录仅罗列章节名称；正文多为故事，少数为义理，文字较少，第一册至第四册每课为一展开页，左文右图，用韵文，便于口诵，第四册至第八册多为散文体，偶有插图；版权页在封三，主要有出版时间、定价、编辑者、出版机构（编译所）、（总）发行所、经售处等信息，比同期一些教科书的版权页信息略少。

（九）清学部编译图书局的《女子初等小学修身教科书》

《女子初等小学修身教科书》共8册，清学部编译图书局编纂，1910年出版、印行，供女子初等小学堂用。其凡例、德目与该局出版的普通修身课本相同，课文只是稍加改动，未能突出"女子修身"，且画面拙劣。内容虽然特别强调传统女德，但也关注学生生活，如第一册前五课的题名分别是"入校""敬师""容体""整洁""早起"，第二册第六课为"守信"、第十一课为"惜物"。

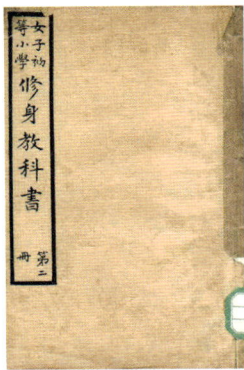

2-9

图2-9 《女子初等小学修身教科书》（第二册），1910年清学部编译图书局编纂、出版、印刷，1911年两江南洋官书局重印

[1] 刘丽群，刘景超. 内外有别：清末民初女子教科书中的性别书写[J]. 课程教学研究，2014（9）：64-68.

该套教科书竹纸，铅印，尺寸为13 cm×20 cm，竖排。封面仅有书名和册次，扉页印有书名和出版机构，接着为插页、目录、正文、版权页。插页有印行时间和印行机构名称；目录仅罗列章节名称；正文多为故事，少数为义理，文字较少，第一至第二册每课合页，全为图；版权页在封三，主要有出版及印刷时间、定价、编纂兼印刷者、（分）发行所、重印刷处等信息。比较特别的是，版权页上方正中间有一个"学部编译图书局"的印章，篆体字，美感十足。

（十）中国教育改良会的《女子修身教科书（初等女学堂学生用书）》

该教科书全一册，共60课，供女子初等小学堂一学年用，但没有标明适用年级，从文字难度看，适合第三、第四学年使用，中国教育改良会1905年编纂、出版、印刷、发行。内容既有传统女德，也有"女性自立""勤学""婚姻自由"等新观念。尤其可贵的是提出了"女子为国民的母"的观点，提倡女子学习。第一课"女学原因"中写道："女子为国民的母，所以读书识字，比男子更觉要紧，因为要预备将来的姆教。有了好母，方有好子。这等说起来，女学岂不是第一件要紧的事吗？"

图2-10　《女子修身教科书（初等女学堂学生用书）》，1905年中国教育改良会编纂、出版、印刷、发行

该教科书竹纸，石印，尺寸为13.3 cm×20 cm，竖排。封面仅有书名，扉页印有彩色"初等小学女学堂学生用书""中国教育改良会出版"等字样，接着为目录、正文、版权页。目录仅罗列章节名称；正文多为故事或义理，每课左文右图，图文并茂，80字左右，用"浅近白话"表达，便于理解，甚是超前；版权页在封三，主要有出版及印刷时间、定价、编纂者、印刷者、发行所等信息。

（十一）锟记书局的《绘图女学修身教科书》

《绘图女学修身教科书》，全一册，16页，没有注明给什么类型的学生用，但从内容可以看出适合小学中高年级学生学习，锟记书局1906年编纂、出版。该书就是古代《女儿经》的翻版，只是换了带有"修身"字眼的书名，加上插图，个别字句做了改动。该书虽然是改头换面的《女儿经》，主要宣传"三纲五常"的封建礼教，但也或多或少带有清末女性解放思潮的印记，比如主张废除缠足，写道："不裹足，裹了足儿伤身体。从前裹足因何事，恐他轻走来拘束。"

该教科书竹纸，石印，尺寸为13.3 cm×20 cm，线装，竖排。封面很精美，主体是儿童学习、游戏的图案，左侧是书名。按照传统蒙学读本上图下文的编写体例，每页上图下文，图约占版面的40%；文字分两部分，一部分是为课文正文，一般分6列，每列一句，共40个字左右，多为义理，另一部分为注释，与课文正文列对应，字体较小，解释对应列的课文正文较难理解的词句或原因等，有助于教学。

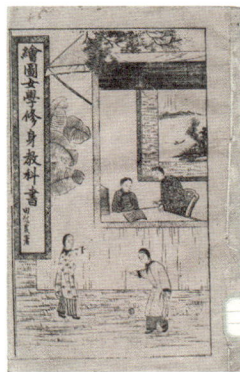

图2-11　《绘图女学修身教科书》，1906年锟记书局编纂、出版、印刷、发行

（十二）上海群学社的《最新女子修身教科书》

《最新女子修身教科书》共4册，144课，供女子高等小学堂用，许家惺编辑，1907年上海群学社印行。

图2-12　《最新女子修身教科书》，许家惺编辑，1907年上海群学社印行

该套教科书注重培养女学生的国民意识，提出爱国、爱群等概念，宣传"女子同为国民，当知爱国""必先自爱其群，始勉尽己力牺牲私利，维持公利""女子曰女国民、女同胞""女子有国家社会之责任"等思想内容，强调女性不仅要爱家还要爱国，不仅要讲私德更要讲公德，不仅要为人妻、人母，更要做女国民。同时，该书一反女性以娇弱艳妆为时尚的审美观，认为"妇女之身以康健为最要，容貌之美丽，服饰之明艳，其后也"，女子身份之高"不在姿色之艳丽，而在态度之端庄"。这是民间女子教育将贤妻良母教育与国民教育相融合的产物。

该套教科书不仅在主题上有国民教育，而且在素材的选择上不再局限于中国，其中有"拿破仑之妹""法孝女路易慈善养盲父""英女王维多利亚""西国女孩爱物之习惯"等内容，有了一定的国际视野。

该套教科书竹纸，石印，尺寸为13.3 cm×20 cm，线装，竖排，正文多为故事，有插图，易理解。

（十三）文明书局的《初级蒙学修身教科书》

该书全一册，供初等小学堂用，庄俞编著，1903年文明书局印刷、出版、发行，后多次再版，每版的形式不尽相同。内容有教人以谋生、立志、爱国、爱种（族）、交往、戒贪、宽宏、专心、运动、爱物、信无鬼等，既涉及个体发展，也涉及公德，还涉及科学，不可谓不广。

图2-13 《初级蒙学修身教科书》，庄俞编著，1903年文明书局印行

该书竹纸，木刻，尺寸为12.4 cm×19.6 cm，线装，竖排。封面和扉页仅有书名，扉页后面接着编辑大意，阐明该书的主旨和编辑理念等，强调了以"游戏之言行"启发儿童活泼之精神。课文短小，多为40~50字，形式为"叙事+说理"，课后附有课文的教学目的和教学提问的内容，如第一课的问题为"问不能谋生者亦为地球之一分子否"。该教科书和文明书局同时期的《蒙学修身教科书》一样，已经有了思考题或练习的雏形，能为教学提供参考。该书没有目录，没有课名（有课次），没有插图，形式不利于教学。

该书的编写受到日本修身教科书的影响，1906年第9版的"编辑大意"写到："日本蒙小学修身书，皆演寻常游戏及日用小说，俾易刺入幼童脑髓，是编取其意旨，专就我国幼童惯为之事，常发之言，成课六十，藉游戏之言行，附述正义一二语，说理既无晦闷之弊，迎机自有导引之乐。""儿童习性，最喜图画。故日本修身科初级之书，有专用图画为课本者，兹编师仿其意，按六十课次序，编成修身画一册，揣摹儿童嗜好，着笔务求生动。"

（十四）文明书局的《蒙学经训修身教科书》

该教科书全一册，为一年课程，供初等小学堂用，陆基编辑，董瑞椿校补，1904年文明书局印刷、出版、发行，全书共6章44课。六章的主题依次是"对己""对家""对人""对国""对社会""对庶物"。书名冠以"经训"，内容多为封建传统伦理，突出"学经书重在应用"，但也透着一定的现代启蒙意味，如"对己"讲到卫生，"对家"讲到夫妇平等，"对国"讲到当兵和纳税是义务，"对社会"讲到地方自治。该书是经学教育以修身为容身之地的典型，表明当时经学教育在向新知识体系作出妥协，主动投向"修身"教育的羽翼之下，新旧道德教育正在转型、转化过程中。

图2-14　《蒙学经训修身教科书》，陆基编辑，董瑞椿校补，1904年文明书局出版、发行

该书竹纸，铅印，尺寸为12.7 cm×19.6 cm，线装，竖排。封面仅有书名，扉页有书名及"初等小学堂学生用书""上海文明书局出版"等字样，接着为编辑大意、目录、正文、版权页。编辑大意阐明该书的适用范围、课程年限、内容架构、编排理念等；目录以章为板块，依次罗列每课的主题。课文多为名人言行，意在示范，课后附有2~3个问题。该教科书和文明书局的同时期其他修身教科书一样，已经有思考题，以帮助学生思考，引导学生实践。该书正文没有课名（有课次），没有插图，形式不利于教学。

（十五）清学部编译图书局的《初等小学堂五年完全科修身教科书》

该套教科书拟出10册，实出6册，每册20课，供初等小学堂五年完全科用，1909年清学部编译图书局编纂、印行。内容与该局此前出版的《初等小学修身教科书》基本一样，少数地方稍有改动。

图2-15　《初等小学堂五年完全科修身教科书》（第四册），1909年清学部编译图书局编纂、印刷、发行

该套书竹纸，石印，尺寸为13 cm×20.6 cm，竖排。封面有书名和册次，扉页印有"宣统元年十一月学部编译图书局印行"的字样，接着为凡例、目录、正文、版权页。凡例主要介绍本册的课数及教学时数、主要内容、教学目的和方法等；目录仅罗列课次和课名；正文各册的形式不同，第一至第二册主要为插图，第三至第六册为图文结合，每页图文所占版面比例不一，文以中国传统美德故事为主；版权页在封三，主要有出版及印刷的时间、定价、编纂者、印刷者、总发行所、发行所等信息，左上方有一个"学部编译图书局"的印章。

（十六）上海会文学社的《高等小学修身教科书》

该套教科书分上、下两册，每册40课，共80课，供高等小学堂用，杜芝庭编著，上海会文学社1905年出版，会文政记书庄总发行。全书共40个德目，每个德目两课，一课为言，一课为行，几乎所有德目皆为封建纲常伦理，比如孝悌、忠君等。清末绝大多数的修身教科书没有"忠君"二字，而本套教科书第二册最后两课的课题是"忠君"，作为压轴，可见该教科书内容守旧色彩浓厚。

图2—16　《高等小学修身教科书》，杜芝庭编著，1905年上海会文学社出版，会文政记书庄总发行

该套教科书竹纸，石印，尺寸为13.3 cm×20 cm，竖排。封面有书名，扉页印有彩色书名及"山阴杜芝庭辑著""上海会文学社出版"等字样，接着为例言（仅第一册有）、目录、正文、版权页。例言主要介绍该书的编辑理念及依据等，提到该书"仿朱子小学体裁，分言行为两课……以收知行合一之效"。目录不仅罗列课次和名称，还呈现了每课的内容提要，这是一大特色。正文奇数课为"言"，主要为义理，解释德目；同德目的偶数课则为"行"，主要是中国古代的美德行为故事，给学生以行为示范。版权页在封三，主要有出版时间、定价、编辑者、总发行所、发行所等信息，上方正中有一个写着"不准翻印"的文本框。该书没有插图，没有课后思考题，形式比同时代的其他同类教科书要略逊一筹，而且文字较多，不利于教学。

（十七）上海会文学社的《修身教科书（女子初等小学堂用）》

该套教科书共8册，每册20课，沈良编辑，1908年上海会文学社出版、印行，供女子初等小学堂4年使用。另编有8册"教授法"供教师用。

图2—17　《修身教科书（女子初等小学堂用）》（第二册），沈良编辑，1908年上海会文学社出版、发行，汉口会文学社经售

该套教科书共4编，初编讲个人及家庭之事，第二编讲伦类及国家之事，前两编都选用中国古代女子故事；第三编以下逐渐扩充兼证以外国女子故事为主。该书与何琪编的《最新女子初等小学修身教科书》有诸多共通之处，选取的中国传统女性典范大多来自《女儿经》《列女传》《二十四孝》等女子传统启蒙读物，但编撰者积极进行新的意义阐释。一方面保留了中国传统女德中积极正面的内容；另一方面批判了"女子无才便是德"等传统错误观念，宣扬了女性经济独立、接受教育、讲卫生等新观念。

编排方式上，前两编图文合页，图一页，文一页，图在文前，文字用韵语，朗朗上口，便于记诵。比如第一册第一课"孝行"正文为："百行中，孝为始。鸟反哺，羊跪乳。人为万物灵，禽兽犹如此。谁非父母生，本不分男女。"后两编用散体文，表达方式灵活多样，便于讲解。

该套教科书竹纸，石印，尺寸为13.3 cm×20 cm，竖排，分课编排，每课一般为一合页，右图左文。封面仅有书名在左侧，扉页印有"女子初等小学堂用""修身教科书""上海会文学社印行"等字样，接着为例言、目录、正文、版权页。目录仅有课次和课名；课文多为故事，课文后有供思考和讨论的问题；版权页在封三，主要有出版时间、定价、编辑者、总发行所、发行所、经售处等信息，上方中偏左有一个内写"不准翻印"的套边文本框，很醒目。

（十八）上海会文学社的《初级蒙学修身教科书（官话）》（改良再版）

《初级蒙学修身教科书（官话）》，全一册，60课，可供初等小学堂用，每星期一课，邵希雍辑著，1905年上海会文学社出版、发行。

图2-18　《初级蒙学修身教科书（官话）》（改良再版），邵希雍辑著，1905年上海会文学社出版、发行

该书内容广泛，涉及对己、对国家、对家庭、对社会、对世界、对庶物之伦理，既有中国传统伦理，也有近现代启蒙之精神。以部分目录为例：第一课　乌鸟反哺，第二课　陆绩怀橘，第三课　买肉示信，第四课　姜肱同被，第五课　职业，第六课　金人三缄，第七课　孟母断机，第八课　洁净，第九课　仲淹断斋，第十课　勤俭，第十一课　温公机智，第十二课　当兵，第十三课　立志，第十四课　练胆，第十五课　风水，第十六课　烟酒害生，第十八课　苏秦勤学，第十九课　爱国，第二十一课　姊妹，第四十课　独立，第四十一课　预备，第四十二课　自由，第四十三课　鸦片之毒，第四十四课　宽待奴仆，第四十五课　爱惜名誉，第四十六课　慈善，第五十六课　坚韧，第五十七

课 早起，第五十八课 军国民，第五十九课 保卫种族，第六十课 远识等。从这些目录可以看出，很多课文具有公益、义务、破除迷信、卫生、诚信或现代生活等方面的启蒙精神。

该书的叙述方式以故事和类比为主，每课一图，一般为合页，右图左文，语言为半白话文，便于理解。如第一课"乌鸟反哺"写道："人都说道乌鸟是个孝鸟，为什么呢？因为乌鸟生了小鸟，费许多辛苦终养得小鸟长大能飞，到后来这乌鸟气力渐渐就衰，他的一饮一食都有些不方便了，幸亏得所生的小鸟天天衔点儿东西来喂喂他。你道这小鸟算不算得孝呢？此课是喻人之当养亲爱亲。"[1]每课结尾有个明确的道德结论或训词，教导意味很浓。

该书竹纸，石印，尺寸为13.3 cm×20 cm，线装，竖排。封面左侧有书名；扉页有一文本框，从右到左印有"山阴邵希雍辑著""初级蒙学修身教科书""上海会文学社出版"等字样。接下来为编辑大意、目录、正文和版权页。编辑大意主要阐明编辑理念；目录仅有课次和课名；版权页主要有编辑者、出版者、出版时间、定价、发行所等信息。

特别值得一提的是，该书"编一以白话文演说之"[2]，即其编一是用白话文编辑。可见，该书的编辑是有超前性的，因为1920年5月北洋政府教育部才通令各省，1922年底，所有教科书改用白话文。

三、清末小学修身教科书的分析

（一）清末小学修身教科书的内容分析

清末新政以"中体西用"为指导思想，清政府也将教科书出版完全纳入这个轨道，用"忠君、尊孔"等封建信条控制教科书的发展。同时，各种学堂章程都规定以儒家伦理作为修身教育的根本。在这种背景下，小学修身教科书总体以传统儒家伦理为主。但由于时局复杂，实际实施的修身科内容及目标与政府要求并不是完全一致，小学修身教科书出现了具有时代特色和进步色彩的道德价值。

有学者在对上海文明书局1903—1906出版的《蒙学修身教科书》、商务印书馆1903—1906年出版的《最新修身教科书》（第六、七册）、东京同文印刷舍1906—1910年出版的《小学修身教科书》（卷二、卷三）等三套教科书进行比较研究后，发现这些教科书传统的德目居多数，三者的传统伦理所占比例大致分别为56%、70%、70%。这些德目所体现出的核心道德价值主要是仁爱、忠恕、礼义、孝悌、廉耻、诚信、节俭等[3]，也有关于敬老、爱亲、戚谊等家庭伦理的；更有对他人

[1] 邵希雍. 初级蒙学修身教科书：官话[M]. 上海：会文学社，1905：1.

[2] 邵希雍. 初级蒙学修身教科书：官话[M]. 上海：会文学社，1905：编辑大意.

[3] 郑航. 中国近代德育课程史[M]. 北京：人民教育出版社，2004：39.

和社会方面的，如报恩、救助、守信、宽容、仁爱、礼让、公益等[1]。尽管不同教科书所包含的道德条目不尽相同，但可以明确的是，这一时期的小学修身教科书的内容以儒家文化为主。这是因为中国古代以文化认同立国。因此，清末修身教科书重视传统文化，试图使学生达成文化认同，进而认同政府，认同国家。以文明书局1906年出版的《蒙学修身教科书》第三十六课为例：

> 国不如人为大耻，学不如人亦为大耻。知耻则必有胜人之日。苟不知耻，则学既无可进步，国亦永不如人矣。[2]

这篇课文里有知耻、爱国、力学等道德条目。吴科达曾对这套教科书里的道德条目进行频次计算，以每一节或每一课为单位，概括出这一节或这一课的道德条目，分别记次，最后统计所有道德条目出现的总次数。他统计出这套教材共出现110次道德条目，其中，孝悌、宽仁、中庸、礼让等传统道德条目出现74次，占全部道德条目出现次数的67.3%。[3]这说明儒家伦理道德是清末修身小学教科书中最为重要的内容和价值观念，体现其维护传统伦理统治局面的强烈取向。

不仅道德条目多数源自儒家伦理，而且很多内容来自传统经学，如文明书局1903年出版的《蒙学修身教科书》第二十课"仁慈"："齐宣王看见人牵了一头牛，要去杀了，这头牛一路走，一路抖，齐王看了心里不忍，吩咐把这头牛放了。孟夫子就说：'齐王看见畜生尚且爱惜，将来必定爱惜百姓，可以做天下的王。'"该故事出自《孟子》。

在以儒家文化为主的同时，清末小学修身教科书在传统和革新间较好地保持了平衡，吸收并巧妙地呈现了社会新思想。新思想主要涉及五个方面：第一，以权利、义务为主的道德观念；第二，近代宪政思想和国家观念；第三，以近代社会运行体系和结构为基础的生活伦理，如公德、博爱、婚姻自由、男女平等进步等；第四，社会进化论思想及其道德观等[4]；第五，对社会现实中的落后现象、不良行为乃至国民性的批评与劝诫，如缠足、不思进取等。

虽然文明书局1903年出版的《蒙学修身教科书》大部分呈现了传统的儒家经典，但更有价值的是其开创了修身教科书的体系结构，可谓近代第一部"修身教科书"。这部教科书分修己、保身、待人、处世4章，有关守法、纳税、财产和政治等内容属于"处世"章，相关课文如下：

> 纳税者皆有监督用此税项之权。
>
> 我于公财产无取用之权，我于私财产有支付之权。
>
> 天下无无政治之国家……同一政治，必民之多数以为可者，方著为令。[5]

这些论述已明显属于近代政治常识，是对国家和社会的新认识。这部教科书既有传统社会所认可的个人道德，又涵盖了转型时代应具备的近代知识，并将这两者层次分明地交融，很吸引人，这

[1] 郑航. 中国近代德育课程史[M]. 北京：人民教育出版社，2004：41.

[2] 李嘉谷. 蒙学修身教科书[M]. 上海：文明书局，1906：12.

[3] 吴科达. 臣民还是公民：教科书审定制度和思想道德教科书：1902—1949[M]. 北京：中国社会科学出版社，2013：141.

[4] 田海洋. 论清末维新运动下的德育课程[J]. 河北师范大学学报（教育科学版），2010（5）：43-46.

[5] 李嘉谷. 蒙学修身教科书[M]. 上海：文明书局，1906：12.

是以前的德育教材所不具备的。例如，该书第一课第一句话"我身为人，我身当为完全之国民"就把做人和国民身份紧密联系在一起；第二十六课"谈言论"，以自由言论为原则，同时讲求言论有据，"言论，我之自由。据理以争，人虽不从，亦言论之自由也。愿立言者，勿嗫嚅，勿驰骋，为合理之言可矣"；第五十课"谈自由"，深刻讲述了人以"自由"为最高权利及自由与法律的关系——"人不自由，与死无异。人非法律自由，则与野蛮人又无异。人欲自由，慎无误解此自由之意"。这些观念在晚清的修身教科书中具有代表性[1]。

商务印书馆出版的《最新修身教科书》也体现了强烈的时代主题，具有民主思想，没有涉及一个"君"字，还宣扬了近代资产阶级自由、平等、博爱的观念，一定程度上摒弃了三纲五常、三从四德等封建思想和观念，起到了现代启蒙作用。同时，教科书的内容也比较新颖，注重儿童生活实际、民生日用，讲求新文化，宣扬新的伦理观念。在呈现一些"敏感"观念时，编者采取了"去政治化"的手法。比如，对爱国和守法这两个必须接触的观念，课本有意舍弃了清政府不认可的"政府"含义，而取其"民族"含义，即进行了"去政治化"处理，同时又通过几个爱国抗战故事、王子犯法与庶民同罪的故事着重道德化。有人说，清末恐怕很难再找到商务印书馆出版的这种既提倡忠孝仁义和尊孔崇道，又宣扬自由、平等、博爱的新式修身书。

蒋智由在《小学修身教科书》（卷二）中对现代的宪政法治思想和国家观念进行了论述。他提到："夫既为一国之民，皆可得望国家之保护，是国民应有之权利也。既有国民应得之权利，又不能无国民应尽之义务"[2]，隐晦地道出了国家合法性的前提是保护个人权利。陆费逵在此基础上作《修身讲义》，这是商务印书馆于1910年出版的课本，书中探讨了不同国家的政治制度及其优劣，表达了对民主制度的向往。

"小学教育之修身科，所以达道德教育及国民教育之目的者也。欲国家文化之进步，不可不谋国民程度之进步；欲国民程度之进步，不可不养成国民之道德心；欲养成国民之道德心，不可不令国民修身。"[3]晚清小学修身教科书表现出了传统社会不可能容纳的国民教育内涵。

进步的社会进化论思想在小学修身教科书中也有所体现。如庄俞的《初级蒙学修身教科书》的第三课通过"（牛）不勤，牧童鞭之"和"人亦如是"的寓言故事启发学生为人应勤勉奋进；第十三课则通过"优胜劣汰，蟋蟀不免，况人乎"，生动形象地描写了自然界的物种生存法则，并将之推及人类社会，提醒学生要争先争优，表现出社会达尔文主义思想。蒋智由的《小学修身教科书》更为凸显地描述了进化论的思想，直接将"进化""进步"等带有明显进化论色彩的词语写进了教科书，这在清朝统治尚未结束的时期，表现出了难能可贵的时代内涵。

总体看，清末小学修身科的目标和内容主要集中在如下几个方面：对个人、对家庭、对他人、

---

[1] 陈华. 中国公民教育的诞生：课程史的研究[D]. 上海：华东师范大学，2012：54.

[2] 蒋智由. 小学修身教科书：卷二[M]. 东京：同文印刷舍，1910：14.

[3] 陆费逵. 修身讲义[M]. 上海：商务印书馆，1910：绪论.

对社会、对国家。每个侧面又有若干德目，如对国家包含忠勇、爱国、尽义务、守法，其中一些源自西方伦理观念。这些德目大都有鲜明的时代特征，显示出小学修身教科书的内容中已经萌生了近代社会伦理观，促进了中国传统社会的转型。正因为传统德目和近现代德目并存，清末小学修身教科书体现了时代转型性和中西冲突性的文化特征。

总之，传统的核心道德价值仍是清末小学修身教科书内容的主导部分，同时，具有时代意义和进步价值的道德思想已悄然而入。清末小学修身教科书虽已有了很多进步的德目或观念，但和革命宣传相比，其思想总体滞后于社会现实的发展。比如，回避对专制制度的批评；强调对法律、秩序的绝对服从，而不引导学生考究法律和秩序的合理性；未能解释理论上的某些新观念与现实的巨大反差；等等。这表明，清末小学修身教科书对新思想的传播和对儿童的启蒙仅仅是一个小小的开始。

（二）清末小学修身教科书的编排分析

从编排看，清末小学修身教科书一方面继承传统修身的逻辑顺序，按照修身、齐家、治国、平天下的思路进行构建；另一方面深受日本修身教科书以及西方伦理学理论等因素影响，开始注意到儿童的认知规律，具有近代教科书的典型特征。

首先，在结构上模仿日本修身教科书，主要采用人物主义和德目主义两种方式。所谓人物主义，就是将中外著名的道德典范人物的故事选编成具有德育价值的课文；德目主义则是将经过筛选的道德规范，如诚实、忠孝、爱国等，逐条列成目录加以阐释和训练。商务印书馆编译的《最新小学修身教科书》就采用了西方伦理，以德目编排的方式，按对己、对人、对社会、对国家的逻辑顺序来构建道德体系；该书第四册以后大多数德目以中国古代道德典范人物的故事编成课文，夹叙夹议，有较强的心灵冲击力。修身教科书学习日本，不仅借鉴日本"修身"教科书的名称和结构，而且借鉴其形式和内容，如文明书局的《初级蒙学修身教科书》（1903年）是对日本教科书的编译；商务印书馆的《最新修身教科书》（1905—1910年）乃参照日本教科书编纂而成，还请了日本人参与编写。

其次，具体形式上考虑儿童的认知特点，结合课文内容，多采用插图，有的甚至用彩图。比如，商务印书馆的《最新修身教科书》按学制年限编排，循序渐进，注重直观形象，文字简练，有助于引起儿童的学习兴趣。其中第一册全用图画阐释德目；第二册开始用格言警句，仍以图画为主，图文配合，便于学习；第三册到第十册主要引用古代优秀人物故事，并配有大量写实图画，图文并茂。再看《蒙学经训修身教科书》，该书虽然谈不上什么逻辑，更谈不上循序渐进，但书里有很多内容图文并茂，易于理解。为便于儿童学习，一些修身教科书还考虑到了儿童生活范围的逐步扩大，体现了朴素的"同心圆"编排理念，比如，1906年清学部编译图书局的《初等小学修身教科书》第一册的第一至第八课为儿童入学了解学堂环境；第九至第十二课为如何对家庭；第十三至

第十五课为如何对社会；第十六至第十九课为重要行为规范。

再次，注意到了学科融合和国际视野。学科融合，如1910年湖北公学印刷所发行的、清学部编译图书局编纂的《初等小学修身教科书》序言中说道："配合国文教学，每周一课。"国际视野，如商务印书馆的《最新修身教科书》扉页背面为英文，具体有书名、册次、商务印书馆印刷等内容；再如群学社的《最新女子修身教科书》有"拿破仑之妹""英女王维多利亚""西国女孩爱物之习惯"等内容。

最后，教科书语言几乎全为陈述句和祈使句。陈述句用来解释相关德目，叙述故事或道理，阐明编者的态度，如"一人所受之德，其德为私。必人人共受之德，始可谓公德"[1]。陈述句的功能是告诉学生肯定或否定的信息，具有相当的确定性。学生认同教科书中的陈述句，就是接受教科书的观点；祈使句则是"告诉某人做某事"，如"每日做事必当有一定之时刻"[2]。祈使句的功能主要是要求和指导学生的行为。学生真诚认同教科书里的祈使句就意味着会按教科书所要求的去思考、去行动。修身教科书里几乎清一色的陈述句和祈使句，控制色彩很浓，没给学生留出思考和质疑的空间。

清末小学修身教科书虽然在形式上较传统的蒙学读物有很大进步，但因历史的局限，体例单一，要素不全，没有导语、练习等在今天看来平常的要素，一般只有标题和正文，而且文字少，对教师要求高，不太利于教学。[3]

[1] 李嘉谷. 蒙学修身教科书[M]. 上海：文明书局，1902：20.

[2] 李嘉谷. 蒙学修身教科书[M]. 上海：文明书局，1902：54.

[3] 李祖祥. 清末小学修身教科书探析[J]. 内蒙古师范大学学报（教育科学版），2015（12）：6-9.

第三节
清末的中学德育教科书

一、清末中学德育教科书出版情况

清末中学德育教科书历经《钦定学堂章程》与《奏定学堂章程》规制的两个阶段。《钦定学堂章程》（1902年颁布）规定中等教育仅设中学堂一级，修业期限为4年，课程设有修身科，还规定修身科教科书内容"当本《论语》《孝经》之旨趣，授以人伦道德之要领"。由此可见，《钦定学堂章程》中的修身课程是一种传统的伦理道德教育。此项修身课程虽然经过颁布，但是继颁《奏定学堂章程》（农历1903年12月，公历1904年1月公布，一直沿用到清朝终结的1911年），以至未及实施即成泡影。《钦定学堂章程》颁布前后，文明书局、广智书局、时敏书局等出版机构出版了中学修身教科书和伦理教科书，数量不多，共6种。

《奏定学堂章程》规定中学堂开设"修身、经学、算学、文学、中外史、中外舆地、外国文、图画、博物、物理、化学、体操"等科目。显而易见，"修身"一科已成为清末中小学普遍开设的必修课程，各类修身教科书也纷纷出版、发行。《奏定学堂章程》规定中等教育只设中学堂一级，中学堂修身科内容涵盖《养正遗规》《训俗遗规》《教女遗规》《从政遗规》《在官法戒录》。该章程认为"修身之要义"，在于坚守伦理、鼓发有为之气、实践躬行。此外，中学堂的第五年增设"法制及理财"[1]，教国民生活必需的知识、当时相关法律制度以及国家财政和民间财用的相关知识，使其更能切合中学堂"施较深之普通教育，俾毕业后不仕者从事于各项实业，进取者升入各高等专门学堂"的宗旨。虽然《奏定学堂章程》规定中学堂所设的修身科，仍以伦理道德为主要内容，但能提及"示以一身与家族、朋类、国家、世界之关系，务须勉以实践躬行，不可言行不符"这一"知行合一"的道德思想，实属珍贵。此外，在中学堂新设"法制及理财"一科，这不仅配合了当时的社会需要，同时也对清末民初的修身科影响深远。

晚清时的中学德育教科书未见清学部专门出版的，基本上都为民间书局出版。其中，文明书局出版3种，广智书局出版3种（这3种为同一类书，再版两次），商务印书馆出版2种，其他书局几乎各自只出版1种。根据2010年王有朋主编、上海辞书出版社出版的《中国近代中小学教科书总目》

---

[1] 朱有瓛，高时良. 中国近代学制史料：第2辑 上册[C]. 上海：华东师范大学出版社，1987：376-493.

统计，在1902—1911年的这段时间里，中学德育教科书主要为修身教科书和伦理教科书，数量共达20种。其中，中学修身教科书有7种，中学伦理教科书有9种，还出现了2种政治教科书、2种法制教科书。这些中学教科书可分为两大类：第一类为国人自己编纂的书籍，传统儒家思想气息浓厚；另一类是通过翻译日本的德育类书籍（主要是伦理类）而编成的，重西学，轻传统，未能很好地适应国情。选取日本书籍作为我国伦理类教科书的原因在于，1890年日本颁布的最高教育方针《教育敕语》宣扬忠君爱国的思想，提倡把东洋道德和西洋技艺相结合，这与我国奉行的"中体西用"精神大体一致，非常符合清政府的口味。这类教科书虽然传播了一些较为先进的文化，但由于照搬日本思想，忽视我国文化传统，与我国的国情不符。相比之下，1907年12月—1908年3月由上海商务印书馆出版的《修身教科书（中学堂用）》（5册，前两册于1907年12月初版，后3册于1908年3月初版）则显得格外引人注目，该书中西结合、兼容并包，一方面对中华传统伦理批判继承，另一方面对西方先进思想辩证吸收[1]。

20种教科书具体如下：

中学伦理教科书：1902年俞安凤编辑的《中等伦理教科书》（该书出版者不详），1903年吴尚著、文明书局出版的《初等伦理教科书》，1905—1907年刘师培编著、上海国学保存会出版的《伦理教科书》，1906年姚永朴编辑、文明书局出版的《中等伦理学》，以上都为国人自己编辑的。1903年广智书局出版的《中等教育伦理学：前后编》（第二版），1903年文明书局出版的《伦理教科范本》，1904年《中等教育伦理学：前后编》（第三版），1906年《中等教育伦理学：前后编》（第五版），1908年商务印书馆出版的《伦理学教科书》等都是翻译的日本伦理类教科书。其中，广智书局出版的《中等教育伦理学：前后编》是日本元良勇次郎所著，麦鼎华翻译，蔡元培作序，出版5年后于1908年9月16日被清学部查禁。清学部批驳说，该教科书"意在调和中西学说，牵合杂糅，于我国教育宗旨不合。书中载有蔡序一篇，尤多谬妄。各学堂应即禁用"[2]。

中学修身教科书：1902年时敏书局出版的《修身科讲义》，1906年文明书局出版的《中等修身教科书》，1906年日本东京同文印刷舍出版的《中学修身教科书》，1908年商务印书馆出版的《修身教科书（中学堂用）》，1908年商务印书馆出版的《修身教科书》，1908年校经山房出版的《改良增辑中等修身教科书》，1911年中国图书公司编、上海编者刊出版的《新国民修身教科书》，1911年北洋官报局撰、天津著者刊出版的《新编名媛教科书》。

中学政治教科书：这个时期的政治教科书几乎都由杨廷栋编写，包括1903年作新社出版的《政治学教科书》和1908年中国图书公司出版的《政治学》。《政治学》是杨廷栋的译作，最初在《译书汇编》上刊载，1902年后才出版了单行本。《政治学教科书》算得上是杨廷栋编撰的书籍中贡献

[1] 朱锦丽. 蔡元培与清末《中学修身教科书》[N]. 中华读书报，2013-07-31（14）.

[2] 学部总务司. 答饬各省提学使禁用麦译中等伦理学文：光绪三十四年八月二十一日[J]. 学部官报第六十六期（审定书目），1908（66）：4.

较大的一种书，该书虽然只有47页，但是内容非常丰富，包括政治学及学派、国家、法律、权利、自由、政体、国家、主权、三权说、大臣官吏及政党、自治制度、法国政治、德国政治、普国政治、瑞士国政治、奥地利匈牙利政治、瑞典挪威政治、英国政治、北美合众国政治共十九章内容。该书是我国系统介绍西方政治学或国家学的第一本书，开启了我国政治学的先河。

另外，据《学部官报》统计，除了《中国近代中小学教科书总目》所列的20种外，清末出版的中学德育教科书还有郑重成编辑的《最新伦理学》（1906年）、开明书局王常善编辑的《普通经济教科书》（1907年）以及直隶学务处编辑的《经济学讲义》（1907年）。

中学德育教科书有些名为伦理教科书，有些名为修身教科书，但是这两者并没有实质的区别，很难划清界限。如由蔡元培编写、商务印书馆出版的中学堂用《修身教科书》，在1907—1908年间共出版5册，前4册为修身，第五册为伦理学。在此基础上，蔡元培又做了进一步的研究，在1910年出版的《中国伦理学史》一书中，他对伦理科和修身科作了阐述："盖伦理学者，知识之径途；而修身书者，则行为之标准也。持修身书之见解以治伦理学，常足为学识进步之障碍。故不可不区别之。"[1]

二、具有代表性的中学德育教科书

（一）上海国学保存会的《伦理教科书》

早期的中学修身教科书质量普遍欠佳，无论是翻译日本、欧洲的，还是国人自编的，往往存在两种极端：要么一味重视西学而放弃传统文化，要么恪守传统伦理道德，缺乏先进的民主思想。因此这些教科书都不能很好地培养清末国人所需要的品质。在这种背景下，1905年出现了刘师培编著，上海国学保存会出版、印行，可供中学堂用的《伦理教科书》。

该套教科书共分为两册，第一册共36课，先从伦理起源、类别讲起，再具体阐明各种品德，重点在个人。第一至第四课总述伦理的定义、起源、派别及其与人类的关系。第五至三十六课讨论对于己身之伦理。

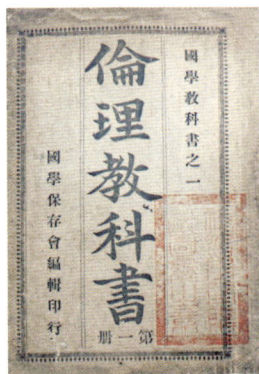

2—19

图2—19 《伦理教科书》（第一册），刘师培编著，邓实参校，1905年上海国学保存会出版、发行，1907年再版

[1] 蔡元培. 中国伦理学史[M]. 北京：东方出版社，1996：1.

第二册分为两部分，主讲对于家族之伦理和对于社会之伦理。第一至十八课论对于家族之伦理，第十九至第三十六课论对于社会之伦理。其中，对于家族之伦理部分包括家族伦理的起源、家族伦理的利弊、父子之伦、兄弟之伦、夫妇之伦、对于宗族之伦、对于戚党之伦、对于奴仆之伦、齐家之道等；对于社会之伦理部分包括论公私之界说、论中国社会伦理不发达之原因、释仁爱、释正义、释和睦、论义侠、论秉礼、论择交、释诚信、释服从、对于乡党（邻里）之伦理、对于师友之伦理等内容。

书中认为，伦理是"人人当守其为人之规则，而恪遵其秩序"。"伦理必待比较、分析而后见，也必合数人而后见"。伦理当以己身为主体，以家族、国家、社会为客体。首重修身，积极倡导立志与力行并重。书中还认为"志"是起念之始，做事之先导。人要想高尚，就要自重自立。修身以省身为基，这里的身，是为社会、国家图公益的"社会之身"，而不是一家一族谋私利的"家族之身"。显然，该套教科书崇尚整体利益，强调为社会、国家、民族尽忠。[1]在强调省身的同时，该套教科书把"学"作为修身的重要方面，认为知识不高，无以治身；德行不立，无以立身；提倡有限自由，强调权利与义务的对等，提倡平等互助的家庭伦理，提倡合群利群的社会伦理观；强调伦理贵在实践，还把古人伦理学实践的范例作为学生学习的榜样加以宣传。例如在夫妇伦理上，通过古人的事例，强调夫妇之间相互平等，以礼相处。此外，该书多次论及人格，称之为人所具个人之资格，并对中国传统人格作了批判与继承，这种人格思想具有开创性意义。

因为《伦理教科书》是必须经清学部审查的学校教科书，所以讨论内容无法脱离封建伦理的基本框架，更不可能对封建伦理体系展开全面的批判。它立足于清政府所倡导的中国封建伦理的范围内展开讨论，有机地运用西方伦理学观点进行阐释，具有一定的近代性，但有些观点没达到一定的高度。尽管如此，该套教科书提倡的自由、平等观念在当时的中国社会依然有着重大价值。

该套教科书竹纸，石印，尺寸为13 cm×18.5 cm。封面正中竖排书名"伦理教科书"，右侧中上方竖排"国学教科书之一"，左侧中下竖排"国学保存会编辑印行"。扉页为序例，接着为凡例、正文、广告页和版权页。序例主要阐述宋儒之学不适合学生学习，并鉴于当时东西各国学校伦理科状况，说明编写该书的动机和价值；凡例则阐述编辑的基本理念和策略；正文为论说文体，学理式阐释伦理条目，逻辑严谨，穿插有注释（字体比正文的略小），随文解释某些词汇或观点，有助于理解，但没有插图，也没有思考题；广告页主要介绍国学保存会编辑出版5种国学教科书的目的和具体书目；版权页在封三，有出版（首版）时间、定价、编著者、发行所、印行者、"书经存案，翻刻必究"等信息，相对于同时代一些教科书而言信息较少。

（二）商务印书馆的《修身教科书（中学堂用）》

该套教科书共5册，蔡元培编，1907年12月至1908年3月由上海商务印书馆出版、发行，前两册

---

[1] 赵炎才.清末民初的革命人格与国民人格：以刘师培与陈独秀为中心[J].东南大学学报（哲学社会科学版），2008（5）：78-83.

1907年12月初版，后3册1908年3月初版，供中学堂用。

图2-20 　《修身教科书（中学堂用）》（第二册），蔡元培编，商务印书馆编译所编纂，1907年上海商务印书馆出版、发行

　　该套教科书分为上、下两篇，上篇注重实践，从修己、家族、社会、国家、职业等方面阐述修身之法，内容详细具体，指导性很强；下篇注重理论，从良心、理想、本务、道德等方面来细说，阐明其因果关系，提纲挈领，循序渐进，既有伦理哲学思想上的观照，又有修身的方法和路径。而修身以实践为要，因此上篇记录较为翔实。该书例言中有这样的话："本书悉我国古圣贤道德之原理，旁及东西伦理学大家之学说，斟酌取舍，以求适合于今日之社会。"[1]也正如书中开篇所述："本书教授时以实际上之种种方面，以阐发其旨趣，或采历史故实，或就近来时事，旁征曲引，以启发学生之心意。"开篇所提出的具体指示，也感染了一代教师在教授内容时注重发扬实践精神。全书内容从个人递进到国家，从私德递进到公德的培育，可见其整体性和系统性。蔡元培的这套《修身教科书（中学堂用）》也有着自身的特色。

　　第一，内容中西结合，既批判继承了中华传统文化，又吸收借鉴了西方先进的思想文化，提倡公平、自由、平等等现代民主观念，促进了国民的思想解放和文化启蒙，体现了蔡元培"兼容并包"的思想特点。书中呈现了"孝行为本"的家族伦理，"博爱为本"的社会伦理，"爱国为本"的国家伦理[2]。对于"孝行"，书中的原话是这样的：

　　　　吾国圣人，以孝为百行之本，小之一人之私德，大之国民之公义，无不由是而推演之者。
　　　　是以有伦之教：所谓父慈、子孝、兄良、弟悌、夫义、妇听、长惠、幼顺、君仁、臣忠是也。
　　　　是道德之纲领也[3]。

　　蔡元培提倡"父慈子孝、兄友弟悌、夫义妇听"，但也不是盲目地提倡"孝行"，而是主张"今使亲有乱名，则人子不惟不当妄从，且当图所以谏阻之"，反对"愚孝"和"盲从"，对"忠孝"等中国传统伦理道德进行批判继承。

　　第二，强调健康身体与锻炼的重要性。虽然其他的教科书也阐述了清洁、卫生方面的内容，但是很少有教科书直接以"体育"概括，蔡元培强调体育、智育、德育都很重要，而且突出强调了

[1] 蔡振. 修身教科书：中学堂用：第一册[M]. 上海：商务印书馆，1910：例言.
[2] 朱锦丽. 蔡元培与清末《中学修身教科书》[N]. 中华读书报，2013-07-31（14）.
[3] 蔡振. 修身教科书：中学堂用：第二册[M]. 上海：商务印书馆，1910：1-2.

"体育"的基础性地位，认为"体育"是其他两育的物质基础。

第三，书中有一部分专门介绍行业、商品关系和医生、教员、商贾的职业道德规范，注重培养学生的职业道德，这在其他教科书中也非常少见[1]。

第四，书中强调独立的思想，认为自存、自信、自决才能达到独立，倡导思想自由、信仰自由，强调人要有独立之心，通过自己的意志与思想做事，不依赖他人[2]。

第五，书中认为"博爱"作为一种社会伦理，是任何公义、公德都离不开的，只有整个社会充满美德与公义、公德，才能实现社会的进步与幸福。这种博爱不仅是当他人遇到危险能挺身而出，而且是将服务的对象从他人扩大到社会和国家，甚至为了社会和国家愿意牺牲自己。这种"博爱"，是对国家的大爱，对国际的大爱，对整个人类的大爱。

第六，蔡元培认为"爱国之心，实为一国之命脉""爱国心为国家之元气"，强调了爱国是一个国家最根本的精神支撑，是一个国家的元气，爱国应为每个国人的信仰。但是，他又指出"爱国"不等同于"爱君"，强调国民的权利与义务，认为"吾人对于国家之本务，以遵守法律为第一义"，即现代意义上的"依法治国""执法必严"。"法律虽不允许仍须遵守"即为"法治"的思想，这种思想是非常超前的[3]。书中在"国家总论"中对权利义务是这样描述的：

> 凡有权利，则必有与之相当之义务；而有义务，则亦必有与之相当之权利。二者相因，不可偏废。我有行一事保一物之权利，则彼即有不得妨我一事夺我一物之义务。此国家与私人之所同也。是故国家既有保护人之义务，则必有可以行其义务之权利；而人民既有享受国家保护之权利，则其对于国家，必有当尽之义务，盖可知也。

> 人之权利，本无等差。以其大纲言之，如生活之权利、职业之权利、财产之权利、思想之权利，非人人所同有乎？我有此权利，而人或侵之，则我得而抵抗之。若不得已，则藉国家权利以防遏之。是谓人人所有之权利，而国家所宜引为义务者也。国家对于此事之权利，谓之公权，即国家所以成立之本。请详言之。

> 人之权利，为他人所侵，则得而抵抗之，是谓自卫权。人人所当有也。然使此自卫权漫无制限，则流弊甚大。如二人意见不合，不必相防也，而或且以权利被侵为口实。由此例推，则使人人得滥用其自卫权，而不受公权之限制，则无谓之争阋，将日增一日矣。

> 于是乎有国家之公权，以代各人之自卫权，而人人不必自危，亦不得自肆，公平正直，各得其所焉。夫国家既有为人防卫之权利，则即有防卫众人之义务，义务愈大，则权力亦愈大。故曰国家之所以成立者，权力也。[4]

[1] 吴科达. 臣民还是公民：教科书审定制度和思想道德教科书：1902—1949[M]. 北京：中国社会科学出版社，2013：184.

[2] 朱锦丽. 蔡元培与清末《中学修身教科书》[N]. 中华读书报，2013-07-31（14）.

[3] 吴科达. 臣民还是公民：教科书审定制度和思想道德教科书：1902—1949[M]. 北京：中国社会科学出版社，2013：184-185.

[4] 蔡振. 修身教科书：中学堂用：第四册[M]. 上海：商务印书馆. 1910：2-5.

这里描述了权利和义务的关系，认为权利与义务是建立在平等的基础上的。他批评封建阶级观念，认为人与人之间并无差别，每个人都是独立平等的。但是蔡元培并没有提到权利是基于义务的，也没有提及每个人生来就有的权利，只是强调了履行义务的重要性。例如他在1912年的全国临时教育会议上是这么说的：社会逃不出世界，个人逃不出社会……至于人之恒言，辄曰权利、义务。而鄙人所言责任，似偏于义务一方面，则以鄙人对于权利、义务之观念，并非相对的。盖人类上有究竟之义务，所以恪尽义务者，是谓权利；或受外界之阻力，而使不恪尽其义务，是谓权利之丧失。是权利由义务而生，并非对待关系[1]。即便如此，这套成于百年之前的书对伦理道德的批判继承，也值得后世的学者借鉴。

第七，贴近学生生活。《修身教科书（中学堂用）》本着实用主义原则，内容贴近中学生生活实际，完全可以成为学生的"生活指南"。见表2-1。

表 2-1　《修身教科书（中学堂用）》内容概要[2]

册次	章目内容
第一册	修己总论：体育、朋友、习惯、勤勉、自制、勇敢、修学、修德
第二册	家族总论：子女、父母、夫妇、兄弟姊妹、族戚及主仆、交友、从师
第三册	社会总论：生命、财产、名誉、博爱及公益、礼让及威仪
第四册	国家总论：法律、租税、兵役、教育、爱国、国际及人类、职业总论、佣者及被佣者
第五册	绪论、良心论、理想论、本务论、德论、结论

表格内容所示，书中内容从纯粹的传统儒家道德过渡到具有西方民主特色的民主共和思想，把个人见解置于社会语境之中。它不是泛泛而谈，而是根据国情及社会背景，结合自身体会谈论品质，强调爱国、忠孝、教育、信义、忍耐等中国传统伦理。如在探讨爱国情感时，不仅关注个人的爱国情怀，更进一步阐述了爱国情怀的根源在于人民与国土之间不可分割的联系，这是国家兴衰的重要本质。他将个人情感升华到国家层面，力图把修己和培养社会公德、国家观念很好地结合起来。

再如在"职业总论"这一章中，重点选取了几个职业为代表来进行论述，包括官吏、教员等。由于此时自由、平等、博爱的思想已逐渐传入中国，所以书中特别注重中西学并行的思想传递，提倡夫妇平等、职业平等、国民平等的原则。由于蔡元培对西方学科的耳濡目染，他认为传统中国的思想存在很大的弊端，诸如阶级之分、男女的社会属性不同、社会对弱者带有歧视的观念等。因此，他在书中着力探讨平等和公义、公德，认为想要国家强大国民必须团结起来，积极投身于博爱事业，建立图书馆、养老院等。

下篇主谈理论，阐明原理进而去运用，以为行事之规范。每章都从本源开始谈起，进而讲到用途。本篇主讲道德理论，重在从内心调和学生的修养，塑造高尚情操、涵养品性、发展人格、开拓

[1] 蔡元培著，杨佩昌整理. 蔡元培讲演文稿[M]. 北京：中国画报出版社，2013：3-4.

[2] 石鸥. 百年中国教科书论[M]. 长沙：湖南师范大学出版社，2013：42.

能力，以增进社会之利福。

这种从个人递进到家族、社会、国家以及人类的框架结构，在日本当时的修身、伦理教科书中十分盛行，经梁启超等学者的介绍，深刻地影响了清末修身、伦理教科书。这种从日本引进的教科书框架，也影响到1913年《中学校课程标准》中修身科教学内容的安排——第一学年讲"持躬处世、待人之道"；第二学年讲"对国家之责务、对社会之责务"；第三学年讲"对家族及自己之责务、对人类及万物之责务"；第四学年讲"伦理学大要、本国道德之特色"[1]。并且，这一时期中学阶段的修身教科书，有时跟伦理学很难划清界限。既做伦理学研究，同时也编写、审阅修身教科书的蔡元培或许注意到这个现象，他在1910年出版了《中国伦理学史》一书，这本书也是给中学堂伦理科作参考的。该书开篇就专门讲伦理学与修身书的区别："盖伦理学者，知识之径途；而修身书者，则行为之标准也。持修身书之见解以治伦理学，常足为学识进步之障碍。故不可不区别之。"[2]可见蔡元培的修身教科书中仍存在大量伦理学的身影，虽然引进了先进的西方文明，但内容仍是"以孝为本"，主要包括两方面：一是个人私德，即儒家伦理的"五常"；二是行之于外的各类公德。

该套教科书竹纸，石印，尺寸为13 cm×18.5 cm。封面正中竖排书名"修身教科书"，书名下自右向左横排册次；右侧中上方竖排"中学堂用"；左侧下方竖排"上海商务印书馆印行"。采用了最新的章节体例编排，正文为论说文体，学理式阐释伦理条目，但没有插图，也没有思考题。

该套教科书影响深远，到21世纪的今天，还被多家出版社重版发行。如中央广播电视大学出版社（2012年）、译林出版社（2013年）、京华出版社（2014年）、北京联合出版公司（2014年）、台湾复州古旧书店（1982年）、台湾五南出版社（2011年），都曾有重新出版。

（三）文明书局的《初等伦理教科书》

《初等伦理教科书》全一册，吴尚著，文明书局出版、印行，1903年初版，1905年再版，供中学堂用。内容主要是中国儒家伦理，诸如"己所不欲，勿施于人""义""仁爱"；也有泰西伦理，如"以己所欲，施之于人"，呈现中西伦理交融的状况。除了伦理内容外，该书还有体育等方面的内容，如阐述体操强国强种的重要性及各国普及的状况，激励学生去学习和锻炼，把体育锻炼的要求上升到伦理的高度。

该书竹纸，石印，尺寸为13 cm×18.5 cm。封面和扉页仅有书名，接着为正文和版权页。正文为论说文体，学理式阐释伦理条目，逻辑严谨，但全书没有插图，没有思考题（同时期文明书局的修身教科书有课后思考题），内容也很浅显，不太适合做中学堂教科书。版权页在封三，有出版

---

[1] 人民教育出版社课程教材研究所. 20世纪中国中小学课程标准·教学大纲汇编：思想政治卷[C]. 北京：人民教育出版社，2001：136.

[2] 蔡元培. 中国伦理学史[M]. 北京：东方出版社，1996：1.

（再版）时间、定价、著述者、总发行处、印刷所、"版权所有"等信息。比较有意思的是，该书不像同期其他教科书版权页上的出版时间写光绪年号或宣统年号，而是写"癸卯"等中国农历的干支纪年。

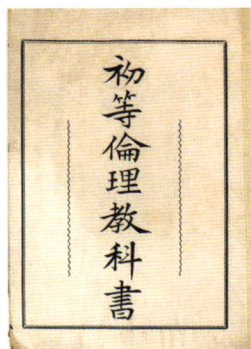

图2-21　《初等伦理教科书》，吴尚著，1903年文明书局出版、印行，1903年5月初版

（四）蒋智由的《中学修身教科书》

该套《中学修身教科书》共3卷，供中学堂用，蒋智由著述、发行，日本东京同文印刷舍印刷，1906年初版，清学部颁行（审定），印刷人酒井平次郎，寄售中国各大城市发行。后多次再版，不同版本装帧、尺寸也不同，有的版本由日本人香石饲德题书名；有的版本封面上方横排"学部审定"，正中间竖排"修身教科书"，书名"修身教科书"和"学部审定"之间横排有"中学"二字，左侧边沿的中下方印有"蒋智由著"。

图2-22　《中学修身教科书》（卷三），蒋智由著述、发行，1906年日本东京同文印刷舍印刷，1907年订正再版

该套教科书是清末具有一定特色、体现现代伦理精神启蒙的一部教科书。作者在例言中说："余久欲作修身教科书，思维数次，终不得一完善之法。乃取日本中小学所用之修身教科书而观之，其中以井上哲次郎氏之著为尤善，因仍其编纂之规则而略变通之。"[1]

该套教科书与作者的《小学修身教科书》只有书名和封面的区别，内容没有做特别区分。中学卷一和小学卷一内容都一样，文字也相同：

第一章　学校，第二章　卫生，第三章　修学，第四章　朋友，第五章　品行（共8节）。

中学卷二和小学卷二也相同：第一章　家族，第二章　国家社会，第三章　品行（各版本均误为

---

[1] 石鸥，付璐.[第十课]最彰显作者的课本：蒋著修身教科书[J].课程教学研究，2016（10）：4-7.

第四章，属于印刷失误。本卷的"品行"一章有19节，与卷一的"品行"一章不同）。

中学卷三和小学卷三内容还是相同：第一章 己之总说，第二章 形体，第三章 精神。比较有意思的是，作者在例言中也写道："此书本为中学校之用，然我国今日中小学之程度殊难区画，故小学校中视其程度何如，亦能适用。"[1]虽然如此，《浙江教育官报》1908年第4期，刊登有官方对上报审查的新编伦理教科书的评审结论，对这套教科书的评语是"持论公正，次序分明，颇合中学教科之用"[2]。

该套教科书竹纸，铅印，尺寸为13 cm×19.5 cm，采用章节体编排。封二印有"教科必用"，扉页印有"蒋智由著""中学修身教科书""日本香石饲德题"、卷次（册次）等字样，接着就是例言、序、目录、正文、版权页。例言主要说明各卷的关系及该书行文明白晓畅的价值；序主要阐明品德发展的过程、品德养成的途径、道德教育的方法以及本卷的目的；目录仅罗列章节名称和页码；正文皆为义理阐发，课文较长，且缺少故事和插图，没有思考题，可读性较差；版权页在封三，主要有版次、定价、寄售处、著述者、发行者、印刷人、印刷所等信息以及"版权所有""翻刻必究"的字样。

（五）文明书局的《中等修身教科书》

《中等修身教科书》全一册，共112页，杨志洵编纂，1906年文明书局出版、印行，供中学堂用。该书目录有忠恕、仁智勇、守法、尊君、权利、义务、自治、爱国、宗子、夫妇、父子、兄弟、尊长、朋友、公义、礼仪、信实、慈善、名誉、娱乐、经济、私产、公产、博爱。

图2-23 《中等修身教科书》，杨志洵编纂，1906年文明书局出版、印行，1907年订正再版

这本教科书在编排上没有出现"章""课"这样的单位，而是以长篇的形式，阐明一个人对国家、家庭、他人、社会、庶物应有的态度。总纲开宗明义，提出设立修身科的目的和实现方法，从对国、对家、对人、对社会、对庶物的角度，提出个人应有的素质。

值得一提的是，该书介绍了不少西方政治学原理和伦理学原理，比如孟德斯鸠"三权分立"思想，也有不少关于人的独立、自主以及公德等与现代伦理精神启蒙相关的内容。由于时代的局限，该

[1] 蒋智由. 中学修身教科书：卷一［M］. 东京：同文印刷舍，1906：例言.
[2] 审定书目[J]. 浙江教育官报，1908（4）：2.

教科书既有"权利""义务""私产"等现代观念，也有"尊君"等封建纲常伦理，表现出较为浓烈的近代性和两面性，毕竟作者只能在清政府所倡导的中国封建伦理的范围内展开讨论。

该书竹纸，石印，尺寸为17 cm×25 cm，竖排。封面仅有书名，且成两列，接下来是序文、目录、正文、版权页。序文重点介绍编写此书的目的、价值以及该书的内容框架；目录没有课次，也没有章节名称，只是罗列了五个大主题及其下位的德目，跟同时代其他的教科书截然不同；正文为论说文体裁，一般形式为"解释德目+古代名人事迹（名言）"，语言较为通俗易懂，课文较长，没有插图等辅助元素。版权页在封三，有书名、版次、著作者、发行者、印刷者、发行所、定价等信息，以及"著作权所有，不准翻印"等字样。有趣的是，定价有形似铜钱的同心圆和椭圆组成的套边；"著作权所有"五个字在"不准翻印"的外围，且后者的字体比前者大，故而很醒目。

三、清末中学德育教科书的分析

清末中学教育发展十分缓慢，中学修身教科书内容与小学修身教科书内容相比，并无太大差别，只是中学段的更为集中、全面一些而已，总体没有摒弃儒家经典，有着传统典籍的身影。当时，对于修身课程可以利用的传统典籍，官方已作出明确规定，中学堂主要利用《论语》《孝经》等书籍，向学生传递传统的伦理道德。例如，姚永朴的《中等伦理学》分上、下两篇，参照《小学》的编写体系，仍然以立教、明伦、敬身为根本，宣扬传统道德；孟森在《中等修身教科书》中这样总结："修身之次，以对于己身为始。是编有对国、对家、对人、对社会、对庶物之目，而前之以总纲，后之以结论，若甚完备者然"，[1]突出强调了修身对于家庭、社会和他人的重要性。

这一时期的中学德育教科书既受传统伦理道德的制约，又接受来自西方先进思想的冲击，具有内在的矛盾性。如《中等修身教科书》对"君权"是这样描述的：

> 国君者，行政之元首，主权之所寄。无君则无主权，故知爱国者必知尊君。且君之所以尊者，以其有厚赐于吾人也。按其所赐，厥有数端：
>
> 一、统一。自卢梭、孟德斯鸠以来，各国皆用三权分立制度。然是三权实未分立也，不过形式似乎分立耳。德国政治学者曰："国权者不可分，可分者乃国权应用之方法耳。"即以行政一端而论，内务、外务、财务、司法、军务五大部者，各图其特殊之利益，势不至冲突不止，非有元首，曷能避其冲突而使之运行圆转乎？
>
> 二、威严。人民恒不爱道德之支配，而受感情之支配，乃社会中下流人民多于上流之故也。君主袭神圣之威，民故畏而敬之。曰是非常人之子孙所得而几希也，而民志定矣。
>
> 三、行政不失机宜。合议制度，长于审慎，而短于乘时。一头制度，易于乘时，而弊在专制。
>
> 四、拭除阶级。政治之贼，莫甚于贵族。欧洲中世之君主，恒藉伸张民权之策，以收破弃

[1] 孟森. 序文[M]//杨志洵. 中等修身教科书. 上海：文明书局，1906：序文.

封建之效。而人民亦藉是破坏阶梯制度，以与君主直接。故民权扩张，至有今日者，未始非君主之力也。

…………

霍路脱曰："无论何国之民，为道理所支配者少，为感情所支配者多。国之进步与否，不过社会之层有厚薄之差而已。盖政府者须有多数人民之想象力，此实行政所必要者。故实动部之外，不可无威严部。威严部者，相传以为神圣之子孙者是也。"

日本宪法曰："天皇神圣不可侵犯。"

德国宪法曰："德国皇帝，其臣民万世不得废之。"[1]

清末时期，战争频发，社会动乱，各国在侵略、蚕食我国的同时，也灌输了他们的宪政法治和国家观念。教科书一定程度上是意识形态的产物，是当时政治思想的文字表达。清末中学德育教科书就反映了当时复杂的意识形态状况。

既是新旧思想杂糅，那中学德育教科书中必然也存在带有现代色彩的、具有时代意义的成分。以《中等修身教科书》为例，其有关夫妇纲常的言论是这样论述的：

夫者，以道率人者也。妇者，执箕帚者也。此天尊地卑，自然教之流弊也。

…………

穆勒又曰："今夫居室之事，旧俗夫之于妻，有无穷之专制，不待论矣。彼持此无礼不公之旧义者，不必以行己之自由为词，且悯然以纲常饰其强权之说。是故人道改良，莫亟于此。必取旧义扫灭无遗，使为妇者应享权利，同于其夫，其性命财产，同受法律之保护，与男子无殊。于天理人心，庶几合耳。"[2]

书中批评了封建社会"妇随夫纲"的传统观念，倡导男女平等，呼吁夫妇享有相同的权利。虽然当时的中学修身教科书并没有将"平等"作为单独的道德条目，但是这种"天赋人权"的先进思想是弥足珍贵的。

内容有超前性的中学德育教科书，尤以蔡元培的《修身教科书（中学堂用）》为代表。该书以培养国民健全人格为德育目标，提出家庭教育、学校教育和职业教育并重的教育途径[3]。其中的社会道德思想以公义、公德、公礼为主要内容，以自由、平等、亲爱为核心精神，以社会有机体论和天赋人权说为理论基础，以对国民性的反思和改造为出发点和归宿点[4]。

在编写体例上，清末的中学伦理教科书和修身教科书仍然参照日本的编写经验，有些教科书则

[1] 杨志洵. 中等修身教科书[M]. 上海：文明书局，1906：4-5.

[2] 杨志洵. 中等修身教科书[M]. 上海：文明书局，1906：40-41.

[3] 袁洪亮. 国民性改造视野下的德育新思路：论蔡元培《中学修身教科书》中的德育思想[J]. 中国德育，2010（9）：7-10.

[4] 王小静. 试论蔡元培的社会道德思想：以《（订正）中学修身教科书》为中心的考察[J]. 课程·教材·教法，2009（7）：84-87.

直接译自日本教材，如《中等教育伦理学：前后编》《伦理学教科书》等，这类教材以伦理教科书居多，译成汉字后直接出版供学生使用。清末留日学生在日本组建了一些翻译机构，其中有专门翻译中学教科书的教科书译辑社，为晚清政府及出版界编写修身教科书和伦理教科书提供了便利。该译辑社最早编译的《伦理学》成为很多国人借鉴参考的伦理教科书。

有的中学德育教科书则选取日本教科书中的伦理道德要领进行编写，例如蒋智由的《中学修身教科书》就是根据日本修身教科书的编写规则，参照其30%左右的内容修改、编写而成。有的教科书借鉴日本教科书的结构，这方面梁启超作出了较大的贡献。梁启超的《东籍月旦》一文列出了日本文部省训令规定的中学四、五年级的伦理要旨：

对于自身之伦理：健康、生命、知情意、职业、财产。

对于家族之伦理：父母、兄弟、姊妹、子女、夫妇、亲族、祖先、婢仆。

对于社会之伦理：他人之人格、他人之身体、财产、名誉、秘密、约束、恩谊、朋友、长幼贵贱、主仆、女性、协同、社会之秩序、社会之进步。

对于国家之伦理：国宪、国法、爱国、兵役、租税、教育、公务。

对于人类之伦理：公权、国际。

对于万有之伦理：动物、天然物、真、善、美[1]。

这本书也就"对于自身之伦理、对于家族之伦理、对于社会之伦理、对于国家之伦理、对于人类之伦理、对于万有之伦理"进行列目，根据由近及远、由浅入深递进的方式，从个人递进到家族、社会、国家以及人类，这样的编写结构对之后的德育教科书编写有着深远的影响。

在体裁方面，中学修身教科书基本上都是章节体和论说文体，相比传统教育所用的《大学》《中庸》等经典更为浅显易懂。在编排方面，中学修身教科书比小学教科书更有针对性和系统性，但多运用与小学教科书类似的方式呈现内容，且没有插图，因而缺乏必要的创新点，可教性和可学性总体较差。

由于日本的伦理教科书和修身教科书根据其国情编写，而我国又直接翻译或借鉴，难免与自身的实际发展不相符合，所以教科书中出现新旧杂糅、中外杂糅的状况。这对于一个由封闭走向开放，刚刚开始接受新思想并逐渐形成自身思想的民族而言，是很自然的事情，需要我国在之后一次次的实践中逐步走向完善。

---

[1] 梁启超. 东籍月旦[J]. 新民丛报，1902（9）：109-120.

本章小结

　　清朝末期是社会剧变的时期，修身科的出现使得当时的中国德育脱离了传统的路径，给德育教科书的发展带来了新的突破。这个时期，中小学德育教科书以"修身"为主，修身教科书种类多，所有版本内容固守中国传统伦理，从传统儒家典籍中汲取了大量的养分，读经类的教科书大多附丽于修身类教科书中[1]；部分版本则掺杂了近代民族国家意识，犹如灰暗的天空增添了几抹亮色，"国民教育自此开始描绘出第一笔近代色彩"[2]。编排上学习日本同类教科书的方式，出现了"同心圆扩大"的范式，为此后的德育教科书编写奠定了基础，其贡献不可抹杀。辛亥革命的成功终结了中国封建王朝，也终结了清末修身教科书，这种教科书在民国时期走向了新的道路。

---

[1] 王世光. 艰难转型的清末德育教科书[N]. 中华读书报，2014-03-19（14）.

[2] 毕苑. 从《修身》到《公民》：近代教科书中的国民塑形[J]. 教育学报，2005（1）：90-95.

第三章

修身科的新生——民国初期的中小学
德育教科书（1912—1922）

1912—1922年的10年是社会剧变的10年，从民国政府成立开始，经历了袁世凯复辟、北洋政府更替，以及新文化运动和五四运动的洗礼。在这种震荡的社会背景下，中小学德育课程和教材也历经"波折"，修身科在民国的晨曦中获得了新的身份，"公民教育"渐渐在修身科中从无到有发展起来。随着五四运动带来的"民主"与"科学"热潮以及1922年壬戌学制的颁布，修身科走向了终结，并为公民科所取代，修身教科书也就成了尘封的历史。

1912年中华民国成立不久，作为立国之本的教育也适应"民主共和"的政体而革故鼎新。当时教育部颁布了系列教育法令，提出"养成共和国民健全之人格"的教育目标，规定改学堂为学校，规定中小学设修身科，并明确了该课程的目标、内容和进程。较之清末的修身科，此时的修身科增加了有关国民权利、义务以及公德的内容，"自由""平等""民主""博爱"等观念也贯穿其中。同时，南京临时国民政府明确并建立了近代"完全"的教科书审定制度，这为中小学德育教科书建设提供了依据和保障，促进了德育教科书的发展。但好景不长，1914年以后，袁世凯复辟速度加快，当时的教育部为顺应袁世凯的企图，推行教育复古，修改修身科要旨，强调封建传统伦理。不过，袁世凯死后，在新文化运动的推动下，教育上的倒行很快得到纠正，五四运动前后，学校德育课程（修身科）的要旨也发生了积极变化。

随着中华民国成立以及壬子癸丑学制的颁布，此后的10年，文明书局、商务印书馆、中华书局、中国图书公司等出版了多种德育教科书，其中商务印书馆和中华书局出版的数量最多。这期间的小学德育课本现可查的有"修身""法制"和"公民"三大类，公民类课本仅有1917年初的《公民读本》《公民须知》。但中学的课本种类则比较多，有伦理学类、修身类、哲学类、法制类以及经济类等。

这期间的中小学修身类、伦理学类教科书相较于清末而言，形式上基本一样，变化不大，比如，商务印书馆出版了3套订正版修身教科书，形式没做改变，但这些书的内容变化较大。在以传统伦理为主的同时，这两种教科书注意中西结合，加入了自由、平等、博爱、人道等近代资本主义国民伦理以及选举等政治常识，为培养共和国国民服务。其他几种德育教科书则是新生事物，具有开创性意义，为此后的中小学德育教科书发展奠定了名称和体系的诸多基础。

第一节
民国初期的德育课程及教科书制度

一、民国初期的德育课程

1912年1月1日，中华民国临时政府在南京成立，标志着资产阶级共和国的建立。不久，中华民国临时政府成立教育部，首任教育总长著名教育家蔡元培立即着手对清末的封建教育进行改革，颁布了一系列教育改革法令。1912年1月19日，教育部颁布了《普通教育暂行办法》和《普通教育暂行课程标准》。《普通教育暂行办法》规定中小学德育的目标，继承以"忠孝"为中心的传统道德并培养儿童为众人服务的新道德。《普通教育暂行课程标准》规定改学堂为学校，废除以"三纲五常"为中心的读经科，实行中学文实不分科，中小学均开设修身课，该课程为第一科。

1912年2月，蔡元培在《教育杂志》上发表《对于新教育之意见》，批判了清末学部制定的教育宗旨，将"忠君、尊孔、尚公、尚武、尚实"改为"军国民教育、实利主义教育、公民道德教育、世界观教育和美感教育"。4月，蔡元培在《对于教育方针之意见》中阐明了这五大教育方针的重要性，并揭示了"现象世界"和"实体世界"对教育者的不同诉求。7月10日，他在北京召开的"临时教育会议"开幕式上指出，五育并举的方针主要是为"养成共和国民健全之人格"这个目标服务的。其中，公民道德教育是其最终目标。以蔡元培为代表的教育家关于德育的主张，无论是对西学的借鉴，还是对中学的扬弃，都是为了促进"个体人格之健全"和"国家社会之发达"。这比早期的中西融合德育课程观具有更大的进步性。

1912年9月3日，南京临时政府教育部确定并颁布了新的教育宗旨："注重道德教育，以实利教育、军国民教育辅之，更以美感教育完成其道德。"宗旨中的"道德教育"是向青少年进行"自由、平等、博爱"等政治、道德和思想教育，增加了"更以美感教育完成其道德"，表达了取得政权阶级的高瞻远瞩的思想境界。这一教育宗旨删除了"忠君""尊孔"两项内容，同清末的教育宗旨在根本上划清了界限，并且体现了德、智、体、美和谐发展的教育思想，以公民道德教育为核心。次日，南京临时政府教育部颁布《学校系统令》即壬子学制，正式公布了民国学制系统的框架结构。

此后，以新的教育宗旨为指导思想，教育部在1912年初公布的《普通教育暂行办法》和《普通教育暂行课程标准》的基础上，又陆续公布了《小学校令》（1912年9月）、《中学校令》（1912年9月）、《师范教育令》（1912年10月）、《专门学校令》（1912年10月）、《大学令》（1912年10月）、《实业学校令》（1913年8月）、《小学校教则及课程表》（1912年11月）、《中学校令施行规则》（1912年12月）、《师范学校规程》（1912年12月）、《高等师范学校规程》（1913年2月）、《公私立专门学校规程》（1912年11月）、《大学规程》（1913年1月）、《私立大学规程》（1913年1月）、《实业学校规程》（1913年8月）等法令法规，充实了壬子学制。所有这些综合起来，形成了一个更全面的学制系统，称为壬子癸丑学制，又称1912—1913年学制。该学制将学校系统划分为三段四级。第一段为初等教育，分初等小学和高等小学两级，共7年。初等教育的目的在于关注儿童的身心健康，培养他们的国民道德，并教会他们生活必需的技能。第二段为中等教育，只有一级，4年。中等教育的教育目的在于完成普通教育、健全国民道德。第三段为高等教育，"以教授高深学术，养成硕学闳才，应国家需要为宗旨"[1]。

1912年9月的《小学校令》《中学校令》均将修身科列为第一教学科目。《小学校教则及课程表》对小学修身科的目标和内容规定指出："初等小学校宜就孝悌、亲爱、信实、义勇、恭敬、勤俭、清洁诸德，择其切近易行者授之"；"高等小学校宜就前项扩充之"，以达成"养成爱群爱国之精神"的教授目标。《小学校教则及课程表》还明确提出："凡与国民道德相关事项，无论何种科目，均应注意指示。"因而，国文要旨、历史要旨、地理要旨等分别以"启发智德""养成国民志操""养成爱国之精神"为教授目标之一[2]。

修身要旨在涵养儿童之德性，导以实践。

初等小学校宜就孝悌、亲爱、信实、义勇、恭敬、勤俭、清洁诸德，择其切近易行者授之，渐及于对社会对国家之责任，以激发进取之志气，养成爱国爱群之精神。

高等小学校宜就前项扩充之。

对于女生尤须注意于贞淑之德，并使知自立之道。

教授修身，宜以嘉言懿行及谚辞等指导儿童，使知戒勉，兼演习礼仪；又宜授以民国法制大意，俾具有国家观念[3]。

此时的中等教育，仍然只有中学校一级，而且修业期限从5年缩减为4年。中学校根据1912年9月至1913年3月颁布的《中学校令》及《中学校课程标准》等文件，开设修身、国文、外国语、历史、地理、数学、博物、物理、化学、法制经济、图画、手工、乐歌、体操等课程，女子加家事、缝纫等课程。"修身宜授以道德要领，渐及对国家社会家族之责务，兼授伦理学大要，尤宜注意本

[1] 舒新城. 中国近代教育史资料：中[C]. 北京：人民教育出版社，1961：640.

[2] 璩鑫圭，唐良炎. 中国近代教育史资料汇编：学制演变[C]. 上海：上海教育出版社，1991：691-692.

[3] 璩鑫圭，唐良炎. 中国近代教育史资料汇编：学制演变[C]. 上海：上海教育出版社，2002：690-691.

国道德之特色。"[1]与清末不同的是，这一时期的中学课程废除了传统的读经讲经科，将法制及理财改为法制经济科，并增加了手工和乐歌等科。此外，《中学校暂行课程表》也规定修身科第一学年讲授"持躬处事，待人之道"，第二学年讲授"对国家之责务，对社会之责务"，第三学年讲授"对家族及自己之责务，对人类及万物之责务"，第四学年讲授"伦理学大要，本国道德之特色"。法制经济科在第四学年开设，"旨在养成公民观念及生活上必须之知识"，教学内容为"现行法制大要、经济大要"[2]。之后，中学校修身科的内容，为能适应国家和社会的需要，稍微作了调整。这说明，在民国初期，中小学的课程仍然以修身科为首，修身、国文等传统道德资源仍然占有重要地位。女子虽然有了专为其设置的科目，但是以缝纫等为主，体现了女子教育的传统观念。

较之清末的修身科，此时的修身科增加了有关国民权利与义务以及公德的内容，"自由""平等""民主""博爱"等观念也贯穿其中。至于课时及时间安排，小学修身课均为每周2小时，从比重上来看，初小修身课时占总课程时数的8%，高小修身课时占总课程时数的7%；中学修身课时则为每周1小时，占总课程时数的3%（此数据基于舒新城《中国近代教育史资料》所载的民国学校施行规则中有关课程设置的数据）。民初修身科虽然承袭了清末以来的修身科，但与清末已有了很大不同，是资产阶级政治观与传统道德观的结晶，因此这一时期既有符合资产阶级要求的"公民""国家"这样的内容，也存在封建道德中"孝悌"这样的内容，只不过减弱了这种倾向[3]。

但是在复古思潮中，此景不长。辛亥革命的成果很快被袁世凯窃取，南京临时政府也被袁世凯领导的北洋政府取代。北洋政府进行了系列教育变革，对南京临时政府的部分教育法令作了修改。

1913年的《宪法草案》规定："国民教育，应以孔子之道为修身大本。"[4]次年，时任教育总长汤化龙在《上大总统言教育书》中提议，小学的修身课程应加入孔子之言等为经训。随后，教育部又发布《整理教育方案草案》，以法令形式落实汤化龙总长的规定："学校的修身教育应以孔子言论作为修身要旨，并增加'经训'的环节。"1914年6月24日，教育部饬各学校各书坊中小学修身及国文教科书采取经训务以孔子之言为旨归，并饬行教授要目编纂会、教科书编纂纲要审查会、编审处各员遵行[5]。8月26日，教育部提出修身、国文、教育、乐歌等科采用之方针，饬知教科书编纂纲要审查会依照编纂审查[6]。不仅如此，袁世凯政府教育部还发出训令，"查各商店旧日编纂之

[1] 璩鑫圭，唐良炎. 中国近代教育史资料汇编：学制演变[C]. 上海：上海教育出版社，1991：3.
[2] 人民教育出版社课程教材研究所. 20世纪中国中小学课程标准·教学大纲汇编：思想政治卷[C]. 北京：人民教育出版社，2001：136.
[3] 孙蓉. 清末民初"修身科"课程的流变：基于对学制的文本分析[J]. 天水师范学院学报，2016（2）：120-123.
[4] 陈学恂. 中国近代教育大事记[M]. 上海：上海教育出版社，1981：247.
[5] 国家图书馆.（民国）教育部文牍政令汇编：第一册[C]. 北京：全国图书馆文献缩微复制中心，2004：421-424.
[6] 中华民国教育部. 教育部以各教科采取方针饬知教科书编纂审查会[J]. 教育杂志，1914（7）：57-58.

教科书，叙述民国成立，于孙黄颇有奖饰之词。今彼等叛乱行为，已为全国所共见。自应将其肖像及称扬之语，悉行删除，以祛国民之瞀惑”[1]。故而，1914—1916年间的修身教科书里基本没有关于革命党人的内容。

1915年1月，教育部奉《大总统申令》公布《颁定教育要旨》，该要旨规定“爱国、尚武、崇实、法孔孟、重自治、戒贪争、戒躁进”的“七项教育宗旨”。其实质是强调“忠君”“尊孔”，要求学生“恪守圣人垂训”，将“法孔孟”当作“治国为人之真谛”[2]。1915年1月22日的《特定教育纲要》（以下简称《纲要》）将这一主张进一步具体化，规定初等小学校必读《孟子》；中学校读的经书有《礼记》节读，如《曲礼》《少仪》《大学》《中庸》《儒行》《礼运》《檀弓》等篇以及《左氏春秋》节读。袁世凯更在《纲要》中指令中小学恢复读经，称“各学校均应崇奉古圣贤为师法，宜尊孔以端其基，尚孟以致其用”“中小学均加读经一科，按照经书及学校程度分别讲读”。《纲要》重新规定了教育宗旨，为“注重道德、实利、尚武，并运之以实用，以命令颁布”，将道德教育提升到了至高无上的地位。《纲要》还规定中小学校教科书于一定期限内编订颁发，国定制与审定制并行[3]。以此为指导，教育部又相应地对中小学课程作出调整，在各级各类学校中复辟了经学教育内容，普遍增添了读经课程，要求初小后两个学年讲读《孟子》，但在袁世凯去世后这些规定又都予以废除。

1915年7月和11月，教育部先后公布《高等小学校令》《国民学校令》和《预备学校令》，废止1912年的《小学校令》。《国民学校令》规定初等教育由原来的单轨制改为双轨制，义务教育四年，各地在有余力的情况下再适当发展小学，确定了“注重儿童身心发展、培养国民道德基础、积累国民生活所需基础知识，提高国民生活技能”[4]的教育纲领，再次将“修身”和“读经”作为儿童的首要课程。同年公布的《高等小学校令》，规定高等小学校以“增进国民学校之学业，完成初等普通之教育”为目标。至于未曾施行的《预备学校令》，则规定“预备学校，以注意儿童身心之发展，施以初等普通教育，预备升入中学为本旨”，预备学校面向升入中学的士族子弟，附设于中学校，分前后两期，前期为四年，后期为三年，课程、设备力求完备。但是随着袁世凯的去世，这一政策只持续一年就被撤销[5]。1915年10月，张一麟任教育总长，上任后亦注意编订教科书。

到1915年秋，教科书编纂处（1914年5月成立）、教科书编纂纲要审查会和教授要目编纂会（1914年7月成立）审查完教科书编纂纲要8种、17科教授要目56种，其中包括《初等小学修身教科书编纂纲要》《高等小学修身教科书编纂纲要》《初等小学修身教授要目》《高等小学修身教授要目》以及《中学师范修身教授要目》。教科书编纂纲要、教授要目与我们今天所说的教学大纲或课

[1] 大事记·学事一束[J]. 教育杂志，1914，6（12）：102.

[2] 周可桢. 五四运动与教育界的一场思想革命[J]. 学术研究，1999（4）：67-70.

[3] 陈元晖. 中国近代教育史资料汇编：学制演变[C]. 上海：上海教育出版社，1991：3.

[4] 璩鑫圭，唐良炎. 中国近代教育史资料汇编：学制演变[C]. 上海：上海教育出版社，2007：790.

[5] 魏佳. 20世纪中国小学数学教科书内容的改革与发展研究[D]. 重庆：西南大学，2009：21.

程标准有点类似，是教科书编纂的依据。

比如《初等小学修身教授要目》（草案）：

关于学校之德目：入学礼节、课堂礼节及规则、教师、爱同学、洒扫、应列进退、守规则、守时间、勤学好问。

关于家庭之德目：孝亲、敬兄姊、爱弟妹、谦让。

关于身心之德目：早起、饭食、仪容、言语、诚实、立志、崇实、自治、自省、节用、习勤、尚俭、戒躁进、戒嗜好。

关于社会之德目：友谊、睦邻、礼让、慈善、宽容、公义、公益、公德。

关于国家之德目：中华民国、大总统、爱国守法、尚武、充兵。

总括：法孔孟、中华国民之资格，一般是法孔孟（这是初等最后一年）。

另外，高年级增加内容：

关于法制：国家、国体、政体、国民、国籍、国徽、国会、议员、统治权、选举[1]。

显然，初等小学修身课程的内容包括学校、家庭、身心、社会、国家等方面，高等小学增加了法制的内容。中学和师范的修身内容则包括学校、家庭、身心、社会、国家、人类万物、伦理学大要和本国道德特色这八个方面。

1916年前后的帝制复辟和文化复古不仅直接影响了德育课程的设置，也影响到德育课程的结构。对修身科的影响，一是在目标和内容上更加突出传统伦理精神和国民义务，孔孟思想成为德育课程结构的主旨；二是在德育课程资源的选择上更多地征引经传之文。1916年1月，教育部颁布《国民学校令实施细则》，规定修身科从第三学年起，加授"公民须知"。同年10月，教育部再发部令对细则作了修正，提出"自第三年起兼授公民须知，示以民国之组织及立法、行政、司法之大要"。这是公民知识进入学校课程之始。

随着新文化运动的兴起，国家观念与公民意识更加深入人心。公民教育之呼声愈益强烈，且与随之而来的五四爱国运动相互激荡，使国人普遍觉悟到旧式修身的严重缺陷，并导致旨在培养国家公民的社会科之最终确立，从而在体制上完成了共和理想的身体投射[2]。

1919年的五四运动是一场科学启蒙运动，提倡个性解放，尊重人的价值，标志着我国社会由旧民主主义革命进入新民主主义革命。五四运动前后，一方面，一部分教育家以为，只要用"适应新时代的新教育"来改革中国的教育，中国就可以富强起来。他们坚持教育救国论，积极推进学校教育改革，学校教育改革表现为学制改革和课程改革。另一方面，在"民主"和"科学"两面大旗的指引下，中小学修身科中的公民教育内容增多，范围扩大，甚至在"道德革命"和民主主义教育思想、实用主义教育理论的直接推动下，公民教育目标模式也发生了改变，由"个人—国家"二者关

[1] 安徽省泗县《教育志》办公室. 泗县教育志[M]. 宿州：[出版者不详]，1985：401.

[2] 黄书光. 价值重估与民国初年中小学德育课程教学的深层变革[J]. 教育学报，2008（4）：73-79.

系转变为"个人—社会—国家"三者的相互关系。特别是五四运动以后，修身科内容注重体现"健全人格"和"共和精神"，修身教科书课文题材的选择开始援引大量西方的名人轶事，就连诸如"早起""清洁""节用"等一类的课文，也要树立林肯、黎痕等作为榜样[1]。

1919年5月教育部颁布的《女子中学课程标准》规定的修身课程内容有了细微变化，规定在前三个学年，修身课的内容以道德要旨和礼仪实习为主，第四学年增加法制经济概要[2]。

修身科在退出前尽管不断变革，但它天然的缺陷总是无法克服，对此，当时一些学者有过精当的论述。比如，教育学家张粒民在引证教育学家程湘帆所批评的"太陈腐""太重学理""教材支配未能适当"等修身科缺陷后，进一步指出"修身科目的在个人道德之修养，而公民科除培植个人道德外，并能造成儿童法律之概念……修身学科不适用于法治国家也。公民科教育之目的则不然，凡一切弊病之属于修身科者，一扫而空之，宜乎其为大多数人所竭力提倡也"[3]。

1922年11月1日，《学校系统改革案》公布，该方案亦被称为"新学制"或"壬戌学制"。该学制取消了修身科，主要原因是修身科范围太窄、标准陈旧、内容复古，不适用于民主、科学、法治的新时代而予以取消，但是它并未完全消失，在教育相对比较落后的地区还存在了相当长的一段时间，只是再也没起什么积极的作用，慢慢地沉归于历史的长河中。

二、民国初期的教科书制度

南京临时政府成立后，作为立国之本的教育也适应"民主共和"的政体而革故鼎新，建立了近代"完全"的教科书审定制度。南京临时政府教育部颁布的《普通教育暂行办法》规定：凡民间通行之教科书，其中如有尊崇满清朝廷及旧时官制、军制等课，并避讳、抬头字样，应由各该书局自行修改，呈送样本于本部及本省民政司、教育总会存查。如学校教员遇教科书中不合共和宗旨者，可随时删改，亦可指出呈请民政司或教育总会，通知该书局改正[4]。"凡各种教科书，务合乎共和民国宗旨。清学部颁行之教科书一律禁用。"[5]1912年5月，在中央教育部总务厅下，特设教科书编纂、审查两处，作为教科书审查与管理的行政机构。1912年7月，教育部召开临时教育会议，决定改行新学制，规定教科书采用"审定制"。1912年9月，教育部颁布了《审定教科用图书规程》（十四条），规定了各个学段教科书的编辑、出版和使用制度："一、初等小学校、高等小学校、中学校教科用图书，任人自行编辑，惟须呈请教育部审定。二、编辑教科用图书，应依据《小学校令》《中学校令》……四、图书发行人应于图书出版前将印本或稿本呈请教育部审定……六、

[1] 郑航. 中国近代德育课程史[M]. 北京：人民教育出版社，2004：130-231.

[2] 马芮. 民国初期女子中学修身课程探究[D]. 聊城：聊城大学，2014：17.

[3] 张粒民. 小学校之公民教育[J]. 教育杂志，1924，16（4）：21.

[4] 中华民国教育部. 普通教育暂行办法[N]. 申报，1912-01-21（6）.

[5] 中国第二历史档案馆. 中华民国史档案资料汇编：第二辑[C]. 南京：江苏人民出版社，1985：452.

图书不载明定价者，不予审定……九、凡图书已经审定后，若变更其内容，发行人须于六个月内重呈审定，逾期即失审定效力。十、凡已经审定认为合用之图书，每册书面，准载明'某年月日经教育部审定'字样…… 十二、各省组织图书审查会，就教育部审定图书内择定适宜之本，通告各校采用。"[1]同月教育部还颁布了《各省图书审查会规程令》和《小学校令》，对教科书审查作了规定。《各省图书审查会规程令》指出，图书审查会直隶于省行政长官，审查适合于各省小学校、高等小学校、中学校、师范学校教科用图书，从而使各省图书审查会这一民间组织形式得到政策确定，既保证了教育部对教科书审定、审查质量的监管，又调动了地方审定、审查教科书的自主性。《小学校令》更是明确规定："小学校所用教科图书，由省图书审查会择定之。补习科所用教科图书，亦适用前项之规定。"[2]至此，南京临时政府的教科书审定制以政府明文规定的形式正式确立下来。

民国初期确立的教科书审定制度，确立了政府与民间之间监督与被监督的关系，形成了一个开放型的教育资源管理体系，即政府以管理者的姿态，宏观地规划教科书的编纂和审定，如制定编辑宗旨、法律条规、审定标准等，规范市场竞争，促进了教科书良性发展。而教科书的具体编写权、选择与使用权则下放到各省、各校、各书市等教育下级机构，从这个意义上说，它造就了南京临时政府教科书审定制的完全性、彻底性、科学性和现代性[3]。

袁世凯在窃取辛亥革命的胜利果实后，对南京临时政府"完全"教科书审定制度也逐步进行"修正"，开始试行国定制，其活动进程如下：1913年11月，合并编纂、审查两处为编审处。1914年1月28日，教育部公布《修正审定教科用图书规程》[4]，这一修正规程在审定制度的宏观调控方面有三点引人注目的修改：第一，修正规程虽然没有反对民间编写教科书，但删去了1912年规程中"任人自行编辑"的字样，这对民间编辑教科书作了资格上的规定，也为其试图开始"官修教科书"打下了制度基础；第二，通令各省停止图书审查会，从根本上剔除了南京临时政府时期对教科书审定制度的监督约束机制，从而更好地实现其意识形态的专制；第三，第一次公开提出了教科书的审定标准"合于部定学科程度及教则之旨趣"。《修正审定教科用图书规程》的颁布，标志着袁世凯政府对中小学教科书的控制日益加强，民初教育部在中小学教科书审定制度建设上的极好尝试历时一年多终归夭折。[5]

1914年4月，袁世凯政府教育部以前时审定各教科图书失于宽滥的缘由，布告各书局"遵照大总统教令，按切时势，妥为修改"，"限于三个月内将以前审定过的教科书送部复审"[6]。5月，汤

[1] 中华民国教育部. 审定教科图书规程[N]. 申报，1912-09-23（1-2）.
[2] 中国第二历史档案馆. 中华民国史档案资料汇编：第三辑[C]. 南京：江苏古籍出版社，1991：443.
[3] 李虹霞. 民国时期中小学教科书审定制度的研究[J]. 新商务周刊，2017（5）：206.
[4] 张静庐. 中国近代出版史料二编[M]. 北京：中华书局，1957：413-415.
[5] 王昌善. 我国近代中小学教科书编审制度研究[D]. 长沙：湖南师范大学，2011：51.
[6] 民国教育部. 第一次中国教育年鉴戊编[M]. 上海：开明书店，1934：124.

化龙任教育总长，令查禁排斥日本教科书，颁布特定教育纲要，设教科书编纂处，采用模范制与审定制，开始"官修教科书"的计划，为审定制向国定制过渡打下基础。袁世凯洪宪帝制倒台，教科书编纂处解散，国定制的试行暂告结束，后续国民政府继续沿用教科书审定制度。7月，教育部成立教科书编纂纲要审查会和教授要目编纂会。教科书编纂纲要是指导教科书编写的大纲，由教育部设立的教科书编纂处编订，教科书编纂纲要审查会负责审查教科书编纂纲要合适与否。教授要目则是指导教师施教的大纲，由教授要目编纂会编制。同年10月2日，袁世凯以大总统的名义查禁教科书，以小学教科书内含排斥友邦思想为由，着教育部详细审查，遇有前项文义，驳令修正[1]。

1915年1月7日，教育部鉴于各省牟利书贾肆意翻印部审教科书，导致教科书"鲁鱼亥豕，舛讹百出，而纸张之恶劣，图书之模糊既碍目力，复伤美感，贻误学界"，于是"通告各学校一律禁用翻印图书，各地方视学及劝学员等并应加意检查，遇有各学校误用此项翻印图书者，应即时纠剔，指令改用原本，以免贻误"[2]。7月、11月教育部先后颁布《高等小学校令》《国民学校令》和《预备学校令》，三个学校令分别强调高等小学校、国民学校和预备学校都须使用教育部所编行或经教育部审定的教科书。[3]

同年，北京政府正式公布新的《中华民国著作权法》（以下简称《著作权法》），该《著作权法》共5章45条，继承了《大清著作权律》的基本原则和法律体系。两者关于教科书版权保护的条款也大同小异。诸如教科书著作权的保护期，著作权保护期的计算、权利与限期，侵犯著作权的处罚等，两者规定基本相似。但是，《著作权法》也有和《大清著作权律》不一致的地方：如在教科书著作权保护的客体范围上，《著作权法》比《大清著作权律》有所扩大和增加；在注册程序上得到了进一步强调，手续更加严格；《著作权法》还规定，违反《出版法》的教科书作品，不能享有著作权。著作权保护的客体范围的扩大是适应时代的。[4]1916年4月，教育部公布《修正审查教科用图书规程草案》，适当增添和修改了教科书编审工作审稿费和审定费、有效期限时间及"延长"等内容，进一步使民初教科书审定、审查工作更具规范性和适应性。[5]

袁世凯政府垮台后，范源濂重掌教育部，教育部先后废止、修正了袁世凯主政时所颁布的各种教育法规，并由国务会议决定撤销了《特定教育纲要》与《颁定教育要旨》，但教科书审定仍按前法进行。1916年12月21日教育部公布的《修正审查教科书规程令》，仅删去1916年4月28日公布的《修正审查教科用图书规程草案》中"预备学校"四字，把"审定费"改为"审查费"。[6]

1918年，教育部正式颁布了1913年通过的注音字母和国音方案，随后又出版了《国音字典》，

[1] 国家图书馆.（民国）教育部文牍政令汇编：第一册[C].北京：全国图书馆文献微缩复制中心，2004：533-534.
[2] 国家图书馆.（民国）教育部文牍政令汇编：第一册[C].北京：全国图书馆文献微缩复制中心，2004：591.
[3] 璩鑫圭，唐良炎.中国近代教育史资料汇编：学制演变[C].上海：上海教育出版社，2007：787-799.
[4] 刘桂芳，洪港.晚清及民国时期教科书版权立法述论[J].图书情报工作，2009（12）：137-140.
[5] 慈玲玲.民国时期乡村基础教育政策研究[D].长春：东北师范大学，2016：117.
[6] 王昌善.我国近代中小学教科书编审制度研究[D].长沙：湖南师范大学，2011：59.

确定了国音的法定地位。1920年1月，教育部通令各省，自当年秋季起，国民学校一、二年级先改国文为语体文。4月接着宣布，国民学校所有文言文教科书分期作废，并且在1922年底前全部改为白话文教科书。自此，白话文教科书很快取代了文言文教科书，书面语和口语一致，对我国教科书乃至教育的发展产生了深远影响。

第二节
民国初期的小学德育教科书

一、民国初期小学德育教科书的出版情况

辛亥革命在短短几个月之内推翻了帝制，建立了民主共和国。由于革命进展迅速，国人对于做民主共和国民的思想准备十分不足，所以中小学修身教科书的出版和使用成为国民品德教育的主要渠道之一。

辛亥革命后，教育宗旨也随之发生了本质的变化。1912年1月19日，新成立的南京临时政府教育部就颁发了《普通教育暂行办法》十一条，其中涉及教科书的有如下规定："凡各种教科书，务合乎共和民国宗旨。清学部颁行之教科书一律禁用。""凡民间通行之教科书，其中如有尊崇满清朝廷及旧时官制、军制等课，并避讳、抬头字样，应由各该书局自行修改，呈送样本于本部及本省民政司、教育总会存查。"[1]教育部对教科书审定较为宽放，新教育政策、出版政策、学校数量的激增使教科书需求骤增，许多民间书局大力发展教科书编辑事业。一时间，教科书的出版竞争异常激烈。

在这种形势下，商务印书馆一时推不出新编的、能适应民国政府要求的小学修身教科书，就对自己在清末出版的小学修身教科书进行修补、订正以投放市场，但是这些教科书都没有带来轰动效应。而陆费逵刚成立的中华书局则审时度势，推出适合民国教育宗旨的"中华教科书"，该系列教科书于1912年1月率先推出后，几乎独占了当时的教材市场，为中华书局迅速发展奠定了牢固的基础。在1912—1914年间，中华书局出版了"中华"系列（初小8册，高小4册）、"新制中华"系列（初小12册，高小9册）以及"新编中华"系列（初小8册，高小6册）的小学修身教科书，在推新速度和发行种类上都超过了其他出版公司。面对中华书局咄咄逼人的气势，商务印书馆很快稳住阵脚，奋起直追，在1912年推出《订正最新修身教科书》和《订正简明修身教科书》后，于1913年又出版了适应初等小学补习科学生学习的《单级修身教科书》。除了商务印书馆和中华书局两大出版巨头外，为了顺应局势，1914年前，中国图书公司、武昌的共和编译社以及文明书局也出版了七种

---

[1] 教育部电各省颁发普通教育暂行办法[C]//陈学恂. 中国近代教育史教学参考资料：中册. 北京：人民教育出版社，1987：166-167.

小学修身教科书。

1913年，在教育部公告审定教科图书的第一次公告中，有修身教科书目四种，其中商务印书馆有三种，中华书局占据了另外一个席位。从两大出版公司的具体编物中可以看到，除强调个人修养的内容外，这个阶段的修身教科书更多地侧重对社会、国家的责任与义务的讲述，注重国民常识，渗透自由、平等、博爱的国民意识，建立国民参政的基础。在共和政体之下，新式修身教科书为提倡新国家、养成国民人格、塑造新国民起到了示范引导的作用。

如中华书局出版的《中华修身教科书》和商务印书馆出版的《共和国教科书新修身》。商务印书馆在编辑"共和国教科书"时说明："民国成立，数千年专制政体，一跃而成世界最高尚、最完美之共和国。政体既已革新，而为教育之根本之教科书，亦不能不随之转移以应时势之需要""本馆即将旧有各书，遵照教育部通令大加改订，凡与满清有关系者，悉数删除，并于封面特加订正为'中华民国'字样""博采世界最新主义，期以养成共和国民之人格"[1]，这些均体现教科书的共和特色。

以商务印书馆1912年出版的《共和国教科书新修身（高等小学校）》（第六册）为例。该书共有22课，依次是：师弟、交友、责善、戒轻薄、度量、宽容、义勇、公益、公共卫生、博爱、慈善、仁厚、公德、公义、强毅、武勇、报国、国民义务、人权、人格、国际道德、中华国民。其中的"公益""博爱""慈善""公德""公义"等均反映了共和精神。[2]

1912—1914年出版的初等小学修身教科书：商务印书馆的《订正简明初等小学修身教科书》（1912年）、《初等小学新修身教科书（秋季始业）》（1912年）、《初等小学新修身教科书（春季始业）》（1912年）、《初等小学单级修身教科书》（1913年）、《女子初等小学修身教科书》（1913年）、《初等小学补习科修身教科书》（1914年）；中华书局的《中华初等小学修身教科书》（1912年）、《中华初等小学修身教科书（春季始业）》（1913年）、《新制中华初等小学修身教科书（秋季始业）》（1913年）、《新编中华初等小学修身教科书（春季始业）》（1913年）、《新制中华初等小学单级修身教科书》（1914年）；中国图书公司的《初等小学单级修身课本（春季始业）》（1913年）、《初等小学新修身课本（秋季始业）》（1914年）、《初等小学新修身教科书（秋季始业）》（1913年）；文明书局的《初等小学新修身（春季始业）》（1914年）；湖南图书编译局的《初等小学修身书》（1913年）。

1912—1914年出版的高等小学德育教科书：商务印书馆的《高等小学新修身教科书（春季始业）》（1912年）、《高等小学新修身教科书（秋季始业）》（1913年）、《高等小学补习科修身教科书》（1913年）；中华书局的《中华高等小学修身教科书》（1912年）、《新制中华高等小学

[1] 商务印书馆新编共和国教科书说明[M]//陈学询. 中国近代教育史教学参考资料：中册. 北京：人民教育出版社，1987：422-423.
[2] 包公毅，沈颐，戴克敦. 共和国教科书新修身：第六册[M]. 上海：商务印书馆，1918：1.

修身教科书》（1913年）、《新编中华高等小学修身教科书（春季始业）》（1913年）、《高等小学女子修身教科书》（1914年）；中国图书公司的《高等小学新修身教科书（秋季始业）》（1913年）；文明书局的《高等小学新修身（秋季始业）》（1914年）。

另外，据查阅民国时期的《教育公报》，发现1912—1914年间有些出版机构编写了小学修身教科书报教育部审定，但未能通过审查，故而未能正式出版，比如新学会社1914年编写了《初等小学修身教科书》，教育部的批语为"所选事实于修身一门颇称切近，惟其中有数处待酌者"[1]。

值得注意的是，这一时期也出现了小学法制类教科书，但是数量寥寥无几，目前可查的只有1914年商务印书馆出版的、姚成瀚编纂的《法制大意》，但是对于那个年代来说，法制教科书的出现实属珍贵，是一大进步。

袁世凯逐步掌权后，掀动了一股复古倒退的逆流，它给辛亥革命后的教育改革蒙上了一层阴影，也不可避免地波及了中小学修身教科书。在这种情势之下，商务印书馆为了避让袁世凯的复辟，而将《共和国新教科书》停止发行，因而使销售市场遭受大幅滑落。中国图书公司和文明书局退出竞争，小学教科书的出版只剩下商务印书馆和中华书局两家出版巨头。同时，各出版公司的出版速度和出版数量有所下降，1915—1916年可查的新出版的小学修身教科书仅有八种，均体现传统伦理以及服从守分的元素，具体如下：

初等小学用：商务印书馆的《半日学校修身教科书》（1915年）、《复式学校修身教科书（甲编一）》（1915年）、《复式学校修身教科书（乙编一）》（1916年）、《实用修身教科书》（1915年）；中华书局的《新式修身教科书》（1915年）、《女子修身教科书》（1915年）。

高等小学用：商务印书馆的《实用修身教科书》（1915年）、中华书局的《新式修身教科书》（1916年）。

1917年以后，由于军阀混战等原因，新教科书的出版日益凋零，频率大幅下降，就小学德育教科书而言，1917—1922年底的6年时间里仅有以下7种教科书通过了教育部审查并出版。

初等小学用：商务印书馆的《公民须知》（1917年）、《新法修身教科书》（1918年）、《共和国教科书新修身》（1912年初版，1917年再审定）；中华书局的《公民读本》（1917年）、《新教育教科书修身》（1920年）。

高等小学用：商务印书馆的《新法修身教科书》（1918年）；中华书局的《新教育教科书修身》（1921年）。

特别值得一提的是，这些教科书中的《共和国教科书新修身》还是1912年初版，1917年稍作修改后再审定的。另外，该时期的《公民须知》和《公民读本》对于公民教育课本而言，具有开创性的意义。

---

[1] 中华民国教育部. 教育公报[J]. 1914（3）：3.

二、具有代表性的小学德育教科书

（一）修身教科书

1. 商务印书馆出版的《共和国教科书新修身》

《共和国教科书新修身》共14册，其中初等小学校用8册，高等小学校用6册，每学年两册，每两册一个循环；包公毅、沈颐、戴克敦编纂，高凤谦校订，商务印书馆1912年出版、发行；1912年教育部审定，1917年再审定。当时发行超6000万册。

图3-1 《共和国教科书新修身（高等小学校）》（第二册），沈颐、包公毅、戴克敦编纂，高凤谦校订，1912年商务印书馆出版、发行

该套教科书强调塑造新国民，内容以公民教育为主，涉及道德责任、法律义务、商业伦理、职业伦理、自由、爱国、卫生等维度。正如有学者所言，修身教科书在一定意义上强化国民的身份认同，强化国民对于国家和个人的责任意识。这种身份认同和责任意识被放置在修身教科书的课程之中，被纳入现代儒者的素质框架之中，成为强化国民儒者教养的重要方面。该书编辑大意说："自共和民国成立以来，今日之所首宜注重者，尤汲汲于民德之增进。盖国者，集人民而成者也，人人品行正，风俗美，道德智识日益进步，则国之强盛又奚待言。"[1]作者认为"一国之强弱，视人民之德行"，把道德的规训和国家的强盛联系起来，道德训练被纳入强国话语结构。

在初等小学用教材中，涉及公民意识教育的内容有以下课文：第一册第十二课"友爱"；第二册第四课"诚实"，第十二课"公平"，第十四课"竞争"，第十五课"尚武"，第十七课"公德"；第三册第十三课"正直"，第十五课"去争"，第十六课"合群"；第四册第十一课"友爱"，第十二课"礼让"，第十三课"守信"，第十七课"御侮"，第十八课"尚武"，第二十三课"勇敢"；第五册第六课"节俭"，第七课"戒赌博"，第八课"养生"，第十一课"孝勇"，第十二课"友爱"，第十三课"公德"，第十七课"信实"；第六册第二课"苦学"，第十一课"忠勤"，第十二课"仁勇"，第十四课"合群"；第七册第一至第十一课"自重""改过""去伪""立志""御侮""恒心""坚忍""名誉""知耻""谦虚""慎言"，第十七课"廉洁"；第八册第四课"尚义"，第十六课"平等"，第十七课"自由"，第十八课"好国民"。

在高等小学用教材中，涉及公民意识教育的内容有以下课文：第一册第一课"道德"，第四课

---

[1] 包公毅，沈颐，戴克敦.共和国教科书新修身：高等小学校：第一册[M].上海：商务印书馆，1912：编辑大意.

"不畏难"，第九课"慎言"，第十一课"戒贪"；第二册第六课"正直"，第八课"公德"，第十四课至第十七课"义勇""果敢""自由""平和"；第三册第一课至第三课"勉学""惜阴""存诚"，第五课"勤勉"，第七课"立志"，第九课至第十二课"规则""名誉""悔励""戒迁延"，第十四课至第十七课"戒荒嬉""谦逊""戒赌博""廉介"，第十九课至二十一课"进取""坚忍""壮勇"；第四册第七课"正直"，第十三课至第十六课"义勇""公益""公德""合群"，第十九课"守法"，第二十课"爱国"；第五册第五课至第十七课"专一""忍耐""自奋""励志""自守""修省""改过""勤俭""戒吝啬""戒贪""惜物""尚勇""警游惰"；第六册第四课"戒轻薄"，第六课至第八课"宽容""义勇""公益"，第十三课至第二十二课"公德""公义""强毅""武勇""报国""国民义务""人权""人格""国际道德""中华国民"。从以上可以看出，虽然有些课文的名称相同，但内容逐渐深化并无重复，属于须反复强调学习的重点内容[1]。

这套教科书不仅普及更新道德责任知识，而且普及国民的法律义务和权利知识。初等小学教科书四年级第八册首次出现了自由、平等，以及纳税和服兵役等国民义务方面的内容。在高等小学第二、第四、第六册的教科书中又深入地讲解了同样的道德条目，通篇讲的是道德责任，兼及法律义务。高等小学教科书第一册第一课就点明义务、道德和世界发展的关系："世界日益进化，物质之文明愈发达，则道德之关系愈重大。故人生世界中，对于己，对于人，对于家，对于国，对于世界，对于万物，均有应尽之义务。"[2]高等小学教科书第六册的第十八课，讲的是"国民义务"，列举了现代国民应该担当的四种义务：守法、服兵役、纳税、教育。

自清末至民初，"尚实""实利教育"和"崇实"一直都为教育宗旨中的重要内容，民国修身教科书重视和提倡商业伦理，这种商业化倾向恰恰体现了教科书中的现代主义色彩。在有关个人的道德条目中，有尽职、守信、信实、商业道德等条目。"职业"一课里以"猫捕鼠，犬守门，各司其事"为比喻，向初等小学生说明职业的重要性。[3]

该套教科书摒弃了清末教科书里的"尊君"观念，否定了以往的专制制度，呈现了民主共和制度带来的新变化。在对国家伦理道德方面，国民、议员、遵国会、地方自治等条目反映了民国政治的新变化，爱国、中华、"国旗"等反映当时社会的现代民族主义精神。[4]如"选举"一课充分肯定了人民的权力，说明政府权力来源于人民，原文如下：

> 共和政体，必有国会。由全体国民，选举议员，以议国政。凡定法律，收赋税，必经国会议决，然后施行。国会之外，有地方议会，由其地居民，选出议员，以议一地方之事。议员代

[1] 吴楠. "共和国教科书"《新修身》中的公民教育价值研究[D]. 昆明：云南师范大学，2017.

[2] 包公毅，沈颐，戴克敦. 共和国教科书新修身：第一册[M]. 上海：商务印书馆，1918：13-16.

[3] 秦同培. 共和国教科书新修身教授法：初小：第四册[M]. 上海：商务印书馆，1913：1.

[4] 吴科达. 臣民还是公民：教科书审定制度和思想道德教科书：1902—1949[M]. 北京：中国社会科学出版社，2013：166.

民议政，关系甚巨。故选举议员者，及被选举为议员者，皆宜慎重从事也。

又如初小部分第六册中的"爱国""公益"等也反映了共和精神。"爱国二"的原文：

华盛顿起兵时，有幼女曰雅丽携鸡卵一筐，请见华盛顿，曰："将军为国民之事劳苦甚矣，今备不腆之仪，敬饷将军。"因指鸡卵示华盛顿曰："此中有物可碎其壳而食也。"华盛顿惊感，待以殊礼。

同时，教科书也突出了自由的内涵，肯定人自身的欲望。如"自由"一课所述：

人类者，天赋以自由权者也。有身体之自由，有思想之自由，有信仰之自由。身体自由者，苟不犯罪，无论何人，不能拘束囚禁我之身体。思想自由者，若言论权，若出版权，若著作权，皆为我之所有，他人不得侵犯；信仰自由者，我所信仰之宗教，不能以国力强制之。夫以国体共和，吾人可益伸张自由之权。然自由者，固以法律为范围也。要之，吾人自己之生命财产名誉，固当贵重，而尤不可妨害他人之生命财产名誉。妨害他人者，即轶出于法律之外者也。

该套教科书不仅内容强调待人处世之准则，突出至情至性的好品质，贴近生活，易于躬行，而且编排形式领时代之先。

首先，遵循儿童认知特点。初小部分第一、第二册内容以家庭、学校为主，兼及社会之事，平实的生活场景中展现简单的道理。全用图画，并标有课目，为儿童所能领会。自第三册起，文字图画参互并列，皆紧扣生活实际，无穿凿附会之弊。如"惜时"："温课既毕，尚有余时，兄习图画，妹学手工。"3册以后，凡共和国民应具之道德，皆以生活实例、童趣故事依次编入，斟酌取舍，颇费苦心。

其次，寓教于乐，摒弃说教。语言表达通俗易懂，从日常生活切入，以故事为主线，且故事含理，启发儿童好问善思；寓言的加入，更是增强了阅读的趣味性，正是儿童喜闻乐见的；格物名言的警醒，可以提高儿童的判断能力。

最后，结构化编排。该套教科书很注重学习要素间的联系，呈现出结构化的编写思路，具备了"单元"的基本功能，呈现出现代教科书的规模和格局。[1]

该套教科书竹纸，铅印，尺寸为12.5 cm×19.7 cm，线装，竖排。封面主体为文本框，框内自右至左印有"高等小学校　春季始业"、册次、"学生用"、"共和国教科书新修身"、"商务印书馆发行"等字样，文本框上方是"教育部审定"的字样。封二是空白，接着是目录、正文、版权页，封底多为广告页。目录仅有课次和课名；分课编排，初小第一至第三册的正文皆为图，初小第三册以后以及高小的图文结合，多为故事；版权页分为上、下两部分：上半部分广告是共和国教科书系列的清单和定价或教育部审定批语，下半部分则是书的版权信息，包括出版时间、书名、册次、编纂者、校订者、发行者、印刷所、总发行所、分售处等信息，有趣的是版权信息部分还有英文的书名"Republican Ethical Readers for Lower Primary Schools"和商务印书馆名"Commercial

[1] 柴西勤. 民国初期小学科学课程与教科书的特色与启示[J]. 课程·教材·教法，2015（8）：120-125.

Press Co.，Ltd.”。封底多为广告页，有商务印书馆或其他出版机构的教科书介绍。

2. 中华书局出版的《新制中华修身教科书（初等小学校用）》

《新制中华修身教科书（初等小学校用）》共12册，每学年3册，戴克敦、沈颐、陆费逵编，范源濂校阅，1912—1913年上海中华书局出版、发行。

图3-2　《新制中华修身教科书（初等小学校用）》（第八册），戴克敦、沈颐、陆费逵编，范源濂校阅，1913年上海中华书局出版、发行，1913年2月9版

该套教科书以个人修养为主，旨在引导儿童掌握待人接物的礼仪，使其应对进退、饮食起居都能合于礼节，其中包含家法、兄嫂、养生等内容。不过，也有爱国、报国、救国、自由等内容，由关注个人转变到关注社会的发展。比如，该套教科书第十二册的目录：第一课　自由之真义，第二课　平等之真义，第三课　亲爱，第四课　守法，第五课　纳税，第六课　兵役，第七课　教育，第八课　议员，第九课　人道，第十课　对外人，第十一课　共和国民（一），第十二课　共和国民（二）。显然，该教科书肯定了当时人民拥有的权利，出现了"自由""人权""平等""人道"等新条目，而且表述得比清末更加明白和准确。

《新制中华修身教科书（初等小学校用）》第十二册第一课"自由之真义"写道：

> 法国大革命宣布之词曰："不侵犯他人权利，而为己所欲为者，是为自由。"天然者，自由之根本也。正义者，自由之标准也。法律者，自由之保障也。己所不欲，勿施于人者，自由之界限也。

> 卢梭曰："无自由，则国不能存。无德行，则自由不能存。"[1]

书中提到"人皆平等"，认为各种职业都是平等的，没有高低贵贱之分；平等的真义为"人人守法，人人有自由权"；国家的权力由人民授予，人民才是国家的主人，政府必须遵从人们的意愿。这些都肯定了人民的权力，体现了一定的共和思想。

第十二册第二课"平等之真义"写道：

> 共和国中，无君主，无贵族，人皆平等。惟因其能力之异，或为农，或为工，或为商贾，或为官吏。职业虽殊，无贵贱可言也。大总统统治人民，似可谓尊荣矣。然其职权，由人民授予。国有常法，彼不能独逞己意。且及其退职，即与平民无异。盖人人守法，人人有自由权，即平等之真义也[2]。

---

[1] 戴克敦，沈颐，陆费逵. 新制中华修身教科书：初等小学校用：第十二册[M]. 上海：中华书局，1913：1-2.

[2] 戴克敦，沈颐，陆费逵. 新制中华修身教科书：初等小学校用：第十二册[M]. 上海：中华书局，1913：3.

该套教科书内容还体现了陆费逵的实利主义教育思想。所谓实利主义，并非仅限于实业、手工、图画，其核心精神在于勤俭、耐劳、自立、自营。若每个人都能勤俭、耐劳、自立、自营，那么民智、民德、社会、国家必能进步。陆费逵认为，教育宗旨以养成"人"为第一义，而人之能否为"人"，必须以"自立"为标准，就是应该有生活之智识、谋生之技能，能自食其力不仰给于人。要达到自立，必须有思想的指导。该套教科书诸多内容体现了这一点。

编排方式上，该套教科书总体依照"修身、齐家、治国、平天下"的思路来推演，遵循个人、学校、家庭、社会、国家、人类这样一个由小到大、循序渐进的顺序编排内容，体现了螺旋上升的编排理念；初小教科书多用图画、短故事和义理阐释，第一、第二册几乎全用图画，后面几册文字渐加，偶有插图，第三至第十册多为短故事，第十一至第十二册多为义理阐释，每课文字都在100字左右，大都贴近儿童生活，有利于学生的学习；较多采用类比的手法，类比的对象是相似的不同事物。书中没有思考题。

该套教科书竹纸，铅印，尺寸为13 cm×20 cm，线装，竖排。封面主体为文本框，框内右边印有"初等小学校用"、学年、学期，正中为书名"新制中华修身教科书"以及册次，左边印有"上海中华书局发行"。封二为新制中华教科书系列的广告，接下来是目录、正文和版权页。目录仅有课次和名称，每册的目录排在一页，上下各一半。版权页在封三，一般分为两部分，上面15%的部分为英文的书名"New Chung Hwa Ethical Readers For Primary Schools"和中华书局名"CHUNG HWA BOOK CO.，LTD."；下面的部分主要有印刷和发行时间、定价、编者、校阅者、发行者、印刷者、印刷所、总发行所、分发行所等信息，以及"有著作权，不准翻印"的字样。该套教科书不同版次在体例和形式上稍有差异，版权页的信息和形式也略有不同。

3. 中华书局出版的《新制中华修身教科书（高等小学校用）》

《新制中华修身教科书（高等小学校用）》共9册，每学年3册，戴克敦、沈颐、陆费逵编，1913年上海中华书局出版、发行。

该套教科书内容主题与初小基本一样，既有中国传统的人伦道德，如"孝行"，也有当时较为先进的观念，诸如"自由""平等""人民权利""爱惜生物"等。

3—3

图3—3 《新制中华修身教科书（高等小学校用）》（第一册），戴克敦、沈颐、陆费逵编，1913年上海中华书局出版、发行，1913年5月10版

如第三册第十二课"人民之权利义务"，更是饱含深情地历数了民主共和下的人权进步：

> 吾国苦专制虐政久矣！建设民国，尊重人权，综其大纲，厥有十端：人民一律平等，一也；言论、出版、集会、结社一切自由，二也；通信自由，不得侵其秘密，三也；自由信教，四也；自由居住、迁徙，五也；自由营业，并保有财产，六也；自由保有身家，非依法律不得逮捕、搜索，七也；有诉讼法庭及陈请议会之权，八也；得任官吏，九也；得投票选举及被选举，十也。凡此权利，皆革命战争之赐，吾人以流血易之，岂可不重视乎？[1]

该套教科书将相似或相同的内容几年来个循环，以螺旋上升的方式编写，其中部分主题或德目与初小的相同，第三学年将第一、第二学年的内容再进行深化。在这种循环往复中，教科书的内容不断深化，有助于学生形成和强化道德观念。

形式上，这套教科书也与同系列的《新制中华修身教科书（初等小学用）》基本一样，多采用故事，少部分采用"义理阐释+格言"的方式叙述，封面及版权页的信息和形式等也与初小的相差无几，同册但不同版次的形式一般略有差异。

4. 商务印书馆出版的《订正最新修身教科书（中华民国初等小学用）》

《订正最新修身教科书（中华民国初等小学用）》共10册，每册20课，供初等小学用，上海商务印书馆编译所编纂，1912年上海商务印书馆出版、发行。

图3-4　《订正最新修身教科书（中华民国初等小学用）》（第一册），上海商务印书馆编译所编纂，1912年上海商务印书馆出版、发行，1912年1月订正初版

这套教科书是商务印书馆为应辛亥革命后民国教育急需，匆忙根据1905年前后出版的《最新修身教科书（初等小学堂用）》修订而成的。内容变化不大，仅去掉民国政府不允许的内容，多数课文保留原样，形式上也没有什么大变化。之所以会出现这种情况，是因为1911年辛亥革命成功前，商务印书馆没有料到革命会成功，未能未雨绸缪地准备革命成功后所需的教材。

该套教科书的封面分为3列，右边是"中华民国初等小学用"的字样，中间是"订正最新修身教科书"与册次，左边是"上海商务印书馆出版"的字样，跟《最新修身教科书》的封面设计不同。扉页为书名加册次，接着是插页、编辑大意、目录、正文、版权页。插页主要内容是英文的书名、教育部审定、商务印书馆名等信息。编辑大意主要阐明该书的适用学期、教学时数、内容框架；目

---

[1] 戴克敦，沈颐，陆费逵. 新制中华修身教科书：高等小学用：第三册[M]. 上海：中华书局，1913：8-9.

录仅有课次和名称。正文形式与此前的《最新修身教科书》一样。版权页有广告和版权信息两个部分。其中，版权信息主要有出版时间、定价、编纂者、校订者、印刷者、发行者、总发行所、分售处等信息，还有"Chinese Primary School New Ethical Readers"以及"Commercial Press，LTD"的英文字样。

5. 中华书局出版的《中华初等小学修身教科书》

《中华初等小学修身教科书》共8册，每册18课，陈懋功、汪涛编辑，侯鸿鉴、陆费逵、戴克敦、姚汉章校订，1912年中华书局出版，后多次再版。

图3-5 《中华初等小学修身教科书》（第八册），陈懋功、汪涛编辑，侯鸿鉴、陆费逵、戴克敦、姚汉章校订，1912年中华书局出版、印刷、发行，1912年8月18版

第二册目录：第一课 清洁，第二课 早起，第三课 惜物，第四课 敬老，第五课 恤贫，第六课 戒虐生物，第七课 习劳（一），第八课 习劳（二），第九课 相邻，第十课 勿讳过，第十一课 交际之礼，第十二课 戒弄火，第十三课 他人之物，第十四课 公德，第十五课 自立，第十六课 尚武，第十七课 公益，第十八课 国旗。

第三册目录：第一课 父恩，第二课 母恩，第三课 孝亲，第四课 慈爱，第五课 兄弟姊妹，第六课 友爱（一），第七课 友爱（二），第八课 朋友，第九课 好学，第十课 守规则，第十一课 服从，第十二课 专心，第十三课 守时刻，第十四课 清洁，第十五课 整理（一），第十六课 整理（二），第十七课 饮食，第十八课 饮食之礼。

第四册目录：第一课 卫生，第二课 戒伪，第三课 诚实，第四课 践约，第五课 不拾遗，第六课 爱物，第七课 合群，第八课 慎交，第九课 恕过，第十课 推让，第十一课 戒贪，第十二课 戒疏忽，第十三课 尽职，第十四课 公益，第十五课 公德，第十六课 勇武，第十七课 报国，第十八课 救国。

第五册目录：第一课 爱国，第二课 自省，第三课 励志，第四课 惜阴，第五课 惜物，第六课 孝亲，第七课 友爱，第八课 仪容，第九课 勤学，第十课 相邻，第十一课 仁慈，第十二课 镇定，第十三课 尚武，第十四课 义勇，第十五课 公德，第十六课 合群，第十七课 公益，第十八课 戒欺。

第六册目录：第一课 苦学，第二课 宗族，第三课 自省，第四课 自任，第五课 卫生，第六课 不争，第七课 朋友，第八课 乡谊，第九课 恤下，第十课 度量，第十一课 长厚，第十二

课 爱国，第十三课 让功，第十四课 从军，第十五课 知足，第十六课 公益，第十七课 坚忍，第十八课 爱学校。

第七册目录：第一课 爱国，第二课 进行，第三课 为学，第四课 兄嫂，第五课 娣姒，第六课 夫妇，第七课 宽厚，第八课 义勇，第九课 自省，第十课 清洁，第十一课 自由，第十二课 保人名誉，第十三课 爱物，第十四课 节用，第十五课 幸福，第十六课 知足，第十七课 养生，第十八课 家法。

第八册目录：第一课 早起，第二课 有恒，第三课 衣服，第四课 奋勇，第五课 坚忍，第六课 人道，第七课 爱人，第八课 职业，第九课 女权，第十课 对人，第十一课 教育，第十二课 守法，第十三课 纳税，第十四课 兵役，第十五课 议员，第十六课 对外人，第十七课 共和国民（一），第十八课 共和国民（二）。

该套教科书第一至第五册的初版时间为1912年1月，第六册的初版时间为1912年2月，第七、第八册则为1912年4月。从初版时间可以推测，该套书前5册很可能是在1911年编辑的，印证了中华书局1912年1月1日（在中华民国宣告成立的同一天）正式成立前，陆费逵等人就着手编辑一套适用于革命后的教科书。1911年10月武昌起义胜利的消息传来，陆费逵敏感地嗅到一个新时代即将来临，准备出版一套适用于革命后的教科书，于是拉了一批人编写教科书。中华民国成立后不久，商务印书馆的陆费逵、戴克敦和文明书局的陈寅创办的中华书局就陆续推出了中华系列教科书，包括初等小学国文、修身、算术、习字等5种，高等小学历史、地理、英文、理科、修身等8种，中学用书27种，其中初等小学修身教科书全8册，高等小学修身教科书全4册。

内容上，该书前6册绝大多数为传统德目，后两册有诸如"自由""议员""共和国民"等近代资产阶级的政治内容，不只是教会学生如何自处，更是教学生如何在集体中找到自我，这个集体也就是"学校""国家"之类，开始让学生有排除自我或个体以外的情感，去寻找自己在一个群体中的价值体现。形式上，该套教科书的编排跟清末商务印书馆出版的《最新修身教科书》接近，以螺旋上升的方式编写，将相似或相同的内容几年来个循环，逐步深化，第一、第二册内容全图，第三册以后随年级升高，文字渐增，但依然图文并茂，几乎每课有图，有利于引发学生的学习兴趣。

该套教科书竹纸，铅印，尺寸为13 cm×20 cm，线装，竖排，左翻页。封面简单，左侧有一竖排文本框，框内印有书名"中华初等小学修身教科书"以及册次，文本框上面有版次（横排，有的是订正第※版）；封面右侧上方印有竖排的"教育部审定"（有的版次没有）；中间印有竖排的学年。封二为中华书局的教育用书广告，接下来是目录、正文和版权页。目录仅有课次和课名；版权页在封三，主要有版次、印刷和发行时间、定价、编辑者、校订者、发行者、印刷者、印刷所、总发行所、分发行所等信息，以及"不准翻印"的字样。该套教科书不同版次的封面及版权页信息略有不同。

6. 中华书局出版的《新编中华修身教科书（春季始业高等小学校用）》

《新编中华修身教科书（春季始业高等小学校用）》共6册，每册20课，戴克敦、沈颐、陆费逵、葛文珪编著，范源濂校阅，1913年12月上海中华书局出版，后多次再版。从教科书版权页看到的信息是第一至第三册由沈颐、葛文珪编著，第四至第六册由戴克敦、沈颐、陆费逵编著。

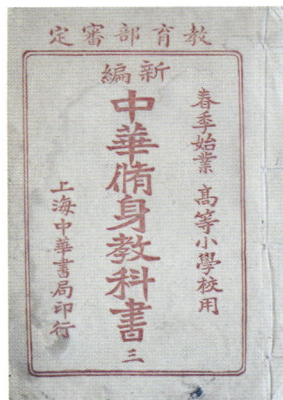

图3-6　《新编中华修身教科书（春季始业高等小学校用）》（第三册），沈颐、葛文珪编著，范源濂校阅，1913年上海中华书局出版、印刷、发行

该套教科书也以个人修养为主，重在训练儿童待人接物，使其应对进退、饮食起居都能合于礼节。不过，其中也包含了一些诸如"自由""平等""民主"等与传统礼教相悖的内容，还包含了卫生与科学等现代内容。

这种取向可从其目录看出端倪。第一册目录：第一课 立志，第二课 自治，第三课 学业，第四课 勤学，第五课 克己，第六课 自省，第七课 慎行，第八课 勤劳，第九课 养生，第十课 整洁，第十一课 早起，第十二课 惜时，第十三课 习惯，第十四课 戒迷信，第十五课 戒吸鸦片，第十六课 节用，第十七课 孝行（一），第十八课 孝行（二），第十九课 友爱（一），第二十课 友爱（二）。

第六册目录：第一课 法天，第二课 报恩，第三课 公德，第四课 自由之真义，第五课 平等之真义，第六课 亲爱之真义，第七课 公众卫生，第八课 社会之秩序，第九课 社会之进步，第十课 对外人，第十一课 中华，第十二课 爱国，第十三课 纳租税，第十四课 服兵役，第十五课 守法律，第十六课 国民教育，第十七课 地方自治，第十八课 选举议员，第十九课 权利义务，第二十课 中华国民。

跟《新制中华修身教科书（高等小学校用）》一样，该套教科书将相似或相同的内容几年来个循环，以螺旋上升的方式编写。其中部分主题或德目与初小的相同，是对初小同一主题的深化。第三学年将第一、第二学年的内容再进行深化，第二学年有部分内容是对第一学年同主题内容的深化。这种循环往复有助于学生形成和强化道德观念。一、二年级的课文多为故事；三年级的课文多为训词，即论说性质的义理阐释，少数为故事。整套教科书没有插图，也没有思考题。

该套教科书竹纸，铅印，尺寸为13 cm×20 cm，线装，竖排。封面彩印，主体为文本框，框内右边印有"春季始业 高等小学校用"，正中为书名"新编中华修身教科书"以及册次，左边中下方印有"上海中华书局印行"，文本框上面有"教育部审定"的字样；封二彩印，为中华书局的教科书广告，接下来是编辑大意、目录、正文和版权页。编辑大意主要阐明该书依据的法规、编辑的宗旨、编排策略、内容要点、适用范围等；目录仅有课次和课名；版权页在封三，彩印，一般分为两部分，上面15%的部分为英文的书名"New Chung Hwa Ethical Readers For Primary Schools（Second Series）"和中华书局名"CHUNG HWA BOOK COMPANY"；下面的部分主要有版次、印刷和发行时间、定价、编者、阅者、发行者、印刷者、印刷所、总发行所、分发行所等信息，以及"版权所有，不准翻印"的字样。该套教科书不同版次在体例和形式上稍有差异，版权页的信息也略有不同。

7. 中华书局出版的《新编中华修身教科书（春季始业初等小学校用）》

《新编中华修身教科书（春季始业初等小学校用）》，共8册，每学年2册，每册20课，足够每年40个星期之用，沈颐、范源濂、董文编著，1913年12月中华书局出版，后多次再版。

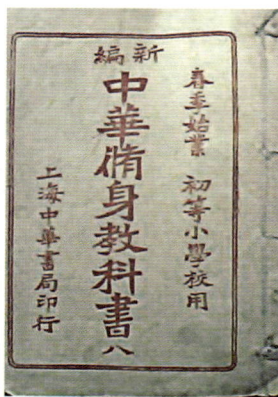

图3-7　《新编中华修身教科书（春季始业初等小学校用）》（第八册），沈颐、董文、范源濂编著，1913年12月上海中华书局出版、发行，1914年12月4版

该套教科书的内容涉及对己、对家、对学校、对社会、对国家、对世界、对万物的责务，以第一册、第三册、第七册以及第八册的部分目录为例。

第一册目录：第一课 入学，第二课 上课，第三课 游戏，第四课 好学，第五课 守规则，第六课 守时刻，第七课 仪容，第八课 敬师，第九课 爱同学，第十课 家庭之乐，第十一课 慈爱，第十二课 亲恩，第十三课 孝道，第十四课 友爱，第十五课 早起，第十六课 衣服，第十七课 饮食，第十八课 清洁，第十九课 温课，第二十课 休息。

第三册目录：第一课 父恩，第二课 母恩，第三课 孝亲，第四课 兄弟，第五课 姐妹，第六课 朋友，第七课 择友，第八课 践约，第九课 敬长，第十课 敬师，第十一课 敬客，第十二课 敬老，第十三课 好学，第十四课 戒中辍，第十五课 守时刻，第十六课 清洁，第十七课 整理（一），第十八课 整理（二），第十九课 食礼，第二十课 行路之礼。

第七册目录：第一课 卫生，第二课 衣服，第三课 早起，第四课 慎言，第五课 守信，第六课 戒迷信，第七课 自重，第八课 自省，第九课 规过，第十课 孝行，第十一课 友道，第十二课 娣姒，第十三课 家法，第十四课 择邻，第十五课 勇敢，第十六课 义勇，第十七课 尚义，第

十八课 戒妄取，第十九课 爱众，第二十课 爱物。

第八册部分目录：第三课 职业，第八课 自由，第十一课 守法，第十二课 纳税，第十五课 议会，第十八课 中华国民（一），第十九课 中华国民（二），第二十课 中华国民（三）。

该套教科书内容虽选材广泛，但仍难逃出传统经义的框架。教科书内容虽也涉及爱国、守法、权利、义务等，但还是以个人修养为主。其中还包含了一些与"自由""民主""平等"相悖的传统礼教内容。该套教科书主要强调服从和义务，很多课内容与"如何遵从规则、学会服从"息息相关；多次强调个体义务，却对个体所具有的权利只字不提，这种对权利和义务的不对等教育显然有悖于平等、自由的精神。

编排方式上，该套教科书总体依照"修身、齐家、治国、平天下"的思路来推演，遵循个人、学校、家庭、社会、国家、人类这样一个由小到大、循序渐进、螺旋上升的顺序编排内容，采用"圆周法"编排，每两册（一学年）为一循环，有的主题多次重复，不断深化。第一、第二册全用图；第三册起图文结合，文字数渐加。前4册正文多用假设、寓言和故事；后4册正文兼用故事、格言及训词。

该套教科书竹纸，铅印，尺寸为13 cm×20 cm，线装，竖排。封面彩印，主体为文本框，框内右边印有"春季始业　初等小学校用"，正中为书名"新编中华修身教科书"以及册次，左边中下方印有"上海中华书局印行"。封二彩印，为中华书局的教科书广告，接下来是编辑大意、目录、正文和版权页。编辑大意主要阐明该书的编辑宗旨、编排策略、内容领域、适用范围等。目录仅有课次和课名。版权页在封三，彩印，一般分为两部分，上面15%的部分为英文的书名"New Chung Hwa Ethical Readers For Primary Schools（First Series）"和中华书局名"CHUNG HWA BOOK COMPANY"；下面的部分主要有版次、印刷和发行时间、定价、编者、发行者、印刷者、总发行所、分发行所等信息，以及"版权所有，不准翻印"的字样。

8. 中华书局出版的《新式修身教科书（国民学校用）》

《新式修身教科书（国民学校用）》共8册，每学年2册，每册15课，方浏生编辑，沈颐、范源濂、李步青、刘宝慈等阅订，1915年中华书局出版、印刷、发行，后多次再版。

该套教科书是在中华书局原有《中华初等小学修身教科书》的基础上编辑而成，在选材上，博采众长，以"诚"为宗旨，注重个人道德修养，尤其是传统道德修养的培育，从自身、学校、家庭、社会以及国家五个方面，采用德目主义和人物主义相结合的方式进行编写。所谓德目主义，是把人类道德经验概括为德育内容，罗列成各种德目。人物主义，则是将中外著名的道德模范人物的故事，选编成具有德育价值的课文。本套教科书的目录如下所示：

图3—8 《新式修身教科书（国民学校用）》（第八册），方浏生编辑，沈颐、范源濂、李步青、刘宝慈等阅订，1915年12月上海中华书局出版、印刷、发行，1923年3月46版

第一册目录：第一课 上课，第二课 游戏，第三课 守时刻，第四课 守规则，第五课 敬师，第六课 爱同学，第七课 敬同学，第八课 应对，第九课 洒扫，第十课 亲恩，第十一课 孝亲，第十二课 兄弟，第十三课 姊妹，第十四课 不争，第十五课 家庭之乐。

第二册目录：第一课 起居，第二课 清洗，第三课 整理，第四课 慎食，第五课 运动，第六课 仪容，第七课 诚实，第八课 敬客，第九课 敬老，第十课 睦邻，第十一课 爱人，第十二课 不拾遗，第十三课 合群，第十四课 爱物，第十五课 好学生。

第三册目录：第一课 勤学，第二课 好问，第三课 专心，第四课 守规矩，第五课 孝亲，第六课 敬兄，第七课 爱弟，第八课 敬祖，第九课 卫生（一），第十课 卫生（二），第十一课 整理（一），第十二课 整理（二），第十三课 行路之礼，第十四课 食礼，第十五课 礼貌。

第四册目录：第一课 自立，第二课 尽职，第三课 储蓄，第四课 礼让，第五课 奋勉，第六课 正直，第七课 合群，第八课 守秩序，第九课 友谊，第十课 恤贫，第十一课 不妄取，第十二课 公益，第十三课 公德，第十四课 尚武，第十五课 好学生。

第五册目录：第一课 苦学，第二课 重规律，第三课 孝行，第四课 报恩，第五课 恤宗族，第六课 俭朴，第七课 改过，第八课 慎言，第九课 反己，第十课 知耻，第十一课 习劳，第十二课 诚实，第十三课 戒迷信，第十四课 卫生（一），第十五课 卫生（二）。

第六册目录：第一课 睦邻，第二课 交友，第三课 友谊，第四课 守信，第五课 宽恕，第六课 正直，第七课 爱人，第八课 公德，第九课 公益，第十课 尚武，第十一课 御侮，第十二课 守法，第十三课 忠义，第十四课 精忠报国，第十五课 良国民。

第七册目录：第一课 报师恩，第二课 爱学校，第三课 敬祖先，第四课 守家业，第五课 家庭之道德，第六课 戒嗜好，第七课 诚实，第八课 谦让，第九课 立志，第十课 有恒，第十一课 自省，第十二课 自立，第十三课 公益，第十四课 慈善，第十五课 博爱。

第八册目录：第一课 公德，第二课 职业，第三课 守法律，第四课 纳租税，第五课 服兵役，第六课 受教育，第七课 慎选举，第八课 地方自治，第九课 自由之真义，第十课 平等之真义，第十一课 亲爱之真义，第十二课 爱国，第十三课 对外人，第十四课 良国民（一），第十五

课 良国民（二）。

从目录可以看出，该套教科书的内容有如下特点：第一，重视情感教育，120课的主题有18个包含"爱""恩"等鲜明的情感性词汇；第二，重传统道德，第一册至第七册的多数内容为传统道德，如宽恕、精忠、孝亲等；第三，重义务轻权利，整套教科书没有一课讲个人权利。

编排方式上，本套教科书采用"圆周法"编写，符合儿童的认知特点。课文内容紧贴近代国民道德要点，从儿童生活环境出发，不好高骛远。第一、第二册全用图，第三册起图文结合，文字数渐加，但插图质量总体不高。

这套教科书的装帧、封面形式跟中华书局此前出版的《新编中华修身教科书》一样。封二彩印，为中华书局的新式教科书广告，接着为目录、正文和版权页。目录有课次和课名。版权页分上下两部分：上面15%部分为"New Chung Hwa Ethical Readers For Higher Primary Schools（New Edition）""CHUNG HWA BOOK COMPANY"的英文字样；下面85%部分为版权信息，主要有出版时间、版次、定价、编辑者、阅订者、发行者、印刷者、印刷所、总发行所、分发行所等信息以及"有著作权，不准翻印"等字样。不同版本的版权页形式和内容不完全一样。

9. 中华书局出版的《新式修身教科书（高等小学校用）》

《新式修身教科书（高等小学校用）》共6册，每学年2册，方沨生编著，沈颐、范源濂、张耀垣、刘栻、鞠承颖等阅订，1916年2月上海中华书局出版、发行，后多次再版，直到1923年底还在出版。

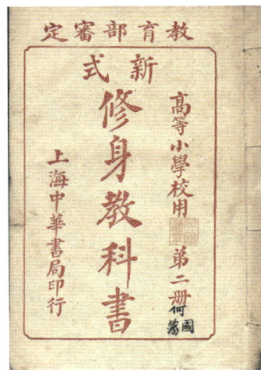

图3-9　《新式修身教科书（高等小学校用）》（第二册），方沨生编著，沈颐、范源濂、张耀垣、刘栻、鞠承颖等阅订，1916年2月上海中华书局出版、发行，1920年8月33版

该套教科书1916年2月出版，正值袁世凯登基前后，因此内容难免有所倒退，体现传统伦理以及服从守分的元素，没有了此前一些修身教科书必有的"自由""平等"等内容，绝大多数内容为传统的个人修养，透过该套教科书的部分目录可以看出这种状况。

第一册目录：慎独、不妄语、尚朴、有恒、进取、求知识、修技能、勇武、致良知、力行、反己、改过、责善、念旧、礼仪、立志、祛惑（一）、祛惑（二）、整洁、陶养、爱美。

第三册目录：守礼、尽职、节操（一）、节操（二）、责任、不苟得、不旷职、廉洁、惜时、惜物（一）、惜物（二）、力学、省察、整饬、艰苦、择业、守时、戒依赖、尊重他人之身体、尊重他人之财产、尊重他人之名誉、尊重他人之自由。

第五册目录：法天、尽性、慎习、运动、休息、孝养（一）、孝养（二）、夫妇之道、教子女、睦族（一）、睦族（二）、主仆之道、报恩、公德、博爱（一）、博爱（二）、慈善、施惠、矜怜、亲爱、待外人之道。

呈现方式上，主要采用人物主义，或者说以比较短小的故事为主，加上少量的论说式义理阐释。故事既有中国的，也有外国的，这一点跟稍早的《新编修身教科书》一样。不过，该套教科书没有明显的螺旋上升特点，内容编排的循序渐进性较差。正文没有插图，也没有思考题，部分课文有格言。

这套教科书的装帧、封面形式跟国民学校用的《新式修身教科书》一样。封二彩印，为中华书局的新式教科书广告，接着为编辑大意、目录、正文和版权页。目录有课次（没有"课"字）、课名及每课的教学时数。版权页分上、下两部分：上半部分为中华书局的出版广告；下半部分为版权信息，主要有出版时间、版次、定价、编辑者、阅订者、发行者、印刷者、印刷所、总发行所、分发行所等信息，以及"New Chung Hwa Ethical Readers For Higher Primary Schools（New Edition）""CHUNG HWA BOOK COMPANY"和"有著作权，不准翻印"等字样。

10. 商务印书馆出版的《单级修身教科书（初等小学）》

《单级修身教科书（初等小学）》共9册，供初等小学用，秦同培、王凤岐、费焯编纂，高凤谦、陈宝泉、庄俞、张元济校订，1913年上海商务印书馆出版、发行。

图3—10　《单级修身教科书（初等小学）》（甲编第八册），秦同培、王凤岐、费焯编纂，高凤谦、陈宝泉、庄俞、张元济校订，1913年上海商务印书馆出版、发行，1917年8月35版

该套教科书内容涵盖对己、对学校、对家庭、对社会、对国家、对世界以及对万有之德，广泛而紧密地联系学生生活。

以第四册和第七册为例，第四册目录依次为入学、见先生、爱同学、课室规则、操场规则、起居、好学、清洁（一）、清洁（二）、慎食、爱亲、游戏、去争、惜物、休息，第七册目录依次为自省、自重、运动、整理、淡泊、惜时、戒赌博、去伪、慎言、守约、戒迷信、事亲、敬长、公德、御侮。

编排方式上，主要采用德目主义和人物主义，内容总体呈现方式为"同心圆扩大"，第一至第二册全图，自第三册起图文结合，每课都有插图，文字渐加，难度较小，符合小学生年龄特点。课文没有思考题。

该套教科书竹纸，铅印，尺寸为12.5 cm×19.7 cm，线装，竖排。封面主体为分3列的文本框，右边印有"初等小学"学年学期、"甲编"册次；中间为书名"单级修身教科书"；左边印有"上海商务印书馆出版"的字样，有的版本封面的文本框上方有"教育部审定"的字样。封二是空白，扉页与封面内容一样，接着是目录、正文、版权页，封底为广告页。目录仅有课次（没有"课"字）和课名；分课编排，正文文字总体较少，第六册每课仅17个字左右。版权页分为上、下两部分：上半部分是商务印书馆的出版物广告；下半部分则是书的版权信息，包括出版时间、书名、册次、编纂者、校订者、发行者、印刷所、总发行所、分售处等信息以及"此书有著作权，翻印必究"的字样，还有英文的书名"（Ungraded School Series）Republican Ethical Readers for Lower Primary Schools"和商务印书馆名"Commercial Press Co., Ltd."。封底多为广告页，有商务印书馆或其他出版机构的教科书介绍。总体看，该套教科书的体例和形式与商务印书馆稍早出版的《共和国教科书新修身》基本一样。

11. 中国图书公司出版的《初等小学修身课本（改正单级用）》

《初等小学修身课本（改正单级用）》共4册（编），每编分上、下两卷，每卷18课，初等小学（单级）用，金匮、顾倬、顾祖玑编著，沈恩孚、杨保恒校订，1912年上海中国图书公司出版、发行。

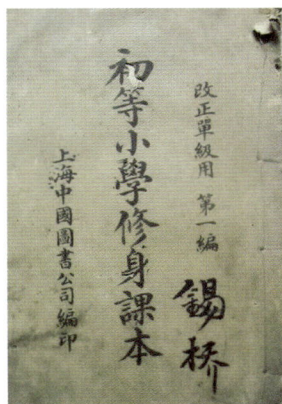

图3-11 《初等小学修身课本（改正单级用）》（第一编），金匮、顾倬、顾祖玑编著，沈恩孚、杨保恒校订，1912年上海中国图书公司出版、发行，1912年改正3版

该套教科书是中国图书公司出版的《单级用小学修身课本》（顾倬、顾祖玑编辑，1910年）的修订本（改正3版），跟原本相比，形式几乎没有变化，只是内容上有增删。该书的编写深受日本修身教科书的影响，编辑者曾说该书"体裁系根据日本文部省作复式编制（即单级）学校用书，而变通之"[1]。

内容特点可从其第一编的目录分析得出。该编上卷目录：第一课 父母之亲爱，第二课 兄弟之情，第三课 守时刻，第四课 节用，第五课 交友之益，第六课 清洁，第七课 勿贪财，第八课 孝行，第九课 勤学，第十课 戒轻率，第十一课 知耻，第十二课 爱物，第十三课 大度，第十四课 过路之容，第十五课 亲和，第十六课 爱国之学生，第十七课 忍耐，第十八课 听从师训。

[1] 顾倬，顾祖玑. 单级用初等小学修身教授本：第3编[M]. 上海：中国图书公司，1910：编辑大意.

该编下卷目录：第一课 孝行，第二课 武勇谈，第三课 兄弟同心，第四课 立志，第五课 信实，第六课 不负恩，第七课 节饮食，第八课 敬祖先，第九课 热心公益，第十课 自爱，第十一课 平等，第十二课 尚武精神，第十三课 公正，第十四课 守家教，第十五课 合群，第十六课 纳租税，第十七课 戒惰，第十八课 良善之小儿。

从该编目录可知，该套教科书突出个人道德修养，强调"孝悌、亲爱、信实、义勇、恭敬、勤俭、清洁诸德"，传统意味很浓，但亦有部分民初的时代道德，如"平等""纳租税"等。值得注意的是，该套教科书还出现了"尚武""尚实"等主题，这些主题是清末"忠君、尊孔、尚公、尚武、尚实"五项教育宗旨的一部分，由此可以推断，该教科书的修订出版比较匆忙，没有很好反映国民政府的修身科要求，笔者在同时期其他的中小学德育教科书里没有看到这种德目。

编排方式上，有螺旋上升的意味，"合群""立志""孝行""勤学"等德目每卷都出现，使学生在这种重复出现中加强相关道德素养；每课都有图有文，每编的课文文字量大体相当。主要采用故事和训词的方式，故事多为中国故事，只有极少数的外国故事；课文没有思考题。

该套教科书竹纸，石印，尺寸为13 cm×21.5 cm，线装，竖排。封面有3列文字，右边为"改正单级用第一（二、三）编"，中间为书名"初等小学修身课本"，左边为"上海中国图书公司编印"。封二为目录，接下来为正文和版权页。目录仅有课次和课名；版权页在封三，主要有版次、定价、编辑者、校订者、印刷兼发行者、分发行者等信息以及"版权所有"的字样，其中"版权所有"四个字的字体比该页其他所有文字更大，很醒目。

12. 中华书局出版的《新制单级修身教科书（国民学校）》

《新制单级修身教科书（国民学校）》甲、乙编各3册（每编有分3册的，也有3册合为一本的），共6册，每册40课，国民学校用，甲编、乙编第一册供第一学年使用，甲编、乙编第二册供第二学年使用，甲编、乙编第三册供第三、第四学年使用，沈颐、范源濂、方钧编辑，1914年5月上海中华书局印刷、发行，后多次再版。

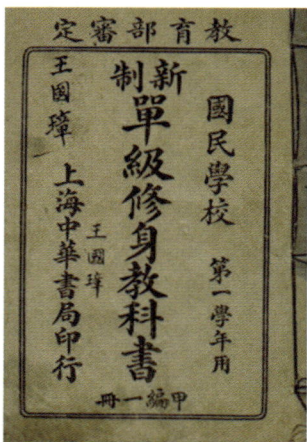

3—12

图3—12　《新制单级修身教科书（国民学校）》（甲编一册），沈颐、范源濂、方钧编辑，1914年5月上海中华书局印刷、发行，1920年1月19版

该套教科书宗旨在于"切合初等小学各年生程度兼谋同时教授之便利"[1]。甲乙两编程度相同，内容不同，备隔年交互使用；每编三册，各编前两册课名相同，第三册部分德目与前两册相同，同课次内容类型一致，深度不同，体现螺旋上升，也便于复式班同时教授。总之，该教科书充分考虑到复式班的特点。

就内容而言，第一、第二册以对家庭、对学校的道德为主，兼及对己、对社会的道德；第三册侧重"国民应知之事项"，兼及对己等方面的道德，如"爱乡人""公德""进取""卫生"。总体看，该教科书内容对民国初期倡导的"平等""自由"等观念体现甚少，显示出保守的一面。

形式上，第一册仅列德目，正文为全图；第二册图文结合，文字简明，文句20~33个字；第三册有图有文，文句60~70个字，适应学生的水平。取材主要有假设（假设儿童所能行之事俾易于效仿）、寓言、故事、训词和礼仪，平易易行。

该套教科书竹纸，铅印，尺寸为13 cm×21 cm，线装，竖排。封面主体为文本框，框内右边印有"初等小学校"或"国民学校"（不同版次的封面有差异）以及适用学年，正中为书名"新制单级修身教科书"以及甲（乙）编一（二、三）册，左边中下方印有"上海中华书局印行"；封二为中华书局的教科书广告，接下来是编辑大意、目录、正文和版权页。编辑大意主要阐明该书的编辑宗旨、"分编"意图、编排策略、内容领域、适用范围、使用的注意事项等。目录仅有课次和名称。版权页在封三，一般分为两部分，上面15%的部分为英文的书名"New Ethical Readers For Primary Schools（Second Series）"和中华书局英文名"CHUNG HWA BOOK COMPANY"；下面部分主要有版次、印刷和发行时间、定价、编者、发行者、印刷者、印刷所、总发行所、分发行所等信息，以及"有著作权，不准翻印"的字样。不同版次的形式略有不同。

13. 中华书局出版的《新教育教科书修身（国民学校）》

《新教育教科书修身（国民学校）》共8册，每册18课，国民学校用，春秋季通用，杨敬勤、胡舜华、陆费逵、刘传厚、张相、戴克敦、董文编辑并校阅，1920年中华书局印刷、发行，后多次再版。该教科书另配教案。

3-13

图3-13　《新教育教科书修身（国民学校）》（第五册），杨敬勤、胡舜华、陆费逵、刘传厚、张相、戴克敦、董文编辑并校阅，1920年1月中华书局印刷、发行，1921年2月11版

---

[1] 沈颐，范源濂，方钧. 新制单级修身教科书：国民学校：第一册[M]. 上海：中华书局，1914：编辑大意.

该套教科书内容涵盖对己、对学校、对家庭、对社会、对国家、对世界之德。其中第二册主要是对己之德，第三册主要是对家庭之德，第七册主要是对国之德（爱国），第八册则主要涉及社会义务及个体身心，注重平民意识、社会进化和国家思想的教育。

第八册目录：第一课 为什么要纳税，第二课 谁能保卫国家，第三课 义务教育，第四课 敬重苦力夫，第五课 立志要坚定，第六课 选举要谨慎，第七课 服从法律，第八课 来廷革尔的看护兵士，第九课 来廷革尔的爱生物，第十课 借人的物件要爱惜，第十一课 求人不如求己，第十二课 人格（一），第十三课 人格（二）。

从理念上看，该套教科书的内容体现了陆费逵的实利主义教育思想，如第六册有"苦学""上进""自己节省帮助别人""做事要坚忍"等内容。事实上，在新教育修身教案的设计中都增加了实践的内容，如图画、手工。

编排策略上，该套教科书总体采取"同心圆扩大"的编排方式，贴近学生生活，前两册正文全为图，第三册起图文结合，与同时期的其他教科书类似；白话文编写，语言通俗易懂。取材主要是故事和训词，少数论说式阐述，故事有中国的，也有外国的，其中外国故事以欧美国家的居多；部分课文有格言；全书没有思考题。

该套教科书竹纸，铅印，尺寸为13.3 cm×19.8 cm，线装，竖排。封面主体为文本框，文本框上部是弧形排列的"新教育教科书"，右边是"国民学校 春秋季通用"，中间是书名"修身"加册次，左边是"中华书局印行"；文本框下面是"此书另有教案备教员用"的字样。封二是编辑大意，阐明该书的编辑宗旨、内容概要和编辑策略，接着为目录、正文、版权页和封底。目录有课次、名称和教学时数。版权页在封三，该页一般分成大小相同的上、下两部分，上半部分为中华书局的出版广告；下半部分为版权信息，有英文的书名"New Educational Ethical Readers For Lower Primary Schools"和中华书局英文名"CHUNG HWA BOOK COMPANY LTD"、版次、印刷和发行时间、定价、编辑及校阅者、发行者、印刷者、印刷所、总发行所、分发行所等信息，以及"有著作权，不准翻印"的字样。不同版次的形式稍有不同。

14. 中华书局出版的《新教育教科书修身（高等小学校用）》

《新教育教科书修身（高等小学校用）》共6册，每册18课，朱文叔、陆费逵、董文、刘传厚、陆衣言、张相、戴克敦编辑并校阅，1921年1月中华书局发行，后多次再版。该教科书另配有教案。

图3-14 《新教育教科书修身（高等小学校用）》（第一册），朱文叔、陆费逵、董文、刘传厚、陆衣言、张相、戴克敦编辑并校阅，1921年1月中华书局发行，1921年10月6版

该套教科书的内容主要是对同名初小用教科书内容的深化，第一册主要涉及对学校的伦理和个体健康；第二册主要是个人修养，涉及对己、对人和对环境；第三册主要是对社会的伦理以及社会认知，比如平等；第四册主要涉及学校生活及家庭生活；第五册主要涉及爱国；第六册主要涉及社会义务。

以第二册为例。该册目录：一 应该怎样自治，二 有秩序，三 养成好习惯要从少年做起，四 身体力气常要用用他，五 事事要尽心尽力做去，六 爱惜时间就是延长生命，七 天下无废物，八 把自己做的事想想，九 有了过失应该怎样，十 旁人责备我应该取怎样的态度，十一 实事求是的韦白司德，十二 尝尽万苦千辛的巴律西，十三 勇敢的伶人，十四 诸葛亮一生惟谨慎，十五 为什么自满，十六 为什么动怒，十七 应该怎样自觉，十八 我和环境。

课文名字数较多，较好表达了课文主题，让人一看就明白课文核心内容；课文形式多为论说式阐述或故事形式，部分有格言；白话文编写，文句有标点；全书没有插图，没有思考题。该书的封面、版权页等在形式上与初小用的基本一样。

15. 商务印书馆出版的《新法修身教科书（国民学校学生用）》

《新法修身教科书（国民学校学生用）》共8册，前4册每册15课，后4册每册20课，刘宪、费煇编纂，范祥善、庄俞、刘大绅校订，1920年商务印书馆出版、发行，后多次再版。该教科书另有教案给教师使用。

3-15

图3-15 《新法修身教科书（国民学校学生用）》（第三册），刘宪、费煇编纂，范祥善、庄俞、刘大绅校订，1920年1月商务印书馆出版、发行，1922年1月80版

该套教科书根据"部定修身要旨"编写，内容上前4册注重身心、家庭、学校、社会各方面，后4册加入对国家、对世界的知识与道德，总体呈现圆周式扩大的样态，贴近学生生活。

以第一册为例。该册目录：校内游览、上课、理书、早起、洗面、漱口刷牙、换衣、换鞋、戴帽脱帽、鞠躬、立正、步行、端坐、早睡、关门开门。该册内容关注学生在家、在校最基本的生活行为，强调"做法"，意在培养学生良好的行为习惯。后面几册的内容逐步扩大范围，加深程度，螺旋上升。

形式上，该套教科书前4册全图，后4册图文结合，用故事、童话、寓言、格言等体裁，兼有游戏、手工、唱歌等方式，全是谈话体、记述体，易于理解。采用"单元—课式"编排，每单元后有一节复习课，每册最后有总复习，每册有一个儿童作主脑（主角），贯穿全册。

该套教科书竹纸，铅印，尺寸为13 cm×18.5 cm，平装，竖排。封面构图不大气，井字框在封面中上方，框右侧是"国民学校学生用"，框中间是书名"新法修身教科书"与册次，左边是"商务印书馆出版"。封二是编辑大要，说明该书的适用范围、内容架构、编排策略、教学建议等，接着是目录、正文、版权页。目录仅有课次和课名。版权页在封三，该页一般分成大小相同的上、下两部分，上半部分为商务印书馆的出版广告；下半部分为版权信息，有英文的书名"New Ethical Readers For Lower Primary Schools"、商务印书馆英文名"Commercial Press Co., Ltd."以及"All Rights Reserved"（版权所有），还有版次、印刷和发行时间、定价、编纂者、校订者、发行者、印刷所、总发行所、分售处等信息，以及"此书有著作权，翻印必究"的字样。

16. 商务印书馆出版的《新法修身教科书（高等小学学生用）》

《新法修身教科书（高等小学学生用）》共6册，每册15课，供高等小学学生用，丁晓先、吴研因、陈浚介、赵欲仁、沈锡琛、顾容川、江卓群编纂，庄俞校订，1920年商务印书馆出版、发行，后多次再版。该教科书另有教授书给教师使用。

3—16

图3—16 《新法修身教科书（高等小学学生用）》（第六册），丁晓先、吴研因、陈浚介、赵欲仁、沈锡琛、顾容川、江卓群编纂，庄俞校订，1920年8月商务印书馆出版、发行，1925年2月35版

该套教科书的内容有公民常识（其中较多日常知识）、社会生活、社会组织、世界观念等方面，与当时的社会要求相吻合，注重创造、互助、自觉、自决、守法等德行，不采入与当时"情形不合的旧史事、旧学说"。

以第三册为例。该册的目录：第一课 穷苦家庭，第二课 火车上的实验室，第三课 创造汽船，第四课 改良瓷器，第五课 火烧文稿，第六课 老鼠咬画册，第七课 完璧归赵，第八课 仁爱的少年，第九课 义勇的伶人，第十课 灯塔的管理人，第十一课 救生局的管理人，第十二课 救沉船将身补漏洞，第十三课 铁达尼邮船遇险，第十四课 进步号探险记，第十五课 进步号探险记（续）。

该套教科书取材注重故事，极少训词，可读性较好。课题不用德目罗列，这与此前的同类教科书表达方式不一样；文字描写注重文意，有助于发展学生的情感。采用课式编排，课文全文字，没有插图，也没有思考题。

该套教科书的物理特性、封面的形式等与国民学校用的同名课本基本一样。

特别值得一提的是，1918年该教科书初次送审时，教育部的批语甚是严厉，指出了该套教科书存在诸多不足。对第一、第二册，教育部的批语为"该书好处在于不把德目标出来，但举出前人的事实，令学生无形自化，命意可取。缺点尚有数端：一、这书配列德目，像是把一年作一圆周的，那么在一年中间自然应该普通注意于各方面，书中特少关于卫生的话；二、书中除假设故事之外，所采的例话多半是外国人的故事，怕要养成儿童鄙视本国的心理；三、书中分句读的标点错误太多。修改后再送审查"。对第三册的批语是"与前两册程度衔接，但材料分配上，则与修身教授要目缺漏太多。改正后连同第一、二册本送部复核，再行审查"[1]。可见，该套教科书当时并没有得到教育部的好评。尽管如此，经过修改，该套教科书最终于1920年1月通过审定并出版发行。

17. 商务印书馆出版的《订正女子修身教科书（中华民国初等小学用）》

《订正女子修身教科书（中华民国初等小学用）》共8册，每册18课，沈颐、戴克敦编纂，高凤谦校订，1912年上海商务印书馆出版、发行，后多次再版。另配有教授法供教师教学用。

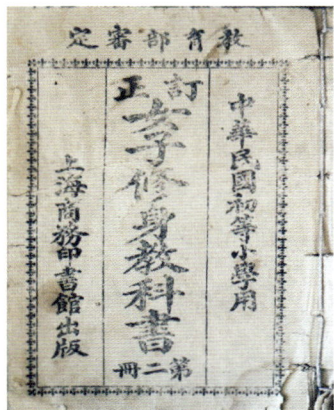

图3—17　《订正女子修身教科书（中华民国初等小学用）》（第二册），沈颐、戴克敦编纂，高凤谦校订，1912年上海商务印书馆出版、发行，1914年6月11版

这套教科书是商务印书馆对自己1908年出版的《女子修身教科书（初等小学用）》修订而成的。内容变化不大，几乎完全沿袭了清末的那套修身教科书，强调"注意本国道德之特色"，仅去掉民国政府不允许的伦理，加了一些民国政府强调的，诸如"平等""自由"等资产阶级伦理，多数课文保留原样。

以第八册为例。该册内容：第一课 尚武，第二课 教孝，第三课 谦让，第四课 姑嫂，第五课 和叔妹，第六课 守节，第七课 家政，第八课 家教，第九课 知耻，第十课 勤劳，第十一课 爱惜衣服，第十二课 安贫，第十三课 博爱，第十四课 公平，第十五课 爱国，第十六课 平等，第十七课 自由，第十八课 教育。

形式上，第一、第二册全为图，甚至没有课名；第三册起图文结合，文字渐多，有少量彩图。取材多为故事和训词，故事则多为中国古代美德故事，故事主人公以女性居多，比如班昭、欧阳修的母亲郑氏等。基本以"同心圆扩大"的方式编排，螺旋上升，符合儿童生活范围不断扩大的路径，"前四册多载学校、家庭之事，自五册以下渐及于社会、国家，使学生得成完美之人格"[2]。

---

[1] 中华民国教育部. 教育公报[J]. 南京：国华印书馆，1918（11）：24.

[2] 沈颐，戴克敦. 订正女子修身教科书：中华民国初等小学用：第一册[M]. 上海：商务印书馆，1912：例言.

该套教科书竹纸，石印，尺寸为12.8 cm×19.9 cm，竖排，线装。该套教科书的封面主体为一个套边框，框的顶部印有"教育部审定"，框内分为3列，右边是"中华民国初等小学用"的字样，中间是"订正女子修身教科书"与册次；左边是"上海商务印书馆出版"的字样，跟《订正最新修身教科书》的封面形式相同。扉页为书名加册次，接着是例言、目录（第一、第二册没有目录）、正文、版权页。例言主要说明该书的内容框架和编排策略。目录仅有课次和课名。版权页分广告和版权信息两个部分，版权信息主要有版次、出版时间、定价、编纂者、校订者、印刷所、发行者、总发行所、分售处等信息，还有"Girls' Ethical Readers For Lower Primary Schools（Revised Edition）""Commercial Press，Limited""All rights reserved"的英文字样。封底也是商务印书馆的出版广告。不同版次的形式略有不同。

18. 中华书局出版的《女子修身教科书（国民学校用）》

《女子修身教科书（国民学校用）》共8册，每册16课，每周1课，供国民学校四年用，沈颐、董文编，范源濂校阅，上海中华书局1915年出版、发行，后多次再版。

图3—18 《女子修身教科书（国民学校用）》（第七册），沈颐、董文编，范源濂校阅，1915年上海中华书局出版、发行，1915年9月初版

内容上，该套教科书强调传统道德，"以孔子言行为道德之标准，注重忠孝节义，以著立国之精神，并注重女子贞淑之德"[1]，同时兼顾了"自立之道"，包含对家庭、对学校、对社会、对国家、对身心五种伦理。

第一册目录：第一课 入学，第二课 守规则，第三课 守时刻，第四课 专心，第五课 游戏，第六课 敬师，第七课 爱同学，第八课 早起，第九课 衣服，第十课 饮食，第十一课 清洁，第十二课 仪容，第十三课 勤操作，第十四课 温课，第十五课 整理，第十六课 休息。主要关涉学校生活，体现"自立之道"。

第二册目录：第一课 家法，第二课 家政，第三课 家计，第四课 中馈，第五课 孝亲，第六课 事舅姑，第七课 婉顺，第八课 姑嫂，第九课 娣姒，第十课 公平，第十一课 内助，第十二课 规过，第十三课 安贫，第十四课 去妄，第十五课 守节，第十六课 尚义。

该套教科书中的传统女德内容，不仅表现在将"守节""婉顺"等封建社会推崇的女子道德直

---

[1] 沈颐，董文. 女子修身教科书：国民学校用：第一册[M]. 上海：中华书局，1915：编辑大意.

接列入课文之中，还表现在大部分的道德条目将女子引向"贤妻良母"的泥沼，使得女子深陷其中而不自知[1]。

形式上，该套教科书采用"同心圆扩大"方式编排，每年一循环，逐渐扩大范围，螺旋上升，循序渐进，第一学年注重对学校及家庭之德，第二学年以后渐渐注重对国家、社会、身心之德[2]；第一、第二册仅列德目，正文全用图；第三、第四册图文并列，文字10~30个；第五至第八册文字为主，文字40~100个。

该教科书竹纸，铅印，尺寸为13 cm×21 cm，线装，竖排。封面主体为文本框，框内右边印有"国民学校用"和册次，正中为书名"女子修身教科书"，左边印有"上海中华书局印行"。封二为中华书局的教科书广告，接下来是编辑大意、目录、正文和版权页。编辑大意主要阐明该书的编辑宗旨、内容选取的理念、编排策略、内容领域、使用的注意事项、配套材料等。目录仅有课次和课名。版权页在封三，一般分为两部分，上面15%的部分为英文的书名"Ethical Readers For Girls（Primary Schools）"和中华书局英文名"CHUNG HWA BOOK CO.，Ltd."；下面的部分主要有版次、印刷和发行时间、定价、编者、阅者、发行者、印刷者、总发行所、分发行所等信息，以及"版权所有，不准翻印"的字样。不同版次的形式略有不同。

19. 中华书局出版的《中华女子修身教科书（高等小学校用）》

《中华女子修身教科书（高等小学校用）》共3册，每册40课，供高小三学年用，每学年一册，李步青编，范源濂、沈颐校阅，1914年上海中华书局出版、发行，后多次再版。

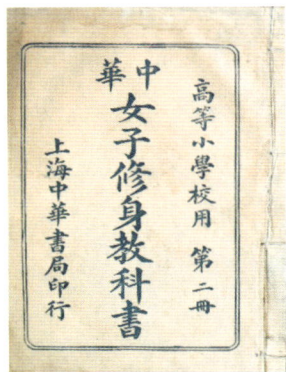

图3-19　《中华女子修身教科书（高等小学校用）》（第二册），李步青编，范源濂、沈颐校阅，1914年9月上海中华书局出版、发行，1920年6月10版

该套教科书第一册目录：第一课　勤学，第二课　择善，第三课　规律，第四课　诚实，第五课　朴素，第六课　孝友，第七课　宽厚，第八课　女工，第九课　清洁，第十课　慈爱，第十一课　自重，第十二课　求学，第十三课　敬兄嫂，第十四课　敬客，第十五课　不苟取，第十六课　习劳，第十七课　惜时，第十八课　惜物，第十九课　节制，第二十课　体亲心，第二十一课　服劳，第二十二课　践约，第二十三课　报恩，第二十四课　沉静，第二十五课　孝勇，第二十六课　义行，第二十七

---

[1] 吴孝恒. 民国初期小学女子修身教育（1912—1916）：以中华书局《女子修身教科书》为例[D]. 上海：上海师范大学，2013：47.
[2] 沈颐，董文. 女子修身教科书：国民学校用：第一册[M]. 上海：中华书局，1915：编辑大意.

课 义行（续），第二十八课 爱弟，第二十九课 爱姊，第三十课 志操，第三十一课 守礼，第三十二课 待人，第三十三课 养正，第三十四课 处世，第三十五课 明达，第三十六课 镇定，第三十七课 戒骄纵，第三十八课 恕道，第三十九课 智勇，第四十课 利济。

第二册目录：第一课 容仪，第二课 守礼，第三课 慎微，第四课 练达，第五课 孝亲，第六课 事姑，第七课 爱嫂，第八课 孝友，第九课 义行，第十课 好学，第十一课 戒迷信，第十二课 信实，第十三课 择交，第十四课 苦学，第十五课 苦学（续），第十六课 俭约，第十七课 守时，第十八课 戒珍饰，第十九课 隐恶，第二十课 廉洁，第二十一课 节省，第二十二课 爱物，第二十三课 爱人，第二十四课 博爱，第二十五课 愧励，第二十六课 爱国，第二十七课 尚武，第二十八课 纳税，第二十九课 懿范，第三十课 整洁，第三十一课 治生，第三十二课 职业，第三十三课 恤贫，第三十四课 公益，第三十五课 传业，第三十六课 守正，第三十七课 守分，第三十八课 智识，第三十九课 勇敢，第四十课 贞洁。

第三册目录：第一课 修学，第二课 卫生，第三课 事舅姑，第四课 和妯娌，第五课 和叔妹 第六课 内省，第七课 改过，第八课 柔德，第九课 周密，第十课 整容仪，第十一课 慎言语，第十二课 重品行，第十三课 安贫，第十四课 励志，第十五课 贤淑，第十六课 节操，第十七课 尚义，第十八课 公正，第十九课 爱人，第二十课 睦亲，第二十一课 睦邻，第二十二课 义施，第二十三课 谦让，第二十四课 勤劳，第二十五课 忍耐，第二十六课 爱国，第二十七课 尚武，第二十八课 义勇，第二十九课 明耻，第三十课 爱自然，第三十一课 智识，第三十二课 婉顺，第三十三课 交际，第三十四课 欧美人之公德，第三十五课 职业，第三十六课 恤贫，第三十七课 法律，第三十八课 人民之权利义务，第三十九课 国家财政，第四十课 国民教育。

显然，该套教科书内容表现为封建传统女德与近代资本主义国民道德对立统一，传统女德包括妆容得体、勤俭、从姑舅、忠贞节烈、孝敬和顺、宽容慈爱等，近代资本主义国民道德包括重学习、自立、立志、讲公德、讲卫生、爱国家、履行国民义务（纳租税等）、公正、竞争、公益等。

其中的"孝亲"一课原文如下：

> 汉太仓令淳于意，无男，有女五人。文帝时，意以罪当刑，会逮，叹曰："生女不生男，缓急无可使者。"其女少缇萦伤之，随父亲，西至长安，上书曰："妾父为吏，齐中皆称其廉平，今坐法当刑，妾伤夫死者不可复生，刑者不可复属。虽欲改过自新，其道无由，妾愿入身为官婢，以赎父罪，使得自新。"书闻，上悲其意，乃赦其父，并除肉刑。[1]

这一课内容宣扬的是儿女为了父亲可以牺牲自己的一切，包括自己的人生自由乃至生命，是典型的封建伦理，与倡导平等、自由的近代资产阶级伦理相违背。该套教科书除了德目具有传统性外，文中的主人公绝大多数是中国古代人物，鲜有中国近代人物或外国人物，体现出浓厚的传统色

---

[1] 李步青. 中华女子修身教科书：高等小学校用：第二册[M]. 上海：中华书局，1914：36.

彩，反映出传统势力的深刻影响以及传统文化的强大惯性。

取材上，该套教科书第一册以"幼年美谈"[1]（名人幼时故事）为主，第二册多为故事，第三册则为故事和论说式义理阐释并重。内容编排上，主要采用"圆周法"，兼用"阶段法"，德目"寓整于散"，螺旋上升，"使逐年之教材获伦理上系统之知识"[2]。全书没有插图，没有思考题。

该教科书的物理属性、体例、封面和版权页的形式与中华书局的《女子修身教科书（国民学校用）》基本一样。

（二）其他类型的德育教科书

1. 商务印书馆出版的《共和国民新读本（高等小学校用）》

《共和国民新读本（高等小学校用）》共2卷，每卷40课，孟森、秦瑞玠编纂，上海商务印书馆1912年出版，供高等小学校用。内容主要涉及共和精神，国家元首之地位、权力，立法、司法与行政的关系，地方自治，外交，内政，税务，财政，交通，社会团体，公益，法律，军事等，突出政治制度和国家机器运行，目的在于使学生"略知政治、法律与国家、人民权利义务之大要"[3]，以增进学生的共和国民意识。这本书虽没有以"公民"命名，但从内容看无疑可以算是我国最早的公民课本。

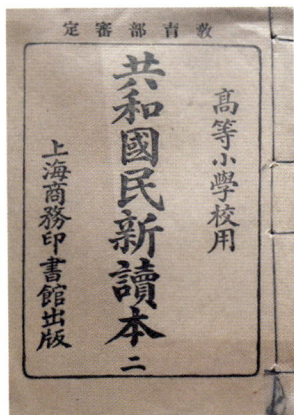

图3-20　《共和国民新读本（高等小学校用）》（第二册），孟森、秦瑞玠编纂，商务印书馆编译所校订，1912年5月上海商务印书馆出版、发行，1913年6月7版

该套教科书竹纸，铅印，尺寸为13.2 cm×20.4 cm，线装，竖排。封面印有"教育部审定""高等小学校用""共和国民新读本""上海商务印书馆出版"以及册次等字样，书名"共和国民新读本"居于正中；封二为商务印书馆的教科书广告，接着为编辑大意、目录、正文、版权页。编辑大意主要阐述当时开设该课程的价值、该书的内容概要等。目录仅罗列课次和课名。正文主要为政论文，无图。版权页在封三，分上、下两部分，上半部分概述该书的教学目的；下半部分主要有出版

[1] 李步青. 中华女子修身教科书：高等小学校用：第一册[M]. 上海：中华书局，1914：编辑大意.

[2] 李步青. 中华女子修身教科书：高等小学校用：第一册[M]. 上海：中华书局，1914：编辑大意.

[3] 孟森，秦瑞玠. 共和国民新读本：高等小学校用：第一册[M]. 上海：商务印书馆，1912：编辑大意.

和印刷的时间、定价、编纂者、校订者、总发行所、印刷所、分售处等信息以及"此书有著作权，翻印必究"的字样。封底为商务印书馆的出版广告。

2. 商务印书馆出版的《共和国教科书公民须知（国民学校修身科学生用）》

《共和国教科书公民须知（国民学校修身科学生用）》全一册，刘大绅编辑，陈承泽校订，1917年1月上海商务印书馆出版、发行，供国民学校修身科学生用，为我国最早的冠以"公民"之名的公民课本。该教科书发行量很大，1917年10月已出版45版。

图3-21 《共和国教科书公民须知（国民学校修身科学生用）》，刘大绅编辑，陈承泽校订，1917年1月上海商务印书馆出版、发行，1917年10月45版

该书共5章15节，依次为总说（公民、公民之资格）、公民之权利（自由、平等、选举与从政）、公民之义务（纳税与公债、服兵、守法、教育）、地方自治（户籍与警察、公益机关、公安机关）、国家之组织（国体与政体、立法、司法与行政），皆为公民常识，与教育部1916年10月颁布的《修正国民学校令施行细则》中的《公民须知》各章节对应。

该书章节式编排，课文多为政论文，文字较多，没有插图，适合三年级以上的小学生学习。

该教科书竹纸，铅印，尺寸为13 cm×18.5 cm，线装，竖排。封面与《共和国教科书新修身》形式一样。扉页为编辑大意，阐明该书的编写依据、编排策略、教学建议。目录有课次、课名和每课的教学时数。版权页在封三，分上、下两部分，上半部分为商务印书馆的教科书广告；下半部分主要有出版时间、定价、编辑者、校订者、总发行所、印刷所、分售处等信息以及"REPUBLICAN SERIES" "What a Citizen Ought to Know for Lower Primary Schools" "COMMERCIAL PRESS Co., Ltd." "此书有著作权，翻印必究"的字样。封底为商务印书馆系列实用教科书的广告。

3. 中华书局出版的《公民读本（国民学校用）》

《公民读本（国民学校用）》共2册，每册15课，国民学校用，方洌生编纂，1917年上海中华书局出版、发行，配有教授书，初版后不断再版。该书与上海商务印书馆的《共和国教科书公民须知（国民学校修身科学生用）》同时出版，但就内容之完美以及影响而言，该书更胜一筹。

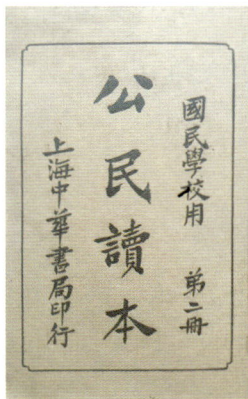

图3-22 《公民读本（国民学校用）》（第二册），方沥生编纂，1917年上海中华书局出版、发行

　　该套教科书遵照《国民学校令施行细则》而编成，针对初等小学三、四年级的学生介绍国家政治常识，强调国体变更、政体变革的历史意义和中华民国的历史地位，这是一种全面的知识传输和启蒙[1]。该书的编辑大意说明其主旨是教授"公民所必需之知识及道德"，并列出了8个要点：民国组织之大要；民国立法、行政、司法之大要；国民与国家之关系，以及其权利义务之大要；国家财用与国民生计之大要；依法治国之精神；自治制之大略，以及其能力之养成；国际竞争及现世界之趋势；民主国立国之元气。

　　第一册有国家、国民、民族、国体、政体、国会、政府、法院、国民之权利义务、法律与道德、自治和选举等课目；第二册有军备、警察、户口、租税、国债、预算决算、货币、教育、生计、公众卫生、外交及欧战等课目。从章节设置上看，内容较为丰富，基本涵盖了"现代国家"公民应具备的知识。第一课"中华民国"，讲述国体变更的过程。

　　　　我国自昔为君主国，君位世袭。秦汉以降，君权益重，一人临朝，权势无限。人民困于虐政，不得已则起而革命，是以二千年来，变乱不绝。迄于清末，国中先知之士，鉴于世界大势，知君主专制，不足图治，乃于民国前一年十月十日，起革命军于武昌，全国响应，清廷逊位，中华民国于是成立[2]。

　　如"政体"一课，通过对比立宪与专制，说明了当时的分权制衡机制。

　　　　立宪与专制之别，即在主权作用之有限无限。盖立宪之国，既有宪法，以定政权所属；又设国会以立法，设法院以司法。政府失政，国会得弹劾之。诉讼裁判，法院主之。行政官不能干涉……现代各国，或由人民请求，或由君主自动，均已改为立宪政体。否则人民革命，变为民主国体，而行立宪政体。我中华民国亦其一也[3]。

　　再如"选举"一课讲道："选举为人民之权利，故人民不当放弃选举权。"选举的原则："其人而果善也，虽与我绝无私交，我当举之。其人而不善也，虽权足以制我，利足以动我，我亦不当

[1] 毕苑. 第一部公民教科书的诞生[J]. 读书，2011（8）：31-37.
[2] 方沥生. 公民读本：国民学校用：第一册[M]. 上海：中华书局，1917：3.
[3] 方沥生. 公民读本：国民学校用：第一册[M]. 上海：中华书局，1917：26.

举之也……"课文最后总结了中华民国的根本精神："自大总统以至各级官吏，皆为国家之公仆。故人人皆治人者，人人皆治于人者，人人自由，人人平等。"该书课文文辞雅驯、论述中平，没有空洞的道德说教。不过没有插图，没有思考题。

这个时期还有些很特别的小学修身教科书，比如：

《修身游技唱歌联络教材》，1915年商务印书馆出版、发行。该书是综合性教科书，将修身、游技和唱歌融为一体。教育部的审定批语认为，"该书本表现游技之旨，将修身、游技、唱歌三科混合编撰，寓修身、唱歌于游技之中，洵为小学校教师良好之参考，其歌词选择亦尚妥协，准作为小学教员及师范学校参考用书"[1]。

《国语修身课本》，1919年陈肃权编辑、发行，将国语和修身合而为一。教育部的审定批语认为，"虽标题国语，却是文言文居多。应毋庸置议"[2]。

三、民国初期小学德育教科书的分析

1912—1922年间的小学德育教科书在内容上总体以中国传统伦理为核心，相较于清末的同类教科书而言，只是点缀了一些资本主义国民伦理。

在中华书局出版的《中华初等小学修身教科书》和商务印书馆出版的《共和国教科书新修身》两套教科书中，属于个人修身和齐家范畴的德目都占据多数，属于社会和国家的德目所占比例则相对较少。两种教科书前者的比例分别为53%、69%，后者的比例则分别为47%、31%。从德目所反映的时代特征看，传统的德目占据主导地位。这些德目所体现的核心道德价值主要有孝悌、仁爱、礼义、廉耻、诚信、忠恕、节俭等。同时，书中也涵盖了具有时代特色、进步意义的德目，如爱国、义务、自由、博爱、男女平等、完美、进步等，这些德目涉及政治、经济和社会伦理。这两套书在整体上体现出"修身、齐家、治国、平天下"这一传统的进德修业精神。

与清末相比，由这些德目构成的课程目标、内容体系也体现出新特点[3]：第一，以国家为中心，注重国民道德教育；第二，注意中西道德的融合；第三，结合社会现实，突出社会道德伦理问题。相对于清末来说，这一时期的修身教科书内容更关注儿童生活，更具体，仅"孝敬"这一基本德目就分成了近10个类目。

对于传统道德的彰显，女子修身教科书表现得更加突出，无论是上海中华书局的《中华女子修身教科书（高等小学校用）》还是上海商务印书馆的《订正女子修身教科书（中华民国初等小学用）》，都将"贞淑之德"放在首位，培养囿于家庭的"贤妻良母"，不仅未将女性置于与男性的

[1] 中华民国教育部. 教育公报[J]. 南京：国华印书馆，1915（11）：3.

[2] 中华民国教育部. 教育公报[J]. 南京：国华印书馆，1919（10）：5.

[3] 郑航. 中国近代德育课程史[M]. 北京：人民教育出版社，2004：37.

同等地位，还力图将女性束缚在家庭生产中，使其失去投身于社会公共事务的机会。

德育教科书中渗透的近代资本主义伦理主要有"自由""人权""平等""博爱""人道""科学""选举"等方面，另外还增添了"卫生""受教育""自立""公德""公益"等现代观念，关注国民意识培养，客观上起到了一定的启蒙作用。

该时期的小学德育教科书在形式变化上有如下特点：

第一，采用"圆周法"，辅以"阶段法"。该呈现方式将相似或相同的内容几年来个循环，在这种循环往复中，教科书的内容得到进一步深化。这种方法有助于学生在每一轮的循环往复中形成和强化道德观念。以中华书局出版的《新制中华修身教科书（高等小学校用）》为例，该套教科书高等小学阶段共9册，每学年3册，整套教科书以螺旋上升的方式编写，第三学年将第一、第二学年的内容再进行深化。

第二，注重树立榜样。一方面多用中国古人的故事，以树立德行高尚的榜样，以求强调德行修养之意义，弘扬中华传统美德，并力争令学生为榜样人物所感动，进而在实际行动中加以模仿。另一方面，通过征引外国故事，宣传外国名人，切合时代需要，倡导共和精神，并使学生具有世界观念[1]。如中华书局1916年版的《新式修身教科书》第七册共15课，其中11课出现榜样，并以对榜样的叙事为主要叙述方式。这些榜样包括方孝孺、惠灵顿、曹休、孔子、华盛顿、来廷格尔、班超、鲁宾逊、陈尧史等。

第三，图文结合。初小教科书多用图画和短故事，第一、第二册几乎全用图画，后面几册文字增加；高小的则以故事和例话为主，偶有插图，每课文字量多在100字左右，选材多贴近学生生活，有利于学生的学习。当然也有例外，比如供初小用的《公民须知》和《公民读本》就没有插图。这个时期的小学德育教科书正文大多采用类比的手法，类比的对象是相似的不同事物。类比的最大价值就是在两类不同事物之间建立由已知达到未知的桥梁，其目的是由已知推出未知。因此，类比有助于人们建立起对新事物的亲近感与熟悉感，进而有效地认识新事物。如中华书局1916年版的《新式修身教科书》第四册共15课，其中6课采用类比的方式。

第四，白话文运动影响了小学德育教科书的语言形式。无论是商务印书馆的教科书，还是其他各家的教科书，在民国六年（1917年）前，全是文言文一统天下。到了1915年，中华书局在其新式国民教科书中作了一点新的尝试，在每册末尾附上4课白话课文。此时也开始有一些有志者自发地在教学中编一些白话教科书使用，但这些都还是个别、局部的探索，不能改变文言文的霸主地位。这种状况到了"五四"文学革命之后才被打破。1919年，国民政府教育部下令，规定初小一、二年级教科书须用白话文。1921年，很多修身教科书采用白话文。如1921年版的中华书局出版的《新教育教科书修身（高等小学校用）》是用白话文编写的。1922年，教育部下令小学文言文教科书分期

---

[1] 郑航. 中国近代德育课程史[M]. 北京：人民教育出版社，2004：126.

作废，一律改为白话文。这一年，中华书局出版的新式修身教科书都采用白话文。

第五，受外来文化的影响。新文化运动前后，国人不仅接受了外来文化，而且还将外国的教育思想引进中国，并在修身等教科书中予以运用。有的修身教科书接受了杜威实用主义教育思想，强调儿童本位的教科书编写原则，认为要"从儿童生活上着想，根据儿童之需要编订教材，形式则注重儿童化，内容则适合儿童经验"[1]，如商务印书馆编辑的《新法修身教科书》就是杜威型的"唯趣味主义"。有的汲取了赫尔巴特的培养"性格的道德力量"的学说，着眼于儿童的未来，如上海中华书局出版的《新式修身教科书（高等小学校用）》采用的就是赫尔巴特的"五段教学法"。这些均表明近代国人已具有开放心态，愿意在编纂修身教科书时汲取西方优秀文化。事实上，早在清末，赫尔巴特的教学方法就经过不同途径辗转、演化，逐渐渗透到清末修身教科书的配套教师用书当中[2]。该时期的德育教科书不仅吸收外来思想，还在版权页上用英文呈现书名和出版机构等。

[1] 王建军. 中国近代教科书发展研究[M]. 广州：广东教育出版社，1996：295.

[2] 王世光. 清末修身教科书刍议[J]. 河北师范大学学报（教育科学版），2016（03）：27-33.

第三节
民国初期的中学德育教科书

一、民国初期中学德育教科书的出版情况

民国初期，教育部确立了中小学教科书的审定制政策，由于《教育杂志》的大力宣传，该政策得到了广泛传播。这种背景下，中学校德育教科书也遵循审定制。这不仅开拓了修身科取材的空间，也写下划时代的新的一页。

此时，上海出版界新诞生的中华书局，审时度势，迅速出版了一套《中华教科书》。该套书分为小学校、高等小学校、中学校三个部分，其中就有《中华中学修身教科书》《中华中学经济教科书》《中华中学法制教科书》（两种）。这套书因体例新颖，内容密切贴合时事，出版后博得了教育界人士的好评，但由于印刷问题，风靡没多久就下架了。

另一出版界巨头商务印书馆面对中华书局的出版态势，一时备受压力，就把之前出版的教科书加以订正再投放市场，如1912年出版的《订正修身教科书》和《订正中学修身教科书》（上、下编）。

根据教育部1913年对德育科的相关规定，中华书局先后出版了周日济编辑的《修身教科书》，李步青、谢蒙等编写的《新制修身教本》（共四册），张家声、潘鸿勋著的《新制法制教本》，谢蒙等编写的《新制哲学大要》。值得一提的是，新制系列教科书最具有特色，分为初等小学校用、高等小学校用、中学校用、师范学校用四类，涵盖所有学科。

商务印书馆则出版了樊炳清等人编的《修身要义》；戴克敦、沈颐编著的《新制中学修身教科书》；胡祖同编辑的《经济概要》；日本服部宇之吉原著，商务印书馆编辑部译述的《伦理学教科书》；贺绍章编纂的《经济大要》；陈承泽编纂的《法制大要》；陶保霖编纂的《法制概要》；蔡元培编纂的《哲学大要》。

这一时期，中学德育教科书总体数量不多，出版单位主要是中华书局和商务印书馆，这两大机构分庭抗礼，几乎垄断了教科书的出版。除了这两家出版机构外，目前可查的在这段时间出版了中学德育教科书的机构只有文明书局和中国图书公司。文明书局1914年出版了华龙编纂的《中学修身教科书》；中国图书公司1914年出版发行了杨年编著、赵钲铎校的《中学师范法制经济教科书》

（分法制编和经济编）。

这些教科书有些是以"共和国"命名的，体现了那个时代的特色，但是法制思想在教科书中的贯穿，实为是当时的一大进步。

二、具有代表性的中学德育教科书

（一）修身教科书

1. 商务印书馆出版的《共和国教科书修身要义（中学校用）》

《共和国教科书修身要义》有上、下两卷，3篇内容，供中学校四学年用，樊炳清编纂，李石岑订正，张元济、高凤谦、庄俞、蒋维乔校阅，1913年商务印书馆出版、发行。

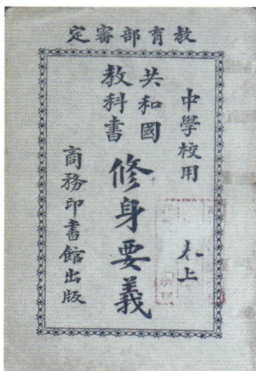

图3-23　《共和国教科书修身要义（中学校用）》（卷上），樊炳清编纂，李石岑订正，张元济、高凤谦、庄俞、蒋维乔校阅，1913年12月商务印书馆出版、发行，1918年1月18版

该套教科书的内容分三篇。

甲篇"实践道德"：绪论，第一章 论持躬处世待人之道，第二章 对国家之责务，第三章 对社会之责务，第四章 对家族之责务，第五章 对自己之责务，第六章 对人类及万有之责务。

乙篇"伦理学大要"：第一章 伦理学之本质，第二章 行为论，第三章 良心论，第四章 至善论，第五章 义务论，第六章 德论，第七章 结论。

丙篇"论本国道德之特色"。归纳了忠孝、报恩、明责、节操、诚直五则中国传统道德。

显然，甲篇注重实践，从修己、家族、社会、国家、职业等方面阐述修身之法；乙篇注重理论，从行为、良心、理想、义务、道德等方面来细说，阐明其因果关系，提纲挈领，循序渐进，既有伦理哲学思想上的观照，又有修身的方法和路径；丙篇也重理论，阐述中国传统道德特色。总体看，该套教科书的内容既强调传统道德修炼，也强调资本主义国民意识的培养，将两者较好地统一了起来。

该套教科书的结构与1913年教育部颁布的《中学校课程标准》中修身科教学内容的安排一致。第一学年讲"持躬处世、待人之道"；第二学年讲"对国家之责务、对社会之责务"；第三学年讲"对家族及自己之责务、对人类及万有之责务"；第四学年讲"伦理学大要、本国道德之特色"[1]。显然，该书也没有跟伦理学划清界限。其他中学修身教科书的结构体系基本与此书一样，以己为出发点，推己及人，渐及对家族、学校、社会、国家、世界及人类。

该套教科书竹纸，铅印，尺寸为13 cm×18.5 cm，平装，竖排。封面形式与同系列的《共和国修身教科书（初等小学用）》一样；扉页为编辑大意，阐明分篇的内容和编辑理念；目录有课次、课名和页码；正文采用章节式编排，没有插图，没有思考题。版权页在封三，分上、下两部分，上半部分为教育部对该书的审定批语；下半部分主要有出版时间、定价、编纂者、校订者、发行者、总发行所、印刷所、分售处等信息，以及"REPUBLICAN SERIES""Essential of Ethics for Middle Schools""Approved by the Board of Education""Commercial Press，Limited""中华民国二年八月十四日禀部注册，九月一日领到文字第一百零四号执照"的字样。封底有商务印书馆的标识。

2. 商务印书馆出版的《师范学校中学校修身讲义》

《师范学校中学校修身讲义》共上、下两卷，中学校及师范学校用，林纾编纂，1916年上海商务印书馆出版、发行。

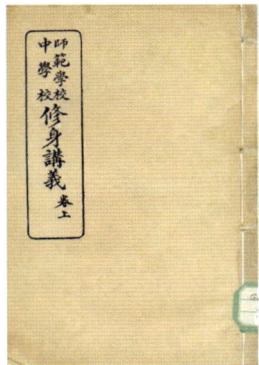

图3—24　《师范学校中学校修身讲义》（卷上），林纾编纂，1916年上海商务印书馆出版、发行

该套教科书上卷通过探讨周子、大程子、二程子的作品来表明求知之心，强调"克己、孝、着力"，以理为基本；下卷用朱子、薛子的语句和事例作为讲述内容，强调知行合一、改过、防患、义理、有耐心、待人温和、礼义、自我调整、乐观。

《师范学校中学校修身讲义》中林纾的个性时时展现，有时颇为可爱。他告诫学生勿以学问骄人，勿以学问和武技相比拟，说："至学问一道，尤非骄人之具，人人知之矣。纾则尤谓学问与武技同其危险。武技之有少林，可谓精极，然张三丰则尤称为内家。以外家之术遇内家，往往而败。故善兵者不言兵，正防高出于己者。"[2]

从全书看，围绕求学的内容多，而关于国家的内容少，更加关注个人道德，关注个人如何做得有修养，合礼仪之道。该书用古来启今，说理性为主，启发学生的逻辑思维能力，并用著名学者的事例表明所说所论证之真理。

[1] 人民教育出版社课程教材研究所. 20世纪中国中小学课程标准·教学大纲汇编：思想政治卷[C]. 北京：人民教育出版社，2001：136.
[2] 毕苑. 林纾和他的《修身讲义》[N]. 团结报，2010-05-13（4）.

编排上，采用语录体、文言文，语言较为晦涩，没有插图，没有思考题，不利于教学。

3. 中华书局出版的《中华中学修身教科书》

《中华中学修身教科书》共4册，供中学校四年用，一学年一册，缪文功编，戴克敦、姚汉章、陆费逵校阅，1912年6月中华书局出版、发行，后多次再版。

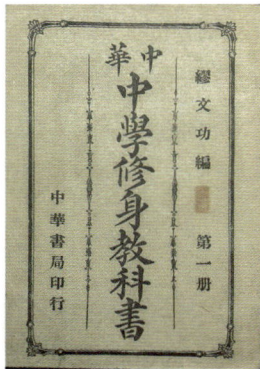

图3-25　《中华中学修身教科书》（第一册），缪文功编，戴克敦、姚汉章、陆费逵校阅，1912年6月中华书局出版、发行，1915年9月11版

该套教科书呈章节式编排，不同册次的章节数不一，不同章次的节数也不同（1~15节不等）。

第一册目录：第一章 释学，第二章 校风，第三章 校之勤务，第四章 校之规则，第五章 学生之修养。

第二册目录：第一章 在己之道，第二章 对于家族之道。

第三册目录：第一章 对于社会之道，第二章 对于国家之道，第三章 对于自然界之道。

第四册目录：第一章 伦理学概论，第二章 伦理学之意义，第三章 我国固有之伦理学说，第四章 新输入之伦理学说。

从目录可以看出，该套教科书前3册注重实践，从学校、修己、对家族、对社会、对国家、对世界、对自然等方面阐述修身之法；第四册注重理论，从行为、良心、义务、道德及我国固有伦理之特色等方面来阐述，提纲挈领。与同时期的其他中学修身教科书一样，全书既有伦理哲学思想上的观照，又有修身的方法和路径，着眼培养"中华共和国优美高尚之国民"[1]。

该套教科书竹纸，铅印，尺寸为13 cm×18.5 cm，竖排，平装。封面主体为文本框，该框分3列，右边印有"缪文功编"、册次，中间为书名"中华中学修身教科书"，左边印有"中华书局印行"。扉页为编辑大意，阐明该书的编辑宗旨、内容领域、编辑策略等。目录仅有章节次序和名称。该书采用章节式编排，正文多为论说式义理阐释，"略具学理上之研究，不专注命令之训词"[2]，没有插图，没有思考题。版权页在封三，主要有版次、出版时间、定价、编者、校阅者、印刷者、发行者、总发行所、分发行所等信息以及"版权所有，不准翻印"的字样。

4. 中华书局出版的《新制修身教本（中学校适用）》

《新制修身教本（中学校适用）》共4册，供中学校四年用，一学年一册，李步青、谢蒙等编，

---

[1] 缪文功. 中华中学修身教科书：第一册[M]. 上海：中华书局，1912：1.

[2] 缪文功. 中华中学修身教科书：第一册[M]. 上海：中华书局，1912：编辑大意.

范源濂、姚汉章校阅，中华书局1914年出版、印刷、发行。

图3-26　《新制修身教本（中学校适用）》（第一册），李步青、谢蒙等编，范源濂、姚汉章校阅，1914年5月中华书局出版、印刷、发行，1921年6月20版

该套教科书的章目录如下。

第一册第一编"持躬处世待人之道"目录：第一章　总论，第二章　在校之责务，第三章　修学，第四章　卫生，第五章　修德，第六章　治事，第七章　治生，第八章　交际，第九章　奉公。

第二册第二编上"对国家之责务"目录：第一章　总论，第二章　义务，第三章　权利，第四章　公务，第五章　爱国心，第六章　对国际之关系。

第二册第二编下"对社会之责务"目录：第一章　总论，第二章　对个人之责务，第三章　对公众之责务，第四章　对团体之责务。

第三册第三编上"对家族之责务"目录：第一章　总论，第二章　亲子，第三章　兄弟姊妹，第四章　夫妇，第五章　祖先及族戚，第六章　佣仆。

第三册第三编中"对己之责务"目录：第一章　总论，第二章　身体之保卫，第三章　精神之修养，第四章　生活之准备。

第三册第三编下"对人类及万物之责务"目录：第一章　对人类之责务，第二章　对万物之责务。

第四册第四编"伦理学大要"目录：第一章　绪论，第二章　善恶之标准，第三章　义务论，第四章　德论。

该套教科书的结构也与1913年教育部颁布的《中学校课程标准》中修身科教学内容的安排一致。第一学年讲"持躬处世、待人之道"，第二学年讲"对国家之责务、对社会之责务"，第三学年讲"对家族之责务及对己之责务、对人类及万物之责务"，第四学年讲"伦理学大要、本国道德之特色"[1]。从内容性质看，该套教科书前3册注重实践，第四册注重理论。

取材上，该套教科书第一册多用格言和中国古代故事；第二、第三册从"实际渐进于理论"，注重修身方法；第四册侧重用西方伦理学理论解释我国固有道德之特质。尽管第四册强调用西方伦理学理论，但整套书依然非常传统，其"修身之旨以近世伦理学为标准，多证以中国古训，于孔子

---

[1] 人民教育出版社课程教材研究所. 20世纪中国中小学课程标准·教学大纲汇编：思想政治卷[C]. 北京：人民教育出版社，2001：135.

学说征引尤多"[1]。

该套教科书竹纸，铅印，尺寸为13 cm×18.5 cm，竖排，平装。封面主体为文本框，该框分3列，右边印有"中学校适用"，中间为书名"新制修身教本"与册次，"新制"二字自右向左横排，左边印有"中华书局印行"，文本框上方印有"教育部审定"。接着为插页、编辑大意、正文和版权页。插页为中华书局的出版广告；编辑大意阐明该书的编辑依据、内容领域、编辑策略等；目录仅有章节次序和名称。章节式编排，正文多为论说式义理阐释，少量故事和格言，没有插图，没有思考题。版权页在封三，主要有版次、出版时间、定价、编者、校阅者、印刷者、印刷所、发行者、总发行所、分发行所等信息以及"有著作权，不准翻印"的字样。

（二）法制教科书及经济教科书

1. 中华书局出版的《中华中学法制教科书》

《中华中学法制教科书》全一册，共203页，供中学用，庄泽定编，戴克敦、姚汉章、陆费逵校阅，1913年中华书局出版、发行。

图3-27　《中华中学法制教科书》，庄泽定编，戴克敦、姚汉章、陆费逵校阅，1913年中华书局出版、发行

该书分为"总论"和"各论"两大部分。总论有五章，分别为国家、国体、政体、法、权利义务。各论分为"公法大意"和"私法大意"。其中"公法大意"有第一编 宪法，第二编 行政法，第三编 刑律，第四编 刑事诉讼律，第五编 民事诉讼律；"私法大意"有第一编 民律（有总则、物权、债权、亲属、继承五章），涵盖了当时主要的法律规范，体系较全。正如该书的编辑大意所说，"民国肇基，编纂法制，日积而月有增。凡已成之法，本书殆网罗已尽"。此外，"其未大备者，则参以日本及欧西各国，藉资考鉴"[2]。换言之，该书不仅涵盖了当时中国的所有法律，还涉及了日本及欧美多国"有当于我国法制前途"[3]的法律。内容性质上，该书既有法律条文罗列，也有原理阐释，意在使学生皆知法律大意。

该书采用编一章一节式编排，主题分层，逻辑清晰，文字简净，篇幅都不长，适合中学、师范

[1] 李步青. 新制修身教本：中学校适用：第一册[M]. 上海：中华书局，1914：2.

[2] 庄泽定. 中华中学法制教科书[M]. 上海：中华书局，1913：2.

[3] 庄泽定. 中华中学法制教科书[M]. 上海：中华书局，1913：2.

学校、警察及监狱专修学校选用，也适合预备文官法官考试参用。全书没有插图，没有思考题，也没有页码，不方便阅读。

该书竹纸，铅印，尺寸为13 cm×18.5 cm，平装，竖排。封面主体为文本框，该框分3列，右边印有"庄定泽编"，中间为书名"中华中学法制教科书"，"中华"二字自右向左横排，左边印有"中华书局印行"。接着为插页、编辑大意、正文和版权页。插页为中华书局的出版广告；编辑大意阐明该书的编辑意义、内容体系、选材来源、编辑策略、适用范围等；目录仅有编、章、节的次序和名称。版权页在封三，主要有版次、出版时间、定价、编者、校阅者、印刷者、印刷所、发行者、总发行所、分发行所等信息以及"有著作权，不准翻印"的字样。

2. 商务印书馆出版的《共和国教科书法制概要（中学校及师范学校用）》

《共和国教科书法制概要（中学校及师范学校用）》全一册，陶保霖编纂，1914年商务印书馆出版、发行。另配有10万余字的参考书供师生参考和研究用。后又改订（陶汇曾改订），并多次再版，目前看到的最晚的版次是1926年出版的订正34版。

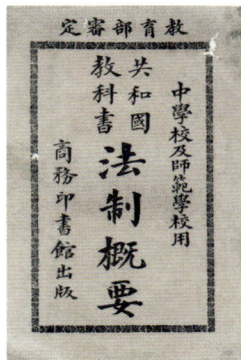

图3-28　《共和国教科书法制概要（中学校及师范学校用）》，陶保霖编纂，1914年6月商务印书馆出版、发行，1914年9月再版

该书分"总论"和"各论"。总论有六章：第一章 法制，第二章 国家，第三章 国体，第四章 政体，第五章 法，第六章 权利义务。

"各论"有六章：第一章 宪法，第二章 政法，第三章 刑律，第四章 诉讼律，第五章 民律，第六章 商律。显然，该书涉及的法律种类很多，介绍得也较为全面。不过，该书只述国内法，不涉及国际法。

该书语言简明，篇幅都不长，对于法律定义的介绍基本无赘言，如第五章的第五款"占有"：

事实上管理其物谓之占有，以自己所有之意思而占有者为自主占有人。此外之占有人为他主占有人。占有为法律保护行使权利之事实关系，虽非物权，而与物权类似。[1]

只寥寥数语便结束了内容，体现了简明的特征。另外，该书编纂采用编、章、节、款等目，逐步分类，层次清晰；没有插图，没有思考题。

该书竹纸，铅印，尺寸为13 cm×18.5 cm，平装，竖排。封面主体为文本框，右边印有"中

---

[1] 陶保霖. 共和国教科书法制概要[M]. 上海：商务印书馆，1920：69.

学校及师范学校用"，中间为书名"共和国教科书法制概要"，"共和国教科书"6个字排成两列，左边印有"商务印书馆出版"；文本框上面印有"教育部审定"。接着为扉页、编辑大意、正文和版权页。扉页为封面的变体，主体也为文本框，上端有自右向左横排的三行文字，分别是"教育部审定""共和国教科书""中学校及师范学校用"的字样；下端从右向左依次竖排有"陶保霖编纂""陶汇曾改订""法制大要""商务印书馆发行"4列文字。编辑大意阐明该书的编辑目的、选材来源、编辑策略、适用范围、教学建议等；目录有章节的次序和名称，部分还有款。版权页在封三，分两部分，上半部分为教育部对该书的审定批语；下半部分为版权信息，主要有版次、出版时间、定价、编纂者、校阅者、发行者、印刷所、总发行所、分售处等信息，以及"此书有著作权，不准翻印""REPUBLICAN SERIES""Essential of Legislation for Middle and Normal Schools""Approved by the Board of Education""Commercial Press Limited""All Rights Reserved""中华民国三年九月十六日禀部注册，十月二日领到文字第二百七十二号执照"的字样。

3. 商务印书馆出版的《经济概要（中学校及师范学校用）》

《经济概要（中学校及师范学校用）》全一册，共182页，供中学校及师范学校第四学年用，胡祖同编纂，1914年上海商务印书馆出版、发行。

图3-29 《经济概要（中学校及师范学校用）》，胡祖同编纂，1914年10月上海商务印书馆出版、发行

全书分五编：第一编 总论，共9章，主要涉及经济学概述、欲望、经济行为、经济发展、自然资源、人口、国家等；第二编 生产论，共6章，涉及生产的概念和内涵、劳动、土地、资本、机械等生产要素以及企业；第三编 交易论，共10章，涵盖交易的基本原理、价值、价格、货币、信用、银行业、商业、交通等方面；第四编 分配论，共5章，涵盖消费的基本原理、地租、劳银（劳动报酬）、利息、利润等方面；第五编 消费论，共5章，涉及消费的基本原理、（消费）恐慌等方面。可见，该书的内容涵盖了从生产到分配到消费所有经济环节，全面而系统。

形式上，该书按编—章—节式编排，力求归纳和解释，对一些重要名词附有英文原词（西文原字[1]），没有插图，也没有思考题。当时教育部对此书的审定批语是"是书取材丰富，说理详明，准作为中学校、师范学校教科之用"[2]。

---

[1] 胡祖同. 经济概要：中学校及师范学校用[M]. 上海：商务印书馆，1914：编辑大意.

[2] 胡祖同. 经济概要：中学校及师范学校用[M]. 上海：商务印书馆，1914：版权页.

该书竹纸，铅印，尺寸为13 cm×18.5 cm，竖排，平装。封面主体为文本框，框内分3列，右边印有"中学校及师范学校用"，中间为书名"经济概要"，左边印有"商务印书馆印行"；文本框上方则印有"教育部审定"。扉页为编辑大意，阐明该书的编辑宗旨、编辑理念及教学策略等。目录有编、章、节次序与名称，页码。版权页在封三，分上、下两部分，上半部分为教育部对该书的审定批语；下半部分主要有出版时间、定价、编纂者、发行者、印刷所、总发行所、分售处等信息以及"此书有著作权，翻印必究""中华民国三年十二月四日禀部注册，十二月廿三日领到文字第二百九十七号执照"的字样。

三、民国初期中学德育教科书的分析

相较于清末的中学德育教科书，1912—1922年间的中学德育教科书呈现如下显著特点。

第一，种类趋于完备。自1912年起，中华书局和商务印书馆先后出版了修身教科书、法制教科书、经济教科书，甚至还有哲学教科书，其中修身教科书涉及面较广，涵盖"持躬处世、待人之道""对国家之责务、对社会之责务""对家族之责务及对己之责务、对人类及万物之责务""伦理学大要、本国道德之特色"。不难发现，这个时期的中学德育教科书种类跟20世纪末我国的高中德育教科书种类基本一致。

第二，内容较为完备。中学修身教科书既有对己、对家族、对学校、对社会、对国家、对世界和万物之责务，也有伦理学理论；经济类教科书涵盖从生产到分配到消费所有经济环节或领域；法制类教科书涉及当时所有法律，还有一些法学理论，如《共和国教科书法制概要（中学校及师范学校用）》涉及国家、法、法之效率、宪法、行政法、诉讼律、刑律、民律等，领域全面。

第三，注重国民意识培养。修身教科书凸显了国民的国家观念、自由平等、权利义务和时代变革精神的内容，摒弃了以往教科书中的"忠君""尊君"观念，而将"尊君"提升为"爱国"。不仅修身教科书强调国民意识，法制和经济类教科书也一样。如商务印书馆的《经济概要（中学校及师范学校用）》有专章讲国家、讲税等知识。

第四，中外结合，以"中"为主。核心内容方面，修身教科书注重中国传统伦理，如敬祖、笃厚、宽恕、礼让、廉耻、刚直、孝行、忠恕、贞淑等，有专门章节阐述中国固有伦理之特色，同时附加或点缀自由、平等、博爱等西方观念；法制类及经济类教科书有较多西方理论，但这些内容的选编均考虑了中国当时的实际情况。选材上，有一定数量的西方故事，经济类教科书还有西文原字。形式方面，修身教科书受日本同类教科书编纂思路的影响，经济类及法制类教科书也受到外国同类教科书的影响；几乎所有教科书的版权页都有书名和出版机构名的英文。这些现象充分表明此时期中学德育教科书的"中外结合"特色。

第五，教科书编排考虑学生身心发展和社会需要。多采用编—章—节式编排，主题分层，逻辑清晰；理论和实践相结合，贴近学生生活；在教科书组织上按照学生身心发展和社会需要，依照由近至远或由浅入深的学习原理，逐次排列，体现"圆周法"编排策略，尤其是修身教科书，从个体自身推及家族、学校、社会、国家、世界及人类，范围逐步扩大，程度不断加深。不过，这时期几乎所有的中学德育教科书没有插图，没有思考题，体例单一，部分教科书语言晦涩，不利于教学。

本章小结

德育教科书在1912—1922年的历史进程中，始终致力于塑造国民，渗透着国民教育的理念。这一时期，政治极不稳定，军阀混战，但向西方学习的脚步始终未停止。在这种社会形势下，德育教科书其实就是中国传统教育与西方教育思潮相互碰撞形成的产品，教科书在中西思想碰撞以至传统道德教育断裂的情形下承担起教化民众的责任。

这个阶段，教科书出版竞争方主要是商务印书馆和中华书局，在这种竞争下，教科书不断发展。教科书内容的产生表现出政府教育政策、民间书局出版方针与知识分子（编辑者）之间的博弈，教科书内容的表述又体现出不同历史阶段对国民塑造的不同内涵，凸显出国民人格塑造不断完善的过程，体现出教育革新的近代化和人的现代化的主题；德育教科书的种类，尤其是中学的德育教科书种类趋于完备。不过，德育教科书的编排形式跟清末的相比没有什么大的变化。

但是，民国初期德育教科书的建设仍然是从固有传统的道德理论角度出发，并没有在现实生活中改变国民的思想，对国民的教化还停留在表面。恰如范如芬所言："中国几千年传统教育思想长期积淀形成的道德观念、思维模式、伦理结构、文化心理等都很难彻底改变，一直以一种无意识状态左右着我们的思想和价值取向。"[1] 由于自身的局限，修身科无法承担时代赋予的所有德育使命，所以在1922年壬戌学制颁布后走向了终结。有趣的是，壬戌学制后修身教科书的余音仍在古老的中国大地上缭绕了一段时间，我们看到的一些修身教科书是1925年出版的。

[1] 范如芬. 刍议传统教育思想对当代中国公民教育的影响[J]. 前沿，2006（5）：293.

第四章

公民课本——德育教科书开启新篇章
（1922—1927）

1922

著名教育家程千帆指出，五四运动以后的平民教育浪潮推进了对公民教育的需求，学制改革以公民科代替修身科促进了公民教科书的编纂。[1]确实如此。北洋政府于1922年颁布壬戌学制，次年设置"公民"科，刊布发行《小学公民课程纲要》《初级中学公民学课程纲要》《高级中学公共必修的人生哲学课程纲要》《高级中学公共必修的社会问题课程纲要》，公民科取代了修身科，由此书写了中国近代公民教育的精彩篇章。中小学的德育教科书完成了由"修身"到"公民"的全面转型，公民教育开始蓬勃兴起。虽然这轮公民科存在时间并不算长，1928年一度被取消，1932年有限度地恢复[2]，但在它断续存在的时期，公民教育成果相当丰硕并影响至今。[3]公民课既注重个人修养，也研究社会环境，涉及对家庭、学校、社会、地方、国家和国际等方面的道德常识和道德责任，注重体现"健全人格"和"共和精神"，较好地体现了资产阶级民主精神与宪政思想，既陶冶人民情操，又为培养现代公民服务，给德育课程带来了新气象。

1923—1927年间，北洋政府沿袭此前的教科书审定制，鼓励民间出版机构出版教科书，未有国定教科书。5年里，商务印书馆、中华书局和世界书局三足鼎立，共出版了26种中小学公民教育类教科书，其中有个别教科书是翻译自外国书籍。这些教科书以造就一个"好国民"为目标，编者来源广泛，有著名的法学家、教育家、外交家、出版家和极富经验的教师，还有民间教育团体和宗教机构等；理念上学习美国的痕迹比较明显；内容较清末民初的修身课本丰富，涵盖相关课程纲要要求的所有领域，对带有浓厚儒家色彩的传统道德的批判较为直接，有较多外国的材料；体例上已经形成较完备的结构体系，给学生提供了思考和复习的机会；体裁上，以说明、叙述和论说文为主；话语方式上，几乎都为陈述句和祈使句。总体上，由于审定制和较为激烈的市场竞争，该时期的德育教科书质量较好。

除了公民教育类教科书外，该时期还出版了一些1922年前编写的修身教科书，部分修身教科书一直出版到1925年甚至更晚，延续着"修身"的余音。

[1] 冯顺伯. 初中公民学教本[M]. 南京：江苏省立第一中学校，1924：程千帆序.
[2] 中华民国教育部. 小学课程标准[S]//陈侠. 近代中国小学课程演变史[M]. 福州：福建教育出版社，2007：57.
[3] 毕苑. 民国的公民教育[J]. 炎黄春秋，2012（4）：83-85.

第一节
壬戌学制背景下的德育课程变革

修身科，它担负的是"启德育之径，敦蒙养之基"的职责，主张的是以孝为首的伦理纲常观念，强调个人修养，附带国家社会观念的培养[1]。近代中国屡受列强欺凌，"修齐治平"的道德指向已经无法适应时代变革，无法担负起引导中国走向现代的历史重任。许多有志之士深感唤醒民众和改造国民性的重要。正如蔡元培所说的中国国民性之柔弱，如问小学生："有人侮你，你将何如？"学生多半回答"让之"。[2]而近代中国的国民，更需要以竞争精神来挽救衰颓的国势。

1919年的五四运动是一场科学启蒙运动，提倡个性解放，尊重人的价值，标志着我国社会由旧民主主义革命进入新民主主义革命。五四运动对我国的教育带来极大的冲击。1920年1月12日，北洋政府教育部向各省发布训令，要求全国各国民学校"自本年秋季起，先将一、二年级的国语课本改为白话文，以期收'言文一致'之效"[3]。

1920年10月，全国教育联合会第六次代表大会在江苏召开，会上提出了改革学制系统提案。经过两年的酝酿、修订，《学制系统改革案》于1922年11月1日公布，即"壬戌学制"，该学制的出台是学习美国学制的结果。总体看，该学制比较符合教育规律，也符合当时我国实情。[4]

壬戌学制正式废除修身科。修身科之所以被废除，是因为修身科只注重个人修养，强调"涵养德性导以实践"，强调的是教育的个体生活方面。共和国需要了解政治、法律、经济、社会、国际等各方面知识的公民，需要群体生活的教育。"昔时教育，重个人之修养，今则趋于社会效率之增进。学校教育皆主张训练有充足之效率，能为社会服务，有实利贡献之个人。公民教育，即其中最好之训练工具。"[5]

总之，公民科替代修身科，其目的便是培养与民主政体相适应的公民。

1922年10月，中华教育改进社公民教育组在其第一次年会报告中，专门把公民科代替修身科当作一个议题讨论，其中给出的三个理由，基本上概括了"改"的必然："修身范围太狭，仅斤斤于

[1] 毕苑. 从《修身》到《公民》：近代教科书中的国民塑形[J]. 教育学报，2005（1）：8-12.

[2] 中国蔡元培研究会. 蔡元培全集：第十八卷[M]. 杭州：浙江教育出版社，1998：272.

[3] 李华兴. 民国教育史[M]. 上海：上海教育出版社，1997：487-488.

[4] 毛礼锐，沈灌群. 中国教育通史：第五卷[M]. 济南：山东教育出版社，1988：79.

[5] 雷震清. 公民教育概论[J]. 中华教育界，1924，16（6）：21-39.

个人修养，务使个人适应社会，公民学则改良社会以适应个人。故修身不适用于共和的社会，此应改之理由一。修身注重道德之涵养，缺乏法律的概念。法治国之人民，以富有法治精神为最要，其能培养法治精神，巩固法律观念者，莫若公民学，此应改之理由二。修身标准太旧，且多从消极方面立言，与公民积极图谋团体幸福适相反，修身不适于合作团体，此应改之理由三。"[1]

1923年，全国教育联合会公布《新学制课程标准纲要》。该纲要规定，一至四年级为初级小学，在初级小学阶段将卫生、公民、历史、地理四科合并为社会科，合并理由在于卫生、公民、历史和地理等学科，实际上是关于人生环境的社会事项，可以称为"社会"。公民科与修身科有所不同，修身科注重涵养德行方面，而公民科侧重探讨社会环境的状况，因而把公民科并入社会科，不开设修身科。该课程的目标是使学生知道"社会的过去，现在的情状和社会与人生的关系，培养儿童观察社会的兴趣和尽力社会的精神，养成社会生活的种种必要习惯"。由此可见，我国小学社会科诞生和公民教育的实施密切关联，是推行公民教育的重要手段。

该纲要规定在初中设置公民科，在高中设置人生哲学科和社会问题科。

《新学制课程标准纲要》对于公民科规定很细致，内容如下：

1. 社会生活及其组织，包括家庭及其组织、学校生活、同业组合、地方自治团体、国家、个人的习惯、维持社会组织的原则。

2. 宪政原则，包括国家的性质、政治组织、代议制度、政府组织、人民权利义务、法律、公共治安。

3. 中华民国的组织，包括中华民国的起源、民国政府的组织、地方政府的组织、国宪与省宪。

4. 经济问题，包括生产原则、交易制度、分配制度、消费和财政。

5. 社会问题，包括教育、职业、卫生、劳动问题、禁烟禁酒问题。

6. 国际关系，包括对外关系、国防、外交、国际关系的维持、不平等的国际关系、国际组织[2]。

1923年，《小学公民课程纲要》《初级中学公民学课程纲要》《高级中学公共必修的人生哲学课程纲要》和《高级中学公共必修的社会问题课程纲要》刊布施行。这些纲要相比之前的修身要目显得简洁，给教科书的编写和课程教学留下了自由和宽松的空间。依照公民课程标准的纲要，整个公民课程可以划分为初级小学、高级小学、初级中学三个阶段。各个阶段几乎都涉及家庭、学校、社会、地方、国家和国际等方面的道德常识和道德责任，遵循由近及远、由浅入深的规律。《小学公民课程纲要》分六个学年，每个学年都有各自的内容、目标及教授方法，如小学阶段第二学年的纲要内容如下：

[1] 中华教育改进社. 中华教育改进社第一次年会报告公民教育组会议记录[J]. 新教育，1922，5（3）：498-502.

[2] 傅国涌. 百年转型中的公民教科书[J]. 江淮文史，2011（3）：148-164.

1. 学校生活概况——例如学校的性质、事业、经费的由来，以及教师、学生的责任，并与自己的关系。

2. 邻居相互的关系及其公共事业。

3. 学校自治服务的初步。

4. 自己对于家庭、学校、地方团委的责任[1]。

《初级中学公民学课程纲要》则试行分段制，每学期为一段，第一段为社会及其组织，要求学生了解家庭、学校、社团、地方和国家等的基本信息；第二段为宪政原则，要求学生了解国家性质、政治组织、代议制度等；第三段为中华民国的组织；第四段是经济问题；第五段是社会问题；第六段是国际关系。以第四段经济问题为例，其内容如下：

1. 生产原则。

2. 交易制度（包括钱币、纸币、银行、公司、商业、国际贸易诸项）。

3. 分配制度（包含现有的分配方法、社会主义的分配方法、财产诸项）。

4. 消费（包含储蓄）。

5. 财政（包含预算、租税、公债、厘金、关税等）[2]。

《高级中学公共必修的人生哲学课程纲要》则规定该课程的目的是"使学者渐明人生之真相和修养之方法"；纲目包括总括、人之外观、人之内观、人生之价值及其修养[3]，涉及人与外在的关系、生与死、人生的价值与责任以及修养的方法等。

《高级中学公共必修的社会问题课程纲要》的纲目包括绪论（个人与社会，社会成立之元素）、家庭问题、人口问题、产业问题、社会病理问题以及社会学（处理社会问题之方法、社会学与其他学科之关系等）[4]，既涉及具体的社会问题，也涉及社会学的一些基本理论。

通过对小学和初中公民课程纲要的分析，可以发现后一个阶段较前一个阶段而言，更加突出社会、国家等公共方面的内容。在教学方法上，小学阶段更加强调公民习惯的训练和实践，初中阶段则开始侧重知识的理解和思考。

为什么国民政府要提出公民教育的口号？"公民教育的意义，为培植社会上有效率的个人，以及全体个人有效率的社会行为，以达成社会效率的目标。"公民教育的目标则是"发扬中国民族固有的道德，以忠孝、仁爱、仁义、和平为中心，并采取其他各民族的美德"，包括公民的体格

[1] 全国教育联合会新学制课程标准起草委员会. 新学制课程标准纲要[S]. 上海：商务印书馆，1925：12-15.

[2] 全国教育联合会新学制课程标准起草委员会. 新学制课程标准纲要[S]. 上海：商务印书馆，1925：41-45.

[3] 人民教育出版社课程教材研究所. 20世纪中国中小学课程标准·教学大纲汇编：思想政治卷[C]. 北京：人民教育出版社，2001：140-141.

[4] 人民教育出版社课程教材研究所. 20世纪中国中小学课程标准·教学大纲汇编：思想政治卷[C]. 北京：人民教育出版社，2001：142-143.

训练、德行训练、经济训练和政治训练。[1]这就传达出了国民政府"恢复旧道德"的用意：公民教育，不是为别的，而是为了恢复传统道德约束下的国民性。

总之，国民政府的公民教育不仅是政治教育，它还容纳了广义的社会、家庭、职业和个人修养等内容。当时就有学者指出，公民教科书应包括如下几方面：一是公民知能，如国民党、党旗（民国）国旗教育和民权初步、公民权利与义务等；二是社会关系和活动，如家庭、邻里、学校生活及公共场所，还有地方自治、市政教育等；三是道德故事，如忠孝仁爱信义和平的道德故事；四是三民主义大要。[2]公民科没有持续很长时间，几年后就被取消。

要强调的是，公民科的诞生、公民教育的开展，离不开中国近代教育体系的规制。20世纪初壬寅学制和癸卯学制的颁布，确立起了近代教育制度，顺应并推动了公民知识的传播。不过从《钦定学堂章程》《奏定学堂章程》，到1912—1913年颁布的壬子癸丑学制，都没有公民科的位置。随着"公民"概念被社会广泛接受、公民教育观念日益增强，它才逐渐从边缘知识成为学堂课程。

---

[1] 赵玻，胡钟瑞. 复兴公民教学法：第一册[M]. 上海：商务印书馆，1934：56.

[2] 朱诩新. 小学教材研究[M]. 上海：世界书局，1931：168.

第二节
1922—1927年间的小学德育教科书

一、小学德育教科书的出版情况

1922年壬戌学制颁布以后，教材审定基本延续了1912年的规定，只是教科书的审定机关有所变动。当时公民科教科书主要由商务印书馆、中华书局、世界书局、开明书局、大东书局等一些大的出版机构出版、发行，其中商务印书馆、中华书局与世界书局三家占了大头。这些出版机构有自主编辑、出版教科书的权利，各学校也有自主选择教科书的权利。因此，壬戌学制颁布后没几年，市面上便有了许多不同版本的公民科教科书。

自壬戌学制颁布至1927年，商务印书馆、中华书局、世界书局等几家出版公司编辑出版了11种小学公民教科书。这个时期的小学公民教科书完全不同于之前的修身课本，不再以传统伦理纲要为核心，而是紧扣公民教育，选取和呈现相关内容，告知小学生"什么是国家、什么是政府、什么是选举、怎样成为一个好公民、怎样成为一个世界公民""在家庭中怎样成为一个好孩子，在学校里怎样成为一个好学生，然后怎样成为一个国家的好国民、好公民以及国际社会中的国际公民"[1]。

现可查的该时期出版的小学公民教科书有：中华书局的《新学制适用公民课本（暂代新小学高级修身用书）》《新小学教科书公民课本（初小用）》《新小学公民课本（高小用）》；商务印书馆的《新学制公民教科书（高小用）》《新撰公民教科书（高小用）》《新法公民故事读本（国民学校用）》（一、二册）、《高级公民课本（高小用）》《新编高小公民课本》；世界书局的《高级公民课本（高小用）》。

虽说小学公民教科书种类繁多，但其内容框架基本上是按照群己关系、学科知识、社会问题三个方面编排的。例如，按照群己关系来说，可分为公民与家庭之关系、与学校之关系、与市县之关系、与国家之关系、与国际之关系等；按学科知识可分为政治、法律、卫生、道德、经济、国际关系等；按社会问题可分为贫穷问题、教育问题、生产、交换、分配、消费问题、关税与不平等条约问题等。

---

[1] 傅国涌. 公民教科书与公民教育[J]. 钟山风雨，2011（1）：1-3.

二、具有代表性的小学德育教科书

（一）商务印书馆出版的《新学制公民教科书（小学校高级用）》

《新学制公民教科书（小学校高级用）》全书共4册，每册16课，供小学校高级用，李泽彰编纂，王岫庐校订，1924年商务印书馆出版、发行。

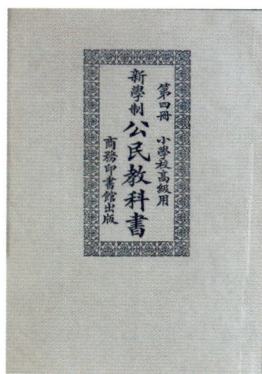

图4-1　《新学制公民教科书（小学校高级用）》（第四册），李泽彰编纂，王岫庐校订，1924年7月商务印书馆出版、发行，1926年2月40版

该套教科书主要以"个人—家庭—学校—社会—国家—世界"为主线，其编辑大意中清晰说明其内容包括家庭生活、学校生活、城市生活、国家生活和国际生活等方面。[1]

第一册的内容安排从家庭、互助到学校、会场规则、小公民会、乡自治等，即从家庭生活到学校生活、社会生活，以造就"好儿童"为目标。

第二册的内容安排从职业、参加社会公益活动、尊重别人的权利到市自治、县自治、公共心、选举适当的人、社会领袖，再到国家、法律、法治精神。

第三册的内容安排是从省议会、国会、选举权、选举票和选举手续、代议制度的精神到人民的资格、人民的权利、人民的义务、我国的领土、我国的主权、大总统、国务员、法院、审计院、政党、好政府。

第四册的内容则涵盖国际生活。

显然后3册是从本市、本省生活到国家生活、国际生活，步步扩大。

该套教科书改变了之前修身教科书侧重于个人和家庭的格局，既注重个人修养，也研究社会环境，涉及对家庭、学校、社会、地方、国家和国际等道德常识和道德责任。其中，关于道德方面的内容发生了"翻天覆地"的变化，以个人、家庭为主的传统道德德目有所减少，以诚实、节约、责任、职业等为主的具有现代性的道德内容增多。如该套教科书第二册第一课"职业"是这样说的：

> 我们从前的观念，以做官为荣，因此，一般人都以为官吏是最尊贵的职业。我们应当打破这种旧观念，要晓得，一切有益于社会的职业都是一样的尊贵。[2]

在编排方式上，该书采用"同心圆扩大"、螺旋上升的编排理念，文体多为政论文，没有插图。

---

[1] 李泽彰. 新学制公民教科书：小学校高级用：第一册[M]. 上海：商务印书馆，1925：编辑大意.

[2] 李泽彰. 新学制公民教科书：小学校高级用：第二册[M]. 上海：商务印书馆，1925：1.

该套教科书竹纸，铅印，尺寸为13 cm×18.5 cm，平装，竖排。封面中央为套边文本框，框内从右至左依次印有册次、"小学校高级用""新学制公民教科书""商务印书馆出版"等字样。封二为编辑大意，阐明该书的册次划分、内容领域、编辑理念、教学建议等，其中提到"本书对于良好公民应具的知识、习惯和精神予以同等的注意，以期养成忠勇服务的明达公民"[1]。目录在扉页，有课次、课名和页码。版权页在封三，分上、下两部分，上半部分为教育部对该书的审定批语；下半部分主要有出版时间、定价、编纂者、校订者、发行者、印刷所、总发行所、分售处等信息以及"此书有著作权，翻印必究""New System Series""Civics For Higher Primary Schools""Commercial Press，Limited""All rights reserved"的字样。

（二）中华书局出版的《新小学教科书公民课本（初级）》

《新小学教科书公民课本》共8册，供初级小学用，每册用一学期，董文编辑，邓庆澜、陆费逵、刘传厚、戴克敦、张相校订，1923年中华书局出版、发行。

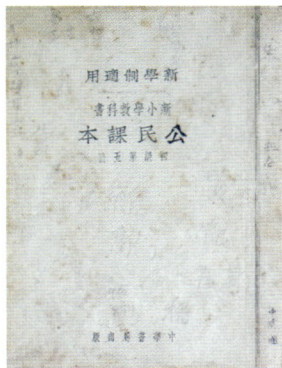

图4-2 《新小学教科书公民课本（初级）》（第五册），董文编辑，邓庆澜、陆费逵、刘传厚、戴克敦、张相校订，1923年7月中华书局出版，1923年8月6版

第四册目录：一、好母亲，二、父亲往那里去，三、储蓄，四、节俭，五、救人之急，六、还债，七、说话要想想，八、不失约，九、爱惜别人的东西，十、做公益的事，十一、爱生物。

第五册目录：一、家用的分配，二、邮政储金，三、用钱要记账，四、活泼的精神，五、蔬菜比肉好，六、卫生，七、美国的儿童驱蝇队，八、改过，九、不要说谎，十、俭省，十一、帮助亲族，十二、何必抢夺，十三、度量，十四、待人厚道。

第八册目录：一、团结的真精神，二、爱国的妇人（一），三、爱国的妇人（二），四、守法，五、金钱不能收买的人，六、责任心，七、尽职的议员，八、为什么要少吃东西，九、起居要有定时，十、来廷革儿的卫生方法，十一、来廷革儿的爱生物，十二、来廷革儿的看护兵士，十三、博爱，十四、待外国人。

课文大都短小精悍，一般只有100字左右。这3册的目录表明该套教科书内容广泛，涵盖法律、卫生、道德、经济、政治、国际关系等方方面面，与学生生活高度相关。有意思的是，该书在编辑大意里将内容分为三类："强制的""当做的"和"希望的"，前6册多"强制的"，参用"当做

[1] 李泽彰. 新学制公民教科书：小学校高级用：第一册[M]. 上海：商务印书馆，1925：编辑大意.

的"；后2册多为"当做的"，参用"强制的"和"希望的"。[1]

编排上，该套教科书采用课制，标题多陈述性德目或祈使句，训导意味浓；一年级正文全用图，二年级图文结合且全用假设故事，三年级以上多用故事和训词，文字简练。不过，故事多为中国古代故事，全书表现为传统和现代的矛盾体。

该套教科书竹纸，铅印，尺寸为13 cm×18.5 cm，平装，竖排。封面上半部分印有"新学制适用""新小学教科书""公民课本""初级第五册"等字样，下端印有"中华书局出版"；封二为中华书局的出版广告，接着为目录、正文、版权页和封底。第一册的扉页有编辑大意，主要阐明公民科的意义和缘起、公民科和修身科的关系与区别、该书的内容类别及形式等。目录仅有课次和课名。版权页分为两部分，上半部分为中华书局的出版广告；下半部分有版次、出版时间、编者、校者、发行者、印刷者、印刷所、总发行所、分发行所等信息，以及"有著作权，不准翻印"的字样。封底有中华书局的标识。

（三）中华书局出版的《新小学公民课本（高级）》

《新小学公民课本（高级）》共4册，每册14课，供高级小学用，每册用一学期，朱文叔编辑，陆费逵、刘传厚、戴克敦、金兆梓校订，1923年2月上海中华书局出版、印刷、发行，后多次再版。

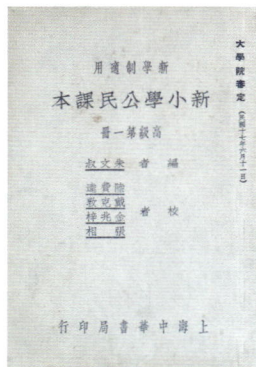

4—3

图4-3　《新小学公民课本（高级）》（第一册），朱文叔编辑，陆费逵、刘传厚、戴克敦、金兆梓校订，1923年2月上海中华书局出版、印刷、发行，1928年6月大学院审定，1931年4月37版

书中的内容为个人、家庭、学校、社会、国家、国际等方面。

第一册讲"应该怎样的学做人、怎样方能整洁、叶澄衷、富兰克林、仁慈的林肯"等。从修身进退扫洒讲起，以名人的事例作为榜样。

第三册内容逐步深入，开始讲"职业、我自信决不是无用的人、国家的统治机关、国会、英国国会旁听、英国国会的趣话、政府、法院、地方自治、省议会和省政府"等。

第四册则涉及"何谓公民、公民的权利与义务、守法、社会的进步、国家的隆盛和世界的和平"等[2]。

第一册目录：一、应该怎样的学做人，二、好学生目标，三、工作不忘求学，四、怎样方能整

---

[1] 董文. 新小学教科书公民课本：初级：第一册[M]. 上海：中华书局，1923：编辑大意.

[2] 朱文叔. 新小学公民课本：高级：第一册[M]. 上海：中华书局，1923：编辑大意.

洁，五、勤俭是做人最要紧的，六、叶澄衷，七、富兰克林，八、可以一生遵守的是什么，九、老师的离别赠言，十、救人就救了父亲，十一、援助患病的朋友，十二、玩具和穷苦的老人，十三、小孩救火，十四、仁慈的林肯。

第二册目录：一、欢喜种田的学问家，二、时间和天才，三、沟里的饭粒，四、葛洪的卫生法，五、愚公平山，六、鞋匠改过，七、不刷靴，八、铁路转辙员和他的儿子，九、家庭，十、吕氏乡约，十一、爱国的女孩子，十二、赵奢收税，十三、只求自由，十四、捐躯报国的好男子。

第三册目录：一、职业，二、我自信决不是无用的人，三、他也是人，四、陶侃的故事，五、范仲淹的故事，六、守塔人的话，七、国家的统治机关，八、国会，九、英国国会旁听，十、英国国会的趣话，十一、政府，十二、法院，十三、地方自治，十四、省议会和省政府。

第四册目录：一、何谓公民，二、公民的权利和义务，三、守法，四、参政，五、社学，六、夹谷会，七、公众卫生，八、地但尼邮船的沉没，九、不刻碑，十、要使民众娱乐，十一、"大北之父"，十二、个人人格的完成，十三、社会的进步，十四、国家的隆盛和世界的和平。

该套教科书与初小用的同名教科书衔接，多以故事、案例和论说式阐述为叙述方式，没有插图，也没有思考题。书中的故事以中国古代故事为主，但也有少量外国的故事，如第一册第七课有富兰克林，第十四课则出现了林肯。

该套书竹纸，铅印，尺寸为13 cm×18.5 cm，平装，竖排。封面中间自上而下印有"新学制适用"、"新小学公民课本"、册次、编者信息、校者信息、"上海中华书局印行"、出版时间等字样；右侧印有竖排的"大学院审定"等字样。封二为中华书局的出版广告。扉页为目录，接下来为正文、版权页。目录仅有课次、课名和页码。版权页分为两部分，上半部分为中华书局的出版广告；下半部分有版次、出版时间、编者、校者、发行者、印刷者、印刷所、总发行所、分发行所等信息，以及"有著作权，不准翻印""New Education System""Citizen Readers For Higher Primary Schools""CHUNG HWA BOOK COMPANY LTD"的字样。封底有中华书局的标识。不同版次的封面及版权页的信息不尽相同。

特别值得一提的是，该套教科书还由张鸿英编成文言文版的《文体公民教科书（小学高级）》，两套书旨趣和内容一样，对于道德之涵养及公民知识之灌输两者并重，与当时美国的公民科及法国的修身科大略相同[1]，但张鸿英的文言文版与朱文叔的白话文版在形式上差别很大。

4-4

图4-4 《文体公民教科书（小学高级）》（第一、第二、第三册），张鸿英编，1925年7月中华书局出版、发行，第一册1925年8月再版，第二册1925年10月再版，第三册1926年3月3版

[1] 张鸿英.文体公民教科书：小学高级：第一册[M].上海：中华书局，1925：编辑大意.

（四）商务印书馆出版的《新法公民教科书（新学制小学后期用）》

《新法公民教科书（新学制小学后期用）》共2册，每册20课，供新学制小学后期用，一学年一册，杨贤江编纂，王岫庐、朱经农校订，1923年2月上海商务印书馆出版、发行。

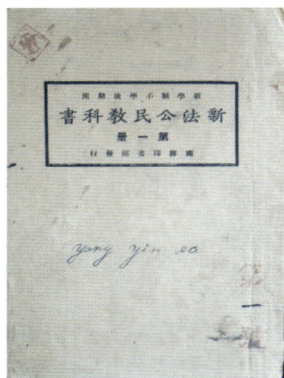

图4-5 《新法公民教科书（新学制小学后期用）》（第一册），杨贤江编纂，王岫庐、朱经农校订，1923年2月上海商务印书馆出版、发行，1926年2月70版

第一册目录：一、游戏的规则，二、集会的方法，三、会议的方法，四、我们的学校，五、我们的家庭，六、我们的社会，七、我们的国家，八、国体与政体，九、法律，十、国会，十一、政府，十二、法院，十三、公民的权利，十四、公民的义务，十五、地方自治，十六、户口，十七、公安，十八、健康，十九、娱乐，二十、交通。

第二册目录：一、我们的世界，二、市自治，三、地方美景，四、公益事业，五、个人习惯，六、社会恶习，七、平民政治，八、学制，九、选举，十、租税，十一、社会组织，十二、家庭组织，十三、妇女运动，十四、劳动运动，十五、职业，十六、资本，十七、经济活动，十八、国际关系，十九、国际公法，二十、公民资格。

该套教科书目录表明其内容包含个人生活、学习生活、家庭生活、市乡生活、国家生活以至国际生活，第一册侧重团体组织、政治常识以及地方自治[1]，第二册侧重社会运动、经济活动和国际关系。

该套教科书采用课式编排，叙述方式多样，有对话、有说明、有故事、有论说，全书没有插图，没有思考题。

该套教科书竹纸，铅印，尺寸为13 cm×18.5 cm，竖排，平装。封面上半部有一文本框，框内自上而下印有"新学制小学后期用"、"新法公民教科书"、册次、"商务印书馆发行"等字样。封二为编辑大意，阐明该书的适用对象、内容体系、编排理念以及教学建议等。扉页为目录，有课次、课名和页码。版权页在封三，分上、下两部分，上半部分为商务印书馆的教科书广告；下半部分主要有出版时间、版次、定价、编纂者、校订者、发行者、印刷所、总发行所、分售处等信息以及"此书有著作权，翻印必究""New Method Series""Civics For the Fifth and Sixth Years of New Primary Schools""Commercial Press，Limited""All Rights reserved"的字样。

---

[1] 杨贤江. 新法公民教科书：新学制小学后期用：第一册[M]. 上海：商务印书馆，1923：编辑大意.

（五）商务印书馆出版的《新撰公民教科书（新学制小学校高级用）》

《新撰公民教科书（新学制小学校高级用）》共4册，每册16课，供新学制小学校高级用，每学期一册，万良浚、魏屏三编纂，王岫庐、李泽彰校订，1924年商务印书馆出版、发行，后多次再版。

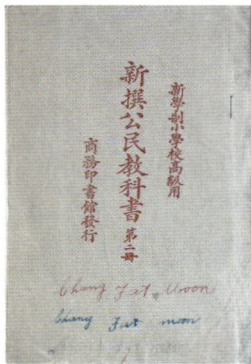

图4—6　《新撰公民教科书（新学制小学校高级用）》（第二册），万良浚、魏屏三编纂，王岫庐、李泽彰校订，1924年商务印书馆出版、发行，1925年9月25版

该套教科书内容包含学校生活、家庭生活、城市生活、国家生活、国际生活、社会生活等，对良好公民应具备的知识、习惯和精神予以同等注意，以期养成明达之公民[1]。以第一册和第三册为例。第一册目录：一、遵守校规，二、整齐，三、注意健康，四、家庭，五、自助，六、储蓄，七、不欺，八、个人习惯，九、服从，十、共同生活，十一、对于不幸者之同情，十二、爱惜公物，十三、会场规则，十四、小公民会，十五、乡自治，十六、利用假期。

第三册目录：一、我国领土，二、我国之主权，三、人民之资格，四、人民之权利，五、人民之义务，六、守法，七、省议会，八、国会，九、选举权，十、选举票与选举手续，十一、代议制度之精神，十二、大总统，十三、国务员，十四、法院，十五、审计院，十六、好政府。

该套教科书也采用课式编排，叙述方式多样，有对话、有说明、有故事、有论说，全书没有插图，每课后有"习问"（思考题）。比较特别的是，该书用文言文编写，跟当时的形势格格不入，因为早在1920年，教育部就明确要求凡国民学校都废止文言文教科书，代之以现代白话文，至1922年止，停止使用一切文言文教科书。1924年9月教育部对该书的审定批语写道："该书系用文体文编辑，尚合高级小学程度，应准予审定。"[2]

该套教科书竹纸，铅印，尺寸为13 cm×18.5 cm，平装，竖排。封面从右起依次是"新学制小学校高级用""新撰公民教科书第一（二、三、四）册""商务印书馆发行"。封二空白，接着为插页、编辑大意、目录、正文和版权页。插页有商务印书馆的新撰系列教科书广告；编辑大意主要阐明该套书的编写依据、内容体系、编排理念以及教学建议等；目录有课次、课名和页码。版权页分上、下两部分，上半部分为教育部对该书的审定批语；下半部分主要有出版时间、版次、定价、编纂者、校订者、发行者、印刷所、总发行所、分售处等信息，以及"此书有著作权，翻

[1] 万良浚，魏屏三. 新撰公民教科书：新学制小学校高级用：第一册[M]. 上海：商务印书馆，1924：1.

[2] 万良浚，魏屏三. 新撰公民教科书：新学制小学校高级用：第一册[M]. 上海：商务印书馆，1924：版权页.

印必究" "Up-to-date Series" "Civics For Higher Primary Schools" "The Commercial Press, Limited" "All Rights Reserved" 的字样。该书不同版本的封面和版权页等信息略有差异。

（六）世界书局出版的《（新学制小学教科书）高级公民课本》

《新学制小学教科书高级公民课本》共4册，每册18课，供高级小学用，每学期一册，潘文安、戴渭清编辑，范祥善、吕云彪校订，1925年世界书局出版、发行。后略作修改，于1928年经中华民国大学院重新审定，世界书局同年再次出版、发行。

图4-7　《（新学制小学教科书）高级公民课本》（第三册），潘文安、戴渭清编辑，范祥善、吕云彪校订，1925年世界书局出版、发行，1928年6月中华民国大学院审定，1931年1月17版

该套教科书内容体系与同时代的其他高小公民课本基本一致，包含"个人、家庭、学校、社会、国家以及国际等生活，依据学生之经验、社会之标准，适合学生领受能力"[1]。

以第一册和第四册为例。第一册目录：一、家庭之组成，二、我对家庭之责任，三、如何能达健康之目的，四、如何养成有秩序之习惯，五、如何为真服从，六、诚实之模范，七、何谓节俭，八、储蓄有何利益，九、我辈何以须守时刻，十、人类之互助，十一、学校生活，十二、如何可为好学生，十三、我辈须爱惜公物，十四、如何援助不幸者，十五、卫生之定律，十六、会场规则，十七、学校中之市民会，十八、地方自治。

第四册目录：一、打倒帝国主义，二、国际联盟，三、生活和消费，四、平民的经济，五、妇女的职业，六、什么是女权运动，七、公民的活动，八、职业和社会，九、选择职业，十、选择配偶，十一、劳工问题，十二、农村生活，十三、市政的研究，十四、社会教育，十五、我国公民和世界文化，十六、理想的家庭，十七、公共的娱乐，十八、读书与作事。

比较而言，该套书更重视国际生活内容，第四册有3章涉及该领域，而同时代其他同类教科书一般只有一章涉及。形式上，该书主要采用论说的表达方式，没有插图，但每一课开头有问题引导思考，结尾有"实践"引导课外实践，这是该书的特色。

该套教科书竹纸，铅印，尺寸为13 cm×18.5 cm，平装，竖排。封面形式较中华书局及商务印书馆的同类教科书要复杂和美观，上端为"中华民国大学院审定"的字样；往下是一个文本框，框内自上而下印有"新学制小学教科书""高级公民课本"及册次等字样；文本框下面接着是世界

---

[1] 潘文安，戴渭清.（新学制小学教科书）高级公民课本：第一册[M].上海：世界书局，1925：编辑大意.

书局的标识——地球仪的图片，底端是"世界书局出版"的字样。封二为编辑大意，阐述该书的内容体系、编排依据和教学建议等。目录有课次、课名和页码。版权页在封三，分上、下两部分（两个文本框），上半部分主要是世界书局的出版广告；下半部分主要有出版时间、版次、定价、编辑者、校订者、发行者、印刷所、总发行所、分发行所等信息以及"此书有著作权，翻印必究"的字样。该书不同版本的封面和版权页的信息略有不同，1927年以前的版本没有"中华民国大学院审定"的字样。

三、小学德育教科书的分析

1923年以后，小学公民科将公民教育摆在核心地位，尤其是资本主义民主精神与宪政思想在其中得到了较好体现。

清末的修身教科书以儒家伦理作为修身教育的根本，呈现传统文化与儒家纲常。与此明显不同的是，公民教科书的范围比修身教科书的广很多，公民科对国人进行公民教育，以造就一个"好国民"为目标[1]。这一点能从世界书局1925年出版的《（新学制小学教科书）高级公民课本》的编辑大意得到佐证，该书的编辑大意明确写道："本书为造就服务社会之公民起见，所采教材皆注意于良好公民应具之知能习惯与活动精神。"[2]

这里以中华书局1923年出版的高小用《新小学公民课本（高级）》为例，来看当时公民教育的主要内容和特点。这部教科书是新学制适用教本，编者朱文叔是中华书局中小学教科书专职编辑；校者陆费逵、金兆梓、戴克敦、张相等皆为学养深厚、颇有教科书编著经验的教育家、文法专家和出版家。该教本初版后不断再版，现存最高版次达38版，可见质量精良、广受欢迎。

该套教科书共4册，内容涵盖进退洒扫、自信、职业、公民常识、互助、改过、爱国、博爱、世界和平、他国的政治故事等，较好地体现了资产阶级民主精神与宪政思想，体现了为培养现代公民服务的宗旨。全书课文多是以故事的方式讲述道理。比如，第一册第一课"应该怎样的学做人"，以一个高小学生黄生为主人公，从他父亲的角度讲述两个不同家庭的孩子的故事，说明不论贫家子弟还是富家子弟，都要以自力更生、勤奋努力为立身之道。其他的例如，林肯释放黑奴是"仁慈"的楷模；富兰克林是积极进取、为社会作贡献的榜样；法国博物学家布丰因为勤奋惜时、作息规律终成大学问家；司马光告诉儿童"一生遵守的是诚实"；晋人葛洪的"卫生法"教给儿童衣食清洁、起居有节的生活方式以及范仲淹乐于助人、资助他人求学等事例。在第三册有专门几课如"国家的统治机关""国会""英国国会旁听""政府""法院""省议会和省政府"等，涉及现代国家的制度结构、基本职能及运行方式等政治常识。

[1] 傅国涌. 百年转型中的公民教科书[J]. 江淮文史，2011（3）：148-164.
[2] 潘文安，戴渭清.（新学制小学教科书）高级公民课本：第一册[M]. 上海：世界书局，1925：编辑大意.

值得注意的是，这一时期公民教科书中有些内容直接把修身教科书中文言文的内容翻译为简单明白的白话文。以中华书局的《新制中华修身教科书（高等小学校用）》（第二册）第四课"诚实"和《新小学公民课本（高级）》第一册第八课"可以一生遵守的是什么"为例。

第四课 诚实

宋刘世安，常从司马光问尽心机之已要，可以终身行之者。光曰："其诚乎。"世安问行之何先？光曰："自不妄语始。"世安初甚易之，及退而自隐括日之所行，与凡所言，自想掣肘矛盾者多矣。力行七年后成。自此言行一致，表里相应，遇事坦然，常有余裕。光常言："吾无过人者，但平生所为，未尝有不可对人言者耳。"[1]

——《新制中华修身教科书（高等小学校用）》（第二册）

第八课 可以一生遵守的是什么

刘世安问司马光道："做人之道，可以一生遵守的是什么？"司马光答道："诚。"刘世安又问道："诚的范围很广，应该从哪里做起？"司马光道："先从不说诳做起。"世安听了，以为这是很容易的，断没有做不到的道理。等到回家之后，就把自己这一日的言行，细细省察，才知道自己的言和行不尽符合。从此用心修养，过了七年，才能言行相符，表里如一，无论在什么地方，遇到什么事情，都是坦白自在，没有不诚之处。——司马光自己也曾说道："我并没有什么过人的地方，只是生平之事，没有一件不可对他人说的。"[2]

——《新小学公民课本（高级）》（第一册）

除此之外，这一阶段的社会科课程深受美国等国家的影响，表现出很强的公民教育社会科课程化的倾向。从1923年中华书局的《新小学教科书公民课本（初级）》第八册目录可以看出这种倾向，该套教科书学习美国的痕迹特别明显，第一课"团结的真精神"用美国联邦宪法的订立作为内容就是明证。从这一课似乎还可以读出一个这样的意涵：在军阀割据的20世纪20年代，北洋政府期望国家统一的愿望多么强烈，强烈到要通过小学教科书进行宣传的程度。从课文也可看出，教科书对时局的反映是必然的。

在体裁体例方面，该时期德育教科书主要以故事和例话为叙述方式，每篇文章都有主人公，较多介绍欧美名人。

话语方式上，该时期小学德育教科书的语言几乎都为陈述句和祈使句，即便有个别的疑问句，也是为了引出话题，而不是为了学生的思考，如"平等者何谓？人民在人格上、法律上皆为平等，无种族阶级宗教之区别也"。陈述句主要用来解释德目、表明编者的态度以及叙事，如"一人所受之德，其德为私。必人人共受之德，始可谓公德"。而祈使句主要用来表达行为要求，如"对待邻

[1] 戴克敦，沈颐，陆费逵. 新制中华修身教科书：高等小学校用：第二册[M]. 上海：中华书局，1913：2-3.

[2] 朱文叔. 新小学公民课本：高级：第一册[M]. 上海：中华书局，1923：14.

人，要亲爱，要和睦"[1]。

教科书中的道德语言是社会性道德语言，它一方面来自历史上道德文化的传承，是对道德历史文化的言说；另一方面来自现实社会道德实践的要求，通过社会道德舆论表现出来。因此，小学德育教科书采用祈使句表达行为要求，对小学生具有很强的规范或控制作用。还有一点值得一提，这个时期的小学德育教科书很少有思考题，也就是说，不需要学生对教科书中所罗列的事物作任何思考和质疑，只要接受就行。这无疑是剥夺学生批判的权利，意在让他们养成"遵从"的人格。

编纂者来源方面，该时期的小学公民课本编纂者来源广泛，有著名的法学家、教育家、外交家、出版家，有极富经验的教师，还有民间教育团体和宗教机构等。

因为采用审定制，再加上编纂者群体水平高等原因，这些教科书总体质量较好，再版次数多，销量好。比如商务印书馆的《新法公民教科书（新学制小学后期用）》在发行后一年多的时间里就再版40余次，产生了良好的社会效益和教育效益。

---

[1] 陆衣言，蒋镜芙.新小学教科书社会课本：第四册[M].上海：中华书局，1926：6.

第三节
1922—1927年间的中学德育教科书

一、中学德育教科书的出版情况

这一时期的中学公民教科书，种类更加丰富，知识更加深入、深刻，编排思路遵循的是由简及繁、由具体到抽象的规律。

该时期中学德育教科书的出版是商务印书馆和中华书局两家独大，这两家机构近乎垄断了中学德育教科书的出版，出版了80%以上，其他几家出版机构出版的同类教科书占比不到20%，另有部分中学自己组织编辑、印刷德育教科书，比如当时的南京第一中学就编写、印刷公民课本。

现可查的该时期出版的中学德育教科书主要有：商务印书馆的《新著公民须知（中等学校用）》《新撰初级中学教科书公民》《政治概论》《人生哲学》《社会问题》《经济学》《社会学概论》；中华书局的《（新中学教科书）初级公民课本》《（新学制高级中学教科书）社会学概论》《（新中学教科书）人生哲学》；新群书社的《新学制公民学》等，共17种，另有一些学校自编的公民课本。

二、具有代表性的中学德育教科书

（一）商务印书馆出版的《新著公民须知（中等学校用）》

《新著公民须知（中等学校用）》分卫生篇（第一册）、道德篇（第二册）、法制篇（第三册）和经济篇（第四册），全4册，顾树森、潘文安编，1923年商务印书馆出版、发行。该套教科书的德育内容主要体现在道德篇、法制篇和经济篇，强调公民应具有现代人格。

该书提出"国民树立的根本主义，在发展个性"，"个人自立的第一义，也是国家生存的第一义"[1]，肯定个体对于现代国家建设的意义和价值。

其中道德篇包含公民和道德的基本内涵、个人道德、社会道德、家族道德、职业道德、国家道德、国际道德等内容；法制篇包含关于国家的观念、共和国的精神、公民的权利和义务、国家的组

---

[1] 顾树森，潘文安. 新著公民须知：中等学校用：道德篇[M]. 上海：商务印书馆，1923：8.

织、当时重要的国内法、国际法大要等方面；经济篇涉及生产、分配、供给、资本、财富增值、储蓄、信用、欲望、劳动、产业、保险等问题。[1]

图4-8　《新著公民须知（卫生篇）（中等学校用）》，顾树森、潘文安编纂，1923年3月商务印书馆出版、发行，1926年5月6版

《新著公民须知（道德篇）（中等学校用）》的目录如下：

第一章　总论：第一节　共同生活和道德，第二节　公民和人格，第三节　公民善良习惯和道德，第四节　道德的分类。

第二章　个人道德：第一节　道德和真善美，第二节　发展个性，第三节　诚实不欺，第四节　自助和成功，第五节　服从，第六节　自制，第七节　坚忍和胆力，第八节　谦让和和平，第九节　劳动和勤勉，第十节　奋斗和创造，第十一节　精细和敏捷，第十二节　情爱，第十三节　快乐。

第三章　职业道德：第一节　职业上必备的品性，第二节　职业上必备的行为，第三节　职业上特别注意的四点。

第四章　家族道德：第一节　婚姻和夫妇，第二节　父母和子女，第三节　大家庭和小家庭。

《新著公民须知（法制篇）（中等学校用）》的目录如下：

第一章　总论：第一节　公民和法制知识，第二节　公民和国民，第三节　公民和立宪国家，第四节　公民和国际，第五节　公民的资格，第六节　公民的责任，第七节　公民的体力知识和道德。

第二章　共和国的精神：第一节　自由的真义，第二节　平等的真义，第三节　博爱的真义。

第三章　公民的权利：第一节　自由权，第二节　请求权，第三节　参政权，第四节　选举的重要和注意。

第四章　公民的义务：第一节　纳税，第二节　服兵役，第三节　教育，第四节　守法。

第五章　国家的组织：第一节　国体和政体，第二节　立法机关，第三节　司法机关。

《新著公民须知（法制篇）（中等学校用）》中，作者提出"自由、平等、博爱"是共和国最重要的三元素[2]，并专设一章讲述共和国的精神，说明法制的重要性，指出孟德斯鸠的"三权分立制"在各国被普遍采用。

形式上，该套教科书采用章节式编排，不同册次因内容性质不同而体裁和叙述方式不尽相同，

[1] 顾树森，潘文安. 新著公民须知：卫生篇（中等学校用）[M]. 上海：商务印书馆，1923：1-2.
[2] 顾树森，潘文安. 新著公民须知：道德篇（中等学校用）[M]. 上海：商务印书馆，1923：9.

139

第二节　1922—1927年间的中学德育教科书

如法制篇主要采用论说式阐释和法律条文罗列；道德篇主要采用故事、案例以及论说式义理阐释。全书没有插图，也没有思考题。

　　该套教科书竹纸，铅印，尺寸为13 cm×18.5 cm，平装，竖排。封面上方有一个文本框，框内自上而下印有"新著""公民须知""第一（二、三、四）册""道德（卫生、法制、经济）篇""中等学校用""商务印书馆发行"等字样。扉页与封面形式略有差异，文本框竖排，多了一行文字"顾树森、潘文安编"，接下来为目录、正文、版权页。目录有章节次序、名称和页码。版权页在封三，分两部分，上半部分为书名、版次、商务印书馆以及"此书有著作权，翻印必究"的英文翻译；下半部分为版次、出版时间、定价、书名、册次、编纂者、发行者、印刷所、发行所、分售处的信息以及"此书有著作权，翻印必究"的字样。

（二）商务印书馆出版的《新撰初级中学教科书公民》

　　《新撰初级中学教科书公民》，共3册（第一册道德，第二册法制，第三册经济），供初级中学用，每学年一册，第一册由高阳、陶汇曾编辑，王云五校订；第二册由陶汇曾编辑，王岫庐校订；第三册由刘秉麟编辑，王岫庐校订，1925年商务印书馆出版、发行，后多次再版。

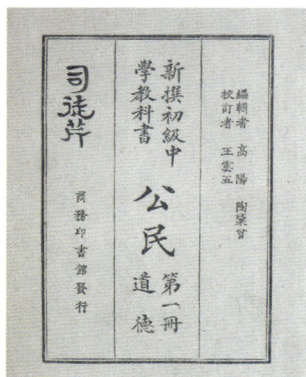

图4—9　《新撰初级中学教科书公民》（第一册道德），高阳、陶汇曾编辑，王云五校订，1925年1月上海商务印书馆出版、发行，1925年1月初版

　　第一册"道德"目录：总论、个人道德、家庭道德、职业道德、社会道德、国家和国际道德。其中，总论部分首先论述广义和狭义的公民概念。狭义的公民是指达一定年龄，具有相当的资格，而得以行使公权的人；广义的公民指的是民主共和国国民。接下来讲了公民道德的意义和修养以及如何实践。

　　个人道德方面，着重讲述了健康。该书认为游戏是很好的一种方式，可以增强体魄，娱乐身心，但是要遵守一定的法则，例如败不怨胜不矜。家庭道德方面，主要讲述父母子女、兄弟姐妹和夫妇的关系。值得注意的是，对夫妇关系中的婚姻制度，该书拿欧美和我国作对比，将欧美的宗教之事和我国的严肃国家之事相比较，并且论及再婚、离婚等话题。职业道德主要讲述职业的选择并提出注意点。社会道德主要论述社会所需要的一些美德，如公平、正直、博爱、礼让、同情、责任心、参与公益等。国家道德主要从爱国方面叙述，指出公民要遵守法律，慎重选举，履行义务，如纳税、服兵役、受教育。国家交际方面，介绍一些国民交际的礼仪和外交政策。

第二册"法制",从总论、法律、国家、公民之权利义务、中央政府、地方制度,谈到选举制度。总论讲公民与法制的关系,国家和公民的关系。全书还讲述了中华民国的一些政治制度,要求自由、平等的权利,投票,守法纳税的义务,教育也上升为一项义务,学龄为四年;介绍了国体和政体,联邦国和单一国。课本注重用结构图来表示政法机关的组成和分布等内容,对刑法和民法的解释也明了清晰;还善于运用插图来对文字内容作一系列解释。

第三册"经济"的目录:经济概念、事业之动机、经济和其他事业的连带关系、社会秩序、实业进化、货物生产、财富流转、全国收入分配和中国经济状况。

此书注重实用,"凡公民日常生活所必要之知识,务使初中学生一一领会"[1]。采用章节式编排,文言文叙述,体裁和话语方式与《新著公民须知(中等学校用)》类似,没有插图,没有思考题,虽如此,但"举凡公民道德之修养,政治权力之运用,经济财政之常识,该书莫不简要说明""符合初中学生之程度"[2]。

该套教科书竹纸,铅印,尺寸为13 cm×18.5 cm,平装,竖排。封面主体为文本框,框内自右向左印有编辑者、校订者、书名、册次以及"商务印书馆发行"等字样;扉页与封面形式略有差异,上方多了自右向左横排的"新撰初级中学教科书"字样。接下来为编辑大意、目录、正文、版权页。编辑大意主要写该套教科书的册次划分、内容概要与分布、编辑理念等。目录有章节次序、名称和页码。版权页在封三,分两部分,上半部分为商务印书馆的系列新撰教科书广告;下半部分为版次、出版时间、定价、书名、册次、编辑者、发行者、印刷所、发行所、分售处的信息,"此书有著作权,翻印必究"的字样,以及书名、出版商与"此书有著作权,翻印必究"的英文翻译。不同版次的版权页形式略有不同。

(三)中华书局出版的《(新中学教科书)初级公民课本》

《(新中学教科书)初级公民课本》共3册,分为团体生活、政治生活、经济生活、社会问题、国家关系和道德问题6个部分,每部分4章,每章4节,舒新城等人编著,陆费逵等人校订,1923年中华书局出版、发行,供初级中学三年用。

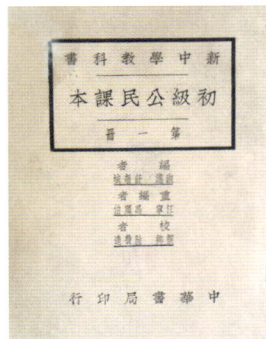

4-10

图4-10 《(新中学教科书)初级公民课本》(第一册),舒新城等人编著,陆费逵等人校订,1923年8月中华书局出版、发行,1929年5月17版

[1] 陶汇曾.新撰初级中学教科书公民:第二册:法制[M].上海:商务印书馆,1925:编辑大意.
[2] 高阳,陶汇曾.新撰初级中学教科书公民:第一册:道德[M].上海:商务印书馆,1925:编辑大意.

第一册目录如下：

第一编　团体生活：第一章　个人与社会，第二章　家庭，第三章　学校，第四章　团体组织及其维持之原则。

第二编　政治组织：第五章　宪政，第六章　政府，第七章　地方自治，第八章　公民的权利和义务。

第二册目录如下：

第三编　经济生活：第九章　生产，第十章　交易，第十一章　分配，第十二章　消费。

第四编　社会问题：第十三章　生育和卫生，第十四章　劳动问题，第十五章　妇女问题，第十六章　救济事业。

第三册目录如下：

第五编　国际关系：第十七章　外交，第十八章　废除不平等条约，第十九章　国际关系之维持，第二十章　国际组织。

第六编　道德问题：第二十一章　道德的行为，第二十二章　道德的进化，第二十三章　道德上的根本问题，第二十四章　公民的道德修养。

显然，该套教科书缺乏法制内容，与教育部的要求以及商务印书馆同期出版的同类教科书相比有距离。

形式上，该套教科书按编—章—节式编排，以故事体为主要叙述方式，每课后面有若干思考题供学生学习和参考，没有插图。此外，该书的编写有很多问题，如"结构语调，都不优美""三本之中，文字深浅不同""自然难合天下之辙"[1]。这也许是编者的谦辞，但也能说明该书的某些缺陷。

该套教科书竹纸，铅印，尺寸为13 cm×18.5 cm，平装，竖排。封面上半部分主体为文本框，框内自上而下印有书名、册次等信息，框下依次有编者、校者信息；扉页为编辑大意，阐述该书的编写理念、教学建议等；接下来为目录、正文、版权页。目录有编、章、节的次序、名称和页码。版权页在封三，分两部分，上半部分为中华书局的出版广告；下半部分为版次、出版时间、定价、书名、册次、编者、校者、发行者、印刷者、印刷所、发行所、分售处的信息，"此书有著作权，翻印必究"的字样以及书名、出版商与"此书有著作权，翻印必究"的英文翻译。不同版次的版权页形式略有不同。

该套教科书于1928年后由冯顺伯重编，陆费逵校订，1930年后书名改为《新中学公民课本（初级中学用）》（全3册），内容有较大变化，中华书局出版发行。

（四）常州新群印刷公司出版的《初中公民学教本》

《初中公民学教本》共3册，供初级中学用，每册用一个学年，冯顺伯、金崇如、王仲和编纂，

---

[1] 舒新城.（新中学教科书）初级公民课本：第一册[M].上海：中华书局，1923：编辑大意.

常州新群印刷公司印刷，1924年江苏省立第一中学发行。

图4-11 《初中公民学教本》（第一册），冯顺伯、金崇如、王仲和编著，常州新群印刷公司印刷，1924年江苏省立第一中学发行，1934年18版

该套教科书内容和同时期其他中学公民教科书一样，包括道德、政治、法制、经济等领域。如，第一册 公民训育：第一章 学生生活的意义，第二章 学校概况与日常生活的注意点，第三章 课程内生活原则，第四章 修学方法，第五章 图书馆生活，第六章 健康生活，第七章 集会，第八章 课外组织，第九章 自治，第十章 对于人情事物的态度，第十一章 学生与家庭，第十二章 学生与社会。

第二册 公民知识：第一章 国民性，第二章 国家，第三章 政府，第四章 国会，第五章 国民的权利义务和责任，第六章 选举，第七章 法，第八章 国际关系，第九章 中国现代政治问题的讨论，第十章 经济与人生，第十一章 经济要项，第十二章 中国现代经济问题的讨论，第十三章 中华民国在国际经济上的地位。

书中对当时反映社会现实的问题进行了公开的讨论，如政党问题、女权问题、收回教育权问题、平民经济问题、公共卫生和娱乐问题等，从而让学生直面社会现实，培养他们的理性精神和批判精神。

对于"收回教育权"，书中有一章是这样论述的：

教育目的在养成本国国民，外国人设学乃养成外国国民。既成一个国家，自然应该对内有一切的统治权。教育是国家的命脉，如果一国的教育政策，采取开放主义，将一部分教育权，归入外国掌握之中，即不啻丧失这个国家的统治权。一国的统治权丧失了，还成个什么国家？这是主张收回教育权的第一种理由。外国人在中国设立学校，大半是为传教而设立的。东三省、旅顺、大连及其他边疆诸地，外国人所办的学校，大抵具有侵略的野心。借学校而强迫或诱惑人民信教，也是侵略的一种，与明显的办学校侵略国家，是同样的危险。这是主张收回教育权的第二种理由。中国教育，自有一个教育系统；而外国人在中国办学，又立一个宗教教育系统，或另立甲国或乙国式的教育系统，将来所得的结果，一定要丧失许多本国的青年，变为日本的或英国美国的青年，这于我国的政治前途，有莫大的影响，所以应该设法取缔。教会在中国势力，设校七千三百八十余所，男生十四万三千七百九十九人，女生六万二千九百七十人，共有二十余万之多。这二十余万人，如果为人利用，为人做牺牲品，岂不是一件极可耻、极危险的事么？这是主张收回教育权的第三种理由。外国人不习中国国语，不谙中国国情，任教的，又多系缺乏教育知识和经验的传教士；所用的教材，常支离谬误；教法又多不适于儿童心理，思想上谬种流传，本能上不克自由发展，贻害真不堪设想！这是主张收回教育权的第四种理由！[1]

书中罗列了四种收回教育权的理由，认为教育权在他国手中是对自己国家的侵犯，使中国丧失了很多青年才俊，也不适合学生的心理等，这些见解缺乏深入的剖析，甚至个别说法比较极端，但也不无道理。

形式上，该套书采用编—章—课式编排，以故事体、论说体和对话体为主要叙述方式，白话文编写，没有插图。

该套教科书竹纸，铅印，尺寸为13 cm×18.5 cm，平装，横排。封面从上至下有书名、册次、编者、出版机构等信息；扉页为编辑大意，阐述该书的编写理念、内容框架、教学建议等；接下来为目录、正文、版权页。目录有编、章、课的次序、名称和页码；版权页在封三，有版次、出版时间、定价、书名、册次、编纂者、印刷所、总发行处、总经售处、分售处、代理处等信息，以及"此书有著作权，翻印必究"字样。

（五）商务印书馆出版的《（新学制高级中学教科书）社会学概论》

《（新学制高级中学教科书）社会学概论》全一册，供高级中学用，［美国］鲍格度著，瞿世英翻译，1925年商务印书馆出版、发行。

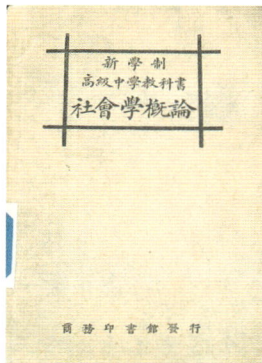

图4-12　《（新学制高级中学教科书）社会学概论》，［美国］鲍格度著，瞿世英翻译，1925年1月商务印书馆出版、发行，1925年1月初版

该书秉持让学生了解社会生活的全面性的理念，对于社会活动先从历史开始叙述，介绍各派的理论，指出实际问题，使学生知道现实社会问题之所在。又将经济、政治、伦理生活等分类研究，条理清晰，便于学生掌握和应用。

该书目录：人口、社会进步的基础（地理、生物、心理）、家庭（历史、现状、趋势、改造家庭之计划）、社会与经济、社会与政治、社会与道德、社会与艺术、社会与智识、社会与宗教、社

会与人类联合、社会进步之科学的观察。

　　该书讨论问题的形式大胆、新颖，体现了进步的思想，并且论述全面而深入，具备扎实的材料支撑，绝非空泛之谈。特别是在对于社会主义议题的分析上，本书着重于优点的剖析，并提供了周全的阐述。在问题分析的角度上，本书强调培养学生的开放性思维，指导学生应从多角度思考问题。例如，在面对国家相关议题时，首先应考虑国家的利益，再考虑个人利益。

　　该书对于教育问题的思想也比较先进，提到了两性教育和家庭教师。在两性教育方面，从男女的差异性开始叙述，然后针对不同的群体有着不一样的生理特征，提出教育要因人而异。关于教师，该书指出，对于启发儿童智力、培养儿童习惯，家庭教师的启蒙教育尤其重要。在经济方面，比较了社会主义和工业主义，也谈及了一些经济问题，如童工、女工、失业及社会保险等。政治方面，探究其他社会的政治问题以及过度的国家主义。道德方面，论述了道德的起源、发展和类型，探讨了社会伦理的二元论和职业伦理等问题。艺术方面，论述了多种艺术形式的价值、来源和发展，包括装饰、绘画、雕刻、音乐、演说等形式。

　　该书竹纸，铅印，尺寸为13 cm×18.5 cm，平装，横排。封面较为简洁，上方一个井字形文本框，框内自上而下印有"新学制""高级中学教科书""社会学概论"等字样，下方印有"商务印书馆发行"，没有图案；扉页是原作者为中文版写的英文序；接着是译者为该书写的序、目录、正文、版权页，目录有章节次序、名称和页码。章节式编排，全书对原书英文版有增删，没有插图。版权页在封三，分两部分，上半部分为商务印书馆的教科书广告；下半部分为版次、出版时间、定价、书名、册次、原著者、译述者、发行者、印刷所、总发行所、分售处的信息以及"此书有著作权，翻印必究"字样，另有书名、出版商以及"此书有著作权，翻印必究"的英文翻译。

（六）商务印书馆出版的《（新学制高级中学教科书）人生哲学》

　　《（新学制高级中学教科书）人生哲学》全一册，共13章，供高级中学用，冯友兰著，1926年商务印书馆出版、发行。

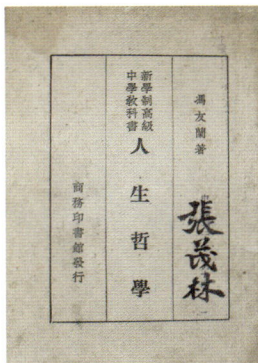

4-13

图4-13　《（新学制高级中学教科书）人生哲学》，冯友兰著，1926年9月商务印书馆出版、发行，1928年11月3版

　　该书融入了中国传统哲学与实用主义、新实在论之见解，提出"中道"的人生观，阐释一种独特而圆润的人生哲学。作者在统揽古今中外各种人生哲学的基础上提出了自己认为较正确的人生哲

学。该书也是一部别开生面的中西简明哲学史，作者以人生哲学为切入点，对中国古代哲学、西方古典哲学以及欧美现代哲学等都提出了自己的真知灼见。

该书目录：第一章 绪论，第二章 浪漫派——道家，第三章 理想派——柏拉图，第四章 虚无派——叔本华，第五章 快乐派——杨朱，第六章 功利派——墨家，第七章 进步派——笛卡尔、培根、飞喜推，第八章 儒家，第九章 亚里士多德，第十章 新儒家，第十一章 海格尔，第十二章 一个新人生论（上），第十三章 一个新人生论（下）。

具体内容以第二章和第十章为例。第二章内容：第一节 所谓道德之意义，第二节 何为幸福，第三节 人为之害，第四节 社会哲学与政治哲学，第五节 个人之修养，第六节 纯粹经验之世界，第七节 万物一体，第八节 余论；第十章内容：第一节 万物一体，第二节 致良知，第三节 对于"二氏"之批评，第四节 爱之中道，第五节 恶之起源，第六节 动静合一，第七节 余论。

该书章节式编排，论说式阐述，没有插图，没有思考题。另外，书中一些内容比较艰深，还有少数语焉不详的表述。总体看，该书不太适合中学生学习。

该书竹纸，铅印，尺寸为13 cm×18.5 cm，平装，竖排。封面主体为文本框，分3列，右边为"冯友兰著"，中间为"新学制高级中学教科书人生哲学"，左边为"商务印书馆发行"。扉页内容跟封面一样，形式略有不同，"新学制高级中学教科书"这几个字从右至左横排。接着为自序、目录、正文、版权页。自序主要讲述该书的由来和使用建议；目录有章节次序、名称和页码。版权页分上、下两部分，上半部分为书名、作者、版次、定价、出版商、"此书有著作权，翻印必究"的英文翻译；下半部分有书名、版次、定价、著者、发行者、印刷所、总发行所、分售处的信息和"此书有著作权，翻印必究"的字样。不同版次的封面和版权页形式有差异。

（七）商务印书馆出版的《（新学制高级中学教科书）政治概论》

《（新学制高级中学教科书）政治概论》全一册，供高级中学用，张慰慈编辑，1924年商务印书馆出版、发行。

图4—14 《（新学制高级中学教科书）政治概论》，张慰慈编辑，1924年2月商务印书馆出版、发行，1926年10月4版

该书共21章，目录：绪论、人民和政治的关系、政府的义务、政府职权的分配、宪法、宪法的革命、立宪政府、人民政府、政党、代议政府、选举权和选举资格、选民的义务、选举的方法、

选举票和选举手续、立法部的职务、立法部的组织、行政机关、欧美各国行政部和立法部关系的比较、司法机关、地方政府、结论。从目录可看出，该书内容以政治制度为核心，既有较全面的政治学理论，也涉及当时中国和欧美各国的政治体制。

该书序是胡适所作，胡适对该书评价很高，认为该书的最大的特点，是作者没有在书中堆砌大量术语，引述新奇学说，而是以一种"平易恳切"的态度和风格，把政治科学的概念、政治制度的历史当作普通常识，向学生讲述；称赞书中"处处注重政治生活的训练和政治制度的意义"，是普通公民应该阅读的一部很好的政治学教材。[1]

该书封面横排，右翻，尺寸为13 cm×18.5 cm，正文和广告竖排。封面上方有一井字框，框内是书名"新学制高级中学教科书政治概论"，框下印有"张慰慈编辑"，封面下端有"商务印书馆发行"的字样。扉页和封面形式一样，接着为序、目录、正文和版权页。目录有各章的次序、名称和页码；正文讲述性叙述，没有插图，也没有思考题。版权页分上、下两部分，上半部分为商务印书馆的教科书广告；下半部分有书名、版次、定价、编辑者、发行者、印刷所、总发行所、分售处的信息和"此书有著作权，翻印必究"的字样，另有书名、商务印书馆和"此书有著作权，翻印必究"的英文翻译。不同版次的封面和版权页的形式不完全一样。

三、中学德育教科书的分析

该时期中学德育教科书的类型、体例、内容等方面比1922年以前的都有长足进步。

据查阅北洋政府时期的教育公报以及王有朋编的《中国近代中小学教科书总目》，该时期中学德育教科书的类型有"公民""法制""道德""经济""社会（概论）""社会问题""（人生）哲学""政治学"等，跟当代中国的中学德育教科书内容领域几乎一致。

内容上，有关公民常识、守法、参政、爱国、卫生、博爱、世界和平等现代性和知识性的内容占到了60%以上[2]，并开始关注社会现实、社会问题以及经济和政治问题，侧重于知识教育，目的在于义理的传授，较好地体现了近代资产阶级民主精神与宪政思想，陶冶人民情操，为培养近代公民服务，给德育课程带来了新气象。

以舒新城编著的《（新中学教科书）初级公民课本》（第二册）为例，该书首章就解释经济生活之意义，确立经济生活之伦理观念：如理想生活之确立、社会经济活动中之分工合作、公民对于国家财政之监管与襄助、对于实际经济状况之认识与改进之途径等，期望学生由此树立正确思想之根基。书中还与历史、地理等学科有联系，在"实业计划"这一节，强调尤须与地理教学密切合

[1] 张慰慈. 政治概论[M]. 上海：商务印书馆，1924：1.
[2] 吴科达. 臣民还是公民：教科书审定制度和思想道德教科书1902—1949[M]. 北京：中国社会科学出版社，2013：194-195.

作。还探讨了教育、卫生、劳动问题中的工作时长、妇女问题、教育和社会进步的关系，以及救济事业中关于贫穷、救济、预防等内容。该书探讨的问题领时代之先，如在妇女问题方面，评析了妇女的地位、男女平等以及妇女的参政问题。

中学公民教科书对带有浓厚儒家色彩的传统道德进行了很直接的批判，同时又提出了新见解，主张男女平等，反对男尊女卑，充分尊重妇女的选择，否定了"女子再婚即失节"的传统观念；主张恋爱自由、婚姻自由，反对包办婚姻。以女子贞操问题为例，当时的公民教科书认为，"贞操"只是女子自律的一种方式，并不能作为束缚女子的枷锁，这种"自律"不仅女子应当遵守，男子也应当遵守。如《初中公民学教本》就女子的贞操问题进行论述，此为胡适的一段话：

> 寡妇再嫁问题，这全是一个个人问题。妇人若是对她已死的丈夫真有割不断的情义，她自己不忍再嫁；或是已有了孩子，不肯再嫁；或年纪已大，不能再嫁；或是家道殷实，不愁衣食，不必再嫁——妇人处于这种境地，自然守节不嫁。还有一些妇人，对她丈夫或有怨心，或无恩意，年纪又轻，不肯抛弃人生正当的家庭快乐；或是没有儿女，家又贫苦不能度日——妇人处于这种境遇没有守节的理由，为个人计，为社会计，为人道计，都该劝她改嫁。贞操乃是夫妇相待的一种态度，夫妇之间爱情深了，恩谊厚了，无论谁生谁死，无论生时死后，都不忍把这爱情移于别人，这便是贞操……若不问做丈夫的配不配受他妻子的贞操，只晓得主张做妻子的总该替她丈夫守节，这是一偏的贞操，这是不合人情公理的伦理。[1]

从这段话可看出，这一时期的公民教科书没有对妇女的"离婚""再嫁"等问题持否定态度，而是充分尊重妇女的选择，认为男女双方应平等，每个人都有追求幸福的权利。

从编排看，这一时期的初级中学公民教科书已经形成较完备的结构体系。从目录看，逻辑关系层层递进，由浅入深，结构完备的同时又不失个性和灵活性。各大书局对中学公民教科书的分类编排不尽相同，除了根据"从自身到社会、国家，再到世界"的结构外，有些教科书根据道德、卫生、法制、经济等具体内容进行编排。商务印书馆出版的《新著公民须知（中等学校用）》和《现代初中教科书公民》都分为卫生、道德、法制和经济四个部分。

高中的德育课本则按社会问题、人生哲学、政治学、经济学等领域分册编排。如商务印书馆的新学制高级中学教科书系列有《政治概论》《人生哲学》《社会问题》《社会学概论》这四种，类型较完备。

著名的国际法学家、教育家，中国政治学会的发起人周鲠生编写了著名的《新学制公民教科书》，把公民教育分为公民理论知识和中国历史现实状况两部分，把民国政制置于世界政制变迁架构中，使学生了解自己国家的政治结构和现代政治的特点，树立历史意识和政制变革的自觉。余光砺在《中华教育界》发表的《中学公民科之编制》中拟定的《中学校公民学大纲》一文，便是综合

---

[1] 冯顺伯，金崇如，王仲和. 初中公民学教本[M]. 常州：新群印刷公司，1924：391-392.

了三种编排逻辑而成，第一编序论为总论，第二编讲群己关系，第三编讲社会问题，最后两编分别讲政治与国际，属于学科知识范畴。

体裁体例上，中学公民教科书以说明、叙述和论说文为主；语言表达上使用白话文和新式标点符号。在呈现方式上，除了通过叙事以及史论结合方式呈现，部分教材还大量运用数据，搭配少量插图和图表，贴近学生的生活。

在话语方式上，这一时期的中学德育教科书也不同于以往一贯的陈述和感叹语气，而是较多采用如同《论语》的编写手法，添加了一些谈话录和对话的形式。通过教师和学生的对话来编排课文内容，没有枯燥的定义说教，清晰浅显，易被学生接受，在一定程度上反映了平等、理性的教育心态。

该时期的中学德育教科书编写考虑学生的心理特点，每一课字数为700~800字，有时附有统计表格。每一节末尾，附有问题若干则，或者是对本节重要内容的复习，或者是启发学生对于书中知识的实际运用。注重书内逻辑和学段统筹。该时期的中学德育教科书整套书体系完整，章与章之间相互联系，逻辑性较强。同一系列甚至是不同系列之间的小学与中学课本，其目录会有所重复，但是内容程度却是逐步加深的，表现出较为明显的学段统筹特征。

本章小结

1922年壬戌学制建立的公民科，是中国课程史上第一次出现的公民教育学科。公民培养与自然科学不同，不能照搬他国成例，因为各国有不同的历史文化与现实国情，对公民培养的要求也不会相同。当时的情况是，中华民国成立刚刚10年，虽然标榜的是民主共和，但实际上仍然是军阀混战，无法可依或者是有法不依，较之清末更有甚者[1]。在这种情况下，公民教科书虽出现了一些新兴的思想，但也不可避免地残留着清末一些问题。与此同时，部分教科书还存在语焉不详、内容偏难等问题。

尽管存在诸多不足，但该时期的中小学德育教科书体系完备，小学的涉及健康、规则、伦理、政治、经济等多方面；中学的则有法制、道德、经济、政治、哲学等几大板块，与当代的中小学德育内容领域颇有几分相似。形式上，绝大多数采用白话文，部分还有思考题，可读性和可教性较此前的大有增强。

另外，当时公民科的实施途径可分为校内与社会两种。校内公民科实施又可分为课内与课外两种。课内公民科主要采取授课方式，以德育教科书为根本，偏重于书本说教。而课外公民科，可以采用运动会、自治会、演说会，参观兵舰、学校、议会、法庭和政官署，举行国耻纪念、国庆纪念及监督选举等活动来进行，侧重于公民训练。社会公民教育，则是在学校之外采取读报、政党活动、平民学校等方式来达到其目的[2]。

这个时期的公民教科书虽然存续的时间不长，但影响非常深远。

---

[1] 王颖春. 从修身到公民再到三民主义与党义：民国公民教育课程的演变[D]. 北京：北京师范大学，2008：14.

[2] 王潜恒. 公民教育问题[J]. 中华教育界，1925（6）：1-8.

第五章

三民主义的文本——国统区的德育教科书（1927—1932）

1927—1932年是南京国民政府执政期。为了巩固统治，强化国民党意识形态，南京国民政府在中小学德育教科书的使用上主要推行三民主义教科书及党义教科书，其目的是宣传孙中山先生的思想，严格控制其他学术思想的传播。自此，中国教科书的发展告别黄金时期，转而走入了民国教科书意识形态最强控制的一个时期[1]。该时期教科书控制的主要途径是实行严格的审定制，相应规章有中华民国大学院（1927年10月1日至1928年10月24日）1928年3月颁布的《暂行教科图书审查办法》和教育部1929年颁布的《教科图书审查规程》《审查教科图书共同标准》等。

该时期具体的德育教科书出版大体表现为这样的路径：1926年后，因国民党在北伐战争中节节胜利，国民政府势力范围下的各省均以教育行政力实施党化教育，甚至于中小学加设三民主义科。1927年4月，南京国民政府成立后，为强化思想控制，加强一党专政，强力推行党化教育。1928年2月，国民政府大学院要求小学增设三民主义科。为顺应这种需要，新国民图书社、商务印书馆、民智书局等几家出版商以及一些知名学校编辑、出版中小学用的三民主义教科书，现存世可查的有24种。1928年8月中华民国大学院发布《各级学校增加党义课程暂行通则》之后，学校公民科便完全被党义科取代。据此通则，大东书局、商务印书馆等5家出版机构以及部分学校编辑、出版党义课本，现存世可查的有12种。此外，由于时局复杂等原因，这个时期几家出版商除了出版《三民主义》以及《党义》这两种主要的党化教科书以外，还出版了一定数量的《公民》《社会问题》等教科书。

1927—1932年间的党化教科书，基本上是根据孙中山三民主义、建国方略、建国大纲等编辑而成，介绍中国国民党的历史、组织、纪律、地位以及中华民国的国旗、国歌等政治性内容，提倡三民主义和党义，政治色彩浓厚[2]，而公民科所包含的法制、经济、政治、伦理等内容被严重削弱，民国时期公民教育的黄金期一去不复返。

编排上，党义教科书和三民主义教科书效仿早间的公民教科书，不仅借鉴公民教科书的体系和结构，而且借鉴其呈现方式，采用故事浅说、原著节录、编辑纲要等形式，同时配有教授书或参考书，以期学生建构以三民主义为中心的完整政治认知。

虽然南京国民政府主导的教科书没有对学校党义科和三民主义科作出新鲜的课程开发，但南京国民政府对教科书出版的严格审定及其对社会控制的加强则为公民教育的思想和内容的统一化提供了有力的保障，这也恰好揭示了该时期党义教科书和三民主义教科书所体现的矛盾。

[1] 石鸥，李水平. 民国时期的一次高强度教科书控制[J]. 湖南师范大学教育科学学报，2014（2）：50-56.
[2] 王颖春. 从修身到公民再到三民主义与党义：民国公民教育课程的演变[D]. 北京：北京师范大学，2008：27.

第一节
走向党化教育的德育课程

1924年1月，中国国民党第一次全国代表大会正式召开，会议提出以新三民主义替代旧三民主义，提出以党治国的理念。在思想教育领域，实施党化教育，力图更全面深入地把新理念贯彻落实到每一个公民身上，使之从小学习三民主义，以期望构建一个以"三民主义"为核心的主流意识形态。[1]由此可以看出，孙中山期望通过宣传的方式去统一思想，而这项任务就落到了教育领域，学生及教师成为重要对象。

1925年10月，国民党党籍校长会的全体大会作出决议："本党以党建国，各校课程应加入孙文主义一科，阐明党义……本党出版物，为宣传利器，各校内之各级党部，宜多备数种，以广宣传。"[2]

1926年2月，国民党广州特别市党部青年部为了贯彻"以党义训育青年"的方针，并鉴于全市学校自春季入学开始要增设三民主义课程，特发布通告，招考党义教员。[3]3月，广东国民政府教育行政委员会在广州成立，提出"党化教育"的口号，其主要职责为"掌管中央教育行政机关，并指导监督地方教育行政"。同年5月，广东第六次教育大会召开，会议通过了《党化教育决议案》，规定：学校增设政治训育部，施行政治训育，以培养学生明确的政治观念。全省中等以上学校的政治训育人员，均由国民党党部推荐。同时，应组织成立中国国民党童子军，并定期举行总理纪念周及政治报告会。三民主义课程被定为必修科目，每周授课时间不得少于50分钟。高级小学及以上学校，除三民主义外，还需加授政治教育、社会科学课程，每周总授课时间不得低于150分钟。此外，大会提出请教育行政委员会即行审查各校现行教科书，有悖于中国国民党的党义及政策者，应令抽出，不准讲授，此后新编教科书，应以中国国民党的党义和政策为中心。当时乃至此后一段时间的教育应该与国民党的革命一般政策相并动，以发挥它的价值，使它达到预期。[4]

---

[1] 孙中山. 在广州中国国民党恳亲大会的演说：1923年10月15日[M]//广东省社会科学院历史研究室，中国社会科学院近代史研究所中华民国史研究室，中山大学历史系孙中山研究室. 孙中山全集：第8卷. 北京：中华书局，2006：280-285.

[2] 党籍校长会开全体大会[N]. 广州民国日报，1925-10-31（1）.

[3] 舒新城. 近代中国教育史料补编[M]. 北京：中国人民大学出版社，1986：8-9.

[4] 全省教育大会通过党化教育决议案[N]. 广州民国日报，1926-05-10（1）.

1927年4月，蒋介石在南京成立国民政府。5月，国民政府为强化思想控制，加强一党专政，推出了"以党治国，是以党义治国，就以本党的三民主义来治中国"的方针，发出实行"党化教育"的号令。此后，"党化教育"开始向全国推行。7月，中央教育行政大会在广州召开，韦悫起草的《国民政府教育方针草案》在会上通过。草案的主要内容包括："民众教育应与民众运动一并进行；应以最短时间实行义务教育；教育应增进生活的效能；应指导学校毕业生到民间去；各学校应增设军事训练；各学校应注重体育训练；学生运动应统一在党的指挥之下；科学教育应特别注意；应努力回收教育权；教育与宗教分离；教育经费应早日确定；政府应在国内重要的工商业及农业地点开设特别学校。"从草案不难看出，国民党已经牢牢控制教育权，党化教育也成为国民党教育的重大方针政策。同年8月，南京国民政府教育行政委员会制定了《学校实施党化教育办法草案》[1]，此草案对党化教育作了清晰的解释，使党化教育正规化、明确化。

1927年8月，武汉国民政府迁都南京，并入南京国民政府，史称宁汉合流。教育部组织中小学课程标准起草委员会编写各科课程标准。该套课程标准到1929年8月全部起草完毕并由教育部通令颁行，称为《中小学课程暂行标准》。为响应1927年5月蒋介石在南京五四运动纪念大会上发出的实行"党化教育"的号令，当年国民政府教育行政委员会决定，让学校落实党化教育法案，强调所谓"党化教育"就是"教育方针要建立在国民党的根本政策之上"[2]。1927年8月，国民政府在《"党化教育"之意义及其方案》中指出，"要把学校的课程重新改组，使与党义不违背，及与教育学和科学相符合，并且能够发扬党义和党的政策。我们应赶促审查和编著教科用图书，使与党义与教育宗旨适合"[3]。

1928年2月，国民政府大学院公布《小学暂行条例》，规定小学增设三民主义和童子军等科，三民主义和公民科并重。"党化教育"一经提出，不断遭到各界人士的反对。于是，1928年5月，第一次全国教育会议讨论决定把"党化教育"改称"三民主义教育"，但其实是换汤不换药，人民仍然习惯称其为"党化教育"。会议宣言中，对三民主义教育体系作了解释："中国国民党以三民主义建国，也就是以三民主义施教。此后中华民国的教育宗旨，就是三民主义的教育，已丝毫不容怀疑。所谓三民主义的教育，就是以实现三民主义为鹄地的教育……我们全部的教育，应当发扬民族精神，提倡国民道德，锻炼国民体格，以达到民族的自由平等；应该养成服从法律的习惯，训练团体协作和使用政权的能力，以导入民权的正轨；应提倡劳动，运用科学方法，增进生产的技能，丰富生活的意义，以企图民生的实现。总之，我们全部的教育，应当遵照着三民主义的宗旨，贯彻三民主义的精神。"[4]此后，中华民国的教育宗旨为三民主义教育。所谓三民主义教育，就是以宣扬

[1] 舒新城. 近代中国教育史料补编[M]. 北京：中国人民大学出版社，1986：8-9.

[2] 教育界消息："党化教育"之意义及其方案[J]. 教育杂志，1927（8）：1-3.

[3] 教育界消息[J]. 教育杂志，1927（8）：1-3.

[4] 中国国民党中央委员会党史史料编纂委员会. 革命文献：第五十四辑：抗战前教育政策与改革[M]. 台北："中央文物供应社"，1971：1-2.

三民主义为核心的教育体系，与党化教育实质上并无区别。

1928年7月30日，国民党中央常务委员会会议通过的《各级学校增加党义课程暂行条例》，对小学到大学的党义课程的教学内容和教学时间作了统一规定党义课程为必修科目，各个学校可根据自身情况，授一门或多门党义课；小学校注重儿童的具体观念，一、二年级可不授党义课，但应向儿童讲述本党先烈革命党员的故事，小学初级应单授三民主义浅说，小学高级授民权初步及孙文学说浅释；中等学校注重使学生正确认识三民主义，初级中学单授三民主义建国大纲浅说，建国方略之心理建设、社会建设两部；高级中学授五权宪法浅释及建国方略物质建设之部；各级各类学校党义课授课时间每周均不得少于两个小时。[1]8月6日，国民政府又发布《各级学校增加党义课程暂行通则》，该通则是对《各级学校增加党义课程暂行条例》的细化，规定小学授"孙中山先生革命史实、三民主义浅说以及民权初步演习"；中学授"建国大纲浅释、建国方略概要、三民主义、五权宪法浅释、直接民权之运用"[2]。

1929年3月，国民党召开第三次全国代表大会，国民党中央党部宣传部提出"确定教育方针及其实施原则案"。经大会讨论，决议中华民国的教育宗旨："中华民国之教育，根据三民主义以充实人民生活，扶植社会生产，发展国民生计，延续民族生命为目的，务期民族独立，民权普遍，民生发展，以促进世界大同。"[3]4月，国民党第三次全国教育大会颁布了《中华民国教育宗旨及其实施方针》，规定教育宗旨的实施方针八条。

一、各级学校之三民主义之教学，应与全体课程及课外作业相连贯，以史地教科，阐明民族之真谛；以集合生活，训练民权之运用；以各种生产劳动的实习，培养实行民生主义之基础；务使知识道德融会贯通于三民主义之下，以收笃信力行之效。

二、普通教育，须根据总理遗教，以陶融儿童及青年"忠、孝、仁、爱、信义、和平"之国民道德，并养成国民之生活技能，增进国民生产能力为主要目的。

三、社会教育，必须使人民认识国际情况，了解民族意义。并具备近代都市及农村生活之常识，家庭经济改善之技能，公民自治必备之资格，保护公共事业及森林园地之习惯，养老临贫防灾互助之美德。

四、大学及专门教育，必须注重实用科学，充实学科内容，养成专门智识技能，并切实陶融为国家社会服务之健全品格。

五、师范教育，为实现三民主义的国民教育之本源，必须以最适宜之科学教育，及最严格之身心训练，养成一般国民道德上、学术上最健全之师资，为主要之任务。于可能范围内，使其独立设置，尽量发展乡村师范教育。

[1] 中国第二历史档案馆. 中华民国史档案资料汇编：第五辑第一编：教育（一）[C]. 南京：江苏古籍出版社，1994：1073-1075.

[2] 大学院. 各级学校增加党义课程暂行通则[J]. 大学院公报，1928，1（9）：8-23.

[3] 王兴杰. 第一次中国教育年鉴·甲编·教育总述[M]. 上海：开明书店，1934：8.

六、男女教育机会平等。女子教育并须注重陶冶健全之德性，保持母性之特质，并建设良好之家庭生活及社会生活。

七、各级学校及社会教育，应一体注重发展国民之体育。中等学校及大学专门，须受相当之军事训练。发展体育之目的，固在增进民族之体力，尤须以锻炼强健之精神，养成规律之习惯，为主要任务。

八、农业推广，须由教育机关积极设施。[1]

同月，国民党中央常务委员会会议决定将党化教育改称为"党义教育"。"党义"取代"公民"，严重削弱了原来公民科所包含的法制、经济、政治、伦理知识的内容，受到教育界许多人士的批评。自此，党义科贯穿这一时期的整个中小学阶段，我国中小学公民教育的黄金期一去不复返。

1929年8月，《小学课程暂行标准》和《中学课程暂行标准》公布。其中，《小学课程暂行标准》将小学社会科中的公民部分分割出来单独设科，并更名为"党义"；中学将"三民主义"等党化教育课程改为"党义"，公民科也因此被正式取消了。

1930年3月，又通过《实施三民主义乡村教育案》，要求加紧训练乡村师资，大力开办乡村学校，以把国民党党义推行到全国乡村。[2]

至此，国民政府确立了以三民主义为核心的党化教育体制，在全国范围内推行教育"三民主义化"，并通过教科书的传授潜移默化地控制人们的思想。

1931年2月，中央训练部党义课程编订委员会通过了《小学党义课程标准（草案）》《中学党义课程标准（草案）》，但这两个标准没有正式颁布。

1931年6月，国民政府正式颁布《中华民国训政时期约法》，从而以法律的形式将三民主义教育宗旨固定下来。[3]9月，国民党第三届中央执行委员会第157次常务会议通过了《三民主义教育实施原则》，规定初等教育的目标是"使儿童整个的身心融育于三民主义之教育中；使儿童个性、群性在三民主义教育指导下平均发展；使儿童于三民主义教导下，具有适合于实际生活之初步智能"。中等教育则规定："确定青年三民主义之信仰，并切实陶冶其忠孝、仁爱、信义、和平之国民道德；注意青年个性及其身心发育状态，而予以适当的指导及训练；对于青年应予以职业指导，并养成其从事职业所必具之智能。"[4]三民主义教育宗旨确立后，各家出版机构顺应形势的需要，推出了以三民主义为宗旨的德育教科书。

因"九一八"事变后中国民族危机加深，1932年10月，教育部公布实施《中小学课程标准》[5]，

---

[1] 王兴杰. 第一次中国教育年鉴：甲篇[M]. 上海：开明书局，1934：8.

[2] 石鸥，李水平. 民国时期的一次高强度教科书控制[J]. 湖南师范大学教育科学学报，2014（2）：50-56.

[3] 于述胜. 中国教育通史：中华民国卷：下[M]. 北京：北京师范大学出版社，2013：63.

[4] 于述胜. 中国教育通史：中华民国卷：下[M]. 北京：北京师范大学出版社，2013：65.

[5] 注：《中小学课程暂行标准》颁布后，教育部即指令省市地方组织"课程标准研究会"，并指令学校进行实验，在1930年6月前（后推迟到1931年6月）报告实验结果。教育部根据部分省市教育厅（局）的研究报告，汇集各方意见将"暂行标准"修订为"正式标准"，于1932年10月公布。

取消党义科，重设公民科，并增加道德、政治、法律、经济等内容，由狭义的国民党知识的灌输扩充为广义的公民训练。小学的社会科内容删去"卫生"，公民训练、卫生两科单独设置，其中社会、卫生和自然三科在初小合并为常识科。低、中学年的社会科内容不再划分类别，高年级仍然按公民、历史、地理三科分述。各书坊迅速推出"复兴教科书""新课程标准教科书""新生活教科书""开明课本"等。

20世纪30年代，中华民族面临内忧外患，振奋民族精神、反帝反封建、抗日救亡成为时代的主旋律，这就自然成为编写德育教科书的主导思想。1932年的《小学公民训练标准》指出，"中国公民是知耻的。我要洗雪自己和国家的耻辱。临财毋苟得，临难毋苟免"，"中国公民是爱国爱群的。我要爱护我的团体，尊敬我的国家，准备和同胞团结，为国族奋斗"[1]。

虽名称恢复为"公民科"，但1932年后的公民科实质已不同于1927年前的公民科了，是党化的公民科。

[1] 人民教育出版社课程教材研究所. 20世纪中国中小学课程标准·教学大纲汇编：思想政治卷[C]. 北京：人民教育出版社，2001：13-19.

第二节
1927—1932年间的教科书制度

1927年6月国民党中央政治会议通过教育行政委员会的提案，教育行政制度采用大学院制，并试行大学区制。10月，教育行政委员会宣告结束，中华民国大学院成立，蔡元培任院长。在大学院教育行政处下专设书报编审组，由其审查股执掌教科图书的审查工作。12月16日，大学院公布《教科图书审查条例》，其基本要点如下：

1. 中小学所采用之教科图书，非经中华民国大学院审定者，不得采用或发行。

2. 小学校及中等学校现在所采用之教科图书，如大学院认为其有不适当时，得通令各省区教育行政机关转饬所属各学校不得采用，并得禁止其发行。小学校及中等学校现在所采用之教科图书，如大学院认为其有不适当之处，得签示要点，酌定期限，饬令发行人或编辑人遵照修改，逾期不修正呈核时，得依前项办法处理之。

3. 应行审查教科图书之种类，依其性质暂分为三民主义、国文国语、外国语、社会科学、自然科学、职业各科，以及音乐、图画、手工、体操等科七类。

4. 审查图书，以不背本党的主义、党纲及精神并适合教育目的、学科程度及教科体裁者为合格。

5. 图书发行或编辑人，应于图书发行前，呈本书五份（部定规程，初改三份，后仍五份）请大学院审查，如用稿本送请审查，应即预印数页，作为纸张、印刷、款式等样本，此项样本并稿本应各呈二份请大学院审查，其未完成之图书，不与审查。

6. 教科图书分教员用学生用两种，具呈人于呈请审查时，应分别声明。

7. 呈请审查图书时，应将图书定价之十倍审查费连同样本呈纳，但挂图类以每种定价之二倍为审查费。审定后，定价如有增加，应照前项规定补缴审查费，其依第十二条呈请复审者，复审费依前项规定减半缴纳。

8. 凡呈请审查之图书，如有应行修改者，由大学院签示要点于图书上，饬具呈人遵照修改，以半年为期限，逾期不修正呈核时，不与审定。

9. 凡定价过高之图书，大学院得令发行人酌减之。

10. 已经审定之图书，由大学院将书名、册数及页数、定价、某种学校用、发行之年月日、编辑人及发行人之姓名、大学院审定按语在大学院公报上宣布之。

11. 已经审定之图书，应在书面上记明某年某月经大学院审定字样，更须就教员用、学生用两种，分别标明。

12. 已经审定之图书，如发行人或编辑人将内容或形式变更时，须于两个月内呈请复审，逾期即失审定效力。

13. 图书经审定后，如遇事实变更，其内容有不适当之处，经大学院饬令修改者，发行人或编辑人应于三个月内遵照修正呈核，逾时即失审定效力。

14. 图书审定后，如经过两年时期，经大学院认为不合时宜者，得取消其审定效力，但须在每学年开始期三个月前行之。

15. 凡未经审定或依前列各条已失审定效力之图书，书面上不得载有大学院审定字样。违犯前项之规定，或对于禁行发行人之命令故不遵守者，科以法律上相当之处罚。[1]

1928年2月、3月大学院根据三民主义先后颁布了《小学暂行条例》与《中学暂行条例》，重申中小学必须使用大学院审定的教科书。同年3月颁布了《暂行教科图书审查办法》，该办法规定，中小学教科书审定程序为初审、复审、终审三审制，其流程如下所示：

1. 凡呈请审定之教科图书寄到大学院时，由编审组逐件编号，并分别门类发交审查委员会。如编审组认为与审查标准相差太远、毫无价值者，得商承院长之同意后，径予驳斥。

2. 审查委员会之审查工作分初审、复审两次，每次每书俱须经二人以上之审查，方为完成。审查委员会各组主席，于接到图书后，应即召集会议，分配初审工作，初审以一月为期。初审完毕，由审查委员会各组主席整理初审结果，于半月内分配复审工作，复审亦以一月为期。复审完毕，再由审查委员会各组主席召集会议，讨论并整理审查结果，于半月内送达大学院。审查委员会各组成员在进行初审工作之前，应商定各种教科图书审查标准，审查时有所适从。

3. 图书经审查委员会审查后，须经大学院之终审。此项审查由编审组或编审组专请之人员办理之，以一月为期。审查完毕，将最终报告呈请大学院院长副院长核准施行。[2]

1928年10月24日，大学院裁撤，改设教育部。1929年1月22日，国民政府教育部颁布了《审查教科图书共同标准》，这是我国政府自晚清以来颁布的第一个具体、明确的中小学教科书审定标准，从教科图书之精神、实质、组织、文字、形式五个方面对中小学教科书的审查作出了明确的规定，如下所示：

1. 关于教材之精神者

（1）适合党义；（2）适合国情；（3）适合时代性。

2. 关于教材之实质者

（4）内容充实；（5）事理正确；（6）切合实用。

---

[1] 大学院. 教科图书审查条例[J]. 大学院公报，1928，1（1）：22-26.
[2] 大学院. 暂行教科图书审查办法[J]. 大学院公报，1928，1（4）：73-74.

3. 关于教材之组织者

（7）全书分量适宜；（8）程度深浅有序；（9）各部轻重适度；（10）条理分明；（11）标题醒目确切；（12）有相当之问题研究或举例说明；（13）有相当之注释插图索引等；（14）适合学习心理；（15）能顾及程度之衔接；（16）能顾及各科之联络。

4. 关于文字者

（17）适合程度；（18）流畅通达；（19）方言俚语摒弃不用。

5. 关于形式者

（20）字体大小适宜；（21）纸质无碍目力；（22）校对准确；（23）印刷鲜明；（24）装订坚固美观[1]。

同日，教育部还颁布了《教科图书审查规程》，把中小学教科书使用的有效时期改为3年。同年11月15日又通令改3年为正式课程标准公布时止。至正式课程标准公布后，中小学教科书使用的有效时期按照规程所定仍为3年。

《教科图书审查规程》还规定了教科图书的送审要求，其基本要点如下：

1. 学校所用之教科图书，未经国民政府行政院教育部审定或已失审定效力者，不得发行或采用。

2. 图书发行人或编辑人，应于图书发行前呈送本书三份，请求审查。如用稿本送请审查，应即预印数页，作为纸张、印刷、款式等之样本。此项样本及稿本，应各呈送二份。凡未完成及无定价之图书，不与审查。

3. 教育图书分教员用及学生用两种，具呈人于呈请审查时，应分别声明。

4. 呈请审查图书时，应将图书定价十倍之审查费，连同样本呈纳。但挂图类以每种定价之二倍为审查费。审定后定价如有增加，应照前项规定，补缴审查费。但依第八条之规定，呈请复审者，其复审费以前项规定之半额为准。

5. 凡呈请审查之图书，如有应行修改者，由教育部戳示要点于图书上，饬具呈人遵照修正；以半年为期，逾期不修正呈核时，不与审查。凡定价过高之图书，教育部得令发行人酌减之。

6. 凡经审定之图书，由教育部将书名、册数、定价、某种学校用、发行之年月、编辑人及发行人之姓名各项在教育部公报中宣布之。

7. 已经审定之图书，应在书面上记明某年某月，经国民政府行政院教育部审定字样；更须就教员用与学生用两种分别标明。

8. 已经审定之图书，如发行人或编辑人将内容或形式变更，须于两个月内呈请复审，逾期即失审定效力。正在审查中之图书，其内容如有变更，得随时呈请审查。

9. 图书经审定后，如遇事实变更，其内容有不适当之处，经教育部饬令修改者，发行人或

---

[1] 国民政府教育部. 审查教科图书共同标准[J]. 教育部公报，1929，1（1）：94-96.

编辑人应于三个月内遵照修正呈核，逾期即失审定效力。

10. 图书审定之有效时期为三年。届期满三个月前，应再呈送审查。

11. 凡未经审定或依前列各条已失审定效力之图书，书面上不得载有国民政府行政院教育部审定字样。违犯前项之规定，或对于禁止发行之命令故不遵守者，科以法律上相当之处罚[1]。

1930年6月，国民党第三届中央第九十六次常务会议通过的《中央训练部审查党义教科书暂行办法》明确规定，中小学党义教科书由教育部初审后还必须函送中央训练部终审，审查党义教科书标准以党义为主，体裁、分量、文字、形式各项次之[2]。

为了推进以上教科书审定制度的有效实施，针对教科书审定过程中出现的问题，教育部还颁布了多次训令，来保障中小学教科书审定工作的质量。1931年，国民党中央训练部公布书目审查结果表，包括要求修正、停止发行书籍共27种111册，不予审定教科书1种4册[3]。

为了控制教科书，除了制定专门的教科图书审查法规外，南京国民政府还通过其他法律法规来进行管控，以达到意识形态控制的目的。1928年，国民党当局颁布了《著作权法》，规定有违党义及其他"经法律规定禁止发行"的出版物不能注册，"内政部对于依法令应受大学院审查之教科图书，于未经大学院审查前，不予注册"。1929年，国民党中央宣传部公布《宣传审查条例》，同时还颁布了《查禁反动刊物令》，1930年又颁布了《新闻法》和《出版法》，规定书刊必须事先申报登记，获准后才能出版，涉及敏感问题的还要进一步送审。

总之，该时期南京国民政府对教科书的控制趋紧，是民国时期对教科书实行高强度控制的时期。

1927—1932年间，国民政府教育部没有专门机构编写通用中小学教材，采用的是民间编写、教育行政机构审查、出版后由学校自由选用的办法。这种相对开放的教科书出版制度，在一定程度上推动了中小学教科书的出版，也促使这一时期出现了一些精品教科书。

[1] 国民政府教育部. 教科图书审查规程[J]. 教育部公报，1929，1（1）：92-94.

[2] 中央训练部. 中央训练部审查党义教科书暂行办法[J]. 中央党务月刊，1930（23）：31-32.

[3] 国民政府教育部. 党义书目审查结果表[J]. 教育部公报，1931，3（38）：66-69.

第三节
1927—1932年间的中小学德育教科书

一、中小学德育教科书总体情况

1927年南京国民政府成立后，随着党化教育的盛行，国民党在中小学也大力实施党化教育，同时严格审定教科书，控制思想的传播[1]。1928年的《各级学校增加党义课程暂行条例》及《各级学校增加党义课程暂行通则》都对各级学校党义课程的内容和实施作了具体规定。

各省按中央指示，设立党义课程。其中，河北省规定，全省各级学校必须按中央的规定设立党义课，并列为必修科目；广西省规定，高中各校设党政训练课，包含党义训练和政治训练，为必修科目；江西省规定，各小学必须设三民主义课[2]。

目前已知广州共和书局在1926年11月出版的戴季虞编辑、魏冰心与王剑星校订的《中山主义新国民读本》（全四册）是第一套正式的党化教科书，"本书系供给高级小学、初级中学及平民学校之用，故用教科书体裁，分课编辑……中山主义的出版物，坊间不下数十种，但用教科书体裁编辑的，绝无仅有"[3]。

从1927年开始，以商务印书馆、中华书局和世界书局为主的多个出版机构在正式的教科书体系中相继编纂、出版以"三民主义"或"党义"命名的党化教科书，共计36种172册，其中以"三民主义"（或中山主义）命名的中小学党化教科书有24种107册，以"党义"命名的中小学教科书有12种65册[4]。

由于时局复杂等原因，这个时期几家出版机构除了出版《三民主义》以及《党义》这两种主要的党化教科书以外，还出版了一定数量的公民教科书，这些公民教科书是1927年以前编纂而成的。当时的教育公报显示，1927年前出版的通过大学院或教育部审定的公民教科书有三种，分别是董文编辑、中华书局出版的《新学制适用新小学教科书公民课本（初小用）》（1928年4月大学院审定）；朱叔文编辑，中华书局出版的《新学制适用新小学教科书公民课本（高小用）》（1928年6

[1] 魏冰心，徐映川. 初中党义：第一册[M]. 上海：世界书局，1929：1.

[2] 王彤宇. 1927—1937年南京国民政府党化教育研究：以教育领域为中心[D]. 石家庄：河北师范大学，2006：15-16.

[3] 戴季虞. 中山主义新国民读本：第一册[M]. 广州：共和书局，1926：1.

[4] 吴小鸥. 民国时期中小学党化教科书及其启蒙规定性[J]. 中国人民大学教育学刊，2013（4）：145-162.

月大学院审定）；潘文安等编辑，世界书局出版的《新学制小学教科书高级公民课本》（1928年6月大学院审定）。虽然大学院或教育部审定过的公民课本只有这三种，但该时期正式出版的公民课本远不止这些，1927年前通过审定的部分公民教科书也继续出版，如高阳、陶汇曾、刘炳麟编辑，1925年1月上海商务印书馆出版、发行的《新撰初级中学教科书公民》，1930年1月出至68版。

为什么有些中小学用的三民主义教本或读本是在1927年以前出版的？很可能是因为相关出版机构为响应孙中山的思想号召及广州国民政府的政策精神而编写的。前文提到，孙中山在1924年以前就提出在思想教育领域实施党化教育，力图更全面深入地把三民主义贯彻落实到每一个公民身上，以构建一个以三民主义为核心的主流意识形态。

二、小学德育教科书

（一）小学德育教科书的出版情况

为了加强思想控制，国民党政府1928年后在中小学大力实施党化教育，把教育与政治联系起来。起初在公民科基础上增加三民主义科与党义科，没过多久，以三民主义科取代公民科，几个月后，又以党义科取代三民主义科，但是"党义教科书的指导思想"始终是三民主义。其实，"三民主义教育"与"党义教育"实质上没有太大的区别，只是名称不同而已。以三民主义为中心的党义教科书及三民主义教科书是对学生进行国民党党义灌输的重要工具，南京国民政府对此极为关注。

1927—1932年间，中华书局、商务印书馆、世界书局、北新书局、民智书局等民营出版机构出版了小学三民主义课本10种，小学党义课本8种。

小学三民主义课本：1927年商务印书馆陆续出版"新时代"系列，包括朱子辰编纂的《新时代三民主义教科书》（共8册）、李扬编辑的《新时代三民主义教科书》（共4册）；世界书局也出版了一系列的三民主义教科书，包括1928年魏冰心编辑的《高级小学三民主义课本》（共4册），1929年魏冰心、朱翊新编辑的《前期小学三民主义课本》（共8册）；新国民图书社出版了两种，分别为1929年陆绍昌编辑的《新中华三民主义读本》（共4册），1927年至1928年陆绍昌编辑的《新中华三民主义课本》（共4册）；1930年民智书局也出版了王蒿基、马彭年编辑的《民智初级三民主义教本》（共8册）和张国人编辑的《民智高级三民主义课本》（共4册）。除此之外，这一时期的三民主义教科书还有1926—1927年中华爱国编辑社编辑的《三民主义读本》（共4册，出版单位不详），以及1927年戴季虞编辑、共和书局出版的《前期小学三民主义教科书》（共4册）。

小学党义课本：1927年新时代教育社编的《小学党化教材》（共8册）；1928年吕伯攸、郑昶编，上海新国民图书社出版的《新中华党义课本》（共8册）；1929年赵景源编辑，商务印书馆出版的《新时代党义教科书》（共8册）；1932年陈醉云编辑，北新书局出版的《北新党义新本》（共4册）。还有不是以"党义"命名的教材：1926年戴季虞编辑，广州共和书局出版发行的《中山主义新国民读本》（共4册）；1926年魏冰心编辑，世界书局出版的《中山主义新国民读本》（共4册）；1929年钱选青编辑，世界书局出版的《中山故事读本》；1930年宗亮寰编辑，商务印书馆出版的《孙中山先生革命史实》；1930年唐鸣时编纂，商务印书馆出版的《民权初步演习》（共2册）。还有部分小学自编教材，比如上海中学实验小学自编了《低级党义教材》（时间不详）。

这些课本包括科学常识、伦理、文化常识、经济生活、政治等多方面的内容，强调国民党思想教育及领袖教育，课本里关于孙中山的故事也相对较多，孙中山的思想被特别强化。以世界书局出版的《中山主义新国民读本》为例，该书"第一册以认识中山先生及明了中国地位为目的，第二册以宣传三民主义、五权宪法为目的，第三、第四册以介绍建国方略、建国大纲为目的。读本书者，循序渐进，可知国民革命的必要和方法，以及建设国家的步骤和计划"[1]。总之，这些教科书充满了国民党"党义"的味道。

值得一提的是，在法定开设党义科的时间里，由于时局复杂，一些民间书局依旧出版小学公民教科书，比如1932年4月世界书局再版了《新学制小学教科书高级公民课本》。不过，该书内容和三民主义教科书没什么区别。

（二）具有代表性的小学德育教科书

1. 商务印书馆出版的《新时代党义教科书（小学校初级用）》

《新时代党义教科书（小学校初级用）》共8册，每册20课，初级小学用，赵景源编辑，陈希豪校订，1929年商务印书馆出版、发行，配有《新时代党义教授书（小学校初级用）》。

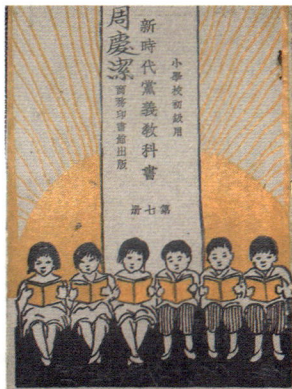

图5-1　《新时代党义教科书（小学校初级用）》（第七册），赵景源编辑，陈希豪校订，1929年9月商务印书馆出版，1929年9月初版

该套教科书内容主要包含孙中山的事迹、思想或主义，中国近代革命史实，中国当时的政体等方面。从内容性质来看，前两册主要为社会公共常识，其余6册主要为中国近代史方面的内容。每册都有多篇课文讲述、歌颂孙中山。

以第二册和第三册为例。

[1] 戴季虞. 中山主义新国民读本：第一册[M]. 广州：共和书局，1926：1.

第二册目录：（国民党）党旗、（民国时期）国旗、孙中山（一）、孙中山（二）、洋货、国货、外国银行、外国轮船火车、租借地、爱国、自由、诚实、平等、孝敬、爱护公园、工人、农民、革命军、娱乐（一）、娱乐（二）。

第三册目录：中山的故乡、中山的家庭（一）、中山的家庭（二）、中山的家庭（三）、反抗私塾、不畏强暴、反对缠脚、反对贩卖人口、洪杨的故事（一）、洪杨的故事（二）、指斥历史、痛恨贪官、要求出洋、毕业的荣誉、毁坏偶像、不爱钱、香港读书、结识同志、中法之战的教训（一）、中法之战的教训（二）。

第三册的内容几乎全都是关于孙中山的家庭、家乡、年轻时的求学经历以及他的美好品德。如第二课"中山的家庭（一）"："中山家里种田。他的父亲曾在澳门做过缝工。因为不愿住在繁华地方，故回到本乡，是一个爱护家庭的人。"[1]这里赞扬了孙中山的父亲热爱家乡、爱护家庭。第三课"中山的家庭（二）"："中山的父亲，不怕难，肯吃苦，非常老实。中山的母亲，也肯吃苦，很是和气。所以他们的生活，虽是贫苦，家庭里倒很快乐。"[2]通过赞扬孙中山父亲、母亲的美好品质，说明孙中山自小生活在勤苦、快乐的家庭里，暗示了家庭环境对孙中山未来丰功伟绩的外在影响。再如第七课"反对缠脚"："中山的母亲，叫他的姐姐缠脚，他的姐姐痛苦万分。中山看见了，对他母亲说道：'母亲啊！这个痛苦太厉害了！请不要再缠她的脚罢！'"[3]通过孙中山反对姐姐缠足，反映了他对传统封建生活方式的蔑视以及提倡男女平等的新思想。除了歌颂孙中山的事迹外，也有介绍国民党历史的政治性内容。如第二册的"（国民党）党旗"一课，向学生介绍了国民党的党旗及其含义。再以第七册为例，该册记录了孙中山再任大元帅直至他逝世这一时期所发生的一些史事以及对史事的反思。

该套教科书承袭历史脉络，前面叙述我国所遭受的不平等待遇和孙中山先生的治国方略，后面讲述如何应对和抵抗外国侵略等内容，以此来激发国人的爱国之心。第一、第二册多插图，文字甚少；从第三册起，图文结合，文字渐多，每课的后面一般会有3个问题，如第七册第九课："不平等条约是怎样缔结的？""试说几种不平等条约？""我国民族要求自由民主应该怎么办？"……这些都包含了作者对那时所发生的史事的反思。

该套教科书为竖排，铅印，尺寸为13 cm×18.5 cm，平装。封面背景色为黄色，主体图案为太阳照耀六个孩子读书，给人一种活泼向上的感觉，正中间为一竖排文本框，约占封面的三分之一版面，亦在太阳的光芒中，白底黑字，框内从右至左印有"小学校初级用"、"新时代党义教科书"、册次以及"商务印书馆出版"等字样。封二为目录，目录仅有课次和课名，接着为扉页（有的为第一课、有的为《国民革命歌》）、正文、版权页。正文多为故事和政论文。版权页有出版机构名称、出版时间、版次、编辑者、发行者、印刷者等信息。

---

[1] 赵景源. 新时代党义教科书：小学校初级用：第三册[M]. 上海：商务印书馆，1929：2.

[2] 赵景源. 新时代党义教科书：小学校初级用：第三册[M]. 上海：商务印书馆，1929：3.

[3] 赵景源. 新时代党义教科书：小学校初级用：第三册[M]. 上海：商务印书馆，1929：7.

2. 上海世界书局出版的《前期小学三民主义课本》

1927—1932年间的党化教科书，基本上是根据孙中山三民主义、建国方略、建国大纲等编辑而成的，介绍中国国民党的历史、组织、纪律、地位以及（国民党）国旗、（国民政府时期）国歌等政治性内容，提倡三民主义和党义，政治色彩浓厚。[1]

5—2

图5-2 《前期小学三民主义课本》（第六册、第八册），魏冰心、朱翊新编辑，范祥善校订，于右任校阅，1928年7月上海世界书局出版、发行，第六册1929年8月57版，第八册1929年9月55版

《前期小学三民主义课本》共8册，每册20课，魏冰心、朱翊新编辑，范祥善校订，于右任校阅，1928年7月通过审定，1928年上海世界书局出版、发行，供初级小学用。

这套教科书内容分为几个概要，主要从三民主义概要、民族、民权、民生、"纲要"（物质建设纲要、心理建设纲要等）等大的方面进行叙述，再到小的物质建设和心理建设方面，从物欲和精神层面净化儿童心灵。书中探讨孙中山先生的实业学说、行易知难的学说，通过设问法，一步步推理出学说的必要性和迫切性，也批判了过去思想的弊病，意在使学生于批判中获得真知。编写人员明确指出，这套书是用来练习而非阅读的，儿童应把所学运用到实际生活中，人民团结，力量才会巩固。

正如书名所示，该套教科书的核心内容是三民主义，比如第三册共六个单元，分别是"明了中国的国际地位""恢复民族主义""提倡民权主义""发展民生主义""列强民族压迫""列强经济压迫"，有一半是讲三民主义。除了强调国民党思想教育以外，同时也非常注重爱国主义教育，尤其重视呈现中华文明的伟大成就以及当时的建设成就，以培养学生的民族自豪感。以第四册为例，这本教科书共4个单元，分别是"解决民族问题""解决民生问题""解决民权问题""三民主义的结论"。"解决民权问题"里的"权力和能力"一课写道："一个国家，好比一艘汽船；行政官吏，是把舵的水手；全国人民是坐船的主人……"显然，这一课掩饰国民党的独裁统治，美化行政官吏，试图对小学生进行愚民教育。第七册分为"心理健康纲要"和"物质建设纲要"两大单元，每个单元各10课。"心理健康纲要"中有7课介绍了中华文明的成就。再如该套教科书第二册，其主要内容如下：颂扬祖国，突出爱国；反对帝国主义；呼吁公平，减小贫富差距；呼吁缩小阶级差别；定义帝国主义为"割占土地、夺取国人利益、欺辱中华人民"的侵略分子；号召人民管理国家权力；号召农工商学兵联合起来，打倒帝国主义、铲除军阀官僚等，书中明确反对民族压迫，主张废除封建土地制度，反映资产阶级的政治、经济和利益要求，具有强烈的反帝反封建的民

[1] 王颖春. 从修身到公民再到三民主义与党义：民国公民教育课程的演变[D]. 北京：北京师范大学，2008：27.

族精神。

该套教科书土纸，铅印，尺寸为13 cm×18.5 cm，平装。封面较简洁，主体为一文本框，框内自右至左印有"新主义教科书"、"前期小学三民主义课本"、册次以及"上海世界书局出版"等字样；顶端印有"中华民国大学院审定"。第一册封二为"敬告采用本书者的公开信"，扉页为"编辑纲要"，阐述该书的主要内容和编排策略；其余几册封二为目录，接着为正文、版权页。目录有课次、课名和页码。正文多采用叙事型文体，低年级较多图，随着年级的升高，教科书中的图渐渐减少。版权页分两部分，上半部分是一个文本框，框内有关于大学院的介绍；下半部分则是关于该书的编辑者、校订者、定价、版次、印刷所、发行所、总发行所等信息，以及"此书有著作权，翻印必究"的字样。不同版次的版权页形式略有不同。

3. 商务印书馆出版的《新时代三民主义教科书（小学校初级用）》

《新时代三民主义教科书（小学校初级用）》共8册，朱子辰编著，王云五校订，大学院审定，1927年商务印书馆出版、发行。

图5—3　《新时代三民主义教科书（小学校初级用）》（第四册），朱子辰编著，大学院审定，1927年2月商务印书馆出版，1930年9月390版

《新时代三民主义教科书（小学校初级用）》前两册为社会公共常识，其余6册为中国近代史方面的内容。后6册先述当时的国家所遭受的不平等待遇和孙中山先生的治国方略，后叙述国外是如何应对和抵抗不平等侵略的，最后谈及如何在孙中山先生的指导下去使国家强大。

具体编排上，该套教科书按学制年限编排，循序渐进，注重直观形象，图文结合，文字简练，有助于引起儿童的学习兴趣。即使在细小的条目上，讲解也分为好几节内容，以使儿童能够透彻、深入理解。从封面开始，就配有图画，彩色图案明亮活泼，前4册基本上每课一图，其中第一册以图画为主来阐释德目；第二册开始涉及理论知识，仍以图画为主，图文配合，便于学习；第三册到第八册主要运用问答式的故事法，用成功事例进行解说，并配有写实图画，图文并茂。例如第五册第三课题目为"挽救棉业"，配图为棉纱堆，展现了我国当时的棉业状况。

此外，该套教科书注意到了学科联系和国际视野，将一些相关联的学科进行融合，融入了地理常识和历史常识。这些知识的传授，让儿童具有历史意识，同时对国家地貌有大致的了解。国际视野如第六册前3课为法国革命介绍，选用法国革命胜利的内容来教导儿童先进的思想及自由的重要性，培养儿童的国际意识。

该套教科书的话语方式也颇有特点。第一，几乎全为陈述句、祈使句和设问句。陈述句用来解释相关德目，叙述故事或道理，阐明编者的态度，如"所谓普及教育，就是使个人受义务教育"。陈述句的功能是告诉学生肯定或否定的信息，具有相当的确定性。祈使句则是"告诉某人做某事"，如"中国教育制度，向来重男轻女，全国大中小学校的学生，总是男多女少，有违机会平等的本意。这种畸形发展，有碍文化进步，所以今后应使男女接受同等的教育"。祈使句的功能主要是要求和指导学生的行为。学生真诚地认同教科书里的祈使句就意味着会按教科书所要求的去思考、去行动。另外一大特点就是设问句的出现。课本里出现设问句自问自答，以引导读者注意和思考问题。为了使论证深入，在关键性的内容上，设问说理，是行之有效的办法。如第八册第一课"三民主义的发明者"中所述，"三民主义的发明者是谁呢？人人都知道三民主义的发明者是孙中山先生"[1]。这一设问，有利于强化孙中山先生在儿童心中的形象，也突出了孙中山先生的伟大。第二，体裁方面，以说理性为主，议论文、说明文居多。在讲解道理时，通常用伟人作为例子进行阐述。课文有的用戏剧的形式，有的用民谣的形式来进行编写，形式丰富，具有趣味性，让儿童读起来朗朗上口，学起来有趣有效。

该套教科书形式与《新时代党义教科书（小学校初级用）》的接近，就连封面的插图都一样。扉页背面有孙中山遗像，接着为插页（内容为"总理遗嘱"），再接着为目录、正文、版权页。版权页主要有编纂者、校订者、发行兼印刷者、发行所、定价、版次等信息，以及"版权所有，翻印必究"的字样。

4. 中华书局出版的《新中华三民主义课本（小学校高级用）》

《新中华三民主义课本（小学校高级用）》由陆绍昌编辑，上海中华书局印行，共4册，每册21课。这套教科书的编辑审校队伍也是新老结合，除了中华书局的资深编辑外，还新加入了几个重量级的国民党元老文人，如叶楚伧、陈立夫等。小学三民主义课本都由国民党宣传部部长、重要笔杆子叶楚伧亲自校阅。

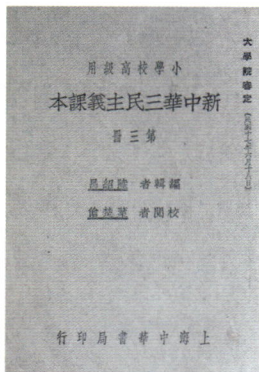

图5-4　《新中华三民主义课本（小学校高级用）》（第三册），陆绍昌编辑，叶楚伧校阅，1927年上海中华书局出版、发行，1931年6月22版

该套教科书第一册讲民族主义，第二册讲民权主义，第三册讲民生主义，第四册讲建国方略和建国大纲。

---

[1] 朱子辰. 新时代三民主义教科书：小学校初级用：第八册[M]. 上海：商务印书馆，1927：1.

第一册21课，目录依次为：中国的民族，英国的民族，日本的民族，日本民族的"发奋为雄"，中国民族的难关，中国领土的丧失，关税与经济侵略，中国海关权的丧失，入超前途的危险，外国银行损失我国利权，航运的损失利权，外国经济侵略之统计，人口压迫的危险，国族主义的利益，联合成国族大团体共同奋斗，恢复旧道德，仁爱与信义，中国人爱和平出于天性，注意修身，中国民族的能力，中国民族的责任。

第三册21课，目录依次为：人类如何才能生活（上），人类如何才能生活（中），人类如何才能生活（下），历史的重心是民生，欧美经济的进化（上），欧美经济的进化（下），经济利益相调和，盈余从何处来的，中国人大家都是贫，澳洲第一个富家翁，地价增涨是不劳而获的利，平均地权，发达国家的资本，节制资本，吃饭问题（上），吃饭问题（中），吃饭问题（下），穿衣问题（上），穿衣问题（中），穿衣问题（下），食衣住行。

从这些目录可以看出，该书内容既有国内的，也有国外的，主体是当时中国所处的状况及建设路径，意在激发学生的报国志向；既有政治经济的，也有道德的，尤其重视中国传统道德的传承，比如第一册的"恢复旧道德""仁爱与信义""注意修身"等。

<h2 style="text-align:center">一六　恢复旧道德</h2>

中国固有旧道德先恢复起来，固有的民族地位才可以图恢复。固有的旧道德，首忠孝，次仁爱，次信义，次和平。现在民国没有君主，但忠于国，忠于民，忠于事，是应该的。做一件事，始终不渝，做到成功，这便是忠。孝字尤为中国特长，比各国进步得多。忠孝二字讲到极点，国家便自然可以强盛[1]。

——《新中华三民主义课本（小学校高级用）》（第一册）

<h2 style="text-align:center">一七　仁爱与信义</h2>

仁爱也是中国的好道德，有所谓"爱民如子"，有所谓"仁民爱物"，不过现在中国人没有外国人那样实行仁爱。我们要学他们那样实行，把仁爱恢复起来。信字一方面的道德，中国比外国好得多。商业交易上没有契约，回头一句话，便有很大的信用。讲到义字，高丽做中国藩属几千年，而高丽犹在。日本强了不过二十年，《马关条约》日本要求高丽独立，但是不久便把高丽灭了。可见日本的信义远不如中国[2]。

——《新中华三民主义课本（小学校高级用）》（第一册）

这些虽为道德条目，但紧密结合当时的政治经济形势，能给予学生多方面的教育。

该套教科书土纸，铅印，尺寸为13 cm×18.5 cm，平装。封面自上而下印有"小学校高级用"、"新中华三民主义课本"、册次、编辑者、校阅者及"上海中华书局印行"等字样。第一册的封二为编辑大意，其他册次的封二空白。扉页为目录，接着为正文、版权页。按编—主题式编

[1] 陆绍昌. 新中华三民主义课本：小学校高级用：第一册[M]. 上海：中华书局，1931：12-13.
[2] 陆绍昌. 新中华三民主义课本：小学校高级用：第一册[M]. 上海：中华书局，1931：14-15.

第二节　1927—1932 年间的中小学德育教科书

排，目录有编次、编名、主题名、主题次序、页码。正文多采用叙事型和议论型文体，有少量地图和图示，可读性一般。版权页为一文本框，框内有关于该书的编辑者、校阅者、定价、版次、印刷者、发行者等信息以及"有著作权　不准翻印"的字样。封底有中华书局的标识。

5. 中华书局出版的《新中华党义课本（小学校初级用）》

《新中华党义课本（小学校初级用）》根据孙中山先生的学说、主张等编辑而成，郑昶、吕伯攸编，共8册，1929年上海中华书局发行。该套教科书注重儿童兴趣，并按儿童教育原则编写，为了增强儿童理解力，插入了必要的图画。前4册为生活道德，后4册为民族史及三民主义简介。对于初级小学的儿童来说，由于他们先前没有接受系统的教育，不具备生活常识，所以这套教科书先进行生活教育和道德教育，然后在儿童具备一定素质的基础上，再进行民族史教育、三民主义教育，让儿童明确当下的任务，尽快成长起来。这种编排内容由浅入深，符合儿童心理发展规律。

图5-5　《新中华党义课本（小学校初级用）》（第三册、第五册），郑昶、吕伯攸编，1928年新国民图书社出版，1929年上海中华书局印行。第三册1932年10月31版，第五册1932年8月27版

传统儒家思想是三民主义的理论来源之一，因此在一定意义上可以把三民主义说成是儒家思想在特定时期的继承和发展，以三民主义为中心的党义教科书在一定程度上也是对儒家思想的弘扬。教科书直接贯彻孙中山的思想，主张利用传统的家族、宗族团结民众，从而建立强大的国家。可见，家族、宗族这些新文化运动企图摆脱的束缚再一次沦为国家统治的支柱，而且教科书中的内容绝大多数来自孙中山的言论或演说，有些将其适当转变，有些则直接摘录，即便是一些简单的道德训诫或者寓言故事也有相应的来源。

该套教科书第三册第三课关于"团结"的寓言故事："一群黄蚂蚁，在窝里争斗。老黄蚂蚁说：'我们都是同族，不可争斗，应该互相团结。'"这个故事来自孙中山的演讲《三民主义·民族主义·第三讲》（1924年4月出版的《民族主义》）。显然，该套党义教科书较多引用孙中山的话语，突出权威性。

该套教科书的内容多围绕伟人和国民党内优秀事迹展开，突出伟人形象。例如该套书第六册主要介绍孙中山提出的民权和自由知识。从反对裹脚、男女平等等方面阐述中国人的平等自由；通过财产权、森林政策等，讲述民权知识；运用孙中山先生的事例，引出保护森林，做国家栋梁之意。

除了党义教育，该套教科书还注重体现通识教育。内容所述希望儿童把所学运用到实际生活中，这样人民才会团结，国家力量才能巩固。并且，这套教科书将传统社会所推崇的个人道德和当时转型时代应具备的近代伦理层次分明地融合在一起，其中的新伦理是以前道德教育所不具备的，更为吸引人。例如国际意识教育、传统文化教育、民族精神教育等。该套书第三册主要介绍传统美德及生活规范，其第五课讲道："8月14日，八国联军侵华的日子被确定为国耻日。"这种国耻教育有助于激发儿童的爱国热情，使他们不忘国难，为国争光。从当时的国情看，民族精神教育尤其重要。这些观念在1927—1932年间的党义教科书和三民主义教科书中比较常见，也十分具有代表性。

另外，该套教科书中增添了人们衣食住行方面的变化，说明了受西方思潮的影响，中国近代社会习俗和社会风气发生变化。如《新中华党义课本（小学校初级用）》（第三册）的第十三课"食的进化"：

上古的人，吃生鱼生肉。现在的人，煮熟了吃[1]。

十四课"衣的进化"：

上古的人，身上穿树叶。现在的人，有衣服穿[2]。

十五课"住的进化"：

上古的人，住在树上和洞里。现在的人，有房屋住[3]。

十六课"行的进化"：

上古的人，行路全靠两只脚。现在的人，有车和船可以代步[4]。

书中通过对比古代和近代人们衣、食、住、行等方面的变化，说明了近代化给我国带来了新的生活方式。综合观之，该套教科书既提倡党义教育和三民主义教育，又宣扬自由、平等、博爱，还呈现衣、食、住、行知识。

再看其编排，该套教科书虽然在编排上逻辑性体现得不明显，内容组织也没有很好地体现循序渐进的原则，但书里有很多内容图文并茂，易于理解。前几册正文没有标题，只有目录显示课文标题；人名、地名及一些专有名词用下划线标明；一些词语的用法比较有趣，如"喜欢"作动词时常用"欢喜"来替代，连词组合为"非但……并且"，还有得寸进寸的说法。标点符号比较小，通常占半格，不容易引人注目。该套教科书在形式上与《新中华三民主义课本（小学校初级用）》接近。

6. 世界书局出版的《三民主义读本（初小三四年用）》

《三民主义读本（初小三四年用）》，朱翊新、吕云彪编纂，魏冰心、范祥善校订，共4册，1926年世界书局出版，1928年大学院审定，供小学校三、四年级儿童使用，每年适用一册，配有教学法4册。该套教科书是小学补充教科书，主要进行三民主义思想的精神传递，相对于课本而言知识更全面、更系统。该套书用儿童化的语言，采用间接法，使儿童了解三民主义的意义。第一册解

[1] 郑昶，吕伯攸. 新中华党义课本：小学校初级用：第三册[M]. 上海：中华书局，1932：13.
[2] 郑昶，吕伯攸. 新中华党义课本：小学校初级用：第三册[M]. 上海：中华书局，1932：14.
[3] 郑昶，吕伯攸. 新中华党义课本：小学校初级用：第三册[M]. 上海：中华书局，1932：15.
[4] 郑昶，吕伯攸. 新中华党义课本：小学校初级用：第三册[M]. 上海：中华书局，1932：15.

释三民主义的优势和弱点，从不同方面论述民族、民权、民生。第二、第三册讲述如何积极提倡优势，如何对三民主义的弱点进行补救和革新。第四册从逻辑上解释三民主义的原理。

图5-6　《三民主义读本（初小三四年用）》（第一册），朱翊新、吕云彪编辑，魏冰心、范祥善校订，1926年6月世界书局出版，1928年审定

该套书的编辑大意写道："孙中山先生提倡的三民主义是救中国的良策，值得灌输到国民的脑海中去的，我们认为现在的儿童就是将来最有希望的中国主人，应该把这主义的大意教他们知道。"[1]

第一册目录：世界最优秀的民族、国民大会的演说词、临头大祸向谁商、报告吐痰趣事的信、结个大团体、两个人的辩论、普选大会、自由创制法律、（独幕短剧）实行复决制权、罢免大总统、股东信任总理、四万万人是阿斗、麻质衣料的讨论、土地肥沃的中华、骆驼和羊的会议、丝业改良会的宣言。这一册共16课，从目录可以看出，该书的内容涉及政治、经济、社会治理、民族等方面，尤其对祖国及中华民族赞美有加，能有效激发学生的爱国热情。

该套教科书土纸，石印，尺寸为15 cm×23 cm，写刻本，线装，左翻页。封面上半部分为一文本框，框内从上至下印有横排的"小学校补充教本""三民主义读本"以及册次和适用年级；下半部分主体为孙中山像，底端印有横排的"世界书局出版"。封二为每册书的内容一览表，概括各课的主要内容，接着为编辑大意、目录、正文、版权页。编辑大意介绍该套书的编辑理念、内容要点、教学建议以及辅助资源等；目录仅有课次和课名；正文体裁多样，有论说文、记叙文、短剧、寓言、神话故事、对话等形式，文中有少量插图和图示，没有思考题。版权页分两大部分，上半部分为世界书局的教科书出版信息；下半部分有世界书局和该书的英文名，以及版次、定价、著作者、校订者、印刷者、发行所、总发行所、分发行所等信息。

三、中学德育教科书

（一）中学德育教科书的出版情况

1927—1932年，商务印书馆、新国民图书社、北平书局、世界书局等民营出版机构出版了中学三民主义教科书5种，中学党义教科书4种。

中学三民主义教科书：1927—1928年商务印书馆出版的"新时代"系列，包括《新时代三民

---

[1] 朱翊新，吕云彪.三民主义读本：初小三四年用：第一册[M].上海：世界书局，1926：编辑大意.

主义教科书（初级中学用）》（共3册），还有与新时代教育社联合出版的《新时代综合编制三民主义教本（初级中学用）》（共3册）；新国民图书社出版的《新中华三民主义教科书（初级中学用）》（1928年出版了2册，1929年出版了2册，共4册）；北平书局出版的《三民主义的科学观》（全一册）。

中学党义教科书：世界书局1929年出版的《初中党义》（共6册）、1930年出版的《高中党义》（共6册），大东书局1930年出版的《初中党义教本》（共3册）、1932年出版的《高中党义教本》（共3册），新民学会1931出版的《党义辑要课本（初级中学用）》（共3册）、1932年出版的《党义辑要课本（高级中学用）》（共3册）。

为了保证党义教育的彻底实施和党义教科书的有效使用，国民政府不断为党义教师制定相关的规范制度。比如，《各级学校党义教师检定委员会组织通则》《检定各级学校党义教师条例》《修正检定党义教师委员会组织通则》《修正检定党义教师条例》《审查党义教师资格条例》《各级学校党义教师、训育主任工作大纲》等。其中《检定各级学校党义教师条例》就规定了"全国各级学校之党义教师，须一律受党义教师委员会之检定"，同时要求党义教师必须为国民党党员，且具有当地教育行政机关所规定的"教员资格"。检定合格的教师由该委员会发予证书，但证书的有效期仅为两年，逾期后必须重新接受检定[1]。

（二）具有代表性的中学德育教科书

1. 新民学会出版的《党义辑要课本》

新民学会的《党义辑要课本》有《党义辑要课本（初级中学用）》以及《党义辑要课本（高级中学用）》各3册。

《党义辑要课本（初级中学用）》，共3册，陈景农、陈泮藻编辑，金曾澄校订，1931年8月初版，广东省立女子中学校、广州会计职业学校等发行，光东书局、民智书局等代售，文光印刷馆、天成印字馆等印刷，供初级中学三学年用。每册的发行处和印刷所不尽相同。

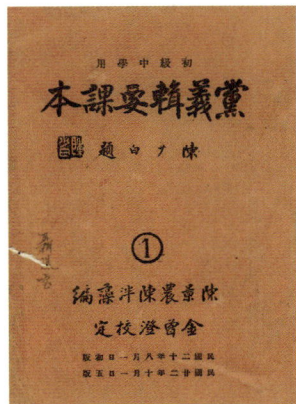

5-7

图5-7　《党义辑要课本（初级中学用）》（第一册），陈景农、陈泮藻编辑，1931年8月天津新民学会初版，1933年10月5版

[1] 中华民国史档案资料汇编：第五辑第二编：教育二[C]. 南京：江苏古籍出版社，1994：1072-1073.

该套教科书采用章—节—主题式编排，每册都涉及民生主义、民族主义和民权主义。比如第二册的第一章是民族主义，该章共4节，其中第一节是"民族主义的意义和民族主义的产生"，该节有4个主题，分别是"民族的意义""民族的构成""民族和国家的区别""民族主义的作用"；第三章是民权主义，该章也是4节，其中第四节是"民权主义的内容和实施的步骤"，本节下设6个主题，包括"权和能的区别""权和能的运用""选举权和豁免权""创制权和复决权"等。

该套教科书，尺寸为14.5 cm×21 cm，平装。封面字体横排，没有图案，第一册自上而下印有"初级中学用""党义辑要课本""陈少白题""陈景农　陈泮藻编""金曾澄校定""民国二十年八月一日初版"等字样。封二后有两页插页，插页为一些名家题词，其中包括孙科的题词；接着为序、目录、正文。序讲述该书的编辑背景、目的、主要内容以及特色等；目录仅有章—节—主题的次序和名称；正文多为政论文，多半源自国民党的重要文献以及孙中山的著述，有少量包括地图在内的图示。版权页有版次、书名、编辑者、发行处、代售处、印刷所等信息，以及"版权所有，翻印必究"的字样。

2. 世界书局出版的《初中党义》

《初中党义》共6册，每册18～20节，魏冰心、徐映川编著，朱翊新、董文校订，1929年世界书局出版，配有参考书6册。

图5-8　《初中党义》（第四册），魏冰心、徐映川编著，朱翊新、董文校订，1929年6月世界书局出版，1930年2月3版订正

该套教科书第一册叙述个人与社会的关系，中国国民党党史，孙中山的革命思想、革命事业及三民主义的概要等，使学生明了国民党的组织及理论；第二册叙述行易知难学说纲要，民权初步要义及五权宪法、建国大纲等，使学生明了国民党的建设计划；第三册叙述现代政治、法治、社会经济、实业计划，以及教育、劳动、妇女、国际等一切社会问题，使学生明了当时社会的环境及在此环境下的公民应努力的趋向。在第二、四、六册之末，均附有个人修养材料。[1]该书不局限于政策的灌输，而注重引领学生思考如何救中国，如何进行建国，让学生从自身角度出发，进行实业训练，以此来为国民党奉献自己的一分力。编写该书的主要目的不仅使学生个人可以认识党义，也要使学生了解自己对于党国应负的责任[2]。

---

[1] 魏冰心，徐映川. 初中党义：第一册[M]. 上海：世界书局，1929：1-2.

[2] 葛爽. 国民党党化教育中的三民主义：以民国时期中小学党义教科书为中心的考察[J]. 黑龙江史志，2014（11）：55-58.

第一册目录。第一单元 我和社会的关系：甲 个人与社会，乙 家庭，丙 学校，丁 公团，戊 民族，己 国家，庚 国际；第二单元 我应该研究党义：甲 政党（一 党、二 党义、三 以党治国），乙 中国国民党（一 史略、二 组织、三 主义、四 政纲、五 宣言），丙 孙总理（一 革命思想、二 革命事业、三 遗嘱、四 纪念周的意义）。

第三册目录。第一单元 我愿服膺行易知难学说：甲 发明行易知难学说的原因，乙 行易知难的证明（一）——以饮食用钱为证，丙 行易知难的证明（二）——以作文建屋为证，丁 行易知难的证明（三）——以造船筑城凿河为证，戊 行易知难的证明（四）——以电学化学进化为证，己 知行总论，庚 能知必能行，辛 不知亦能行；第二单元 我愿练习民权的运用：甲 民众团结的必要，乙 集会的组织，丙 会议的程序；第三单元 我应该研究五权宪法：甲 宪法的定义与沿革，乙 三权宪法与五权宪法，丙 五种治权（一）——立法权司法权行政权，丁 五种治权（二）——考试权和监察权，戊 四种政权（一）——选举权和罢免权，己 四种政权（二）——创制权和复决权，庚 五权宪法的价值。

第五册目录。第一单元 我应该研究现代政治：甲 独议政治与代议政治，乙 全民政治；第二单元 我应该研究现代法律：甲 国际法与国内法，乙 公法与私法，丙 普通法与特别法，丁 成文法与不成文法、强行法和任意法与主法和助法；第三单元 我应该研究经济生活：甲 生产，乙 交易，丙 分派，丁 消费合作和储蓄，戊 财政；第四单元 我应该研究实业问题：甲 实业计划（一）——开发北部富源，乙 实业计划（二）——开发中部富源，丙 实业计划（三）——开发南部富源，丁 实业计划（四）——建筑铁路，戊 实业计划（五）——发展工业和开采矿业；第五单元 我应该研究教育问题：甲 普及教育，乙 提倡科学。

该套教科书材料，尽量容纳总理（孙中山）遗教；理论上的解释，多引用党国要人的言论。[1]形式上，课文多为论说文，有少量图示，课文后有"参考材料""研究问题"和"课外工作"三项，供学生课后参阅、研究和实践用。

该套教科书铅印，尺寸为14.5 cm×21 cm，竖排，左翻页。封面主体为一文本框，框内从右至左印有竖排的"魏冰心 徐映川编""朱翊新 董文校""初中党义 第※册""世界书局印行"，框的上方印有横排的"初级中学学生用"。扉页为"本册提要"，简要介绍本册内容，接着为插页（第一册的插页后有编辑纲要）、目录、正文、版权页。插页第一面为孙中山像和"总理遗嘱"，第二面为中国国民党党歌；目录有单元名、节次和节的名称及页码，有趣的是，该书的节次不是用数字，而是用中国古代的天干（甲乙丙丁等）纪序；版权页主体也为一文本框，内有书名、版次、定价、编者、校者、发行兼印刷者、发行所等信息以及"版权所有 翻印必究"的字样。封底为世界书局的标识。不同版次，全书的结构和形式略有不同。

[1] 魏冰心，徐映川. 初中党义：第一册[M]. 上海：世界书局，1929：1-2.

3. 世界书局出版的《高中党义》

《高中党义》共3册，郭伯棠、魏冰心编（第一册郭伯棠、魏冰心，第二册魏冰心、郭伯棠，第三册魏冰心），范祥善校，1930年世界书局出版、发行，供高级中学用。

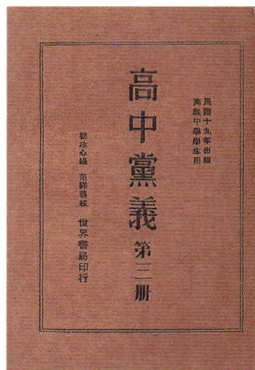

图5—9　《高中党义》（第三册），魏冰心编，范祥善校，1930年8月世界书局出版，1930年8月再版、印刷

第一册为"中国国民党概论"，整册书全是论述国民党的内容，共7章：绪论、中国国民党的历史、中国国民党的主义、中国国民党的政策、中国国民党的组织、中国国民党的纪律、结论。

该套教科书对初中部分以一章节就叙述完的国民党概况又用了一册的篇幅作更为详尽的叙述，是初中内容的进一步细化，实质上是向学生灌输和论证国民党的合法性及其对人民的意义。突出"一个党，一个主义"，让人们觉得"国民党能满足人们的所有需要"，并不断地向学生强化"只有坚持三民主义才是唯一的救国主义。不但可以实现中国民族生存的愿望与目的，并且可以解放世界上被压迫的弱小民族，矫正世界上虚伪的民主政治，消灭世界上酝酿的阶级斗争"。[1]

第二册主要论述三民主义的意义、形成和实际，共9章：民族主义的意义、民权主义的意义、民生主义的意义、民族主义的发生、民权主义的发生、民生主义的发生、民族主义的实际、民权主义的实际、民生主义的实际。

第三册分上、下两编，上编是建国方略概论，下编是建国大纲概论。上编完全根据孙中山的原著，分4章，第一章总论建国方略；第二章是"心理建设"，概论孙中山的行易知难学说；第三章是"物质建设"，概论孙中山的民生初步；第四章是"社会建设"，概论孙中山的民权初步。下编多半采用孙中山的言论，阐明建国大纲的条文，分4章，第一章是"总论"，概述建国的主义与程序；第二章是"军政时期"，详述军政时期的工作和成绩；第三章是"训政时期"，详述训政时期的重要、地方自治及政府；第四章是"宪政时期"，略述宪政时期的政府、国民大会与颁布宪法。[2]

该套教科书铅印，尺寸为14.5 cm×21 cm，平装，左翻页。章节式编排。封面上半部分主体为一文本框，框内从上至下印有横排的"高级中学学生用"、"高中党义"、册次以及编著者等信息，框的上方印有该书的审定时间；封面底端印有横排的"世界书局印行"。接着为内封、本册提要、目录、正文、版权页。内封红底黑字，主体为一文本框，自右向左印有竖排的"民国十九年出

[1] 魏冰心，郭伯棠. 高中党义：第一册[M]. 上海：世界书局，1929：本册提要.
[2] 魏冰心，郭伯棠. 高中党义：第三册[M]. 上海：世界书局，1929：本册提要.

版"、"高级中学学生用"、"高中党义"、册次、编著者、校者、出版机构等信息；目录有章节的次序、名称和页码；正文多为政论文，且很多来自孙中山及国民党在位高官的言论，文中有少量地图和其他图示；版权页主体也为一文本框，内有书名、版次、定价、编著者、校订者、发行兼印刷者、发行所等信息以及"版权所有 翻印必究"的字样。封底为世界书局的标识。

4. 北平书局出版的《三民主义的科学观（高中党义教本）》

《三民主义的科学观（高中党义教本）》全一册，180页，有零著，1932年北平书局出版，供高级中学用。

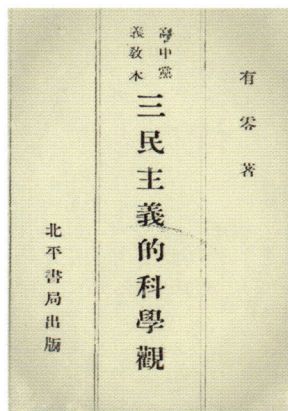

图5-10　《三民主义的科学观（高中党义教本）》，有零著，1932年5月北平书局出版

该书面向师范、高中学生，让他们站在科学的立场了解和发展三民主义的科学性，追寻三民主义的"真面目"及其价值，全书共5篇16章56节，具体篇章目录如下：

第一篇　总论：第一章　三民主义的哲学基础及其时代背景，第二章　三民主义的内容。

第二篇　民族主义：第三章　民族问题的研究，第四章　民族主义的内容，第五章　民族主义与其他关系。

第三篇　民权主义：第六章　政治，第七章　民权问题的研究，第八章　民权主义的内容，第九章　民权主义的三个时期，第十章　中央和地方及政府和人民的关系。

第四篇　民生主义：第十一章　资本主义的产生，第十二章　社会主义与社会革命，第十三章　民生主义与各家社会主义，第十四章　民生主义的三个时期。

第五篇　结论：第十五章　三民主义有打破三个人为的障碍的功能，第十六章　三民主义有打破三个天然的障碍的功能。

该书认为民生主义是三民主义的最高目的，而民族主义、民权主义不过是实现民生主义的手段。因此，作者在论述三民主义时，加重了该部分的篇幅。全书从三民主义的哲学基础及时代背景讲起，叙述三民主义的产生，进而引出三民主义的内容和精神。为了让学生更为透彻地了解三民主义，作者又从科学观的角度论述三民主义。值得一提的是，该书在最后探讨了社会主义及社会革命，不再局限于自己国家的角度，而从更为全面的角度看待三民主义，可以说是一大创新。该书语言铿锵有力，论证详细通透，逻辑清晰，鼓励高中生从科学的角度看待三民主义，能增强学生的思维能力、理解能力。

该教科书土纸，尺寸为14.5 cm×21 cm，平装，竖排。该书封面为一文本框，分为三列，右列印有"有零著"，中列印有书名"高中党义教本三民主义的科学观"，左列印有"北平书局出版"。扉页为序言，论述该书的编辑缘由、三民主义和马克思主义的关系等。接着为目录、正文、版权页。目录有章节次序、名称和页码；正文形式和同时代其他的中学党义课本类似。

5. 商务印书馆出版的《新时代三民主义教科书（初级中学用）》

《新时代三民主义教科书（初级中学用）》共3册，第一、第三册由胡愈之编辑，第二册由楼桐孙著，王云五校订，1928年6月大学院审定，新时代教育社编印，1928年商务印书馆出版、经售。

图5-11　《新时代三民主义教科书（初级中学用）》（第二册），楼桐孙著，王云五校订，1928年6月大学院审定，1928年1月商务印书馆出版，1929年8月65版

该套教科书既重视理论，所采材料大半根据孙中山的著述以及国民党历次代表大会的党纲、宣言，"可免学者误入歧途"；也关注国际和国内的现实，使学生不拘泥于理论，而关注现实并"取现实的问题以做印证"[1]。

该套教科书第一至第三册的主题分别为民族主义、民权主义和民生主义。按章节式编排，第一册共8章：导言、民族的政治独立、民族的经济独立、民族的文化独立、民族主义与帝国主义的冲突、现代民族运动、中国民族主义运动、世界大同；第二册共5章：导言、近代民权主义运动、民权与自由平等及代议政治、民权主义的新发明、直接民权（政权）；第三册共6章：导言、经济发展和国权、财富的增加、财富的分配、民生主义与社会主义、从民生主义到大同主义。

该套教科书土纸，尺寸为14.5 cm×21 cm，平装，竖排，左翻页，章节式编排。封面无图，主体为一文本框，框内分三列，从右至左依次印有"中华民国十七年六月经大学院审定""新时代三民主义教科书　第一（二、三）册 民族（权、生）主义""商务印书馆出版"等字样；框的上方印有横排的"初级中学用"。扉页为编辑大意，阐述该书的适用对象、选材依据、教学建议等，接着为目录、正文、版权页。目录有章节次序、章节名称和页码；正文多为论说文，有的是以问答的方式行文，重在解释，有少量图示；版权页主体也为一文本框，内有书名、版次、定价、编辑者、校订者、发行兼印刷者、发行所等信息，以及"版权所有　翻印必究""本书于十七年六月经大学院审定领到五十一号执照"的字样。封底印有商务印书馆的标识。不同版次的封面及版权页信息有差异。

---

[1] 胡愈之.新时代三民主义教科书：初级中学用：第一册[M].上海：商务印书馆，1928：编辑大意.

第四节
1927—1932年间的中小学德育教科书分析

一、特点

这一时期由于社会动荡，国民党迫切需要能够救国的仁人志士，所以在教育领域中凸显政策的重要性，让国民尽快了解国情，发挥余力致力于国家建设。为此，政府颁发了一系列草案来确定教学标准。根据政府颁发的相关文件，经过筛查审核，符合规定的教科书被采用。这个时期的德育教科书具有以下特征。

（一）发行量大

党化教科书作为特定历史时期的思想启蒙课本，不仅受到政府各部门的重视，而且受到著名学者、国人的广泛关注。由于政治力量的介入，发行教科书变成一种国家行为，宣扬力度变大，教科书发行量也随之变大，有的教科书的发行版数多到令人吃惊。如朱子辰编纂的《新时代三民主义教科书（小学校初级用）》（第一册），1927年商务印书馆初版，1930年就达到1000版了。正是因为党化教科书发行量之大，党化教育才盛行。

（二）系统化

这一时期的德育教科书具有明确的主题，其内容由政府作了系统的规划与安排。如《新时代党义教科书（小学校初级用）》第二册中的内容：（国民党）党旗、（民国时期）国旗、孙中山（一）、孙中山（二）、洋货、国货、外国银行、外国轮船火车、租借地、爱国、自由、诚实、平等、孝敬、爱护公园、工人、农民、革命军、娱乐（一）、娱乐（二）。这套党义教科书以爱国为主线，介绍国家组织和领导人；以生活品质为副线，从小培养儿童社会所需要的品德，有利于其以后的发展。再如陶百川编著，大东书局出版的《初中党义》第一册中的内容：导言、集会的种类、集会的组织、集会的准备、集会的规则、动议的意义及方法、动议的收回及分开、讨论的意义及方法、停止讨论的动机、表决的意义及方法、表决后的复议动机、修正的限制及处分、修正的种类及方法、附属动议的顺序及处分、散会动议、搁置动议、延期动议、付委动议、权宜问题、秩序问题。这套教科书针对年龄稍大的学生，内容设置颇有难度，以规则法则为主线，具体地指导学生如何进行会议等。总之，这一时期的中小学德育教科书内容更加贴近政治生活，致力于把学生培育成"党国"精英，系统性凸显。

（三）一条主线

由于1927—1932年时局动荡，国家不稳定，国民党刚刚上台，急需安定人心。1928年7月8日，蒋介石在北京大学第三院发表题为《三民主义为中国的中心思想》的演讲，再次强调"以国民党义治国"。国民党作为执政党，为了确立其在国民心目中崇高的威信，以形成凝聚力和影响力，要求党化教科书强力构建"唯一正确"的政治文化标准，给儿童提供政治认同的基本框架。因此，三民主义教科书与党义教科书和其他教科书最大的不同，在于其在教授学生生活常识与公民知识之外加了一条主线，一条服务于三民主义与国民党党纲的主线，使一切知识都被这条主线串联起来。这两门课程本身也有一个明确的目标——三民主义与国民党党纲，其培养目标演变成了培养在三民主义与国民党党纲指导下的公民。[1]如陆绍昌编撰的《新中华三民主义课本（小学校高级用）》，共分四册，分别以民族主义、民权主义、民生主义、建国方略和建国大纲为纲目。具体到每章，民族主义的条目：各国的民族、中国领土的丧失、关税与经济侵略、中国民族的责任等。民权主义的条目：政权与民权、孔孟之民权说、各国民权说、全民政治、五权宪法等。民生主义条目：人类如何才能生活、欧美经济的进化、盈余从何处来的、节制资本、吃穿住行问题等。建国方略和建国大纲的条目：个人企业和国家经营、建筑北方东方大港、整治扬子江、中国铁路系统、印刷工业矿业、会议的种类与组织、建设三时期等。从这些条目中可见其党化教育之明显。

从内容看，1927—1932年间，各种课程标准都规定以国民党党纲、三民主义思想作为党国教育的根本。三民主义是孙中山所倡导的民主革命纲领，由民族主义、民权主义和民生主义构成。1924年，孙中山重新解释三民主义，确定"联俄、联共、扶助农工"三大政策，把旧三民主义发展为新三民主义。1928年8月6日，国民党中央训练部提出，经由国民党中央以中华民国国民政府训令第四二〇号发布的《各级学校增加党义课程暂行通则》第二条规定了党义课程的内容："1. 小学校：（1）孙中山先生革命史实，（2）三民主义浅说，（3）民权初步演习；2. 中等学校：（1）建国大纲浅释，（2）建国方略概要，（3）三民主义，（4）五权宪法浅释，（5）直接民权之运用。"[2]

三民主义教科书和党义教科书内容的主导部分当然也不敢公然违背当时课程标准的相关规定，或忠实、或无奈地体现课程标准的要求，呈现国民党党纲，发扬三民主义，体现国民党性质。如，1930年世界书局出版的《初中党义》有"建国大纲"这一专题；1928年商务印书馆出版的《新时代三民主义教科书（初级中学用）》第二册第四章第一课为"民权主义与中国"；1929年上海中华书

[1] 王颖春. 从修身到公民再到三民主义与党义：民国公民教育课程的演变[D]. 北京：北京师范大学，2008：31.

[2] 民国大学院. 各级学校增加党义课程暂行通则[J]. 大学院公报，1928，1（9）：7-10.

局发行的《新中华党义课本（小学校初级用）》第五册第七课题为"民权和平等"；第六册第十一课题为"应该怎样讲自由"；第八册第四课为"孙中山的拒毒遗训"，第十七课为"三民主义"。笔者在对这一时期的教科书进行比较研究后发现，在这些教科书的全部目录中，有超过60%的课文标题和国民党党纲或三民主义相关，主要体现的核心道德价值有爱国、爱国民党、民族精神教育、国际意识教育等。可见思想浸入之彻底。教科书以"党义"命名，意味着能够名正言顺地以当时国民党的统治性话语体系为言说标准，在既定的意识形态的限度内讲述既定的意识形态主题，全面言说国民党意欲言说的东西，以达到使学生"服膺党义，效忠党国"的意识形态目的[1]。

总之，1927—1932年间的党义教科书和三民主义教科书将爱国主义教育置于才学培养之上，其内容的主导部分是爱国情怀和三民主义精神，尤其强调对"党国"忠心。不过，这两种教科书在以政治内容为主导的同时，也呈现了一些具有时代意义和进步价值的道德思想，比如国际意识、男女平等、科学精神等。虽然如此，但和革命宣传相比，这两种教科书中的思想总体滞后于社会现实的发展。比如，回避对国民党一党专制政策的批评，未能解释理论上的某些新观念与现实的巨大反差，等等。这充分表明，前述两种教科书在内容方面对新思想的传播仅仅从国家角度考虑，对儿童的启蒙作用没有完全发挥出来。

从内容组织看，1927—1932年间的党义教科书和三民主义教科书继承公民教科书的逻辑顺序，以爱国情怀为中心，围绕儿童的生活，取材较为广泛，涵盖生活常识、道德伦理知识和行为规范、公民知识和民国法制大义等。

在结构上，主要采用递进式。由浅入深，层层递进，用纵横式来展开论述。从小学课本看，首先呈现一些具象的图片和简洁的文字，教会儿童日常生活常识和基本伦理道德。而后在高年级段逐渐渗透一些国家思想，政策条目等。党义教科书和三民主义教科书的具体表述方式基本上采用人物主义和德目主义的方式。所谓人物主义就是将著名的道德模范人物的故事选编成具有政治价值的课文，这两类教科书的人物主义方式之一是常用伟人头像或者中华民国国民政府时期的国旗作为开篇。如《新中华党义课本（小学校初级用）》第二册第一课"国旗"，全页为国民政府时期的国旗彩色图，旗杆边上四个大字"这是国旗（国民党时期）"。《新时代三民主义教科书（小学校初级用）》每册以孙中山先生的大幅头像及总理遗嘱开篇（单独一页，各占一面）。而在中学课本中，则完全采用论述性话语呈现内容，撇去图片的描述，用文字加深学生对三民主义的理解。德目主义的呈现方式是将经过筛选的道德规范和政策内容逐条列成目录加以阐释和训练。例如，商务印书馆出版的《新时代三民主义教科书》前三册以德目编排的方式，分为上篇和下篇，按上篇理论下篇德行的逻辑顺序来建构目次，下篇也是按对人、对社会、对国家的逻辑顺序来构建道德体系；第四册以后大多数德目以三民主义思想为核心，依据民族主义、民权主义、民生主义编成课文，夹叙夹议，有较强的心灵冲击力。

---

[1] 吴小鸥. 民国时期中小学党化教科书及其启蒙规定性[J]. 中国人民大学教育学刊, 2013 (4) : 145-162.

另外，党化教科书为了使儿童在政治认知、政治情感、政治态度、政治情绪、政治兴趣、政治信仰等方面与国民党保持高度一致，用系统叙述和问题设计等方式引导儿童的政治行为规范。如《新主义三民主义课本（后期小学）》写道："本书用系统的叙述法，第一册首论三民主义的概要，次论民族主义；第二册讲民权主义及民生主义；第三册讲行易知难学说及实业计划；第四册讲民权初步、五权宪法、建国大纲、中国国民党及国民政府等，儿童读完本书四册后，不但可得整个的三民主义的概念，并且对于中山先生的思想及中国国民党的历史，也可了然。"[1]

（四）注重借鉴

在确保以三民主义为核心的基础上，党义教科书和三民主义教科书效仿早间的公民教科书，不仅借鉴其体系和结构，而且借鉴其形式和内容，如上海中华书局印行的《新中华党义课本（小学校初级用）》第一、第二册是对公民教科书的改编。这两类教科书在传统的道德价值观的基础上，增加了日常生活知识的讲解，例如衣食住方面，同时加入了民族、国家、家族等一系列条目。在呈现一些"敏感"观念时，编者选用简单的语言来讲述。比如，对侵略者和同胞这两个必须学习的概念，有意选用"外人"一词，取其"民族远近"含义，即去掉其政治化含义而突出其道德含义，讲了外人侵略同胞和同胞如何抵御反抗的故事，有助于增强儿童的爱国意识。至于为什么用"外人"一词指称侵略者，出版商可能出于多方面的考量。

二、影响

三民主义教科书和党义教科书虽然只存在了短短的几年时间，但是对其后相关教科书尤其是公民教科书产生了直接的影响。

（一）修改了以往修身教科书和公民教科书的主旨

晚清的修身、伦理教科书以儒家传统伦理道德为核心，通过向学生灌输传统道德观念进而维护封建专制统治。随着辛亥革命的爆发，民主共和观念得以传播，所以民国初期的修身教科书虽然仍以传统道德为主，但其正统地位遭到动摇，教科书增添了一些时代内容，以期培养学生的共和精神。随后，袁世凯窃取了革命果实，推行尊孔复古的逆流，重新恢复儒家传统文化的主导地位，以巩固其统治，但这种格局并没有持续很久就被推翻了。袁世凯政府一经推翻，传统伦理道德重新衰弱，因为照搬之前的传统伦理道德已不能适应当时社会的发展，所以衰弱不可避免。之后，公民科的出现给德育课程带来了新气象，渐渐取代了修身科，源自西方的民主、自由观念在教科书中慢慢丰富起来。但是，自从党义教科书推行起来，德育教科书原先"教会人们道理、培养人民品格、陶

[1] 魏冰心. 新主义三民主义课本（后期小学）：第一册[M]. 上海：世界书局，1931: 1.

冶人民情操、使人民更好生活"的主旨为三民主义、国民党等国家意识和政党意识所取代，这个时期的德育教科书似乎成了控制人们思想的工具。

（二）在一定程度上改变了以往教科书的选材方向

与之前的修身教科书与公民教科书选取中外历史人物、名人故事、道德语录等不同的是，三民主义教科书和党义教科书完全以三民主义与国民党的方针为准绳，所用的材料绝大多数来自民国政府的政策条文以及孙中山的事迹与学说，来源单一。此后，虽然公民科又回归，但是当权者的主张以及政府的方针政策和法律制度始终是德育教科书里的重要题材。所以，这两种教科书可以说是扭转了思想品德教育的发展方向。

三、不足

国民政府将三民主义作为教育宗旨，将党义科纳入国家课程体系，违背了当时自由主义知识分子们的理念，削弱了原本就所占课时不多、受重视不够的公民科的份额[1]。此时的国民党，一方面宣扬自由、提倡民主；另一方面又用党纲、三民主义禁锢思维，进行了高强度的控制。三民主义科与党义科只是政府的一个灌输工具，所要造就的是以三民主义为宗旨、国民党党纲为指导的国民党政府下的公民。国民党所提倡的党化教育和党义教科书由于过于露骨，出台后立即受到多方抨击。所以，党义教科书的出现注定只能是昙花一现，不能长久地为人民所接受。

此阶段的德育教科书存在许多不足。

（一）教学目标以国为本

这一时期的三民主义教科书和党义教科书没有依据儿童的身心发展特点来编写，而是用国民党的一系列政策来诠释一条条党纲和三民主义精神，旨在使儿童掌握三民主义思想以及重要的理论知识。这不仅没有注重儿童认知的发展，也没有关注儿童的行为训练和习惯养成，培养的只是为国效力的国民而非具有自我的健全公民。编者一味基于国策和政府的要求，忽略了儿童已有经验和现有发展水平，没有从儿童发展的可能性和社会生活的需求出发，而是将大量笔墨放在如何成为国家好公民上，忘记了儿童还是家庭中的一员，学校里的一名学生。这一时期的教学目标以国为本，高深不可及，梯度过大，不易达成。在道德教育方面，涉猎较少，无法通过公民道德教育提高学生的公民素养，使之能有效地参与公共社会生活。例如商务印书馆出版的《新时代三民主义教科书（小学校初级用）》，仅在第二册见到八节内容叙述道德的培养，贴近儿童生活，其余皆是传播政治主张，选材单一。教科书教学内容的单一给教师的教学带来许多障碍。儿童因其年龄

[1] 王颖春. 从修身到公民再到三民主义与党义：民国公民教育课程的演变[D]. 北京：北京师范大学，2008：25.

幼小，所接受的教育应以公民道德教育为首，应是健全的公民常识教育和基本的道德底线教育，而三民主义教科书和堂义教科书严重忽视了这一点。教科书以国为本的教学目标，在当时的时代背景下能够"生存"，但一味地国家化并不可取。

（二）教学内容脱离生活实际

教科书在政府的严密审查下得以出版和使用，目的是传播政府所需要的思想及理论。在这一背景下产生的教科书总是带有特定的目的，无法完全针对儿童所编订。杜威针对教育脱离儿童生活的弊端，提出了"教育即生活"的教育本质论，强调教育与儿童生活的联系。杜威的教育思想在五四运动时传入中国，而三民主义教科书和党义教科书编者没有受杜威的教育思想影响，只从国家角度考虑儿童，所编教学内容晦涩难懂。本时期三民主义教科书和党义教科书偏重政治教育以及爱国情怀的培养，较少涉及生活常识、家庭道德、社会公德等内容，生活化程度不高。如教师依据教科书提出问题，固定的答案只有一个，无法充分调动儿童的创造力和想象力。另外，教学内容多用文字方式呈现，虽显示了一定的逻辑性，但文字较多，篇幅较大，难免让人觉得枯燥难懂。图画较少也是党义教科书和三民主义教科书的一大弊端。例如在上海世界书局出版的《前期小学三民主义课本》一书中，据笔者统计，第六、第七、第八册这3册教科书中仅有6幅图画，其中关于政党机要分布图3幅、地形地势图2幅、民风民俗图1幅。中学的党义课本里，图画更是少之又少，几乎全是文字的叙述，一整套书仅有一两幅小型的插图，位置不起眼，也无法作为解释文本的依据。由此可见，在那一时期，德育教科书重文字轻图画，重理论轻人文，脱离儿童生活实际。

（三）呈现方式单一化

在南京国民政府成立初期，三民主义教科书和党义教科书扮演着极其重要的角色，因为它是儿童及青少年最常接触的书籍，并能够以简单易明的语言宣传孙中山的事迹与学说，故对莘莘学子有着深远的影响[1]。正因如此，国民党非常重视对教科书的审查控制，生怕当中的内容偏离官方指示，对其统治产生不利影响。《中央训练部审查党义教科用书暂行办法》就规定从中小学到大学、师范学校，甚至补习学校的党义教科用书都属于审查范围之内；除课文外，教科书的体裁、分量、形式都是审查的要点，如被定为不合格，则无论书中内容有否错误，皆不准发行[2]。如此严格的审查监察制度下，教科书的呈现方式也无法多样化。虽然在教师用书中给教师提供了多种呈现方式，如表演、故事、戏剧等，但实际运用时，教科书的呈现只有课文内容的讲解，且所呈现的内容往往机械刻板，死记硬背居多，理解性的阐述居多，而其他形式是少之又少。此外，虽然编者编写时也

[1] 王泛森. 历史教科书与历史记忆[J]. 思想，2008（9）：123-139.

[2] 中央训练部审查党义教科用书暂行办法[C]//中国第二历史档案馆. 中华民国史档案资料汇编：第五辑 第二编：教育（二）. 南京：江苏古籍出版社，1994：1112-1114.

意识到儿童的认知特点，强调教科书的综合性与开放性，想到要运用开放、多元的呈现形式，注重学生实践能力和良好行为习惯的培养，但实际编写时却没有体现出来，这就存在很大的落差。

（四）教学评价体系不完善

虽然这一时期的教科书明确表示，教科书目的在于实践而非阅读，但具体如何运用到实践中以及如何检验实践效果，政府部门都没有出台一个完整的评价体系。纸上谈兵、泛泛而谈的教科书，所教给学生的也不过是如"之乎者也"一般的理论，在学生内心不起波澜。教科书评价体系是检验学生学习、书本体系是否运用得体的重要指标。评价体系的完善，关乎国家培养人才的素质，关乎整个国家的兴亡。可惜的是，直到三民主义教科书和党义教科书退场，被公民教科书取代，也没有看到教学评价体系的形成。这也许是这一时期教科书短暂发展的一个重要原因。[1]

---

[1] 石鸥，李水平. 民国时期的一次高强度教科书控制[J]. 湖南师范大学教育科学学报，2014（2）：50-56.

本章小结

20世纪20年代"公民"及其后"社会"教育的出现，标志着晚清直至民国20年代末的"修身"教育断裂终结[1]。这种历史的替换有其必然性，正如当时教育界人士指出的，修身科有许多弱点：范围太狭、标准太旧、太重学理、教材支配不适当、不能造成法律的观念等[2]。总而言之，修身科从内容到形式都已落后于时代，不能满足社会前进对教育的要求，而公民科的出现正好满足那个时代要求进步、要求改革的新局面。但好景不长，随着时局变幻，国家不稳定的状况出现，南京国民政府的成立急需一批严于律己、有着良好纪律的国民，因此党义科和三民主义科的普及也就不可避免。

1927—1932年间的德育教科书以党义教科书和三民主义教科书为主，教学内容单一、主要讲授三民主义精神，一切为国民党服务，培养的是一心向着国民党的实用主义人才。虽然这两类教科书受到国民党的青睐和重视，但是其带有强烈的政治色彩，对于伦理和道德知识的严重弱化，导致学生所接受的知识死板、一成不变，限制了学生想象力的发挥，制约了学生品德的全面发展。加上部分人士的反对，这两类教科书使用不太顺利，效果也不好，终究逃脱不了短命的结局。1934年8月国民政府公布公民课程标准后，把党义科与公民科合二为一，党义教科书就此退场。但是公民课程仍然以三民主义为主，并没有改变其党义课程的实质[3]。

党义教育在中国教育史上具有重要地位，开教育政治化之先河，对中国现代教育的发展产生了重大影响，也给如今教科书的发展提供了经验和教训。随着国民党败逃台湾，其在大陆的党义教育也就失去了合法性和权威性而废止。党义教科书退场了，但作为那个时代官方思想和意识形态的教育具象，作为一个时代教育、政治、文化内容的标本，党义教科书的经典意义并没有消失[4]。

---

[1] 毕苑. 从《修身》到《公民》：近代教科书中的国民塑形[J]. 教育学报，2005（4）：94-97.

[2] 程湘帆. 小学课程概论[M]. 上海：商务印书馆，1923：61.

[3] 葛爽. 国民党党化教育中的三民主义：以民国时期中小学党义教科书为中心的考察[J]. 黑龙江史志，2014（11）：55-58.

[4] 石鸥，李水平. 民国时期的一次高强度教科书控制[J]. 湖南师范大学教育科学学报，2014（2）：50-56.

第六章

战时文本——国统区的中小学德育教科书（1932—1949）

1932

1931年的"九一八"事变，是日本蓄意制造并发动的侵华战争，中国局部抗战开始，揭开了第二次世界大战东方战场的序幕。抗战的14年间，随着战争形势的变化，教科书也成为武装人民思想的重要武器，是动员和组织民众的最有效工具，它在普及统治者理念、宣传政策、鼓舞抗战救国的过程中发挥了巨大而不可替代的作用。抗战分局部抗战和全民族抗战两个阶段，不同阶段的国统区德育教科书因局势不同而有不同的特点。

　　1932—1937年的5年里，国民党政府对教科书管理依然采用审定制，在此背景下，商务印书馆、中华书局、世界书局以及中正书局等共推出28种小学德育教科书，25种中学德育教科书，其中商务印书馆出版的最多。

　　1937—1945年，全民族抗战期间，国统区推行"战时教育"政策，教科书管理上前半段实行审定制，后半段实行国定制。由于战争的破坏，这期间国统区的中小学德育教科书出版总体比较萧条，共出版了7种小学德育教科书、13种中学德育教科书，其中有的名称叫"战时公民"，激发国民抗战意识的意味跃然纸上。

　　抗战胜利后，国民党政府很快就掀起内战，国统区的教育也为内战服务，中小学德育教科书的主要功能回归规训学生，为维护国民党的统治服务。国统区德育教科书出版受内战以及经济状况极度恶化的影响，新出的种类极少，且质量也不高。根据王有朋的《中国近代中小学教科书总目》统计，该时期国统区新出的中小学德育教科书仅有4种。

　　总之，1932—1949年间，由于战争等的影响，国统区的中小学德育教科书出版日渐萧条，质量也没有提高，随着国民党退出大陆而走向了终结。

第一节
局部抗战时期国统区的德育教科书（1932—1937）

一、局部抗战时期的德育课程

"九一八"事变后民族危机加深，1932年3月，国民党四届二中全会的党务工作纲要提出国民党的一项重要工作是"复兴民族精神""唤起民族意识""御侮自卫，共赴国难"[1]。1932 年 5 月，蒋介石发表《革命哲学的重要》，指出："我们现在要御外侮，救中国，根本的问题，第一就要恢复我们固有的民族性……中国固有的民族性是什么？从来立国的精神是什么？现在需要的又是什么？总理已经写得很明白，就是'三民主义'……是我们中国唯一的救国主义。"[2]

1932年10月，教育部公布实施《中小学课程标准》，取消党义科，重设社会科和公民科。小学社会科的目标是"指导儿童认识个人与社会的关系，培养儿童良好的道德习惯和参加社会活动必需的知识经验；指导儿童了解国家民族的历史演进、地理状况和文物制度的大概，培养儿童爱护国家，努力自卫的精神；指导儿童明了人类生活状况、世界大势和文明进化的意义，并培养儿童尽力社会，爱护人类及促进世界大同的愿望"[3]。根据该标准，各书坊迅速推出"复兴教科书""新课程标准教科书""新生活教科书""开明课本"等。这些教科书都在不同程度上展现三民主义思想，为建构中国本土文化，明确抗战的正义性和全民族性，提高整个民族的抗战凝聚力和文化认同感，鼓舞中华民族共赴国难，成为抗战救亡的启蒙利器而努力。

1932年2月教育部颁布《小学公民训练标准》（后于1936年被修订），训练小学生以"养成健全的公民"为目标，特别强调小学生的行为习惯训练，认为儿童须在体格、德行、经济和政治方面得到训练，强调中国传统礼义廉耻观，还规定"实施方法，偏重在纪念周"[4]，其党义规训性可见一斑。1935年10月国立编译馆又印发《短期小学公民训练标准》，其内容性质与《小学公民训练标准》一样，但简单些。

1934年，教育部颁布了《初级中学公民课程标准》和《高级中学公民课程标准》，1936年教育

[1] 荣孟源. 中国国民党历次代表大会及中央全会资料：下[M]. 北京：光明日报出版社，1985：150.

[2] 蒋介石. 革命哲学的重要[J]. 胜利，1939（32）：1-4.

[3] 民国政府教育部中小学课程标准编订委员会. 幼稚园小学课程标准[S]. 上海：中华书局，1933：101.

[4] 任时先，舒新城. 近代中国教育思想史[M]. 上海：上海书店，1992：374.

部颁布这两个标准的修订版:《修正初级中学公民课程标准》《修正高级中学公民课程标准》,两个标准都分为目标、时间分配、教材大纲以及实施办法概要共四个部分。

《修正初级中学公民课程标准》规定该课程的目标为:"使学生由实际生活,体验群己之关系,养成立己合群之善良品性。使学生明了三民主义之要旨,及地方自治之基本知识,培养其健全之公民资格。使学生了解我国固有道德之意义及实践新生活运动之规律,确定复兴民族之道德的基础。"该标准规定的教材大纲涉及公民之意义、学校生活与公民道德培养、家庭生活、社会生活、公民与国家、公民与政治、地方自治、地方财政等领域。

《修正高级中学公民课程标准》规定该课程的目标为:"使学生习得社会生活必需之智识以及组织能力与治事方法,为服务社会之准备。使学生认识中国国民党之主义政纲政策,为建国及解决社会问题之途径。使学生明了人生之意义,启发其自觉心,以确定其人生观,并养成其对于复兴民族之责任心。"该标准规定的教材大纲涉及人口问题、农村问题、劳动问题、职业问题、婚姻问题、宪法、政治制度、国际关系与国际组织、中国经济社会之特质、中国之农业、中国之工业、中国之商业、中国之金融、中国之财政、中国之经济改进、法律之意义与种类、组成法律之各种资料、权利主体与客体、法律行为、债、刑事制裁与监狱、诉讼手续、伦理之意义、中国伦理思想之特点、西洋伦理思想之特点、中山先生之伦理思想、中国青年之责任与义务、中国公民与民族复兴[1]。

20世纪30年代,中华民族内忧外患,社会危机空前深重。在这一背景下,振奋民族精神、反帝反封建、抗战救国成为这一时期中小学德育课程的核心主题。

不过,此时的中小学公民课程已不同于20世纪20年代的公民课程了,党义化成为一种趋势,党义知识越来越成为其重要组成部分,由此,公民教育也越来越成为国民党规训青年学生的意识形态工具,公民课程及公民教科书实际上成为实现"民众三民主义化"和"教育民众中国国民党化"的强大助力[2]。甚至有公民教本中出现这样的口号式课文:"拥护我们的政府!信任我们的政府!政府努力替我们做事!政府努力实行三民主义!我们的政府万岁!"[3]这是国民党当局的权力强化和深入教育的体现。

除了教育部规定的德育课程外,受当时以儒家为代表的传统专制主义文化回潮的影响,一些地方规定中小学讲经读经,甚至还规定了中小学的经训课本。比如,1934年10月,广东省教育厅制定并公布了《广东省中小学经训实施办法》,要求广东省高级小学及中学开始讲经读经,以"端士习而固国本"。该办法规定,高级小学每周增加90分钟为经训时间,以《孝经(唐元宗注)》为课

[1] 人民教育出版社课程教材研究所. 20世纪中国中小学课程标准·教学大纲汇编: 思想政治卷[C]. 北京: 人民教育出版社, 2001: 160-166.

[2] 江卓群. 党义教育ABC[M]. 上海: 世界书局, 1930: 11.

[3] 吴伯匡, 徐迥千, 杨干青. 三民主义课本教授书: 第二册[M]. 上海: 新国民图书社, 1928: 33.

本；中学校各年级每周经训时间为两小时，直接以朱熹所注的四书为课本[1]。

二、局部抗战时期的教科书制度

这段时期国民党当局的教科书制度总体沿袭此前的审定制，但也曾编过国定本。

1933年朱家骅于教育部部长任上时，竭力主张部编教科书，并约请专家执笔。教育部也成立教科用书编辑委员会，着手编撰中小学教科书，并同步成立正中书局，编印公民、童子军、军训、国文等科的教科书，指定为各校必须采用的课本[2]。后教育部在呈送蒋介石关于这次编辑教科书的汇报中提及："二十五年间着手编辑小学各科课本，用作书商编印教科书之规范，亦为国定教科书之嚆矢。至二十六年而教本完成，交由各大书局承印"[3]，而实际情形是"因缺乏印刷发行机构，未能印行"。

为加强对包括中小学德育教科书在内的教科书的控管，南京国民政府教育部1932年6月成立了国立编译馆，负责教科图书的编译与审查；1935年成立了中小学教科书编审委员会。

另需要一提的是，"九一八"事变后，南京国民政府采取"攘外必先安内"的方针，对日本侵略一再妥协退让。反映在教科书审定上，教育部十分谨慎、精密，不给人以排外的口实。1935年3月，教育部曾密令国立编译馆，"以后审查中小学教科书时，对于国耻教材应注意正确事实之叙述，与健全的民族意识之培养，勿使有不翔实之记载，谩骂之字句，或单纯的鼓煽仇恨之言辞"[4]。

该时期教科书审定结果除了发布在《教育部公报》上外，还刊发在《政治成绩统计》（每月一期）上。

三、局部抗战时期的小学德育教科书

（一）小学德育教科书的总体情况

1932年"一·二八"事变，日军进犯淞沪，商务印书馆总管理处、总厂及编译所、东方图书馆等处被轰炸、焚烧，损失巨大，被迫停业。10月，教育部颁布《小学课程标准总纲》，于是，商务

---

[1]（民国）广东省政府教育厅训令：第一二二八号[A]. 广州：广东省档案局藏，民国广东省教育厅档，全宗号-目录号-案卷号：5-2-14.

[2] 中国人民政治协商会议广东省广州市委员会文史资料研究委员会. 广州近百年教育史料：广州文史资料专辑[M]. 广州：广东人民出版社，1983：119.

[3] 教育部关于奉令办理修订小学教科书情形致蒋介石呈（1942年6月23日）[C]// 中国第二历史档案馆. 中华民国史档案资料汇编：第五辑 第二编：教育（一）. 南京：江苏古籍出版社，1997：495.

[4] 关于我国中小学教科图书编审情形节略[C]// 中国第二历史档案馆. 中华民国史档案资料汇编：第五辑 第一编：教育（一）. 南京：江苏古籍出版社，1994：95.

印书馆紧抓这个时机，开启复业大计，迅速推出多种教科书。

1932—1937的5年间，商务印书馆、中华书局、世界书局以及正中书局等共推出28种小学公民课本，其中有的是国立编译馆主编的，如世界书局1937年12月印刷、发行，俞焕斗、张超编辑的《（高级小学）公民课本》。虽然这一阶段，党义科被取消，但是国民党的党化教育政策依然存在，三民主义的意识形态已逐渐渗入教科书的编辑当中，仍然是各级各类学校全部课程和教材的编制中心和唯一标准，这是教育部课程标准规定的[1]。所以，小学公民教科书中依然大量嵌入国民党党义，为党化教育所严重侵蚀，淡化甚至放弃了20世纪20年代公民教科书对公民参与意识、公民权利和义务、平等与自由的阐述和分析，而把所谓的公民日常行为训练摆在了首要位置，与1922—1927年间的公民教科书意义相异。如商务印书馆1933—1934年推出的两套"复兴公民教科书"虽注重公民体格、德行、经济、政治等方面的训练，但在编辑主旨中又明确写着"灌输党义"，许多有关国民党和孙中山的言论在教科书中得到了强化。在"党义化"的同时，公民训练教科书"就学校、家庭及社会生活方面[2]，指导儿童身体力行"，使学生注意从点滴开始，养成健康的生活习惯和衣食住行方式。

（二）具有代表性的小学德育教科书

1. 世界书局出版的《新课程标准公民训练小册模范公民（初级小学学生用）》

《新课程标准公民训练小册模范公民（初级小学学生用）》共8册，每册为一阶段，陆伯羽编辑，范祥善、董文校订，1933年世界书局出版、发行，供初级小学学生用。

图6-1　《新课程标准公民训练小册模范公民（初级小学学生用）》（第八册），陆伯羽编辑，范祥善、董文校订，1933年世界书局出版、发行，1933年7月初版

本套教科书以强健、守规律、有礼貌、清洁等为主要训练德目，同时关注勤勉、重公益、爱国爱群的养成教育，所涉及的德目由少到多，由易到难，从具体到抽象，由近及远，逐渐广泛，呈现螺旋上升，符合儿童的认知特点[3]。另外，该套教科书有着独具特色的自省表，将教师的引导与儿童的自我教育结合起来，让儿童进行自我行为评价，体现了教学评价的主体化特点。在行为自查基

[1] 中国第二历史档案馆. 中华民国史档案资料汇编：第五辑　第一编：教育（一）[C]. 南京：江苏古籍出版社，1994：1032-1047.

[2] 盛朗西. 小学课程沿革[M]. 上海：中华书局，1934：52.

[3] 陶金玲. 民国教科书《模范公民（训练册）》分析[J]. 教育评论，2012（6）：138-140.

础上，让儿童自觉建立起调节言行的内在机制，充分发挥了儿童的主观能动性[1]。

该套教科书第一、第二册的"日常生活习惯""怎样保持清洁""上学回家时的礼节与规律""食物的卫生"是以个人为中心，讨论了个人应养成的生活习惯、饮食习惯等；第三、第四册的"对人应有的态度""对（国民党）国旗和唱（国民党）党歌以及（中华民国）国歌时的态度"则为个人对他人、对国家、对国旗的态度；第五、第六册"服务的方法""自治的初步""日常卫生的规律"等为抽象意义上个人的做法；第七、第八册"对待别人的礼貌和态度""团体生活中应守的规律""对人的态度"等为抽象意义上个人对他人的态度。

以第一、第二、第三、第五、第七册的内容为例。

第一册：第一单元 初步学校生活指导，第二单元 上学回家时的礼节与规律，第三单元 食物的卫生，第四单元 两件卫生的习惯。

第二册：第一单元 日常卫生习惯，第二单元 怎样保持清洁，第三单元 穿衣服的注意事项，第四单元 关于姿势的卫生习惯，第五单元 学校里的纪律，第六单元 勤勉的习惯。

第三册：第一单元 服从和亲爱的研究，第二单元 对人应有的态度，第三单元 食物的卫生，第四单元 日常的两种好习惯。

第五册：第一单元 校徽和校服，第二单元 怎样叫做勤学，第三单元 课后的生活，第四单元 服务的方法，第五单元 课外活动的研究，第六单元 自治的初步，第七单元 公共卫生的研究，第八单元 亲爱的德行。

第七册：第一单元 做事的方法和态度，第二单元 对别人的礼貌和态度，第三单元 团体生活中应守的规律，第四单元 悔过、道歉与感恩，第五单元 交友的态度，第六单元 合作的研究。

在体裁体例上，每课第一页是训练条目，后一页为与该训练条目相适应的故事连环画或说明、歌曲、故事、寓言、做法、日记、布告、信件、情景短剧等，有的还配上相应插图，贴近学生生活，很容易为小学生所接受。如第六册的关于"起床叠被子"的内容。

一幕短剧（一）

时间：早晨　　地点：寝室

甲：（指着乙的床铺）你的被褥，好整齐哟！

乙：我每天起身后，都要将被褥折叠得很整齐。

甲：是谁替你折叠的？

乙：我自己的被褥，都是我自己折叠的。

甲：你为什么要自己折叠被子呢？

乙：先生对我们说，自己能做的事，一定要自己做。这不是我自己能做的事吗？所以我要自己做。

[1] 陶金玲. 民国教科书《模范公民（训练册）》分析[J]. 教育评论，2012（6）：138-140.

甲：原来如此，可敬可佩，我回家也要这样做[1]。

这是以对话形式编排的。再如第八册关于"不盲从、不附和"的部分，则为一则寓言。

天塌了

小白兔在山中游玩，忽然起了一阵大风，山上的树叶，纷纷掉下。有的掉在他的身上，小白兔说："不好了，天塌了！"他即刻去奔告母鸡。母鸡说："天塌了，我们快逃啊！"半路上遇见一只鹅，母鸡告诉鹅，鹅又告诉狗，狗又告诉驴，驴又告诉马，马又告诉牛，大家都拼命地奔逃了。后来遇着一个狒狒，牛说："不好了，天塌了，我们快逃啊！"狒狒说："你怎么知道的？"牛说："他们说的。"狒狒说："我们一同去看看，好不好？"大家都说："好的。"到了那里，天还和平时一样，并没有塌下来[2]。

寓言能增强学生的学习兴趣，通过小动物之间的对话，告诉学生深刻的道理。

该套教科书铅印，尺寸为11 cm×14 cm，平装。封面由两组双实线分成三部分，上面三分之一部分从上至下横排印有"新课程标准公民训练小册""初级小学学生用""模范公民"及册次等字样；中间竖排"愿辞"："我愿遵守中国公民规律，使我身体强健，道德完全，做一个中国的好公民，准备为社会国家服务。"下端印有"世界书局印行"。第一册封二为"敬告教师"，扉页是编辑大意，接着是目录、正文、自省表、版权页；其他册次封二和扉页即为目录，接着为正文、自省表和版权页。第一册的"敬告教师"阐明该书的编写依据、编写过程、编排策略以及配套"实施法"等；编辑大意主要阐述该书的内容架构、分段、适用对象、教学建议等。目录主体为"要表"，有单元名、课文次序、条目、故事、德目这5项信息。正文每课一般为一合页，每一条目和相应插图占一页，图文并茂，主题鲜明；紧接着的一页则附加与条目相当的故事或说明、歌曲、寓言、表格、做法等材料。自省表的主体与课文条目对应，为疑问句，让学生对照自己的行为，正确的继续坚持，错误的要积极改正，类似于今天的"学生自我评价"。版权页有版次、书名、定价、编辑者、发行人、校订人、印刷发行者、发行所等信息，以及"本书有著作权，不准翻印"的字样。不同版次的封面及版权页形式略有差异。

该套教科书的特点主要有四：第一，活泼有趣，贴近生活，都是与学生息息相关的场景，内容以家庭、学校为主，兼及社会之事，在平实的生活场景中展现简单的道理，并举以生活实例、童趣故事等素材，培养孩子的兴趣，加深学生的理解。第二，寓教于乐，摒弃说教，以简单的图文、简洁的文字说明生活道理，间或举例。全书语言表达通俗易懂，从日常生活切入，由浅入深，循序渐进。第三，学思结合，便于践行，既让学生学习理论，更引导学生去实践。每册课程结束，均列有自省表，便于学生逐项对照，反观自己的行为。第四，正文标题以第一人称"我"叙述，突出学生的主体性和主人翁精神。

[1] 陆伯羽. 新课程标准公民训练小册模范公民：初级小学学生用：第六册[M]. 上海：世界书局，1933：3-4.

[2] 陆伯羽. 新课程标准公民训练小册模范公民：初级小学学生用：第八册[M]. 上海：世界书局，1933：7-8.

2. 中华书局出版的《小学公民课本（高级）》

《小学公民课本（高级）》共4册，赵侣青、徐迥千、黄铁崖、胡怀天编，舒新城、朱文叔校，1933年上海中华书局出版，配有相应"教学法"供教师教学参考用。

图6-2 《小学公民课本（高级）》（第二册），赵侣青、徐迥千、黄铁崖、胡怀天编，舒新城、朱文叔校，1933年上海中华书局出版，1933年7月初版

该套小学公民教科书有着浓浓的党化色彩，第一册讲述公民的意义、任务、孙中山主张保留的传统道德、孙中山遗嘱、家庭、社会的意义等；第二册以民族主义为纲；第三册以民权主义为纲；第四册以民生主义为纲，而将公民知识的作业，按其性质分别编入，使儿童得以了解三民主义的精神，养成三民主义共和国的好公民[1]。

以第一册为例。该册的目录：学生和公民、地方新闻和重要时事的研究、总理遗嘱、建国三时期、忠孝、仁爱、信义、和平、家庭问题、党治的意义、何谓地方风俗习惯、地方风俗习惯的改善、私人生活、社会服务。

再如第二册目录：民族主义的要旨、何谓民族、民族和国家、帝国主义、民族地位、怎样恢复民族地位、怎样恢复民族精神、家族观念与民族、人口问题、妇女问题、减少文盲、民族复兴运动、国民革命的目的、民族主义与世界大同、人民权利的研究、人民义务的研究[2]。

可以看出，该书重点突出三民主义、孙中山的遗嘱和党治等内容。如第二册第一课"民族主义的要旨"：

民族主义的三个目标：

1. 中国民族自求解放；

2. 国内各民族一律平等；

3. 一切被压迫民族的解放。

达到这三个目标的根本办法，就是民族自决——凡政治上、经济上、社会上各项事件，都由各民族自己来主持和决定，绝对不受其他民族的干涉或损害[3]。

该套教科书土纸，铅印，尺寸为13 cm×18.5 cm，平装，左翻页。封面主体为套边的文本框，

[1] 赵侣青，徐迥千，胡怀天，等. 小学公民课本：高级：第四册[M]. 上海：中华书局，1933：编例.

[2] 赵侣青，徐迥千，胡怀天，等. 小学公民课本：高级：第二册[M]. 上海：中华书局，1933：目录.

[3] 赵侣青，徐迥千，胡怀天，等. 小学公民课本：高级：第二册[M]. 上海：中华书局，1933：1-2.

框内自上而下印有横排的"新课程标准适用""小学公民课本"以及册次、编者、校者、出版机构等信息。第一册扉页为编例，阐述该书的编写依据、内容主题、编辑策略、正文字体、配套材料等；其他册封二为目录，接着为正文、版权页。目录有课次、课名以及页码，自右向左横排；正文多为论说文，没有插图，竖排；版权页有版次、书名、定价、编者、发行人、发行者、印刷者、总发行所、分发行所等信息以及"有著作权，不准翻印"的字样。封底有中华书局的标识。

3. 商务印书馆出版的《复兴公民教科书（高小）》（一）

《复兴公民教科书（高小）》共4册，每册20课，赵景源、魏志澄编著，王云五、傅纬平校订，1933—1934年商务印书馆出版、发行，供高级小学用，配有"教学法"一套。

图6-3 《复兴公民教科书（高小）》（第一、第二册），赵景源、魏志澄编著，王云五、傅纬平校订，1933年1月商务印书馆出版、发行，第一册1934年8月87版，第二册1933年7月初版

1932年1月，商务印书馆惨遭日军有目标的轰炸与焚烧，总经理王云五说："敌人把我打倒，我不力图再起，这是一个怯弱者。"[1]半年后，商务印书馆以"为国难而牺牲，为文化而奋斗"[2]为复业标语，"本服务文化之奋斗精神，特编复兴教科书一套，以为本馆复兴之纪念"[3]。"复兴教科书"是中国近代教科书史上出版种类最多的教科书，成为"抗战时期规模最大、影响极为广泛的有光有热的文化启蒙文本，展现中华民族不屈的脊梁"[4]，其中包括1933年出版的高级小学用复兴公民科教科书两套、社会科教科书一套。

1933年，商务印书馆出版的《复兴公民教科书（高小）》首次提出"养成三民主义共和国的良好公民"的目标，蕴含着特定时代背景下对"人"的问题的关怀以及由此引发的国民性改造诉求。教科书全新阐释中国固有道德与固有知识，展现以文化自信为依托的民族精神；明确三民主义引领下的国民革命及国家建设，以求中国之自由平等；转变个人及社会不良习性，推行现代文明生活方式。教科书迎合了民族危亡时期国家主流意识形态的宣传需要，国民性改造旨在形成"民族—国家—国民"的同构关系，以建构"一个领袖、一个政党、一个主义"的国家政治权威，消解"人"

[1] 王云五. 岫庐八十自述：上[M]// 五云五. 王云五文集. 南昌：江西教育出版社，2011：18.

[2] 王云五. 岫庐八十自述：上[M]// 五云五. 王云五文集. 南昌：江西教育出版社，2011：20.

[3] 商务印书馆. 商务印书馆图书目录：1897—1949[M]. 北京：商务印书馆，1981：附录.

[4] 吴小鸥，姚艳. 民族脊梁：1933年"复兴教科书"的启蒙坚守[J]. 华东师范大学学报（教育科学版），2015（4）：113-118.

的个体意义而将其归属于国家利益的阐释[1]。

这套教科书"遵照教育部正式颁行的课程标准小学社会科第五、六学年关于公民知识的作业要项编辑，全书4册，每册20课，专供高级小学两学年社会科分类教学之用"[2]。第一册和第二册有总理遗嘱、道德故事、民权初步、三民主义等内容，"使儿童彻底了解三民主义的精神，期养成三民主义共和国的良好公民"[3]。第三册和第四册分别论述家庭、政治、经济、法律、权利、义务、社会风俗、地方自治、时事研究等内容，"使儿童深切明了公民对于社会的种种任务"[4]。以该套教科书的目录为例。

第一册共20课：总理遗嘱的意义（一）、总理遗嘱的意义（二）、自由、平等、道德、忠（一）、忠（二）、孝（一）、孝（二）、仁爱（一）、仁爱（二）、信义（一）、信义（二）、和平（一）、和平（二）、民权初步、会议的种类、集会的方法、会议的方法（一）、会议的方法（二）。

第二册共20课：三民主义、民族主义、中国民族的国际地位、列强的人口压迫、列强的政治压迫、列强的经济压迫、怎样恢复民族主义、怎样恢复民族的地位、民权主义、间接民权和直接民权、选举权、罢免权、创制权、复决权、民生主义、为什么贫穷、平均地权、节制资本、制造国家资本、三民主义的连环性。

第三册共20课：家庭组织、我们的社会、地方风俗、社会陋习、男女平等、禁止烟赌、改良婚丧的习俗、调查户口、公安、公益事业、分工、合工、生产、消费、国有事业、国家、爱国、人民的权利、人民的义务、公民与舆论。

第四册共20课：以党治国、建国大纲（一）、建国大纲（二）、建国大纲（三）、五权宪法（一）、五权宪法（二）、地方自治、地方自治的工作、市政、法律、法治精神、为社会服务、服从团体、牺牲的精神、劳动神圣、职业、职业的选择和卫生、我们的世界、研究时事、拥护公理。

值得注意的是，该套小学公民教科书的一些材料引用了历史上先贤的道德故事。如第一册关于传统道德中的"孝"，课本讲述了"淳于缇萦救父"和"黄香温席"的故事，都是历史上著名的典故。除此之外，由于该时期民族危机加深，自晚清开始外国侵略中国的历史事件也在这书中有所提及。不过，该套书部分内容对于小学生来说过于艰深，不利于教学。

该套书土纸，铅印，尺寸为13 cm×19 cm，右侧平装，左翻页。封面上半部分印有"新课程标准适用"，书名的注音、书名"复兴公民教科书"、册次、编者等信息，每行文字自左向右横排；下半部分的主体是一群学生在建房子的配图，图下印有"商务印书馆发行"。封二为编辑大意和目

[1] 吴小鸥，张瑞. "国家至上"的国民性改造：基于1933年《复兴公民教科书（高小）》的分析[J]. 湖南师范大学教育科学学报，2017（3）：49-53.

[2] 赵景源，魏志澄. 复兴公民教科书：高小：第一册［M］. 上海：商务印书馆，1934：编辑大意.

[3] 赵景源，魏志澄. 复兴公民教科书：高小：第一册［M］. 上海：商务印书馆，1934：编辑大意.

[4] 赵景源，魏志澄. 复兴公民教科书：高小：第一册［M］. 上海：商务印书馆，1934：编辑大意.

录，编辑大意阐述该书的编写依据、编写理念、内容概要、体例以及配套资源等；目录仅有课次和条目名。正文竖排，课文前有"讨论问题"供儿童自习研究，少数课文有插图和图示。版权页在封三，主体为一文本框，框内有版次、书名、定价、册次、编著者、校订者、主编兼发行人、印刷所、发行所等信息以及"版权所有，翻印必究"的字样，框的上方有该书通过审定的时间及执照号信息。封底有商务印书馆的标识。该套教科书通过审定前和通过审定后不同版次的封面及版权页信息略有差异。

4. 商务印书馆出版的《复兴公民教科书（高小）》（二）

商务印书馆在20世纪30年代出版了3套《复兴公民教科书（高小）》，编者不是同一批人，3套书的内容及编排差异较大。该套书遵照"修正课程标准（1936年）小学高年级社会科关于公民知识的作业要项"[1]编辑，由王云五主编，吕金录、宗亮寰、赵景源编校，共4册，每册12课，1937年商务印书馆出版，供小学五、六年级社会科分类教学之用。配有"教学法"一套供教师教学用。此外，该套书1939年4月通过教育部审定，此后出版的版本封面印有"民国二十八年四月教育部审定"，封底印有教育部教科图书审定执照。

图6-4　《复兴公民教科书（高小）》（第三册），王云五主编，吕金录、宗亮寰、赵景源编校，1937年商务印书馆出版、发行，1937年7月教育部初审核定本第一版

该套书注重指导儿童认识个人和社会、国家的关系，并培养儿童良好的习惯，增进其参加社会活动所必需的知识和经验。第一册的内容为学校团体活动、自治生活、地方自治、公共建设和公共机关等，第二册的内容为家庭问题、地方风俗、正当娱乐、新生活运动、社会经济现象和问题等，第三、第四册的内容为国家的要素、人民的权利义务、兵制、三民主义、政治组织以及法律、法院、民刑诉讼和职业问题等。

第一册的目录：会议的召集和种类、会议的方法、级会和校会、四权的运用、地方自治的组织、地方自治的工作、保甲、保卫团和壮丁队、公共建设、县政府、市政府、人民对地方的权利和义务。

第二册的目录：家庭、婚丧习俗的改良、地方风俗的调查和改进、提倡正当娱乐、新生活运动、分工和合作、生产和消费、本地的农人和农业、本地的工人和工业、本地的商人和商业、土地

---

[1] 吕金录，宗亮寰，赵景源. 复兴公民教科书：高小：第四册[M]. 上海：商务印书馆，1937：编辑大意.

问题、失业问题。

第三册的目录：国家、人民对国家的权利和义务、我国的兵制、民族主义、我国民族的国际地位、怎样恢复民族地位、民权主义、间接民权和直接民权、政权和治权、民生主义、平均地权、节制资本。

第四册的目录：时事的研究、国民政府和省政府、宪法、法律、法院、民事诉讼、刑事诉讼、为社会服务、贫穷的原因和救济、农村的救济、劳工的保护、职业的选择与修养。

每课课文前有讨论的问题，可以启发儿童的思想，促进儿童养成自学的习惯；每课课文后有作业的项目，可使儿童实地操作，增长知识和经验；有的版次课文有注音，"课文眉端有小标题，极便儿童阅读"[1]。

该套书土纸，铅印，尺寸为13 cm×18.5 cm，右侧平装，左翻页。封面上半部分印有"遵照修正课程标准编辑"、"复兴公民教科书"、书名的注音、册次、编者等字样，每行文字自左向右横排；下半部分的主体是一群学生在建房子的配图，图下印有"商务印书馆发行"。封二为目录，目录仅有课次和条目名。正文竖排，体裁和形式与商务印书馆此前出版的同名教科书基本一样。版权页在封三，分上、下两部分，上半部分为编辑大意，阐述体例、内容主题、编写依据、适用对象、内容组织原则和体裁、配套材料等；下半部分有版次、书名、定价、编校者、主编兼发行人、印刷所、发行所等信息，框的下方印有横排的"版权所有，翻印必究"。封底印有商务印书馆的标识以及"复兴公民"册次和定价。该套书通过民国教育部审定前与之后的不同版次的封面、版权页及封底信息略有差异。

5. 商务印书馆出版的《复兴公民教科书（高小）》（三）

胡钟瑞、赵复编著，王云五、傅纬平校订的《复兴公民教科书（高小）》，根据《小学公民训练标准》编辑，1933年商务印书馆出版，全书共4册，供高级小学两学年用。配有"教学法"一套。

6-5

图6-5　《复兴公民教科书（高小）》，胡钟瑞、赵复编著，王云五、傅纬平校订，1933年商务印书馆出版、发行，1933年7月初版

按课式编排，每册20课，每课后附有"想""研究""实践"等项目，尤注重实践一项，期收实践训练之效[2]。

---

[1] 吕金录，宗亮寰，赵景源.复兴公民教科书：高小：第四册[M].上海：商务印书馆，1937：编辑大意.

[2] 胡钟瑞，赵复.复兴公民教科书：高小：第四册[M].上海：商务印书馆，1933：编辑大意.

该套书所列的训练要目，分体格、德性、经济和政治四项，以期养成健全的公民。

该套书封面形式与同年出版的另一套同名的教科书一样。

6. 世界书局出版的《好公民（初小）》

《好公民（初小）》共8辑，分为8个小阶段，每辑一个小阶段，供初小8个学期用，一个学期一辑，薛天汉主编，1933年世界书局出版、发行。

图6—6 《好公民（初小）》（第七辑），薛天汉主编，1933年7月世界书局出版、发行，1934年6月14版

该套书是根据民国教育部1932年颁布的《小学公民训练标准》编辑而成，课名与《小学公民训练标准》的训练条目一致，内容体系与世界书局出版的初小用的《新课程标准公民训练小册模范公民（初级小学学生用）》接近，突出个体日常行为的训练，让孩子从小培养良好的行为习惯。

比如，第一辑的训练内容主要包括礼貌、忠勇、饮食习惯、整洁、信义、守规则等方面。该辑的目录：我出外和回家，一定告诉家长；我遇见老师和尊长，一定行礼；我依次出入教室，不争先；我在室内行走，脚步很轻；我在上课时，要发言，必先举手；我不高声乱叫；我敬重党旗国旗，我唱党歌或国歌时，一定立正脱帽；我不多吃糖食；我吃东西分量不过多；我除饭食外，不吃零食；我不在路上吃东西；我不把不能吃的东西放在嘴里；我不用衣袖抹嘴脸；我身边要常常带手帕；我咳嗽或喷嚏的时候，能用手帕掩住口鼻；我拾到别人遗失的东西，想法送还他；我不刻涂墙壁、黑板、桌椅等物；我不说谎话，不骗人；我不打人，也不骂人；我每天第一次遇见熟人，一定招呼；我每日准时到校，准时回家；我每天早睡早起，睡起都有一定的时间；我睡觉的时候，头要露在被窝外面。

第二辑的训练内容主要有礼貌、信义、守规则、卫生、整洁、饮食习惯、公益、仁爱等方面。该辑的目录：我每天第一次遇见熟人，一定招呼；我喜欢听笑话，说笑话；我不说谎话，不骗人；我上课要发言，必先举手；我不打人，也不骂人；我依次出入教室，不争先；我在室内行走，脚步很轻；我走路，注意常靠左边，不乱跑；我坐立和走路的时候，都要留意腰和背的正直；我每天早睡早起，睡起都有一定的时间；我每天上学，一定携带要用的课业用品；我不在路上逗留；我不在路上吃东西；我要收拾保管我自己的一切东西；我不攀折公共的花木；我不涂刻墙壁、黑板、桌椅等物；我不用手指挖鼻孔、挖耳朵、擦眼睛；我要常常洗指甲，剪指甲；我的手和脸，要常常保持清洁；我不多吃糖食；我除饭食外，不吃零食；我吃东西，分量不过多；我吃东西，细细地嚼碎了，才咽下去；我每天大便，有一定的时候。

编排策略上，该套书第一学年完全用故事和图画，第二学年以后用简单的文字叙述故事。该套书所选的故事以儿童实际生活为中心，每辑都有一个或两个模范儿童作各级实施训练的代表人物，如第三辑虚构了王志强，第四辑虚构了张文华和沈尚时，第五辑虚构了永常，第六辑虚构了春华和秋芳，第八辑虚构了振华。教科书把这几个儿童的家庭状况、生活状况和在校状况等编成具体的事例，所以每一辑的故事都能联络成一个系统的大单元，使得儿童容易记忆。本套教科书每辑的底页附一张条目考查表以便于学期终考查；每个故事的后面附列几个简短的问题以便儿童自省或教师考查之用[1]。内容呈螺旋上升组织方式，很多条目在不同册次，尤其是相邻两册有重复，利于强化训练。另外，活页排印，便于各年级自由选用。

该套教科书铅印，尺寸为13 cm×18.5 cm，线装。该套书封面活泼，构图精巧，富有童趣，从上至下印有"薛天汉等编著"、"好公民"、册次、适用范围、儿童游戏或学习的配图、"世界书局印行"等信息。第一辑封二为编辑大纲，阐述该书的编写依据、分段、编辑策略、配套材料等；扉页后为目录；接着为正文、条目考查表、版权页。目录有课次、课名以及"做得怎样"的空白评价栏，自左向右横排；正文竖排；版权页有版次、书名、定价、主编者、助编者、发行人、发行者、印刷者、发行所等信息以及"本书有著作权，不准翻印"的字样。该套教科书不同册次的封面图案不同，这与此前乃至同时代的教科书封面设计不一样，是了不起的举措，表明编者的认真用心，此前乃至同时代的绝大多数同套教科书不同册次的封面的主体相同，一般仅"册次"不同。

7. 商务印书馆出版的《中国公民（初小）》

《中国公民（初小）》共8册，初小4学年用，每学期一册，万九光、张耿西、束樵如编著，王云五、沈子善校订，1934年商务印书馆出版、发行。

6—7

图6—7 《中国公民（初小）》（第二册），万九光、张耿西、束樵如编著，王云五、沈子善校订，1934年5月商务印书馆出版、发行，1934年8月70版

该套书是遵照民国教育部1932年颁布的小学公民训练条目进行编辑的，条目体系与世界书局的《模范公民》及《好公民》大体一致，但各条目所在册次分布与另两套书有差异。该套书课文均以故事为中心，其目的主要是使儿童根据故事的具体意义来体会课文的内容。各册课文的排列顺序是

[1] 薛天汉. 好公民：初小[M]. 上海：世界书局，1933：编辑大纲.

按照先个人、次家庭、再次社会及国家，顾及"由近及远""由具体到抽象"的教育原则[1]。这些原则在教科书的目录中一一体现，先是关于自身的卫生和行为习惯，后是关于思想意识等内容。

以第二、第八册为例。

第二册目录：我吃东西细细嚼碎了才咽下去，我不多吃糖食，我在应当吃东西的时间吃东西，我不用衣袖揩嘴脸，我的头发要梳得整齐，我对人家要常常面带微笑，我不说谎话不骗人，我穿衣的时候要把纽扣扣好，我不在路上逗留，我依次出入教室不争先，我在上课时要发言必先举手，我每天上学一定携带要用的课业用品，我不随地抛弃纸屑果壳，我开关门窗移动桌椅一定很轻很仔细，我自己能做的事一定要自己做，我受了别人的赠品要表示感谢他，我吃了小亏不哭也不告诉父母，我每天第一次遇见熟人一定招呼。

再如第八册的训练内容主要涵盖卫生、恒心、助人、守规则、忠勇、勤学、爱惜公物、尊重他人等方面。该册目录：我在天气好的时候常常往户外散步游戏；我不在光线不足或光线过强的地方看书；我住的屋子要常常保持清洁；我要留心保持公共地方的清洁；我尊重校徽；大家快乐的时候我也快乐；我不到不正当的场所去玩；我要用功修习一切功课；我做事要迅速且有效率；我不盲从，不随声附和；我听见信号立刻遵行；我不讲私情不做假见证；我对别人不厌恶，不鄙视；我看见同学有危险的举动，立刻劝止他；我和长者在一起要替他服务；我不站在妨碍人家的地方；应当出席的会议我都出席；我不私用公共或别人的物件；别人有危险的时候，我立刻去救护他；我效法别人的长处；我不因别人不守规则自己也不守规则；我愿意并高兴地做洒扫等事；我爱护法律赋予公民的自由和权利。

编排策略上，该套书第一册基本用故事和图画；第二册用简单的文字叙述，多为故事，少量的对话、演讲稿、信件等体裁；第三册每课开头为道德结论，起到提纲挈领的作用，接着为正文，正文后有3道左右的思考题；每册底页有公民训练条目自查表，供学生自查自评或教师期终评价学生用。

该书铅印，尺寸为13 cm×18.5 cm，右侧平装。封面上半部分为"新课程标准适用"、书名、册次、编著者及校订者等信息，每行文字自左向右横排；下半部分的主体是一群学生在建房子的配图，图下印有"商务印书馆发行"。封二为编辑大意，阐述该套书的编写依据、适用对象、内容组织原则和体裁、配套材料等内容。扉页为训练条目（目录），接着为正文、版权页。课式编排，目录仅有课次和条目名，正文竖排。版权页在封三，有版次、书名、定价、编著者、校订者、发行人、印刷所、发行所等信息以及"版权所有，翻印必究"的字样。封底有商务印书馆的标识。

8. 中华书局出版的《新公民（小学初级）》

《新公民（小学初级）》共8册，每册16课，初级小学4个学年用，每学期一册，钱选青、潘江编，舒新城、朱文叔校，1934年中华书局出版、发行。

---

[1] 万九光，张耿西，束樵如. 中国公民：初小：第一册[M]. 上海：商务印书馆，1934：编辑大意.

6—8

图6—8 《新公民（小学初级）》（第一册），钱选青、潘江编，舒新城、朱文叔校，1934年8月中华书局出版、发行，1934年8月21版

该套书部分册次的目录如下：

第一册目录：一 嘴，二 鼻孔 耳朵 眼睛，三 吃东西，四 抹嘴脸，五 吐痰，六 纸屑和果壳，七 出外 回家，八 遇见老师和尊长，九 遇见熟人，十 排队，十一 出入教室，十二 上课，十三 发言，十四 离开座位，十五 教室里的东西，十六 公园里。

第二册目录：一 吃东西，二 零食，三 漱口，四 指甲，五 手和脸，六 手帕，七 咳嗽喷嚏，八 笑话，九 笑容，十 笑的时候，十一 吃了小亏，十二 在路上，十三 走路靠左边，十四 脚步，十五 叫喊，十六 开关门窗。

第三册目录：一 吃东西，二 穿衣，三 穿衣服和脱衣服，四 钮扣，五 大便，六 在便所里，七 睡和起，八 睡觉的时候，九 自己的东西，十 用过东西以后，十一 到校和回家，十二 课业用品，十三 头发，十四 说话的时候，十五 游戏，十六 （国民党）唱党歌国歌。

第四册目录：一 刷牙 洗脸，二 呼吸，三 坐立和走路，四 下课，五 用品，六 花木，七 说话，八 做事，九 拾到别人遗失的东西，十 损坏了东西，十一 借东西，十二 受了别人的赠品，十三 父母和师长，十四 不打人骂人，十五 在黑暗里，十六 敬重国旗。

第六册目录：一 屋子里，二 早上起身，三 家庭，四 做事，五 对待长辈，六 公共地，七 众人聚集的地方，八 维持秩序的人，九 别人有危险的时候，十 帮助他人，十一 公众的事，十二 开会，十三 公用图书，十四 别人的东西，十五 别人和自己，十六 有益的动物。

第八册目录：一 看书，二 娱乐，三 说话，四 对人，五 人家有事问我，六 得罪了人家，七 过失，八 扶助我的人，九 盲从和讲私情，十 朋友，十一 种牛痘和打防疫针，十二 扑灭蚊蝇，十三 鬼神，十四 不正当的场所，十五 团体组织，十六 会议和选举。

显然，该套书遵照《小学公民训练标准》，注重对小学生的日常行为训练，使他们在体格、学习、卫生、德性、经济和政治等方面得到训练和发展。比如第三册从关注学生成长、自身修养方面入手，通过"吃东西""穿衣""睡和起""到校和回家""说话的时候""游戏"等贴近儿童生活的篇目，将应从小养成的良好生活起居习惯、与人相处的方式、做人与做事的道理很好地融入教学当中，不仅语言浅显直白，而且利于学生接受。

编排策略上，该套书课式编排，主要采用叙事和祈使的表达方式，有图有文，第一、第二册主要以图的方式呈现，文字很少，且多为祈使句；第三、第四册图和文的版面各约占一半；后几册图渐少，文字渐增，到第八册，图很少，才7幅。跟同期其他同类公民教科书类似，该套书注意螺旋上升和循序渐进，比如"说话"等生活主题或训练条目在不同册次多次出现，程度渐深，范围渐大，符合学生的认知特点。

该套书土纸，铅印，尺寸为13 cm×18.5 cm，平装，右翻页，正文竖排。封面图文结合，上部分自上而下印有自右向左横排的"新课程标准适用"、"新公民"、册次、编者及校者姓名等信息，下部分的主体为两个孩童挥手告别老师的图（各册封面的图统一），图下印有"上海中华书局印行"。封二为目录，有生活主题、对应的训练条目和（德目）总目，接着为正文、版权页。不同年级的教科书的正文形式不尽相同，除了图文版面有差异，课后的部分也不同，第一、第二册仅有课文；第三、第四册课后有"想"，即思考题；后4册课文后有"问题"和"实践"，供学生思考，指导学生开展实践。版权页在封三，有版次、定价、编者、校者、印刷者、总发行所、分发行所等信息以及"有著作权，不准翻印"的文本框。封底有该套书的注册商标。

9. 世界书局的《社会课本公民编（小学高级学生用）》

《社会课本公民编（小学高级学生用）》共4册，每册17课，宋子俊编辑，董文、范祥善校订，1933年世界书局出版，供小学五、六年级用，一学期一册。另配有4册"教学法"。

该套书根据民国教育部1932年10月颁布的"小学课程标准社会科第五、六学年"编著（世界书局将高小社会科析为公民、历史、地理三种，各4册，合则相互联络），第一册主要讲总理遗嘱、遗教、三民主义等，第二册主要讲道德故事、四种民权、平等自由等，第三册主要讲家庭、社会、地方自治、市政、经济问题等，第四册主要讲职业、政制、法律、权利、义务等。

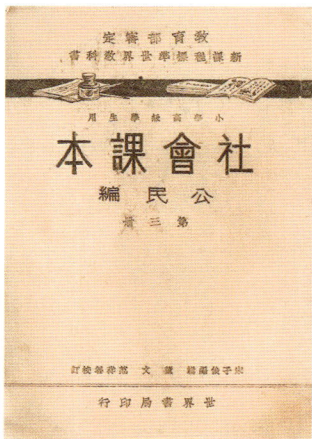

图6-9　《社会课本公民编（小学高级学生用）》（第三册），宋子俊编辑，董文、范祥善校订，1933年5月世界书局出版、发行，1933年5月初版

第一册目录：一 总理遗嘱，二 总理遗嘱的意义（一），三 总理遗嘱的意义（二），四 三民主义，五 民族主义的必要，六 民族主义的意义，七 民权主义的由来，八 民权主义的意义，九 政权和治权，十 民生主义，十一 平均地权，十二 节制资本，十三 三民主义的中心，十四 以党治国，十五 建国大纲（一）：军政时期，十六 建国大纲（二）：训政时期，十七 建国大纲（三）：宪政时期。

第二册目录：一 什么叫道德，二 怎样算是忠，三 做事肯负责任是什么，四 怎样待父母，五 我们要实行仁爱，六 能援助不幸的人才是义士，七 讲究信用的模范，八 和平也是美德，九 怎样是真平等，十 怎样是真自由，十一 怎样运用选举权，十二 为什么要有罢免权，十三 创制权的作用，十四 复决权的作用，十五 民众团结的作用，十六 会议的种类，十七 会议的程序。

第三册目录：一 家庭的组织，二 理想的家庭，三 打破重男轻女的恶习，四 消灭为赌的祸患，五 改良婚丧礼俗，六 怎样改良地方上的恶俗，七 地方自治，八 地方自治的工作（一），九 地方自治的工作（二），十 我国市政改革的必要，十一 改革市政的要点，十二 都市生活和农村生活，十三 服务社会，十四 生产和消费，十五 交易和分配，十六 消费合作和储蓄，十七 贫穷和救济。

第四册目录：一 职业，二 选择职业，三 什么是职业上必要的品性，四 什么是职业上必要的行为，五 国家的组织，六 国体和政体，七 中央政府，八 地方政府，九 党部和政府的关系，十 人民的权利，十一 人民的义务，十二 法律，十三 三权宪法和五权宪法，十四 五种治权（一），十五 五种治权（二），十六 行政法 刑法和诉讼法，十七 民法和商法。

该套书编排以问题为中心，采用浅显的语体文叙述，从一个核心问题出发引出其相关的各问题，便于教师做大单元的教学设计。

该套教科书土纸，铅印，尺寸为13 cm×18.5 cm，平装，左翻页。封面上面五分之一处有一横条型图画，画有书本、墨水瓶等学习用品；从上至下印有横排的"教育部审定""新课程标准世界教科书""小学高级学生用""社会课本""公民编""第※册""宋子俊编辑 董文 范祥善校订""世界书局印行"等字样。扉页为编辑大纲，阐述该书的编写依据、各册主题、编写策略、教学建议等。接着为目录、正文、版权页。目录页有"本书提要"和"本册目录"，目录仅有课次和课名。正文多为叙述性文体，竖排，有少量插图；每课课文后有若干问题供学生自习研究。版权页分上、下两大部分，上半部分为世界书局的教科书广告；下半部分为版权信息，有版次、书名、定价、编辑者、校订者、发行人、出版者、印刷所、总发行所、分发行所、通过审定的时间等信息以及"此书有著作权，翻印必究"的字样。封底有世界书局的标识。

四、具有代表性的中学德育教科书

1932—1937年间，商务印书馆、大华书局、世界书局、中华书局、开明书店、中学生书局、新时代印刷局等共出版了20多种中学公民教科书，其中，商务印书馆出版的最多。这时期的中学德育教科书呈现较为繁荣的局面。

（一）复兴类公民教科书

商务印书馆这5年间出版了3种复兴类初级中学用公民教科书：孙伯骞编著的《复兴初级中

学教科书公民》，李之鸥编著的《复兴初级中学公民教本》，孙伯骞、周新民编著的《复兴初级中学公民课本》；一种复兴类高级中学用公民教科书：李震东等人编著的《复兴高级中学教科书公民》。

1. 孙伯骞编著的《复兴初级中学教科书公民》

孙伯骞编著的《复兴初级中学教科书公民》共3册，供初级中学三学年用，每册用一学年。王云五主编，1933年7月商务印书馆出版、印刷、发行。

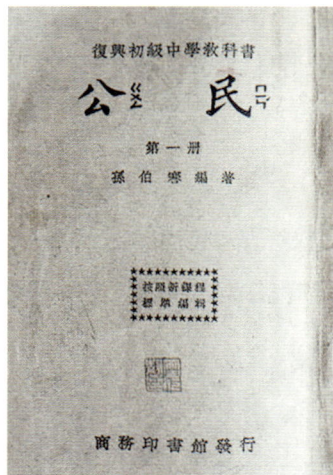

图6-10 《复兴初级中学教科书公民》（第一册），孙伯骞编著，王云五主编兼发行，1933年7月商务印书馆出版、印刷、发行，1933年8月15版

该套书遵照民国教育部1932年颁布的《中小学课程标准》的相关规定编成，主要"采入三民主义的材料，以成为三民主义的公民学"[1]。3册分三大领域，分别是"道德""政法""经济"。

第一册"道德"目录：第一章 概论（什么是公民、什么是道德、道德和法律、道德和经济），第二章 中山先生与中华民族固有的道德，第三章 个人道德，第四章 职业道德，第五章 家庭道德，第六章 社会道德，第七章 国家道德，第八章 国际道德。该册从个人、职业、家庭、社会、国家、国际各方面阐发中国固有的道德，以明道德的进化及标准[2]。还结合当时的形势，谴责日本不讲信义，曾经侵略朝鲜，当时侵略中国；赞美中国传统道德讲信义，重和平；激励国人热爱祖国，共赴国难。

第二册"政法"目录：第一章 民族，第二章 国家，第三章 政体，第四章 政府，第五章 政权，第六章 法律，第七章 政党。该册重在说明政治和法律上的基本概念，并解释民国时期的政治制度。

第三册"经济"目录：第一章 绪论（经济学及其历史、人类经济生活的演变），第二章 消费，第三章 生产，第四章 交易，第五章 分配，第六章 国家财政，第七章 中山先生的经济政策，第八章 中国经济的现状与将来。该册重点讲国民经济和国民政府的经济政策。对于当时的社会经济制度，该册教科书做了较为详细的介绍和分析。

---

[1] 孙伯骞. 复兴初级中学教科书公民：第一册[M]. 上海：商务印书馆，1933：编辑大意.

[2] 孙伯骞. 复兴初级中学教科书公民：第一册[M]. 上海：商务印书馆，1933：编辑大意.

形式上，该套书章节式编排，正文主要采用解释和议论的方式行文，没有插图，每课后有问答要点，供学生思考。

该套书土纸，铅印，尺寸为13 cm×18.5 cm，平装。封面横排，从上至下印有"复兴初级中学教科书"、"公民"、册次、"孙伯骞编著"、"按照新课程标准编辑"、"商务印书馆发行"等字样，书名"公民"二字字体最大，还有注音，很醒目。扉页印有一个分三列的文本框，框内文字竖排，从右至左第一列印有"新课程标准适用"，第二列印有"复兴初级中学教科书公民"以及册次，第三列印有"孙伯骞编著"。接着为目录、正文、版权页和封底。目录有章节名和页码；正文竖排，有的内容较深，学生难以理解；版权页有版次、编著者、发行者、主编兼发行人、发行所、印刷所、定价等信息，以及印有"版权所有，翻印必究"的文本框。封底有商务印书馆的标识。

2. 顾维熊等人编著的《复兴高级中学教科书公民》

《复兴高级中学教科书公民》共6册，供高级中学3学年6学期使用，每学期一册，每周授课两小时；顾维熊等人编著，1934年商务印书馆出版，后多次再版，直到1936年底另一套由吴叔和等人编著的同名教科书出版后，该套教科书逐渐退出市场。

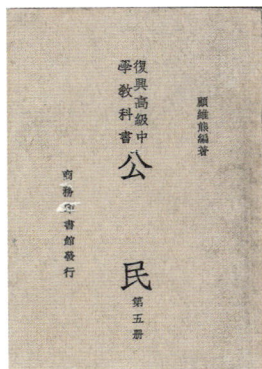

图6-11　《复兴高级中学教科书公民》（第五册），顾维熊编著，1934年8月商务印书馆出版、发行，1934年12月8版

该套书分社会问题、政治概要、经济概要、法制概要、伦理大意五部分，除经济概要分两册外，其余各为一册，共6册。

第一册李震东编著，讨论社会问题。本册共9章：社会问题之意义与范围、家庭问题、人口问题、劳动问题、农村问题、妇女问题、贫穷与生计问题、犯罪问题、社会主义之意义与派别。

第二册张云伏编著，讨论政治方面的内容。本册共7章：国家的意义及种类、三民主义的国家、我国现行的政治制度、各国政治制度比较、宪法、政党、国际社会。

第三册"经济概要（上）"胡泽编著，讨论经济方面的内容。本册共4章：欲望与经济、经济发达之重要条件、消费、生产。

第四册"经济概要（下）"也是胡泽编著，重点讲中国经济的状况。

第五册顾维熊编著，讨论法律方面的内容。本册共8章，涉及法律意义、犯罪的概念、法院组织、犯罪制裁等内容。

第六册吴士栋编著，讨论伦理方面的内容。本册共7章，涉及中国伦理思想、西洋伦理思想、道德的进化、孙中山的伦理思想、中国青年的责任与义务等内容。

形式上，该套书采用章节式编排，理论与实践并重，每章后有"问题演习"供学生演习之用[1]，第六册最后一课还列了参考书目，正文主要采用解释和议论的方式行文，没有插图，但有少量表格和图示，比此前的同类教科书有进步。

该套书土纸，铅印，尺寸为13 cm×18.5 cm，平装，左侧翻页。封面从右至左印有编著者、书名、册次、"商务印书馆发行"等字样。扉页形式与封面一样；接着为编辑大意（仅第一册）、目录、正文、版权页。编辑大意阐述编辑依据、编写目的、内容架构、编排策略等；目录有章节名和页码；正文注重宣传孙中山和蒋介石的思想；版权页有版次、编著者、主编兼发行人、发行所、印刷所、定价等信息，以及"版权所有，翻印必究"的字样。封底有商务印书馆的标识。

3. 商务印书馆出版的《复兴初级中学公民课本》

孙伯骞、周新民编著的《复兴初级中学公民课本》共5册，第四册由两人编著，其余4册全由孙伯骞一人编著，供初级中学3学年用，1934年8月商务印书馆出版、印刷。

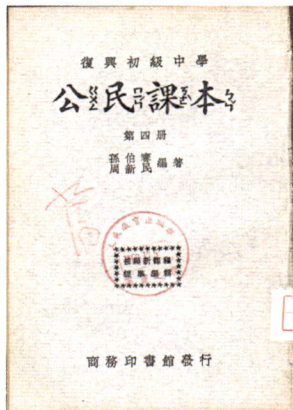

图6-12 《复兴初级中学公民课本》（第四册），孙伯骞、周新民编著，1934年8月商务印书馆出版、印刷，1934年8月初版

该套书第一册讲道德，第二册讲政治，第三册讲地方自治，第四册讲法律，第五册讲经济。采用章—主题式编排，每册5～8章不等。以第二、第四册为例，第二册共6章：第一章 民族和国家，第二章 公民的权利和义务，第三章 四种政权，第四章 五种治权，第五章 建国的程序，第六章 政党；第四册也是6章：第一章 绪论，第二章 权利主体与客体，第三章 财产与财产继承，第四章 契约与损害赔偿，第五章 犯罪与刑事制裁，第六章 法院与诉讼大要。

该套书的形式与孙伯骞编著的《复兴初级中学教科书公民》基本一致。

（二）徐氏公民教科书

1. 世界书局出版的《徐氏初中公民》

《徐氏初中公民》共3册，徐逸樵编著，1933—1934年世界书局出版。他不但以一己之力完成了6册（初中3册、高中3册）公民教材的编写，且教材本身冠以"徐氏"的名称，这在民国公民教育

---

[1] 李震东. 复兴高级中学教科书公民：第一册[M]. 上海：商务印书馆，1934：编辑大意.

大潮中也是罕见的现象。

图6-13 《徐氏初中公民》（第一册），徐逸樵编著，1933年上海世界书局出版、印刷，1934年8月5版

第一册内容分"社会生活"与"政治生活"两编；第二册内容分"经济生活"和"社会问题"两编，各5章；第三册分"国际关系"和"法律"两编，其中，"国际关系"4章、"法律"8章。

以第一册为例。此册内容共分"社会生活"与"政治生活"两编，其中后者占全书三分之二的篇幅。"社会生活"编分5章，介绍家庭、学校、社会、政党、民众团体的概念、起源及功用。"政治生活"编分7章：国家、民权和法权、三权分立制的政府、民权的运用、吾国中央政府的组织和职权、地方政府和地方自治、个人的权利和义务。其中，对于民权、司法独立、选举及地方自治，编写者最为用心。

关于"民众团体"的功用，《徐氏初中公民》的看法：民众团体通过组织民众运动，来"实现某种特殊的利益，解除某种特殊的苦痛"，所以"社会上民众团体愈多，组织愈健全，运动愈发达，则民众的利益也愈增进，地位也愈提高"[1]。作为执政党中的一员，对于民众团体及民众运动的价值与意义，能有这样的认识，应该说是难能可贵的。

民权与治权（政府权力）如何平衡？《徐氏初中公民》对此完全采用孙中山的设计，即用人民的四权，也即选举权、罢免权、创制权、复决权来管理政府的五个治权——立法、行政、司法、考试、监察五权。

对于选举权，《徐氏初中公民》如是告诫："选举时所投的一票，足以决定被选者的称职不称职。万一投得不得当，就无异自己雇佣恶吏来加害自己。"[2]可谓苦口婆心。

形式上，该套书采用章—主题式编排，每章开头有内容提要，每章后有思考题，正文的每个主题在相应文字的开头用题框呈现，较醒目；正文主要采用解释和议论的方式行文，没有插图，但有少量表格和图示。总体看，该书与同时代的同类教科书的形式基本一样。

该书土纸，铅印，尺寸为18.2 cm×19.6 cm，平装，左侧翻页。封面上下五分之一处有双实线，文字自右向左横排，从上至下依次印有"世界中学教本"、"初级中学学生用"、"徐氏"、"初中公民"、册次、"编著者 徐逸樵"、"世界书局印行"等字样。扉页形式同封面，接着是编辑大

[1] 徐逸樵.徐氏初中公民：第一册[M].上海：世界书局，1933：46.
[2] 章诗依.一个民国官员编写的公民教材[N].经济观察报，2013-03-04（6）.

意、目录、正文、版权页。编辑大意阐述该套书的编写依据、编写目的、编写的大致过程、编排策略、致谢等；目录有章、主题名及章的页码；正文时代性较强；版权页有版次、编著者、发行人、出版及印刷者、发行所、定价等信息以及"版权所有，不准翻印"的字样。

2. 世界书局出版的《徐氏高中公民》

《徐氏高中公民》共3册，徐逸樵编著，1933—1934年世界书局出版，供高级中学公民科教学3学年之用。

该套书第一册讲政治组织及法律概念；第二册讲经济概念及社会问题；第三册讲国民道德。"党义材料则适宜分配于各章节中，务期公民与党义融为一炉，洽谈无间。"[1]

尤其难能可贵的是，该套书注重处理与《徐氏初中公民》的关系，尽可能与之衔接。编辑大意写道："本书与初中公民内容之分际，除采用圆周式编制外，其过于艰深而不易为初中学生所领悟者，则配置于本书中。"

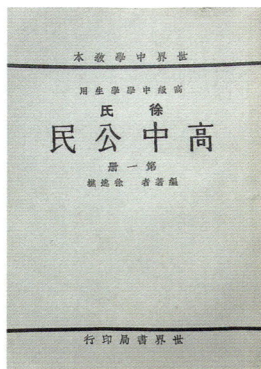

图6-14　《徐氏高中公民》（第一册），徐逸樵编著，1933年8月世界书局初版，1934年12月10版

《徐氏高中公民》采取章节式结构，以第二册为例，该册共14章，依次是经济生活的本质、生产论、交易论、分配论、消费论、社会问题的意义、资本主义的起源、资本主义的成立、资本主义和社会病态、解决社会问题的方法、劳动问题、农村问题、土地问题、妇女问题。每一章内容之前都会有这一章内容的小标题呈现，以告诉学生这一章的主要内容。在讲解知识点时，从不同的论点和角度来阐明，分类清晰，讲解透彻。从意义、法则、分类、属性等方面来谈经济的变化和社会问题，最后涉及如何改善经济和解决社会问题。

在结构上，运用大量的数据和图表，运用分叉图的形式来解释各名称的意义。在第二册中，讲到中国受侵略现状时，从土地、金融、交通、工业、农业等方面分析原因，不局限在某一个方面进行讨论是一大进步，但是通篇还是以理论居多，不涉及实践方面的内容。

该套书的体例和形式与《徐氏初中公民》基本一样。

（三）叶楚伧、陈立夫主编的《初级中学公民》《高级中学公民》教科书

叶楚伧、陈立夫主编的中学公民教科书有初级中学用的两套、高级中学用的两套。初级中学用

---

[1] 徐逸樵. 徐氏高中公民：第一册[M]. 上海：世界书局，1933：编辑大意.

的，其中一套5册，1935年出版；另一套3册，1936年出版。高级中学用的6册，1936年出版。

1. 《初级中学公民》（1935年版）

《初级中学公民》共5册，叶楚伧、陈立夫主编，刘悉规、赵祥麟、林树艺编著（现可查的第一册由刘悉规编著，第三册由赵祥麟编著，第四册由林树艺编著），汪懋祖、寿勉成、阮毅成校订（第一、第三册由汪懋祖校订，第四册由汪懋祖、阮毅成校订），1935年正中书局印行，供初级中学3学年用。

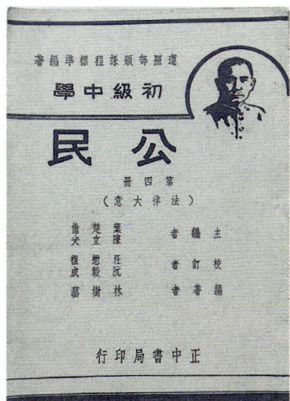

图6-15　《初级中学公民》（第四册），叶楚伧、陈立夫主编，林树艺编著，汪懋祖、阮毅成校订，1935年5月正中书局出版、印行

"本书根据教育部公布的《初级中学公民课程标准》（1934年）编辑，分5册：第一册　公民生活与公民道德（第一学期），第二册　公民与政治生活（第二学期），第三册　地方自治（第三学期），第四册　法律大意（第四学期），第五册　公民与经济生活（第五、第六学期）。本书各册根据三民主义，阐明总理（孙中山）遗教，期以党义渗透公民生活；第二册以下各册以道德为基础，期使学生道德观念格外深刻。"[1]

第一册目录：第一章　引论（第一节　什么是公民和公民道德，第二节　好公民的条件）；第二章　公民与家庭（第一节　家庭的职能，第二节　家庭道德，第三节　家庭教育，第四节　家庭经济，第五节　家庭管理）；第三章　公民与学校（第一节　最可宝贵的中学生时代，第二节　求学的态度与方法，第三节　实习新生活与道德基础的培养，第四节　课外活动与休闲时间的利用，第五节　学生自治与民权初步的演习，第六节　劳作活动与善良品性的养成，第七节　童子军训练）；第四章　公民与社会（第一节　社会的意义，第二节　个人与社会的关系，第三节　社会改造与民族复兴，第四节　民族复兴的途径与方案）。

第三册目录：第一章　引论（第一节　地方自治与宪政及治权的关系，第二节　如何使地方自治办理得有成效）；第二章　地方自治的组织（第一节　县自治的组织，第二节　市自治的组织）；第三章　地方自治的实施（第一节　户籍，第二节　保甲与警卫，第三节　整理土地，第四节　教育，第五节　交通，第六节　公共卫生，第七节　造林，第八节　合作事业，第九节　救济事业）；第四章　地方自治的重要问题（第一节　地方自治的经费，第二节　地方自治的人才）。

---

[1] 刘悉规. 初级中学公民：第一册[M]. 南京：正中书局，1935：编辑大意.

第四册目录：第一章 绪论（第一节 法律的意义，第二节 法律的分类，第三节 法律的成立与消灭）；第二章 权利的主体与客体（第一节 权利的意义，第二节 权利的种类，第三节 自然人与法人）；第三章 遗产继承（第一节 遗产继承的概念，第二节 遗产继承人，第三节 遗产的继承）；第四章 契约与损害赔偿（第一节 法律行为与侵权行为，第二节 法律行为与契约，第三节 侵权行为与损害赔偿）；第五章 犯罪与刑法（第一节 犯罪的意义与类别，第二节 刑法的意义与类别，第三节 刑法的执行意义与消灭）；第六章 法院与民刑诉讼（第一节 司法权，第二节 法院，第三节 民刑诉讼）。

该套书土纸，铅印，尺寸为13.5 cm×18.5 cm，平装，左翻页。封面信息较多，右上角有孙中山像；从上至下印有"遵照部颁课程标准编著"、"初级中学"、"公民"、册次、本册主题、主编者、校订者、编著者以及"正中书局印行"等字样。扉页为编辑大意，阐明该书的编辑依据、各册主题及目的、编排理念、配套资源等。接着为例言、目录、正文、版权页。例言主要讲本册的适用对象、教学建议以及编写过程等；目录有章节次序、名称和页码；正文主要为政论文和叙述性文体，有些段落是政策法规或国民党著名人士言论原文，有少量插图和图示，每篇课文后有问题数则供讨论；版权页有版次、主编者、编著者、校订者、印刷者、发行所等信息。

2. 《初级中学公民》（1936年版）

《初级中学公民》共3册，叶楚伧、陈立夫主编，初级中学3学年用。第一册由汪懋祖、叶溯中、朱元懋编著，第二册由叶溯中、朱元懋编著；第三册由汪懋祖、叶溯中编著，1936年7月正中书局出版。另配有"教学指导书"3册，供教师教学用。

6-16

图6-16 《初级中学公民》（第二册），叶楚伧、陈立夫主编，叶溯中、朱元懋编著，1936年7月正中书局出版，1937年7月95版

该套教科书的整体内容基本为公民道德、伦理、经济生活、政治生活、法律知识、社会问题、地方自治等。内容体系完整，依次讨论了公民生活与公民道德、公民与政治生活、公民与经济生活、法律知识、公民与地方自治、升学就业指导。

第一册以释述公民生活与公民道德为中心，主旨在于扩充我国固有美德。

第二册以释述公民与政治生活为中心，主旨在于阐明我国当时的法制，并给予学生关于政治的、法律的与经济的基本知识。

第三册以释述地方自治为中心，"根据建国大纲及中央颁布之重要自治法规，说明自治之意义、组织、各种事业及实施方法"[1]。该套书目录有明确的标注，说明相应小节用几课时讲解。在内容上，分析资本主义的弊害，不是局限于当时的状况，而是把目光聚焦在未来。书中还提出，学生要具有欲望之心，用积极的态度打败消极；要有爱国情怀，支持国货、培养储蓄观念；要注重科技、机器的使用，趋利避害；要注重合作精神的培养。

另外，该套书还秉承孙中山的理念去培养国民，主张通过节制资本、平均地权来改造资本主义，保障劳动者权益。作者不仅看到了眼前的现实，还对未来提出了一定的构想，如力求现代化、注重民生，致力于交通、印刷、铁路的富兴。此套书在三民主义的背景下关注学生的个人生活，初步形成体系化。

第一册目录：第一章 引论（第一节 什么是公民和公民道德，第二节 好公民的条件）；第二章 公民与家庭（第一节 家庭的职能，第二节 家庭道德，第三节 家庭教育，第四节 家庭经济，第五节 家庭管理）；第三章 公民与学校（第一节 最可宝贵的中学生时代，第二节 求学的态度与方法，第三节 实行新生活与道德基础的培养，第四节 课外活动与休闲时间的利用，第五节 学生自治与民权初步的演习，第六节 劳作活动与善良品性的养成，第七节 童子军训练）；第四章 公民与社会（第一节 社会的意义，第二节 个人与社会的关系，第三节 社会改造与民族复兴）。该册内容涉及公民的概念、公民与家庭的关系、如何过学校生活、如何处理与社会的关系、树立民族复兴的信念等方面，洋溢着爱家、进取和报国的精神。

形式上，该套书采用章节式编排，每章后有思考题，供学生进行自我检验，帮助学生消化知识，正文主要采用解释和议论的方式行文，没有插图，但有少量表格和图示。另外，该套书课文的优长是不机械引用孙中山的论述，但无处不传达三民主义精神。[2]

该套书土纸，铅印，尺寸为13 cm×18.5 cm，平装，左侧翻页。封面有套边的文本框，框内文字从右至左横排，从上至下分别是"教育部核定"、"建国教科书"、"初级中学"、"公民"、册次、主编者、校订者、编著者以及"正中书局印行"等字样，不同内容的字体不一样。封面还印有孙中山头像。扉页为编辑大意，接着为目录、正文、版权页。编辑大意阐述编辑的依据、目的和策略等；目录有章节名和页码，章节名和页码间有前导符，这是同时期其他教科书少有的；版权页在封三，有版次、主编者、编著者、校订者、发行人、印刷者、发行所、定价、审定批号等信息以及"版权所有，翻印必究"的字样。封底有"学习者"人形图案以及"本书用国产纸印刷"的字样，道德教化意味跃然纸上。

该套书多次再版，不同的版本内容和形式有些许差异。

3. 《高级中学公民》（1935年5月）

《高级中学公民》共6册，供高级中学六个学期用，新课程标准适用，叶楚伧、陈立夫主编，孙本文、萨孟武、寿勉成、阮毅成、刘国钧分编，1935年正中书局出版，后多次修订再版。

[1] 汪懋祖，叶溯中. 初级中学公民：第三册[M]. 南京：正中书局，1936：编辑大意.
[2] 毕苑. 近代教科书与国家观念的演化[J]. 文化纵横，2015（7）：58-65.

该套书根据教育部1934年颁布的《高级中学公民课程标准》编辑，第一册讲社会问题、第二册讲政治概要、第三册和第四册讲经济概要、第五册讲法律大意、第六册讲伦理大意。该书学理与实际问题并重，使学生习得各科精义及社会生活必须之知识。[1]

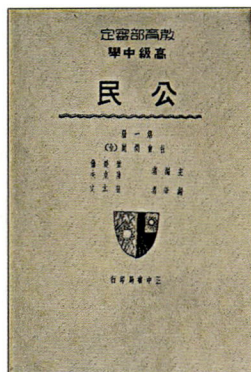

图6-17　《高级中学公民（社会问题）》（第一册），叶楚伧、陈立夫主编，孙本文编著，1935年5月正中书局出版，1935年5月初版

第一册（孙本文编著）目录：第一章 社会问题之意义及范围，第二章 家庭问题，第三章 人口问题，第四章 劳动问题，第五章 农村问题，第六章 妇女问题，第七章 贫穷与生计问题，第八章 犯罪问题。

第二册（萨孟武编著）目录：第一章 国家，第二章 我国现行政治制度，第三章 各国政治制度的比较，第四章 宪法，第五章 政党，第六章 国际关系与国际组织。

第三册（寿勉成编著）目录：第一章 经济与经济学，第二章 消费，第三章 生产，第四章 交换。

第四册（寿勉成编著）目录：第五章 分配，第六章 孙先生实业计划，第七章 国家财政，第八章 中国经济现状及其问题。

第五册（阮毅成编著）目录：第一章 法律之意义与渊源，第二章 权利能力与行为能力，第三章 法律行为与意思表示，第四章 动产与不动产所有权，第五章 婚姻父母子女与亲属，第六章 法定继承与遗产遗赠，第七章 各种犯罪制裁与监狱，第八章 法院组织与民刑诉讼。

第六册（刘国钧编著）目录：第一章 伦理的意义，第二章 中国伦理思想，第三章 西洋伦理思想，第四章 孙中山先生的伦理思想，第五章 中国青年的责任和义务。

该套书土纸，铅印，尺寸为13 cm×18.5 cm，平装，左翻页。封面相对较为复杂，从上至下印有横排的"教育部审定"、"高级中学"、"公民"、册次、本册主题、主编者、编著者以及"正中书局印行"等信息。扉页为编辑大意，接着为例言、目录、正文、中西名词对照表、版权页。编辑大意阐明该书的编辑依据、各册主题、编排策略、教学建议等；例言讲述本册与相应课程标准的关系、本册的主要内容、主旨、编辑理念等；目录有章节次序、名称及页码；正文多以议论、叙述和解释的方式行文，竖排，有少量图示；每章末有注释、若干问题及"参考"，以资思考和讨论[2]；版权页从左至右横排，有出版时间、书名、册次、定价、主编者、编著者、发行人、印刷

[1] 孙本文. 高级中学公民：第一册[M]. 南京：正中书局，1935：编辑大意.

[2] 孙本文. 高级中学公民：第一册[M]. 南京：正中书局，1935：编辑大意.

所、发行所等信息以及"版权所有，翻印必究"的字样。

4. 《高级中学公民》（1936年6月）

《高级中学公民》共4册，叶楚伧、陈立夫主编，供高级中学5个学期用。该套书根据1936年国民政府教育部颁布的《修正高级中学公民课程标准》编写，第一册讲社会问题和政治概要，由应成一、萨孟武编著，用于高中第一学期；第二册讲经济概要，由寿勉成编著，用于高中第二学期；第三册讲法律大意，由阮毅成编著，用于高中第三、第四学期；第四册讲伦理大意，由刘国钧编著，用于高中第五学期。1936年6月正中书局出版，后多次再版直至1949年。

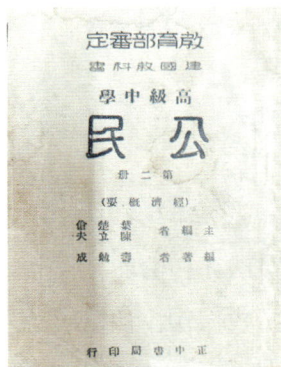

图6-18　《高级中学公民（经济概要）》（第二册），叶楚伧、陈立夫主编，寿勉成编著，1936年6月正中书局出版，1936年10月沪29版

该套书仍重视道德教化，不忘公民修养的基础性作用。中国历史漫漫，所形成的道德修养不可磨灭，自然不管形势如何严峻，局势如何变迁，几千年的道德传统依然是德育教科书的重要内容。这套书第四册专门讲伦理大意，从伦理意义、中国伦理思想、西洋伦理思想、孙中山伦理思想到中国公民与民族复兴。具体内容上，先讲什么是伦理，讨论伦理的是非善恶，来指示学生行为应当或不应当采取的方式；而后解释伦理学方法与问题和道德生活的进化、本质；最后谈及人生理想与至善。标点符号方面，较以往的教科书有所改进，符号变大，更能看清楚。段与段之间也有明显的间隔。该套书引喻古人例子，利用孔子、岳飞、文天祥的事例说明个人的理性行为。每篇文章后都附有思考题和参考书目，所涉及的文献不仅有本国的还有外国学者的，说明这时候的思想已经开化不自闭了。

该套教科书第二册在阐述资本主义与民生主义的区别的基础上论述了孙中山改革资本主义生产的最好方法，即民生主义的"节制资本"。该册书认为，资本主义生产与民生主义生产的根本区别在于：资本主义者的信条是"财产的私有私营，生存的自由竞争，生产的私立统制，以及以资本家或企业家为中心的大规模生产"。民生主义则与资本主义根本不同，民生主义旨在解决"人民的生活，社会的生存，国民的生计，群众的生命"问题，所以"资本主义是以赚钱为目的，民生主义是以养民为目的"[1]。课文还从目的、方法、后果等几个方面比较了资本主义与民生主义的差异，认为资本主义的结果是对外经济侵略，对内经济恐慌，而民生主义的结果，则因生产有计划，有统制，且不以营利为目的，故可无此类现象之发生。[2]

该套书的体例和形式与叶楚伧、陈立夫主编的《初级中学公民》基本一样，封面稍有差异。

[1] 叶楚伧，陈立夫. 高级中学公民：第三册[M]. 南京：正中书局，1935：61-62.
[2] 叶楚伧，陈立夫. 高级中学公民：第三册[M]. 南京：正中书局，1935：61-62.

（四）世界书局出版的《高中新公民》

《高中新公民》共3册，第一册由李汶、徐逸樵编著，第二册由李汶、杨正宇编著，第三册由李汶、李楚生编著，1936—1937年世界书局出版、印行。

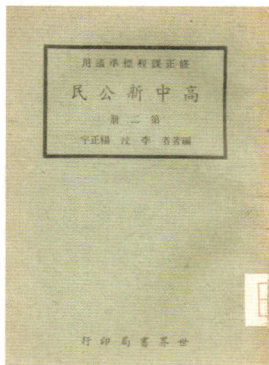

图6-19 《高中新公民》（第二册），李汶、杨正宇编著，1937年6月世界书局出版，1938年6月2版

该套书遵照1936年国民政府教育部颁布的修正课程标准编著，第一册主要讲社会问题和政治概述；第二册讲经济，涉及农业、工业、商业、金融和财政等问题；第三册主要讲法律和伦理。

该套书土纸，铅印，尺寸为13 cm×18.5 cm，平装，左侧翻页。多数版次的封面由两组双实线分为三部分，上端10%处印有"遵照教育部修正课程标准编辑"，中间80%部分自上而下印有"新课程标准世界书局中学教本"、"高级中学学生用"、"高中新公民"、册次、编著者以及校订者信息，下端10%部分印有"世界书局印行"；少数版次的封面主体为一文本框，框内自上而下印有"修正课程标准适用""高中新公民"、册次及编著者姓名，封面底端印有"世界书局印行"。扉页为编辑大意，阐述该书的编写依据、内容体系、编写意图、编写理念等。接着为目录、正文、版权页。该套书采用编—章—主题式编排，目录有题名和页码；正文的行文方式与同时期其他的高中公民教科书类似，课文后有供思考的问题。版权页在封三，有版次、定价、编著者、校订者、发行者、出版者、发行所等信息以及"版权所有，不准翻印"的字样。比较特别的是，该套书有书衣。

（五）北新书局出版的《初中公民》

《初中公民》共5册，其中第一、第二册供初中第一学年用，第三、第四册供初中第二学年用，第五册供初中第三学年用。陈彦舜编，1934年7月北新书局出版、发行。

图6-20 《初中公民》（第一、第二册），陈彦舜编，1934年北新书局出版、发行，第一册1934年8月再版，第二册1934年7月初版

该套书依照1934年的《初级中学公民课程标准》编辑，第一册为公民生活与公民道德，第二册为公民与政治生活，第三册为公民与经济生活，第四册为法律大意，第五册为公民与地方自治。

该套书采用主题（章）—课式编排，以第一册的目录为例：第一章 学校生活，下设15课，依次是"学业活动中的修养""课业活动的方法""体育活动中的修养""体育活动中的节制""劳作活动的意义和修养""课外活动中的修养""休闲时间的运用""童子军训练的德目""学生自治""学生自治团体的组织法""民权初步""集会的演习""青年修养品格的方法""青年易犯错误的纠正""中山先生对于学生的遗教"。

第二章 家庭生活，下设9课，依次是"亲子的关系""兄弟姊妹的关系""孝和友爱的意义""家庭的组织和功能""大家庭和小家庭""家庭和社会""家庭和婚姻问题""家庭经济和家庭劳动""家族和国族"。

第三章 社会生活，下设6课，依次是"个人和社会的关系""共同生活的道德""个人自由的限度""中国民族衰颓的原因""恢复民族精神的方法""中国的固有道德"。

"本书编辑方法，注重由说明理由引到实践，由具体事实引到抽象需要，由注意日常生活引到养成道德习惯，由本国实际环境引到世界知识""以使学生于实际生活中体验群己的关系，养成修己待人之善良品性"[1]。

该套书铅印，尺寸为13 cm×18.5cm，平装，竖排。封面彩印，主体为一文本框，内有书名、编者、册次以及发行机构等信息；目录有章次、章名以及课次和课名；正文体裁多为论说文，无插图，每课后面有3～4个讨论题；正文后即为版权页，有书名、册次、编者、出版者、发行人以及版次等信息；封底有北新书局的标识和书的定价。

（六）大东书局出版的《青年修养指导》

该书为潘文安于1932年所编著，1932年11月由上海大东书局出版。该书目录为：卷头语、青年的身与心、现代中国的环境与中国青年的烦闷、现代青年生活上的八个实际问题以及青年的健康问题、思想问题、经济问题、职业问题、婚姻问题、社交问题、娱乐问题等。

卷头语中先讲述研究的方法，用表格的形式列出有哪些需要研究的，接着讲述修养意义的寻求，引用许多学者和名人的语句进行佐证，后讲述适者生存与优者生存的法则，鼓励青年人努力进取。在"青年的身与心"这一章中，对身体的发育、各机能的作用作了阐释，并讲述了感情生活的方方面面和常见的几种疾病。谈及青少年的问题时，从8个问题入手，全面剖析青少年的修养，为青少年的发展指明道路，指出："首先是健康，我们不能做'东亚病夫'；其次是求学，要通过知识改变命运；再次是思想，我们的思想要放开，不拘束；经济方面要力求一种解决的方法；职业方

---

[1] 陈彦舜. 初中公民：第一册[M]. 上海：北新书局，1934：编辑要旨.

面是青少年终身生活的问题，从无业到有业再到乐业是值得思考的；对于婚姻，我们要有着婚姻自主的观念并对封建思想进行抗争；对于社交，青年人要明白交际的意义，有正确的社会态度，掌握交际的方式方法；对于娱乐，青年人要知道娱乐是人生的一个重要的活动，思考如何娱乐，在哪娱乐。"[1]作者指出当时的青年人有8个实际问题，但他仅说明这些问题日趋严重的现象，而未谈及针对这些问题的解决方法。

作者在后续几章中再次重点谈及这几个问题，从更加微小细致的方面，如衣、食、住、行谈起，分析各种问题的本质及它们各自的影响，对于如何做没有特别提及，只是给了一些建议。这些问题都是围绕青少年展开的，目的是让青少年能够在生活中不迷茫，具有指导意义。

该书的每一小段都有各自的小标题和最后小结，这样的结构能让学生领会文章大意和学会总结思考。该书还有一个比较特别的做法，就是对于一些重要概念、西方国家的人名和著作名，用英汉对照的方式呈现。比如快乐（Pleasantness）。

除了传统伦理道德之外，这个时期的公民教科书关于自由、平等、博爱等现代价值的解释继承了党义教科书的风格，多以孙中山的论述为准，而且这些所谓的现代道德价值全都局限在国家层面，在国家允许的范围内没有完全体现这些价值的本意。对于权利和义务，这个时期的公民教科书仍然认为履行义务比行使权利更重要。

---

[1] 潘文安. 青年修养指导[M]. 上海：大东书局，1932：94.

第二节
全民族抗战时期国统区的德育教科书（1937—1945）

全民族抗战后，战前中国教育最发达地区先后沦陷，中国的政治格局也发生了新变化，出现了边区、国统区、沦陷区的不同政治局面。不同政治时空下的中小学德育教科书因政治背景不同，只能各为其主。国统区反映国民党的政策与精神，所使用的教育政策是"战时教育"。"战时教育"方针是国民党政府为适应战争环境和战时需要提出并加以实施的，它是国民党政府对其抗日战争时期教育工作的特称，借以区别于战前的"平时教育"。在动荡的社会背景下，此时的国统区公民教育及相应教科书的出版实际上已无可挽回地走向衰微。

一、全民族抗战时期的学校德育课程

1937年"七七事变"后，全民族抗战开始，国民政府先后颁布了一些教育法令，如《总动员时督导教育工作办法纲领》《战时各级教育实施方案纲要》《中国国民党抗日救国纲领》等，这些文件的基本精神就是所谓"战时须作平时看"，要求在战争发生时，全国各地各级学校应"以就地维持课务为原则""以维持教学为主旨"，原则上维护学制、课程的平时模式。但实际上，在"战时须作平时看"的总原则下，允许适当"改订教育制度及教材、推行战时课程"。在抗战的大背景下，原课程标准已难以适应战时需要。为适应抗战需要和符合战时环境，中小学均把历史、地理、公民分别设科，并扩充内容，以提高抗日救国的精神。小学新设"团体训练"一科，包括训育和卫生训练两部分。小学高年级社会科仍然包括历史、地理、公民三部分，其下又按类别、教材大纲、要目等项目分述教学内容。其中公民科的类别主要包括个人与社会、政治、法律与经济等。[1]

1939年底，时任国民政府教育部部长陈立夫就改进战时教育提出：为了让学生多了解诸如军事常识、救护常识、防御常识、消防常识、国际关系等战时内容，教育部决定在原有学科教学时数的基础上再抽出时间教授战时新教材；同时，加设诸如国民训练、民众教育、日本侵略史、日本外交史、日本政治大纲、生物学与国防、军事工程等特殊学科；除了充满爱国主义热情和对日本侵略者的控诉的德育类教科书外，平时的课程中也应对儿童灌输关于战争常识、侵略史实等内容，培养他

---

[1] 丁尧清. 学校社会课程的演变与分析[M]. 广州：广东教育出版社，2005：181.

们的爱国情感。[1]同时，国民政府又设置大量的临时中学，收容流亡师生；颁发《战区中小学学生自修暂行办法》，让学生在家自修而后参加考试，使青少年能够在战乱的岁月里应对战乱之变，提升爱国情感。

1940年7月，教育部颁布了《修正初级中学公民课程标准》和《修正高级中学公民课程标准》，与1936年的相比有较大变化，尤其是高中公民课程标准的目标和教材大纲几乎是重构。

《修正初级中学公民课程标准》规定该课程的目标："使学生由实际生活，体念群己之关系，了解我国固有道德之意义，养成立己合群之善良品性。使学生明了三民主义要旨，国家民族之意义，以正确其思想，坚定其信仰。使学生认识政治之组织与运用，及研究地方自治之基本知能，以陶铸其健全之公民品格，培植其服务地方自治之能力。"[2]该标准规定的教材大纲涉及公民之意义及其信守、学校生活、家庭生活、社会生活、地方自治事业、地方自治制度、公民与政治、公民与国家、公民与世界。

《修正高级中学公民课程标准》规定该课程的目标："使学生认识中华民族之构成因素及其固有道德，与国际之关系，以养成其伟大之民族意识。使学生明了政治制度、宪法运用、法律常识以及中国国民党之政纲政策，以培养其使用民权之能力。使学生习得国民经济之常识，本国农、工、商业及资源之情形，以启发其正确之民生观念。"[3]该标准规定的教材大纲涉及公民与三民主义、公民与民族主义、公民与民权主义、公民与民生主义这四大板块。

1941年9月，教育部公布了《六年制中学公民课程标准草案》，对中学公民课程作了一体化设计。该草案是依据第三次全国教育会议作出的关于"设六年制中学，不分初高中"的决议而颁布的，其课程目标为："使学生由实际生活，体念群己之关系，以养成良好之生活习惯及修己善群之善良品性；使学生对三民主义有真切之了解，以正确其思想，坚定其信仰；使学生认识中华民族之构成因素及其固有道德，与国际之关系，以养成其伟大之民族意识；使学生明了政治制度、宪法运用、法律常识以及中国国民党之政纲政策，以培养其使用民权之能力；使学生习得国民经济之常识，本国农、工、商业及资源之情形，以启发其正确之民生观念。"[4]规定教材大纲主要包括：基本训导及团体训练（第一学年第一学期，没有教材）、公民之意义及其信守、学校生活、家庭生活、社会生活、公民与国家、公民与世界、公民与三民主义、公民与民族主义、公民与民权主义、公民与民生主义共十一个板块，且将每个板块具体到每个学年。另外，该草案还较为详细地罗列了

[1] 熊贤君. 论战时教育思潮与战时教育的发展[J]. 民国档案，2007（3）：105-111.

[2] 人民教育出版社课程教材研究所. 二十世纪中国中小学课程标准. 教学大纲汇编：思想政治卷[C]. 北京：人民教育出版社，2001：168.

[3] 人民教育出版社课程教材研究所. 二十世纪中国中小学课程标准. 教学大纲汇编：思想政治卷[C]. 北京：人民教育出版社，2001：172.

[4] 人民教育出版社课程教材研究所. 二十世纪中国中小学课程标准. 教学大纲汇编：思想政治卷[C]. 北京：人民教育出版社，2001：177.

"实施方法概要"，对公民训练实践、课程资源开发以及教法要点提了较为具体的建议。

1941年10月，教育部颁布《小学训育标准》，提出了在身体、道德、政治和经济四大领域达成一定训育目标，培养奉行三民主义的健全公民；列了忠勇、孝顺等12个要目，200个细目，细目具体到不同学段；论述了"实施方案要点"，对训练方法、训练途径、考核方式等作了较为具体的规定，具有很强的指导性和可操作性。

小学阶段除了《小学训育标准》外，民国国民政府教育部1942年颁布的《小学社会科课程标准》也包含较多有关公民知识的内容规定，该标准是此后高级小学公民教科书编写和修订的根本依据。

1940—1942年的几个课程标准，事实上施行到1949年国民党败退到台湾。

二、全民族抗战时期的教科书制度

1937年7月7日，全民族抗战开始。在国难日益深重的形势下，激发民众的爱国热情以抵御外侮是此时当局的重要议题，而教科书尤其是国文、史地教科书，是意识形态与价值立场的重要载体。教育部先前曾试行编印部分中小学教科书，但"自抗战军兴，时势不同，观感顿异，遂行中止"[1]，在这种形势下，对其进行重新编写便成为急迫的事务而提上日程。

1937年8月训练总监部报告中便提出"请编辑民族精神文学读本，以为中小学教材"一项。其后，国立编译馆馆长陈可忠亦上呈题为"编辑中小学课本注意发扬国家民族道德意识以配合抗战军事"的报告，强调利用"我国含有道德教训或国家民族意识等历史故事"，以唤起"民族意识并发扬民族精神"。[2]

全民族抗战爆发后，教育事业备受摧残。国民政府认为教育乃百年树人大计，不可一日中断，所以在极端困难的环境中仍设法排除困难，极力维持教育事业。

1938年，为适应抗战形势，国民政府教育部计划编辑中小学语文、史地、常识诸科教科书，考选人员，改革组织。[3]3月29日，国民党中央在汉口召开了临时的全国代表大会，通过了《中国国民党抗战建国纲领》（以下简称《纲领》）。《纲领》明确要求教育制度和教科书要以增进"抗战力量"为指导，极力推行战时教科书的出版，还规定改编教材[4]。同年，国民政府教育部"组织整理历史、地理教科书，以备编辑中小学历史、地理教科书，供中小学用"。但实际上，由于战争的影响，教科书的出版不可避免地产生了一系列问题。为了从根本上解决战时大后方教科书出版中的

[1] 教育部教科用书编辑委员会. 初级中学历史：第一册[M]. 重庆：国定中小学教科书七家联合供应处，1945：编辑经过.

[2] 国立编译馆关于编辑中小学课本注意发扬国家民族道德意识以配合抗战军事呈：1937年8月16日[C]//中国第二历史档案馆. 中华民国史档案资料汇编：第五辑 第二编：教育（一）. 南京：江苏古籍出版社，1994：455.

[3] 教育部教育年鉴编纂委员会. 第二次中国教育年鉴：第四编 中学教育[M]. 上海：商务印书馆，1948：355.

[4] 教育部教育年鉴编纂委员会. 第二次中国教育年鉴：第四编 中学教育[M]. 上海：商务印书馆，1948：355.

问题，国民政府采取的一个重要举措是编辑和推行国定教科书。同时，《战时各级教育实施方案纲要》也规定："对于各级学校各科教材，须彻底加以整顿，使之成为一贯之体系，而应抗战与建国之需要，尤宜先编辑中小学公民、国文、史地等教科书及各地乡土教材，以坚定爱国爱乡之观念。"为贯彻此次会议精神，教育部随后特别提出："小学教科书及中学、师范用之公民、国文、历史、地理教科书，应由国家编辑，颁发应用。"[1]

1938年8月，教育部公布《教育部教科用书编辑委员会章程》，该章程提出该编辑委员会编辑小学初级国语、常识，小学高级国语、历史、地理，初级中学及高级中学公民、国语、历史、地理等教科书，重复检定已审定的中小学教科书。

在抗战的大背景下，原课程标准已难以适应战时需要。1939年10月，教育部在为国民党五届六中全会撰写的教育报告书中指出，中小学采用的教科书，虽然都经过教育部审定，但是绝大多数在抗战前编辑，缺少抗战建国纲领以及国民精神。为适应抗战需要和符合战时环境，教育部编辑了战时补充教材，用以激发抗敌情绪，发扬民族精神。

1939年12月，蒋介石致时任教育部部长陈立夫编订中小学教科书应注意事项的手令中强调："中小学教科书，除以民族精神与道德为中心以外，其他可分为历史、地理、机械、电气与经济五大领域之常识为基准，而此五大部门之常识，亦即提高民族精神、道德与文化之最重要材料。"[2]

在蒋介石看来，教科书中历史、地理、机械、电气与经济五大领域的常识，是提高民族精神、道德和文化最为重要的材料。在当时的情形下，机械、电气与经济是保证抗战的重要物质基础和支撑；历史、地理等则因其为提高民族精神、鼓舞抗战的重要媒介，可谓保证抗战的精神支撑。当然，在抗战形势下，教科书本身或许并不如基础物资那样吃紧，但当局的关注与最高领导者的过问本身便已经反映了其地位的重要程度。抗战形势变化，是编著新的教科书获得重视的契机。此外，编著新的教科书还有更为直接的现实因素：全民族抗战爆发之后，许多文教机构纷纷内迁，而初期与之密切相关的出版印刷机构除具有官方背景的正中书局外，其他各大书局均未西迁[3]，这使得迁至后方的学校无法获得保证教学所用的教科书。时人后来追述，"等到抗战军兴，京沪一带的出版业，虽经中央督促协助，未能将印刷器材完全迁移到后方；不但不能继续编印新版教科书，即旧本的再版数量也大为减少"，而此时，后方各省市增设学校，"弦诵不辍"[4]。

针对这种现实情况，国民政府教育部饬令掌握教科书出版业务的商务印书馆、中华书局、正中书局及世界书局在长沙、南昌、广州等处开设分厂，布置印刷，同时在政策上予以支持。针对纸张

[1] 中国第二历史档案馆. 中华民国史档案资料汇编：第五辑 第二编：教育（一）[C]. 南京：江苏古籍出版社，1997：14-28.

[2] 中国第二历史档案馆. 中华民国史档案资料汇编：第五辑 第二编：教育（一）[C]. 南京：江苏古籍出版社，1997：457.

[3] 教育部教育年鉴编纂委员会. 第二次中国教育年鉴：第四编 中学教育[M]. 上海：商务印书馆，1948：355.

[4] 魏冰心. 国定教科书之供应问题[J]. 教育通讯（汉口），1946，1（13）：14-15.

问题，由教育部饬令各大书局订购大量纸张，并由财政部转告中央信托局准许各书局以这些纸张抵押现款，缓解各大书局资金方面的压力，并由交通部和铁道部令所属的交通机关在运输纸张及教科书时予以便利。[1]国民党当局虽在政策上予以了照顾和支持，但后方的教科书供应紧张问题始终存在，即便到了1942年，在时任教育部部长陈立夫给蒋介石的报告中仍提及，"复查抗战期间，交通阻梗，教科用书供不应求，以后方各地，形成书荒现象。本部经多方设法补充，始能勉强敷用，而不致中断"。当然在战时的条件下，各大书局因基础设施折损而无力供应充足的教科书，而勉力供应的教科书也因战时条件，被描述为"偷工减料，粗制滥造；版口既缩小，纸质又粗薄；插图减少，印刷模糊，妨害儿童目力，降低教学效率，教育部虽一再取缔……责令改善，终未见大效"[2]。

这种叙述虽带有明显的官方色彩，但应非空穴来风。在这样的情况下，将原先归于书商的教科书编著权力收归国家可谓顺势而为。在呈送蒋介石的报告中，陈立夫还提到，"一俟部编课本准备充足，全国各地均能供给时，当即禁止各书局自由编印，以杜操纵之弊，而收统一之效"[3]。在书商力量削弱之时，国民党当局乘势欲收"统一之效"，"抗战军兴"无疑为这种因势而行的举措提供了合法性，前引评论中便指出了当局的"苦心孤诣"，"因此教育部不得不在人力财力非常贫乏的抗战期间，加速完成编印国定中小学教科书的计划"[4]。从陈立夫报告和时人官方立场的宣传中，更可感受到既有的统一教科书的意图和时局形势之间的复杂微妙关系。1942年1月，国民政府教育部改组国立编译馆，将教科用书编辑委员会和中国教育全书编纂处并入国立编译馆，成立教科用书组，积极进行编辑国定教科书的工作。为收"统一之效"，国民政府一方面准备国家力量编辑部分教科书，另一方面加强对教科书的审查，其中包括查禁投降日本的汉奸的著作出现在教科书中。

1942年5月，蒋介石致函教育部部长陈立夫："以后凡中小学教科书应一律由部自编，并禁止各书局自由编订。"[5]就此，"部编制"取代了"审定制"。

在"抗战建国"的教育方针下，编撰国定教科书，统一思想，凝聚信念，激励抗战，便是题中应有之义，而包括公民、历史教科书在内的人文方面的教材更是传递坚定抗战信念的重要载体。

国定教科书的编辑可分为国立编译馆直接编辑和委托权威学者及各大书局编辑后再行审查这两种情况。前者主要是涉及意识形态和价值立场的国文、公民、历史、地理教科书；而后者则是数理化、博物等自然科学教科书。这与前述国民政府高层所关注的倾向相一致，可谓国家意志的体现。国定公民教科书，毫无疑义属于承担和体现国家意识形态的重要载体，其编写便是属于国家力量直接介入的。

[1] 战事发生前后教育部对各级学校之措置总说明：1937年9月29日[C]//中国第二历史档案馆.中华民国史档案资料汇编：第五辑 第二编：教育（一）.南京：江苏古籍出版社，1997：6.

[2] 魏冰心.国定教科书之供应问题[J].教育通讯（汉口），1946，1（13）：14-15.

[3] 教育部关于奉令办理修订小学教科书情形致蒋介石（1942年6月23日）[C]//中国第二历史档案馆.中华民国史档案资料汇编：第五辑 第二编：教育（一）.南京：江苏古籍出版社，1997：496.

[4] 魏冰心.国定教科书之编辑经过[J].教育通讯（汉口），1946，1（6）：15.

[5] 中国第二历史档案馆.中华民国史档案资料汇编：第五辑 第二编：教育（一）[C].南京：江苏古籍出版社，1997：458.

三、全民族抗战时期的小学德育教科书

（一）小学德育教科书的出版情况

全民族抗战爆发后，随着战事的扩大，战前教科书供给量最大的北京、上海等地的各大书局都不同程度地受损失，一时显得无所适从。限于器械、运输等方面的原因，除正中书局外，绝大部分书局没有及时迁往后方。之后，日本加紧了对中国正面战场的侵略，该地区的教育文化事业遭到了很大的摧残，后方各地普遍发生教科书书荒。首先由于战时的混乱状态，民族企业遭到冲击，很多书局减少了教科书的出版；其次，由于政府政策的压力，书局之间的竞争也越来越激烈，民间书局为了盈利，开始打价格战，甚至出现很多恶性竞争，不利于教科书行业的总体的发展；再次，当时纸张昂贵、交通不便，书荒的现象更加明显，教育事业停滞不前；再加上各出版机构资金及相应资源供应紧张，教科书的编写与审定更为严格，国统区小学公民课本出版进入萧条期。

1938年，《战时各级教育实施方案纲要》通过后，绝大多数书局并未修订教科书，也没有把印行的教科书送给教育部审查，而是继续印刷、发行战前审定的课本。到1942年为止，新推出的德育教科书十分稀少，目前可查的仅有4种。最具代表性的是徐凌编著、阮洛虹校订，1939年战时教育研究社出版，全国各大书店经售的《战时高小公民》（共5册）。顾名思义，《战时高小公民》紧紧围绕"抗战建国"组织内容，突出爱国主义教育，每课后面有3~5个问题供学生思考，这也是战时教科书的共有特点。

1942年以后，教科用书组才开始积极着手编订教科书。1943年，国立编译馆推出国定教科书，初级小学有《国语常识》《算术》，高级小学有《公民》《国语》《自然》《地理》《历史》，初级中学有《公民》《国文》《地理》《历史》。[1]

1943年，教育部又指定商务印书馆、中华书局、正中书局、大东书局、开明书店、世界书局、文通书局这七家大书局，在重庆成立国定中小学教科书七家联合供应处（简称"七联处"），共同承担国定教科书的印刷发行任务，国定教科书也成为小学各科必须采用的课本，只有极少数地方出版和使用当地的小学课本（包括公民课本）。正是为了编制国定教科书，国立编译馆成立各科教科书编审委员会，汇集了一批优秀的学者和编撰人员，如陈伯吹、俞子夷、潘公展、吴俊生等。虽然教育部规定由"七联处"供应国定教科书，但事实上，还有很多小书局和地方教育行政主管部门翻印国定教科书，使得中小学教科书供应比较混乱。

全民族抗战期间，由于战争的影响，国统区出版的小学德育教科书数量较少，主要有王鸿俊等编辑，1945年国定中小学教科书七家联合供应处出版的《高级小学公民课本》（共4册）；光启社编，1942—1945年土山湾印书馆出版的《公民教科书》（共8册）；马精武编，1937年中华书局出版的《新编高小社会课本》（共4册）；张匡等编，1937—1939年中华书局出版的《新编高小公民

[1] 吴小鸥. 文化拯救：近现代名人与教科书[M]. 北京：商务印书馆，2015：449-450.

课本》（共4册）；沈百英主编，1937年商务印书馆出版的《战时常识》（共3册）；教育部教科用书编辑委员会编，1940年正中书局出版的新编战时补充教材高级小学《社会》；江苏省教育厅主编，1940年青年书店江苏分店印刷的《战时常识课本》（共8册）；蒋维乔等遵照修正课程标准编校，1941年南洋书局印行的《南侨公民教科书》（共8册，初级小学用）；1939年战时教育研究社出版的《战时高小公民》（共5册）。

由于民间书局相互之间联系较少，加上当时条件有限，不同书局发行的教科书内容也较多出入，使用起来，彼此之间的关联不大，衔接也有很大的问题。当时的小学德育教科书，绝大多数取自江苏、浙江两省，内容除了抗战教育、论述国民政府、三民主义等内容外，几乎很少有本土气息的内容，就算有，也只是局限于这两地，很少有不同地区的特色。这两地的教科书畅销各地，学生虽不断学习，但是教科书缺乏各地的乡土特色，对于学生的生活方面帮助极少。

（二）具有代表性的小学德育教科书

1. 中华书局出版的《新编高小公民课本》

《新编高小公民课本》共4册，每册12课，张匡等编，朱文叔等校，1937—1939年上海中华书局出版，1939年10月通过审定，供小学五、六年级用。

该套教科书很注重反映当时的社会生活，从家庭、社会和民族三个方面展开。

第一册目录：第一课 我们的家庭，第二课 社会生活，第三课 本地的风俗习惯，第四课 新生活运动（一），第五课 新生活运动（二），第六课 新生活运动（三），第七课 中华民族固有的美德——忠孝仁爱，第八课 中华民族固有的美德——信义和平，第九课 民族，第十课 民族主义，第十一课 中华民族的复兴，第十二课 新闻和实事的研究。

6—21

图6-21 《新编高小公民课本》（第四册），张匡编，朱文叔校，1939年4月上海中华书局出版，1941年5月77版

第二册目录：第一课 我们的自治会，第二课 集会的方法，第三课 会议的手续，第四课 自治会职员的选举，第五课 自治会法律的创制，第六课 选举权和罢免权，第七课 创制权和复决权，第八课 地方自治，第九课 地方自治的工作，第十课 本地的观察调查，第十一课 保甲和自卫（一），第十二课 保甲和自卫（二）。

第三册目录：第一课 民权主义（一），第二课 民权主义（二），第三课 我国现行政治制度——中央，第四课　我国现行政治制度——地方，第五课　宪法要点（一），第六课　宪法要点（二），第七课　人民的权利和义务，第八课　兵役和工役，第九课　我国的兵制和国防，第十课　生产，第十一课　农业和农人生活，第十二课　农村问题。

第四册目录：第一课　工业和工人生活，第二课　商业和商人生活，第三课　失业问题，第四课　贫穷问题，第五课　民生主义（一），第六课　民生主义（二），第七课　国民经济建设运动，第八课　职业的种类，第九课　职业的选择与修养，第十课　法院，第十一课　诉讼的程序，第十二课　怎样做一个好公民。

该套书铅印，尺寸为13 cm×18.5 cm，平装，左翻页。封面彩印，简洁大方，印有书名、编者及校者姓名、"修正课程标准适用"、"教育部审定"、"上海中华书局印行"等字样，有图案；正文多为论述式，竖排，有注音，便于学生阅读。版权页在封三，印有出版时间、版次和定价、编者、发行者、印刷者、总发行处、分发行处等信息。封底印有"教育部教科图书审定执照"、书名、册次、定价等信息。不同版次的封面内容略有差异，有的印有"初审核定本"，有的印有"审定本"。

2. 国定中小学教科书七家联合供应处出版的《高级小学公民课本》

《高级小学公民课本》共4册，每册12课，教育部教科用书编辑委员会编，王鸿俊、俞焕斗、夏贯中、陈家栋、张超编辑，国立编译馆校订，教育部审定，教育部征选，1943—1944年教科用书编辑委员会、正中书局应选，国定中小学教科书七家联合供应处出版、发行。另配有教学指引4册，详列各课教材、教学方法和参考资料。

该套书遵照教育部1942年4月公布的《小学社会科课程标准》内公民科教材大纲及要目编辑，立论根据孙中山遗教、蒋介石训词及国民党中央政策，采取最新材料，与初中公民课本衔接。[1]

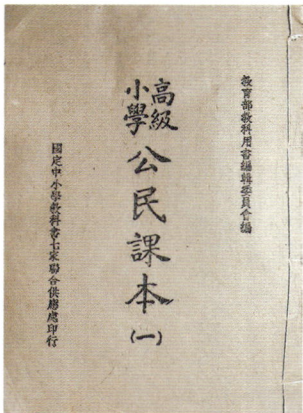

图6-22　《高级小学公民课本》（第一册），教育部教科用书编辑委员会编，王鸿俊、俞焕斗、夏贯中、陈家栋、张超编，国立编译馆校订，教育部审定，教育部征选，教科用书编辑委员会、正中书局应选，1943年国定中小学教科书七家联合供应处出版、发行，1943年7月成都嘉乐纸本初版

第一册目录：第一课　个人的修养，第二课　家庭组成，第三课　家庭经济，第四课　个人在家庭中的地位和责任，第五课　新生活的意义和目的，第六课　新生活的实践，第七课　本地风俗习惯的

---

[1] 王鸿俊，俞焕斗，夏贯中，等. 高级小学公民课本：第四册[M]. 重庆：国定中小学教科书七家联合供应处，1945：编辑要旨.

调查和改良，第八课 团体的构成和进展，第九课 参加团体生活——集会结社，第十课 会议的种类和程序，第十一课 社会的成因和进展，第十二课 个人对于社会的义务和责任。

第二册目录：第一课 保甲的编制，第二课 乡（镇）公所的组织和职权，第三课 县政府的组织和职权，第四课 地方自治的意义和工作，第五课 民族主义的意义，第六课 发扬民族主义的方法，第七课 民权主义的意义，第八课 间接民权和直接民权，第九课 政权和治权，第十课 民生主义的意义，第十一课 平均地权和节制资本，第十二课 发展国营产业。

第三册目录：第一课 中国国民党的党史和组织，第二课 中国国民党的党义和政策，第三课 省（市）政府的组织和职权，第四课 中央政府的组织和职权，第五课 中央政府和省（市）政府的关系，第六课 经济建设和经济统制，第七课 粮食管理，第八课 赋税和分债，第九课 国民经济建设的意义和实施，第十课 合作社的组织和经营，第十一课 职业的种类和选择，第十二课 职业的道德。

第四册目录：第一课 国家的起源和演进，第二课 国家的组织，第三课 国体和政体，第四课 人民和国家的关系，第五课 宪法的性质和作用，第六课 中华民国的宪法，第七课 民法和民事诉讼程序，第八课 刑法和刑事诉讼程序，第九课 我国的兵役，第十课 我国的兵制，第十一课 国民精神总动员，第十二课 国民公约。

每册课文用对话、讨论、演讲、参观等实际活动呈现，使理论与实际贯通、知识与行动结合，能引起儿童的学习兴趣；每课体裁变化多样，又前后连贯；每课课文前有问题数则，足以启发儿童思想，养成自学习惯；每课课文后有作业题目，可使儿童课后亲身实践，体念公民知识习惯。[1]

该套教科书土纸，铅印，尺寸为13 cm×18.5 cm，平装，左翻页。封面简单，仅有书名、册次以及"教育部教科用书编辑委员会编""国定中小学教科书七家联合供应处印行"的字样。扉页正中直书书名，右侧为年级。接着为编辑要旨、目录、正文、版权页。编辑要旨阐述该书的编写依据、编排特点、体例等；目录有课次、课名和页码；版权页在封三，印有印刷者、发行者、版次、定价、参阅者、校订者、编辑者、应选者、征选者等信息以及"本书经教育部特许印行 不得翻印"的字样。该套书一直出版到1949年国民党败退台湾，不同时期的版本略有差异。

3. 商务印书馆出版的《战时常识》

《战时常识》共3册，每册30课，沈百英主编，编辑者主要有沈百英（低年级）、赵景源和徐应昶（中年级）、吕金录和谭勤余（高年级），由商务印书馆于全民族抗战爆发后的4个月内完成策划、编写、审核、出版和发行的全套流程并进入学校（1937年11月）。同时出版配套的教师用参考书。该套书出版后，因为很好地适应了全民族抗战后兴起的教学需要，所以大受欢迎。

---

[1] 王鸿俊，俞焕斗，夏贯中，等. 高级小学公民课本：第四册[M]. 重庆：国定中小学教科书七家联合供应处，1945：编辑要旨.

图6-23 《战时常识（高年级用）》，沈百英主编，吕金录、谭勤余编辑，1937年11月商务印书馆出版，1938年4月8版

　　《战时常识》中所有课文全是战争所需要了解的内容，全部与抗战相关。各册内容相似，但不重复，是一层一层的深化，主要涉及如下两类：一是直接与战争相关的知识内容，含武器、军队、战争等。如第二册部分目录：我国的兵器、打仗用的飞机、躲避飞机、晚上敌机飞来、警报声音、留心炮弹和炸弹、留心敌人放毒气、赶快躲避毒气、戴防毒面具、我国的空军、我国的陆军、欢迎我国的军队、欢送我国的军队、我国军队多、枪炮和炸弹、战车和装甲汽车、陆军、海军、空军、陆战、海战、空战、陆海空军联合作战、怎样防空、防空演习、几种毒气、怎样防毒、怎样救护、怎样消防等；3册中共有此类课文52篇，占课文总数（90篇）的近60%。二是间接与战争相关的内容，含战时社会生活的方方面面、战时学生应持的态度和行为，共38篇。如第一册部分目录：一起去抗战、到避难所去、童子军真热心、捐金银给政府、把零用钱捐出去、收集无用的东西、买了东西送到军队里去、出壁报、我爱中华民国、将来去当兵等；第二册部分目录：支付存款的限制、买卖粮食的限制、民众的组织和训练、我们的战时工作等。[1]

　　除了内容上压倒一切的抗战材料外，活动设计上也一点都不马虎。编辑者没有因为大敌当前的非常时刻，就采取贴标签、唯说教、满堂灌的形式，而是一刻都没有忽略这是为孩子们提供的教科书，要于不知不觉中影响孩子，在他们心灵中实施润物细无声的教养。所以，该教科书对教学有明确的三点建议："随时提出问题，共同讨论""多方搜集材料，以资证验""设法联络发表，实地应用"[2]。

　　该套教科书土纸，铅印，尺寸为13 cm×18.5 cm，平装，左翻页。封面主体图案为中国将士英勇杀敌，契合抗战背景，图案上方印有"小学补充教材"、书名"战时常识"、适用学段、编辑者姓名等信息；封面底端印有"商务印书馆发行"字样。封二为编辑大意，阐述该套书的册次划分、选材特点、编排特点及教学要求等。接着为目录、正文和版权页。目录仅有课次和课名，没有页码；正文为单元—课式组织，体裁多样，图文并茂；版权页在封三，有书名、版次、编辑者、发行人、印刷所、发行所、分发行所等信息以及"版权所有，翻印必究"的字样。

[1] 石鸥，赵琳. 课本也抗战之：战时常识[J]. 中国教师，2015（21）：9-12.

[2] 吕金录，谭勤余. 战时常识：高年级用[M]. 上海：商务印书馆，1937：编辑大意.

4. 正中书局出版的《部编战时补充教材高级小学社会》

到1940年夏，中国的抗战已进行近9年。为了加强对儿童的抗战教育，1940年6月，《部编战时补充教材高级小学社会》出版。《高级小学社会科战时补充教材教学指引》中写道，本教材要指导儿童"明了抗战建国之意义目的，以激发其爱国热忱；明了抗战期中我国政治经济社会各方面之变迁与新设施及国际大势，并策励儿童在此时期中对于国家应有之努力；明了我国地理之优越性与抗战之关系、战场地理形势、后方各地之开发情况及对于敌国之认识，以鼓励其志趣；明了中华民族历史上之光荣、中日两国过去之关系、抗战以来之史迹及全面抗战之形势，以养成儿童之敌忾，并坚定其抗战信念"[1]。

图6-24　《部编战时补充教材高级小学社会》，全一册，国民政府教育部教科用书编辑委员会编，1940年6月正中书局出版、发行，福建省政府教育厅翻印

该书分为公民、历史、地理3个部分。第一部分"公民"，有"抗战意识""领袖认识""军备情况""战时政治"等常识资料，前4个单元属于概念知识。除了概念上的知识外，教材尤其注重行动的知识，就是在抗战中，儿童应以什么方式或行动参与到抗战中。第二部分"历史"，有"我民族光荣史迹""中日过去关系""九一八以后之中日冲突""全面抗战史迹""全面抗战形势"这5个单元的常识资料。第三部分"地理"，有"我国地理上之优点""东北地理""日本地文与人文"等常识资料。该部分教材一开始介绍了我国的河山与丰富资源，紧紧围绕抗战建国的主旨，让儿童既了解中日两国的自然地理，体察两国的人文特征，为理解战争的爆发、抗战时期各战场的形势和后方的开发与建设等内容打下坚实的基础。

该书土纸，平装。封面形式简单，没有插图，仅有教材性质、适用学段、书名、编者及发行机构等信息。正文形式与同时期的小学公民课本的一样。版权页在封三，除了封面的信息外，还有版次、定价、翻印机构等方面的信息。

这一时期的教科书大多带有很多政治内容，党化色彩浓厚，认为中国国民党之主义是解决问题的唯一途径，处处站在国民党的立场，论证国民党的好处，体现其一党专政思想。

不过，值得称道的是，当时的德育教科书往往以第一人称进行叙述，能激发学习者的爱乡爱国

---

[1] 国民政府教育部. 高级小学社会科战时补充教材教学指引[M]. 南京：正中书局，1940：编辑大意.

之情及抗战之决心，后世读者从"我""我们"第一人称的叙述方式中，仍深感当时家国之困境。

四、全民族抗战时期的中学德育教科书

（一）中学德育教科书的出版情况

1937年"卢沟桥事变"后，国民政府教育部多次要求修订教材以适应抗战需要，但绝大多数书局并未修订教科书，甚至出版发行并再版尚未通过官方审定的公民教科书。到1942年为止，新推出的中学德育教科书仅有7种：《新编初中公民》，潘子端、卢达编，中华书局，1937年出版；《初中公民》，中等教育研究会编纂，华北书局，1938年出版；《高中公民》，杨东莼、熊得三等著，北新书局，1937年出版；《高中公民》，杨东莼、宁柏清编，北新书局，1938年出版；《抗战课本》，韩一青编辑，大东书局，1939年出版；《高级中学公民》，叶楚伧、陈立夫主编，正中书局，1940年出版；《初中公民讲义》，章湘伯等编，国民出版社，1942年出版。

1942年以后，国立编译馆教科用书组开始着手编订国定教科书。1943年，国立编译馆推出国定教科书，中学德育类教科书有初级中学用的《初级中学公民》3册，由商务印书馆、中华书局、正中书局、大东书局、开明书店、世界书局、文通书局这七家大书局印行。据相关研究，国立编译馆没有出版高中用的国定教科书，因此这个时期的高中德育教科书版本较多，比如，1945年5月商务印书馆出版高中用《复兴公民课本》（审定本第九版）；1944年6月世界书局出版《新高中公民》（第五十一版）。

1942年5月，蒋介石要求"以后凡中小学教科书应一律由部自编，并禁止各书局自由编订"[1]。1943年7月，国定本教科书开始出版，国定本《（初级中学）公民》（夏贯中编辑）随之问世。同时，教育部限令自1943年秋起各级学校开始采用国定本教科书统一教本。尽管如此，部分出版机构依然出版自编的初中德育教科书，比如，文明书局1944年出版了缪文功著的《中学修身教科书》；正中书局1943年出版了陈果夫主编的《初级中学公民》，1945年出版了叶楚伧、陈立夫主编的《初级中学公民》。

总之，全民族抗战时期国统区的中学德育教科书版本较多，名称不一，出版的机构也较多，反映了当时教科书供应和管理比较混乱。

（二）具有代表性的中学德育教科书

1. 李之鸥等编著的《复兴初级中学教科书公民》

《复兴初级中学教科书公民》共3册，供初级中学3学年用，每学年一册，第一册由李之鸥编著，韦悫校订；第二册由周淦、万良炯编著，韦悫校订；第三册由李之鸥编著，韦悫校订。王云五

---

[1] 中国第二历史档案馆. 中华民国史档案资料汇编：第五辑　第二编：教育（一）[C]. 南京：江苏古籍出版社，1994：458.

主编兼发行，商务印书馆印刷，1937年3月审定本第一版。

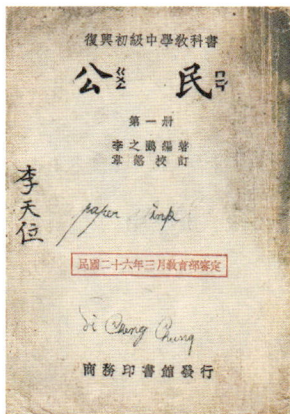

图6-25 《复兴初级中学教科书公民》（第一册），李之鸥编著，韦悫校订，1937年商务印书馆出版，1937年3月审定本第一版，1940年4月123版

该套教科书遵照"部颁"《修正初级中学公民课程标准》（1936）编成[1]，内容结构与相应课程标准中的教材大纲并不完全一致。如，第一册目录：第一章 公民之意义，第二章 学校生活与公民道德之培养，第三章 家庭生活，第四章 社会生活；第二册目录：第一章 公民与国家，第二章 公民与政治；第三册目录：第一章 公民与地方自治，第二章 地方自治之组织，第三章 地方自治之工作，第四章 地方财政，第五章 农村繁荣与公共幸福。

该套书章节式编排，"每章或每节之前有提要，以为教学时省觉注意之准备，其后亦有习题，以资讨论或练习，但非以此为限"[2]。但没有插图，美感不足。

该套书土纸，尺寸为13 cm×18.5 cm，平装。封面横排，从上至下印有"复兴初级中学教科书"、"公民"、册次、编校者信息、"民国二十六年三月教育部审定"、"商务印书馆发行"等字样，书名"公民"二字字体最大，还有注音，很醒目。扉页为编辑例言，接着为目录、正文和版权页。编辑例言主要阐述该套书编辑的依据、分册及适用对象、编排策略等；目录有章节名和页码；正文内容与学生生活关联，有利于教学；版权页在封三，有版次、编著者、校订者、主编兼发行人、发行所、印刷所、定价、经过审定的时间、批号等信息，以及"版权所有，翻印必究"的字样。封底有商务印书馆的标识。

2. 吴泽霖等编著的《复兴高级中学公民课本》

《复兴高级中学公民课本》共4册，依照"部颁"《修正高级中学公民课程标准》（1936）编成，商务印书馆出版，供高级中学用。第一册由吴泽霖、韦悫、吴叔和编著，论述社会问题和政治概要，1937年6月审定本第一版；第二册由张素民编著，论述经济，尤其当时中国各项经济事实，1936年10月初版；第三册由孙浩煊编著，论述法律，1936年9月初版，1937年12月改编本第一版；第四册由罗鸿诏编著，论述伦理，1936年8月初版，1937年12月改编本第一版。

[1] 李之鸥.复兴初级中学教科书公民：第一册[M].上海：商务印书馆，1937：编辑例言.
[2] 李之鸥.复兴初级中学教科书公民：第一册[M].上海：商务印书馆，1937：编辑例言.

第二节 全民族抗战时期国统区的德育教科书（1937—1945）

图6-26 《复兴高级中学公民课本》（第三册），孙浩煊编著，1936年9月商务印书馆初版，1945年5月改编本22版

该套书第一册分为"社会问题"和"政治概要"两篇。上篇"社会问题"包括人口问题、农村问题、劳动问题、职业问题和婚姻问题；下篇"政治概要"包括政治制度、宪法、国际关系与国际组成。

第一册中有关公民教育的内容很少，而是对当时社会的热点问题进行探讨，让学生开阔视野，增长见识。如第一章"人口问题"，认为人口问题可以分为人口的数量问题和人口的质量问题。其中，就人口的数量问题讨论了人口数量的分布以及人口数量与食料供给的调整关系；人口的质量问题又分为优生问题与优境问题。

再如第二章"农村问题"，书中先概括了农村的概念，为"有一定区域，大多数人从事农业，具共同意识、兴趣事业的一种社会"，接着阐述了农村最重要的问题，包括土地分配问题、农村的金融问题、农产品的运输问题以及技术的改进问题。如农村的金融问题：

> 农民建设在所需资本从生产方面讲，有农具、种子、肥料、购地等，均须有资本的扶助；从运输方面讲，如没有资本，农产品便无法流动，物品不能转运到外面去，就无从变为财富。所以近代国家对于农村金融，极其注意，例如美国及澳洲都以国家的力量，组织大规模的农业银行，向农民放款。美国联邦地产银行的贷款范围，专以购买土地及一切改良费为限；在押借方面，对于土地借额，以实值百分之五十为限；对于改良费，以百分之二十为限，利息不超过六分，年限自五年至四十年为限。美国的农民，资本向来雄厚，还需要这样的扶助，中国的农民，多数已到了破产的地步，金融的救济，自然更急不容缓了。

> 调济农村金融，绝不是私人努力所能奏效，而有赖于政府之有计划的努力。农业经济的经营上有一种所必须注意的原则，就是农民借贷，利率须轻，年限宜长，因此营利性质的农民银行，便无法解决下面的种种问题：（一）在农民中营业既不能征收重利，银行的营利一定很薄弱，一般银行家都不愿去参加；（二）农民来往账目，都很微小，但是办事员和种种手续却不能减少，所以营业费便非常浩大；（三）银行放款，总以抵押品为质，我国农民既毫无资本，当然找不出相当抵押品来，如以田地作抵，将来不能偿还时，如扣留田地，又根本触犯了"耕者有其田"的原则，如以农产品作抵，将来不能偿还时，则因天灾时变的频现，常使收获情形发生变化；（四）中国农村地面辽阔，交通不便，农民银行如多设则营业太少；少设则对于农民没有多大利益。根据以上种种困难，私人组织之农民银行，在中国是不会十分成功的。所以

轻利借贷，只可由政府主办。在初行时，一方须限制私人重利放款，一方须于各县各乡设立农民借贷所，不纯以营利为目的，非但利息宜轻，期限宜长，且须以分期偿还为原则。[1]

书中列举了农村的金融问题，并举了美国的例子，说明对中国农村金融问题的关注已刻不容缓。同时，又列举了营利性质的农民银行无法解决的问题，并以此为基础，说明中国农村设立政府主办银行的重要性。

第二册共7章：中国经济社会之特质、中国之农业、中国之工业、中国之商业、中国之金融、中国之财政、中国经济之改造。显然，该书"论述中国各项经济事实"，且以"最近事实"，尤其是经济数据为准，使读者可以明了当时的"中国经济情形"[2]。该书还基于当时中国的经济状况和国际经济趋势，论述了中国经济的改造路径，带给读者很多思考。

孙浩煊编著的第三册共7章：法律的意义种类与组成法律的资料、权利主体与客体、法律行为、债、财产继承与遗嘱、刑事制裁与监狱、诉讼手续。本册除了"债""财产继承与遗嘱"为经济类内容外，其余几乎全是法律知识。与之前教科书重义务轻权利不同的是，这套教科书专门列了一章详细阐述了权利的意义、种类以及物权的性质与种类。同时，该套书将权利分为公权与私权两大类。公权分为自由权、请求保护权和参政权；私权分为人身权与财产权、绝对权与相对权、专属权与非专属权、主权利与从权利、原权与救济权。除了人权外，书中还论述了物权的意义与种类，扩大了权利的主体与范围。这与之前轻权利重义务相比是一大进步，但是这种权利只局限于同等主体，如自然人与自然人之间、法人与法人之间、自然人与法人之间，对于自然人、法人与国家之间的权利，书中并没有对此进行明确表述。

罗鸿诏编著的第四册共6章：伦理之意义、中国伦理之思想、西洋伦理思想、中山先生的伦理思想、中国青年之责任与义务、中国公民与民族复兴。书末有中西译名对照表。该书内容强调国家形势处于危难，强调个人之于国家的责任和义务，动员全民参与抗战，激发国人尤其是青年人的爱国保国热情，如："百年来外力的侵略与日俱深，最近山河变色，警报频来，民族运命危于累卵，我们没有束手待毙的道理，当然要努力保存民族的生命。"[3]

形式上，该套书章节式编排，每节之前有提要，每节之后有注释和习题，每章之末列有全章参考书目。正文多以解释、议论的方式行文，常引用孙中山的言论，如解释"政治"这个概念时，引用道："中山先生说：'政是众人的事，治是管理，管理众人的事便是政治。'"[4]第四册几乎每节都有引用，有的小节多次引用，如第六章第四节"对全人类之道"两次引用孙中山的话，一处是"中山先生说过：'中国向来是主张世界主义的'"[5]；另一处是"中山先生说，世界主义是中奖

[1] 吴泽霖，韦悫，吴叔和.复兴高级中学公民课本：第一册[M].上海：商务印书馆，1938：18-19.

[2] 张素民.复兴高级中学公民课本：第二册[M].上海：商务印书馆，1936：编辑例言.

[3] 罗鸿诏.复兴高级中学公民课本：第四册[M].上海：商务印书馆，1936：74.

[4] 吴泽霖，韦悫，吴叔和.复兴高级中学公民课本：第一册[M].上海：商务印书馆，1938：75.

[5] 罗鸿诏.复兴高级中学公民课本：第四册[M].上海：商务印书馆，1936：74.

的彩票，民族主义是储藏彩票的竹杠，因中奖而抛弃竹杠，是中国从前最大的错误"[1]。全书没有插图，有少量表格，正文为5号字，字体偏小，不利于阅读。

该套书竹纸，铅印，尺寸为13 cm×18.5 cm，平装。封面竖排，从右至左印有审定时间、书名、册次、编著者、"商务印书馆发行"等字样。扉页形式与封面一样，接着为编辑例言、目录、正文、版权页。编辑例言阐述编辑依据、编写目的、内容架构、编排策略等；目录有章节名和页码；正文注重相关事实呈现，意在激发读者复兴民族的精神；版权页有版次、编著者、主编兼发行人、发行所、印刷所、定价、校对者、经过审定的时间、批号等信息，以及"版权所有，翻印必究"的字样。封底有商务印书馆的标识。

3. 北新书局出版的《高中公民》

《高中公民》共5册，分别介绍社会问题、政治概要、经济概要、法律大意、伦理学大意，杨东莼、熊得三、陈彦舜等著，1937—1938年北新书局出版、发行，供高级中学用。

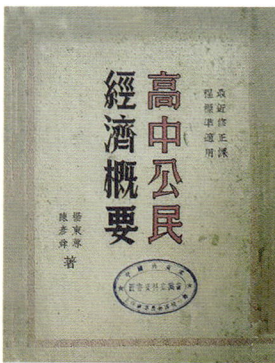

图6-27　《高中公民（经济概要）》，杨东莼、陈彦舜著，1937年5月北新书局出版、发行，初版

该套教科书的内容架构与1936年的《修正高级中学公民课程标准》一致，如第一册《高中公民（社会问题）》的目录：绪论、人口问题、农村问题、劳动问题、职业问题、婚姻问题。从目录中可以看出该书主要从具体问题出发，由点及面来讨论当时的社会问题。在"人口问题"这一小节中，运用表格直观地呈现世界人口概况，讲述马尔萨斯人口论，又从人口分布、生育限制与优生学方面叙述我国的人口问题，内容较为全面，也体现了政策实施的有利性。在"农村问题"这一小节，提及农业经济的重要性和中国农村的衰落以及如何复兴农村。自古以来，农村问题就是我国一个重大的议题，而这一时期的教科书直面现实，分析农村衰落的原因，认为由于苛捐杂税和地租的影响，农村日渐消沉；主张当时国家意识到这个问题，就要及时采取措施进行补救。对此在该书中提及几项措施：平均地权，扩大教育。在后续几节，也是以阐述问题并解决问题为主。"劳动问题"主要讲述劳资协作、劳工法国际化，并对中国劳动问题提出解决方案；"职业问题"主要讲述职业选择要考虑兴趣与体力；关于职业道德，讲到人们要有尊严；"婚姻问题"讲述各国的婚姻制度和婚姻形态，让学生更深刻地了解到婚姻的神圣。

该套教科书内容有一定的国际视野，比如《高中公民（政治概要）》这一册中"政治制度"一

---

[1] 罗鸿诏.复兴高级中学公民课本：第四册[M].上海：商务印书馆，1936：75.

章阐述了各国的政治形态，主要讲民主政治，并拿中国的政治形态和国外的进行比较。在这一章中，还提及了独裁政治、宪法的意义、宪法的种类、宪法的内容、宪法的产生与修改过程等。该书放眼世界，又从国际交涉、国际会议、国际公约、中国与国际组织的关系等方面来拓宽学生的视野，加强学生的爱国教育。显然，该书被赋予了一种现实意义，重在教会学生学会用发展的眼光、国际的眼光看问题，关注教科书的实际意义，通过实践去证明所学的知识是有价值的。

形式上，该套书按章编排，没有插图，教科书元素相对单一，不利于学生学习。

该套书封面从右至左排列"最近修正课程标准适用"、书名、著者姓名。书名"高中公民"为红色字体，居中，很醒目。扉页为目录，目录有课名和页码，接着为正文，正文多为义理性阐释，字体为5号。版权页在封三，主要有出版时间、付排时间、著者、发行人、发行者、总发行所、分发行所、定价等信息。

第三节
1946—1949年间国统区的德育教科书

抗战胜利后，国民党政府很快就掀起内战，国统区的教育也为内战服务，其德育教科书出版受内战、经济状况极度恶化以及教科书制度等因素的影响，新出的种类极少，且质量不高。

一、1946—1949 年间国统区的德育课程

抗日战争结束后到1947年底的两年多时间里，德育课程沿袭1940年确定的课程体系以及1940—1942年间颁布的相应课程标准，小学设团体训练、社会（高小）等科目；中学设公民、童子军等科目。为适应"行宪"需要，国民政府教育部于1947年1月至1948年12月着手修订中小学课程标准。此次修订力求从生活实用出发，强调科目的设置必须重视学生的实际生活经验，着重日常生活的知能。这次修订将小学团体训练改为公民科的一部分，以加强"教训合一"，从此公民科除理论介绍外，还另设公民训练部分。小学低、中年级社会科和自然科继续合并为常识科，高年级设社会科和公民训练科。中学则设置公民、童子军；高中增加三民主义科。德育课程的教学内容尤其突出以三民主义为主线，强调政治思想教育。但随着国民党政治上的失败并溃败到台湾，这一课程标准只能在台湾实施。

1948年颁布的《修订初级中学公民课程标准》《修订高级中学公民课程标准》重新强调训育，提出了训育规条。如《修订高级中学公民课程标准》要求学生"明确体认我国固有道德并继续笃实履践"[1]，列了忠勇、孝顺、仁爱、信义等12个训育项目，48个规条，爱国、齐家等12个训练主旨（对应项目）。

二、1945—1949 年间国统区的教科书制度

抗日战争胜利后，国立编译馆所编的中小学教科书国定本，主要科目都已完成，并且随着沦陷

---

[1] 人民教育出版社课程教材研究所. 二十世纪中国中小学教学大纲汇编：思想政治卷[C]. 北京：人民教育出版社，2001：190.

区的收复而推行于全国。[1]各书店、书局转而主要承担国定教科书的印行工作，自己编纂的旧审定教科书在有了相应的国定教科书之后已被禁止销售。[2]

为消灭奴化教育的遗毒，抗战胜利后地方政府大都开展了"教育清毒运动"。如汉口市政府督饬各校馆，于1945年10月8日至14日专门开展了"教育清毒宣传运动周"，要求："一是敌伪出版之教科书及沦陷期间之新闻日报、宣传刊物等件，无论其为公有或私有，统应清查封存，报市政府集中焚毁；二是更换教科用书，市政府前于成立时因查悉汉市各书坊无中小学适用课本，经一面指示各校注意奴化科目之停授及奴性课文之删除，一面设法协助本市广益书局，以最速方法向湖南购运大批国定课本到汉售用，此次即通饬各校应于十月十日以前一律全部更换。"[3]

尽管教科书审定制有转变为国定制的趋势，但审定制在当时依然存在。1947年2月25日，教育部公布了《教科图书标本仪器审查规则》，对教育图书审查规程作了修改。

第一条　学校用教科图书及标本仪器应经教育部审定，其未经审定发给执照或经审定已逾有效期间者，不得发售或采用。

第二条　呈请审查时，教科图书之发行人或著作人应呈送稿本及印刷样张二份；标本仪器之发售人或制作人应呈送样品两件，附具制作图样及说明书各二份，并均应注名制作人姓名或出品定价。

第三条　呈请审查时，所有科学名词、外国人名地名及其他专门名词，应编中外名词相互对照表（名词之经教育部公布者，应以公布者为准）附于书后或标本仪器。

第四条　呈请审查时，应呈缴审查费，其额数小学教科用书按全书售价之五十倍，中等学校教科用书按全书售价之四十倍，各种挂图按全图售价之卅倍，标本仪器按每件售价之二十倍。

第五条　教科图书、标本仪器定价过高者，教育部得令其减低之，经审定后定价必须增加者，应呈请核示。

第六条　呈请审查之教科图书、标本仪器应行修正者，由教育部饬具呈人依照签注修正或改制，（呈送之教科图书）修订版或改编本应于修改处加签载明前次稿本中原签册数、页数、行数、字数等，并依照第二条之规定再送审查。

第七条　教科图书、标本仪器审定后之印本或制品，应再呈送二份，经审核无误，发给审定执照。

第八条　经审定教科图书、标本仪器之左列事项，由教育部于《教育部公报》公布之：

一　名称

二　册数或件数

[1] 中华民国教育部. 教育工作报告[J]. 教育部公报，1946，18（7）：23.
[2] 国定课本已出科目，旧审定本不许混售[N]. 申报，1946-08-15（2）.
[3] 张学科. 抗战胜利后武汉市小学的复课[J]. 武汉文史资料，2016（12）：35-39.

三　定价

四　制作人姓名

五　送审者姓名

六　适用学校之种类

七　审定日期

八　执照号数

九　有效日期

第九条　经审定之教科图书应将审定执照印于底封面，标本仪器应载明审定之年月暨执照号数。

第十条　教科图书、标本仪器经审定后应予修订者，应依第二条之规定送请审核；其经教育部饬令修正者，应于三个月内为之，逾期撤销其审定。

第十一条　教科图书审定之有效期间，中等学校为三年，简易师范学校及小学各为四年，期间届满前四个月应再送审查，并应按照第四条之规定另缴审查费。

第十二条　教育部认为应行审查之其他教育用品，得适用本规则。

第十三条　发售人违反第一条之规定或不遵守禁止发行之命令者，予以行政处分或科以法律上之处罚。

第十四条　本规则自公布日施行。[1]

在教科书发行方面，抗战胜利之初，国民政府将原来国定中小学教科书七家联合供应处增加为十一家，并分予不同市场份额。在此后的三年多时间，国统区的中小学教科书主要是国定中小学教科书十一家联合供应处供应的国定本。1947年3月教育部开放国定教科书版权，但是市肆间除正中书局、商务印书馆、中华书局、世界书局、大东书局、开明书局、交通书局、中国文化书局、独立书局、胜利书局等十一家书局继续供应相当数量外，其他版本只见宣传，事实上绝少发现[2]。

三、1946—1949 年间国统区的德育教科书出版情况

根据王有朋的《近代中国中小学教科书总目》统计，该时期国统区新出的德育教科书仅有4种。中小学校主要使用1945年以前出版的德育教科书，不过有的略加改编，尤其是国定本，均在1947年作了修订。该时期新出的4种德育教科书如下：《修养国文》，赵宗预著，世界书局，1946年出版；《高中公民》，杨东莼、宁柏清编，北新书局，1946年出版；《公民》，陆伯羽编辑，众兴出版社，1948年出版；《台湾省公民训练课本》，台湾省公民训练委员会编辑，1946年出版。

[1] 中华民国教育部. 教科图书标本仪器审查规则[J]. 教育部公报，1947，19（3）：1-2.

[2] 张学科. 抗战胜利后武汉市小学的复课[J]. 武汉文史资料，2016（12）：35-39.

四、具有代表性的中小学德育教科书

（一）世界书局出版的《修养国文》

《修养国文》，赵宗预著，1946年世界书局出版。全书采用文言文编写，旨在指导中学生及一般青年修养身心的同时，练习写作文言的议论文。书中所选题目很多采用大学入学试题，因此本书亦可作为指导中学生升学之用。还建议每周在国文时间抽一小时教学该书，一方面指导学生的思想行为，另一方面探讨作文技巧。

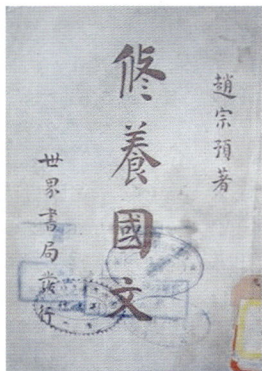

图6—28　《修养国文》，赵宗预著，1946年世界书局出版，1947年9月4版

该书共25课，都为议论文，内容主要为人生观。该书目录：三位一体之人生观、团结与服从、同舟而济则胡越患乎异心、抗兵相加哀者胜矣、论乐观、无畏精神、论现实、慎事论、是非之判断、科学化与社会、形式问题、非我而当者我师也　是我而当者我友也　诏谀我者我贼也、濯缨濯足自取之也论、施诸己而不愿亦勿施于人、好学近乎知　力行近乎仁　知耻近乎勇、博学之审问之慎思之明辨之笃行之、好勇不好学其蔽也乱　好刚不好学其蔽也狂、君子藏器于身待时而动、己欲立而立人　己欲达而达人、正其谊不谋其利　明其道不计其功、富贵不能淫　贫贱不能移　威武不能屈　此之谓大丈夫、任重而道远说、举而措之天下之民谓之事业、不节若则嗟若、至人无己　神人无功　圣人无名。

该书封面简洁，从右至左排列"赵宗预著""修养国文""世界书局发行"，其中书名"修养国文"居中，字体最大，很醒目。扉页内容和封面一样，只是表现形式不同，接着为自叙、编辑例言、目录、正文和版权页。自叙陈述写该书的缘由、过程、价值和教学建议等；编辑例言主要阐述体例、编写目的和内容来源等；目录有课名和页码；正文后有"诠注"和"作法"，帮助学生理解正文，指导学生实践人生观；版权页有版次、定价、著作人、发行人、出版者、发行所等信息，以及"版权所有，不准翻印"的字样。

该书是目前唯一能见的将国文和修养结合起来的教科书。

（二）国立编译馆主编的《（高级小学）公民课本（修订本）》

《（高级小学）公民课本（修订本）》共4册，前3册每册12课，第四册10课，国立编译馆主编，俞焕斗、张超编辑，夏贯中、赵乃传校阅，1947年商务印书馆印刷、发行，供小学五、六年级用。

图6-29　《（高级小学）公民课本（修订本）》（第二册），国立编译馆主编，俞焕斗、张超编辑，夏贯中、赵乃传校阅，1947年12月商务印书馆印刷、发行，第二次修订本

该套书遵照1942年4月民国教育部公布的《小学社会科课程标准》内公民科教材大纲及要目编辑，并于1947年5月修订。该书是1943年国定本同名课本的第二次修订本。

该书立论根据孙中山遗教、蒋介石训词及国民党中央政策，内容采取最新材料，与初中公民课本衔接。该书的内容与1943年版的基本相同，从目录看，仅少了1943年版第四册的最后两课"第十一课　国民精神总动员""第十二课　国民公约"，其他各课完全相同。

课文用对话、讨论、演讲、参观等实际活动，使理论与实际贯通，知识与行为配合，以引起学生的学习兴趣；每课课文前有问题数则，归纳本课内容要点，以启发儿童思想；每课课文后有作业项目，可使儿童课后亲身经历、观察或调查。[1]

该套书平装，铅印，左翻页。封面左半部分自上而下印有横排的"教育部审定"、"高级小学"、"公民课本"、册次、"中华民国三十六年五月修订本"、"国立编译馆主编"、"商务印书馆印行"等字样；右半部分有图案，画的是在战火纷飞的年代，儿童学习、劳动、嬉戏等场景。封二为编辑要旨，接着为目录、正文、版权页。目录、正文的形式跟1943年版的一样；版权页在封三，有版次、书名、册次、定价、主编者、编辑者、校阅者、承印者、发行者、教育部许可执照等信息。

该套书由南光书局、世界书局、商务印书馆等十多家出版机构印行，不同机构印刷的版本封面和版权页信息与形式有差异。

（三）国立编译馆编的《（初级中学）公民（第二次修订本）》

国立编译馆编，民国教育部审定的《（初级中学）公民（第二次修订本）》共3册，每册30课，多家出版机构印行，供初级中学3学年用。

该套书遵照1940年7月民国教育部公布的《修正初级中学公民课程标准》编辑，并于1947年4月依照《中华民国宪法》修订。该套书是1943年国定本同名课本的第二次修订本。

---

[1] 俞焕斗、张超. 高级小学：公民课本：修订本：第二册[M]. 上海：世界书局，1947：编辑要旨.

图6—30 《（初级中学）公民（第二次修订本）》（第一册），国立编译馆编，1947年4月第二次修订本，中华书局印行

"本书所取教材，为求达到实践目的起见，均从生活实际问题开始"[1]，并与民国教育部颁布的《训育纲要》相联系。

该套书铅印，平装，左翻页，按主题（讲）—课式编排。不同机构印刷的版本封面和版权页信息与形式有差异。中华书局印行的封面主体图案是套边的框，像一本打开的书，框内文字既有竖排的，也有横排的，样式比较少见。封二是编辑要旨，讲述编辑的依据、册数、选材的目的、体例、修订频次（每一年或两年修订一次）等。扉页为一文本框，内有编者、书名以及印行者等信息。目录有主题（讲）次序及名称、课次及名称。正文多为论说文，每课之后都有注释、作业及参考书。

---

[1] 国立编译馆. 初级中学：公民：第二次修订本：第一册[M]. 上海：中华书局，1947：编辑要旨.

本章小结

这一时期的中小学德育教科书在内容上党化色彩依然浓厚，极力突出国民党乃至蒋介石的权威，这一取向在于塑造民众的政治认同，即对国民党政权乃至对"最高领袖"的认同。当然，在"抗战军兴"的背景下，德育教科书塑造国家认同的历史书写某种程度上同样也塑造着政权认同。

国家认同与政权认同高度重合，甚至在战时环境话语中，在民族主义的热情下，对政权的认同不证自明等于对国家的认同。当然，二者之间仍然存在一定的差异，国家认同的叙述更侧重于抗击外来侵略力量。

在审定方面，由于新的教科书出版较少、旧有教科书仍存，加强审定则是强化意识形态的另一重要手段。在抗战环境中，政府统一教科书的意图日益加强，这种特定形势也为国民政府能够名正言顺地推行国定教科书提供了合法性。抗战胜利后，国统区依然主要采用国定本。

在编写上，这个时期的德育教科书，尤其是公民教科书遵循各个阶段循环往复、螺旋上升的原则，以说明、叙述、讨论和论说文为主，语言表达使用白话文和新式标点符号；注重理论与实际的贯通，知识与行为的链接。

在体例上，该时期的德育教科书较前一阶段的更丰富，比如，多数教科书的课文有了问题和作业项目，有表格和图示；有的有了提要和参考书目录；有的有了主题框；有的目录中有了前导符；还有的封底印有"本书用国产纸印刷"。

国统区的德育教科书随着中华人民共和国的成立，走向了终结。

第七章

红色文本——红色革命区的中小学德育教科书（1927—1949）

中国共产党在艰苦卓绝的革命战争年代始终重视学校教育，把德育放在学校教育的首位，为革命提供了强有力的思想保障。红色革命区分为土地革命战争时期的苏区、全民族抗战时期的边区和解放战争时期的解放区，这三种革命区因历史环境不同，其德育课程设置、德育教科书有显著差异。不仅如此，同时代不同革命区的德育教科书也不尽相同。

土地革命战争时期的苏区共13个，几乎每个苏区都举办小学和模范文化学校，小学主要有列宁小学，模范文化学校相当于高级小学或初级中学，这两类学校的德育课程主要是政治（名称即为革命事物的"革命名词、共产主义、宣传、学生训话"）或社会常识。因为苏区整个的教育是围绕着"服务于战争"这一主题展开的，故而苏区的德育教科书为革命战争服务，凸显"战斗性"。由于种种原因，存世且可查的苏区德育教科书屈指可数，从可查的德育教科书可以看出，这些教科书属于综合性课本，内容重在宣传革命，宣传共产主义，突出战争动员功能，旨在激发学生的革命斗争精神，形式丰富，图文歌结合，通俗易懂，朗朗上口，简单好记。

全民族抗战时期边区的中小学注重对儿童进行全方位的教育和培养，因战争需要，故特别强调培养他们的民族观念与革命意识，培养他们抗战、建立新中国的基本知识技能。随着战争形势的变化以及中国共产党对开展基础教育的认识的发展，不同时期的中小学德育课程的名称和内容等有差异。总体上，边区的小学德育课程多为政治（政治常识），初级中学德育课程多为政治或公民知识，高级中学德育课程多为政治或社会科学常识。不过，边区中学政治课程的具体名称多样，如"论持久战""新民主主义论""边区历史""边区政策""经济政治常识""抗日战争与三民主义""组织生活与工作方法"等。从这些名称可以看出，当时的德育课有些是以共产党领导人的著作为教材的，专门的德育教科书不多，现存世并可查的则更少。从可查的边区德育教科书发现，这些德育教科书思想观点明确，密切联系革命战争、抗日战争、阶级斗争和生产劳动实际，革命性、思想性很强，尤其将战争经验纳入课本的内容体系中，使学生了解在抗战中所需承担的职责，并向学生传达抗战必胜的政治信息，直接体现了"为抗战服务"的教育方针。这些教科书呈现形式有故事、问答、对比、歌谣、韵文、顺口溜等，文字通俗易懂，贴近生活，符合学生的认知水平。

解放区的中小学普遍开设政治课，少数开设公民课。解放区人民政府重视教科书建设，尤其是东北行政委员会和华北人民政府各自编辑了几种中小学政治课用书。解放区的政治课用书主要有两大类：一类是代用课本，是同名专著经过简单加工而成的，如东北书店出版的《政治经济学》和《论青年的修养》等；另一类是专门课本，是专门为政治课编写的，如东北书店出版的小学用《政治常识》等。相对而言，解放区的中学德育教科书种类比较多，有《社会发展史》《政治经济学》《青年修养》《中国革命读本》等；小学的则比较单一，名称几乎都为《政治常识》，主要供高级小学用。这些教科书紧紧围绕中国革命和解放区的建设组织内容，呈现方式较边区或苏区的没有太大进步。

红色革命区的中小学德育课程和德育教科书随着形势的变化而不断发展，为新中国的德育课程建设积累了经验，为中华人民共和国成立初期的德育课程提供了保障，也值得当代德育课程和教科书建设借鉴。

第一节
红色革命区的中小学德育课程

一、土地革命战争时期苏区的中小学德育课程

土地革命战争时期，中国共产党在江西、福建、河南等地区建立的革命政权所管辖的革命根据地称为苏维埃区域，简称苏区。[1]第一个苏区诞生于1927年11月，南昌起义失败后，彭湃分别在广东的陆丰县、海丰县成立了县苏维埃政府。与此同时，毛泽东也在湖南茶陵成立了县工农兵政府。中国苏维埃政权的建设从此开始。1937年9月6日，根据国共两党的谈判协定，中共中央将中华苏维埃共和国中央政府西北办事处改名为陕甘宁边区政府。至此，苏区在历经9年又10个月之后，正式退出了历史舞台。这段时间，中国共产党共创建了13个苏区，包括中央苏区、湘赣苏区、湘鄂赣苏区、闽浙赣（赣东北）苏区、鄂豫皖苏区、川陕苏区、湘鄂西苏区、湘鄂川黔苏区、琼崖苏区、左右江苏区、闽东苏区、西北苏区、鄂豫陕苏区。

苏区的普通中小学主要有列宁小学和模范文化学校。苏区实行的是分级办小学：县、区苏维埃办完全小学；乡、村一级苏维埃办的初级小学统称为列宁小学，其中豫东南地区的初级小学称列宁模范小学，皖西地区的称为列宁中心小学。据1934年的统计，在中央苏区的2932个乡中，有小学3052所，学生89710人，学龄儿童多数进了列宁小学。[2]列宁小学的开办，为革命培养了大批后备力量。模范文化学校，相当于高级小学或初级中学，是由区苏维埃（为省派出机关）主办，学业年限因革命工作需要而定，由校方介绍参加工作，是苏区培养人才的专门学校，其参加学习者是读过小学或有一定文化基础的人。[3]

苏区整个的教育是围绕着"服务于战争"这一主题展开的。因为军事上的胜利是当时苏区生存下去的最根本条件，所以其教育必然首先服务于战争，进而服务于苏区建设，培养"参加苏维埃革命斗争的新后代"；用马克思列宁主义的革命理论来教育儿童，启发他们的阶级觉悟，培养他们阶级斗争的坚定性，把他们培养成为阶级立场坚定的革命战士。[4]为此，中央苏区（创建于1931年10

[1] 李国强. 关于苏区教育研究的若干问题[J]. 江西教育学院学刊，1986（1）：43-50.

[2] 江西省教育学会. 苏区教育资料选编：1929—1934[C]. 南昌：江西人民出版社，1981：44.

[3] 徐修宜. 鄂豫皖苏区教育述论[J]. 阜阳师范学院学报（社会科学版），2001（2）：83-85.

[4] 温剑波，温余荣. 中央苏区列宁小学教育的历史考察[J]. 学校党建与思想教育，2012（6）：75-78.

月）的小学教育“对于一切儿童，不分性别和成分差别，皆施以免费的义务教育”[1]。

中央苏区普通小学的课程设置体现了少而精，中华苏维埃共和国临时中央政府人民委员会颁布的《小学校制度暂行条例》规定：“前三年的科目为国语、算术、游艺（唱歌、运动、手工、图画），但国语的科目中要包含乡土地理、革命历史、自然和政治等（不单独教授政治、自然及其他科目），游艺也须与国语、算术及政治、劳动教育等有密切联系。后二年，科学和政治等科目须系统性教授。”[2]中央教育人民委员部公布的《小学课程教则大纲》规定：初级列宁小学设国语、算术、游艺。高级列宁小学设国语、算术、社会常识、科学常识、游艺，其中德育类课程是高小的社会常识。[3]

尽管中央教育人民委员部对列宁小学的课程作了原则性规定，但不同学校的课程仍存在差异。以寻乌县石贝乡初级列宁小学的课程为例，该校共开设14门课程，分别为“国语、习字、革命名词、共产主义、学生训话、算术、图画、手工、造句、常识、唱歌、体操、宣传、游戏”[4]，其中名称为革命事物的“革命名词、共产主义、宣传、学生训话”四门课程属于政治教化的德育课程。

赣东北苏区（创建于1929年10月）的普通教育包括初级小学、中级小学、高级小学以及少数的幼儿园教育，其中主要是高级小学和初级小学教育。小学修业年限以5年为标准，分前后两期：前期3年为初级小学，后期两年为高级小学。初级小学和高级小学课程门类差别大，初级小学通常设有国语、算术、音乐、劳动等课程；高级小学大部分设有国语、算数、政治常识、社会活动和劳作等。[5]其中的德育课程为高小的政治常识。

鄂豫皖苏区（创建于1930年4月）的青少年普通教育，主要是初等小学教育和高等小学教育，学校组织形式包括列宁初等小学、列宁模范小学、列宁高级小学、列宁模范学校等，这些学校的德育课都为政治课。

列宁初等小学是鄂豫皖苏区最普遍的一种小学，苏区农村规模较大的村庄都设有列宁小学。苏维埃政府规定：年满六至十八岁的工农子弟必须上列宁小学接受教育。学校规模因村庄大小不等而不同，学生少则二三十人，多则上百人。学制3年，课程设置有政治、国文、地理、常识等科目。

列宁模范小学，是列宁初等小学的一种形式，同属于普通教育中的初等小学教育。其学制、课程设置、教学内容及师生待遇同列宁初等小学一样，不同的是列宁模范小学设在乡苏维埃一级，作为一个乡苏维埃小学的样板学校。

列宁高级小学，是鄂豫皖苏维埃政府规定区和县苏维埃以上办的高级小学，每区设一所。学生

[1] 赣南师范学院，江西教育科学研究所. 江西苏区教育资料汇编（1927—1937）：二[Z]. 南昌：江西教育科学研究所，1985：15.

[2] 陈元晖，璩鑫圭，邹光威. 老解放区教育资料[C]. 北京：教育科学出版社，1981：291.

[3] 赣南师范学院，江西教育科学研究所. 江西苏区教育资料汇编（1927—1937）：五[Z]. 南昌：江西教育科学研究所，1985：11.

[4] 陈元晖，璩鑫圭，邹光威. 老解放区教育资料[C]. 北京：教育科学出版社，1981：291.

[5] 徐修宜. 鄂豫皖苏区教育述论[J]. 阜阳师范学院学报（社会科学版），2001（2）：83-85.

来源于红军、赤卫队、革命烈士、工人、雇农、贫农等的子女，年龄在十六岁至二十岁之间。在校住宿，脱产学习，免费入学，学制两年。它同普通高级小学有所不同，它负有为红军、党、团、群组织培养输送干部的任务，同时也负有向县列宁模范学校、省列宁学校输送新学员的任务。学习科目包括国语、算术、历史、地理、政治和军事课程。政治课讲授马克思列宁主义基本知识，军事课讲授红军作战的战略战术和进行野外训练。

列宁模范学校，是列宁高级小学的一种形式，同属于普通教育中的高等小学教育，是全县列宁高级小学的样板学校[1]。这类学校普遍开设政治课。

二、全民族抗战时期边区的中小学德育课程

我国国内革命战争及抗日战争时期，共产党领导的革命政权在几个省连接的边缘地带建立的根据地，称为边区，如晋察冀边区。本书所指的边区是1937年9月至抗日战争结束时期（全民族抗战时期）的边区。

在严酷的抗日战争环境下，各边区依然重视教育，培养适合战争需要的人才，不同边区的学校课程大同小异，小学德育课程名称多为"政治"，初中的多为"公民（知识）"，高中的多为"社会科学概论"。

以陕甘宁边区为例，初等教育的教育方针在1938年的《陕甘宁边区小学法》中确定为发展儿童的身心素质，培养他们的民族观念与革命意识，培养他们抗战建国的基本知识技能。1941年公布的《小学教育实施纲要》规定："边区小学教育应依新民主主义教育方针，以促进儿童的民族觉悟，养成儿童的民主作风，启发儿童的科学思想，发展儿童的审美观念，提高儿童的劳动兴趣，锻炼儿童的健壮体格，增进儿童生活所必要的知识，培养儿童为大众服务的精神。"[2]即对儿童进行全方位的教育。

在对儿童的教育目标和要求上，中国共产党提出了具体的内容。1944年公布的《边区文教大会关于边区教育方针的决议草案》，对小学教育的目标作了原则性规定，即培养具备基础的认字和算数能力、具有初步政治及卫生常识、具有较强劳动观念的新公民。关于中等教育的实施方针，在全民族抗战之初，中国共产党要求中等教育必须使学生在了解新民主主义的政治方向的基础上获得一定的社会科学和自然科学的基本常识，掌握初步的教育理论和技术，并进一步培养学生的革命信念和意志等。[3]1942年颁布的《陕甘宁边区暂行中学规程》规定，普通中学遵照新民主主义的教育方针，进一步培养健全的新青年，为他们进入高等院校进行学业深造以及从事革命和建设事业奠定基础。

[1] 邹时炎，霍文达.鄂豫皖苏区教育概述[J].中南民族学院学报（社会科学版），1986（4）：57-60.

[2] 陈元晖.老解放区教育简史[M].北京：教育科学出版社，1981：106.

[3] 陕西省档案馆.陕甘宁边区政府大事记[M].北京：档案出版社，1991：89.

在1938年以前，陕甘宁边区对于小学教育的课程并没有统一的规定；1938年后，各边区对小学教育课程有了统一规定，且根据形势变化不断调整，力求课程适合抗战建国的实际需要，使学生出了校门就可以胜任相应的抗战建国工作。

1938年4月，陕甘宁边区第一届三科长会议规定初小的课程是：国语、算术、常识、劳作、体育、唱歌、图画7门；高级小学的课程是：国语、算术、自然、史地、政治、体育、唱歌、图画8门。[1]1939年8月公布的《陕甘宁边区小学规程》规定："小学课程以政治、军事为中心"；初小的课程为国语、政治常识、自然常识、算术、体育、音乐、美术、劳作等8门，高小的课程在此基础上增加了历史、地理、周会，即为11门；"社会活动，生产劳动亦列入正式课程中，并应与其他课目取得密切联系"[2]。课程内容均以抗战为中心，对文化教育重视不够。1943年后陕甘宁边区的小学课程开始注意到与生产和家庭相结合，科目中增加了实用文写作、农业常识、边区生产建设等相关知识，三年级起增加珠算，重视培养学生的国文和算术能力。[3]

晋察冀边区1938年在小学开设的课程主要有国语、算数、国难讲话、抗战常识、唱歌等[4]。1940年后在初小开设的课程有：国语、算数、公民、常识、体育、唱歌、劳作、卫生、英语；在高小开设的则有：国语、算数、公民、历史、地理、体育与卫生、唱歌、劳作、自然、英语。[5]

从前述案例可以看出，各边区在小学都设置了德育课，名称主要有"政治（常识）""公民"。

1938年前后，边区中等学校的课程主要有政治、国语、算术、民众运动、自然、社会常识、史地、军事常识、游击战术等。[6]这些课程内容都紧密结合抗战需要，如政治课采用《论持久战》《论新阶段》等作为教材；军事课讲授基本军事常识和游击战术等；自然常识课将防空防毒与卫生常识相结合。

1942年陕甘宁边区教育厅颁布了《陕甘宁边区暂行中学规章草案》，对中学课程又作出新的规定："初级中学之教学科目，为边区建设、公民知识、国文、外国语（英文或俄文）、数学、历史、地理、自然（动物、植物、物理、化学）、生理卫生、美术、音乐及军事训练（学生学习军事看护），体育、劳作两科于课外进行。"高中课程为"社会科学概论、国文、外国语、中外历史、中外地理、数学、生物、物理、化学、哲学、美术、音乐及军事训练，体育、劳作两科于课外进行。"另外规定："中学为适应地方建设之实际需要及教学合一起见，得设置若干职业科目，作为必修课或选修课。"与前期的课程设置相比而言，后者课程门类多，内容繁杂，明显带有教条主义

[1] 徐艳妮. 延安时期中国共产党陕北地区学校教育研究[D]. 齐齐哈尔：齐齐哈尔大学，2016：36.

[2] 陕西师范大学教育科学研究所. 陕甘宁边区教育资料：小学教育部分：上[M]. 北京：教育科学出版社，1981：60.

[3] 黎群. 陕甘宁边区的社会教育与学校教育[J]. 群众，1944，9（16-17）：737-745.

[4] 克寒. 晋察冀边区教育[J]. 教育杂志，1938，28（11）：83-85.

[5] 邵子涵. 漫谈晋察冀区的文化[J]. 战时教育，1939，4（12）：14-16.

[6] 陕甘宁边区政府. 边区教育厅筹办边区中学[N]. 新中华报，1938-07-30（2）.

和旧型正规化的倾向。[1]针对中等教育课程设置中存在的"旧式"的、脱离边区实际的现象，在整风运动和边区文教大会期间，中国共产党在批判教条主义和形式主义的同时，对中等学校的课程和科目进行了改革，拟定中学、师范三年新课程为边区建设、国文、数学、史地、自然、政治常识、生产知识、医药知识。这个新课程的主要特点是结合实际和少而精，教育内容以文化知识为主，注重培养学生的革命精神、劳动理念及群众观点并辅之以时事教育等。自此，中等教育的发展打开了一个新的局面。中等学校的教学内容一开始是政治重于文教，后来强调二者的平衡，最后则变为文教重于政治。

晋察冀边区1939年3月颁布的《民族革命中学暂行办法》规定，民中初中班的课程共4部分：一为基础学科，约占全部课程的50%；二为政治学科，约占30%；三为军事学科，占10%；四为文艺学科，占10%[2]。1940年颁布的《晋察冀边区中学暂行办法》将中学课程分为4类，并对各自所占比重作出了明确的规定。其中，基础学科占40%，包括国语（选读重要政治论文及各种新文艺作品）、数学（算术、代数、几何）、历史（偏重中国近代史及世界革命运动简史等）、地理（适合中国抗战及世界政治形势要求）、自然（动物、植物、矿物、生理卫生、物理、化学）；政治课程占30%，包括政治常识（社会发展史、民主政治、世界政治常识等）、三民主义与统一战线（三民主义、统一战线、持久战、中国近代革命运动史、中国社会基本问题等）、时事报告或名人讲演（课外举行，每周2小时）；军事课程（早操除外）占20%，包括军事常识、游击战争；艺术课程占10%，包括歌咏（救亡歌曲、指挥、识谱等，在课外举行）、美术（漫画、美术字等）、写作技术（与国语课、编壁报合并进行）。[3]1941年5月，晋察冀边区开始中学正规化运动，中学的政治常识占比由30%降到14%，而文化课占比则增加到72%。[4]然而，晋察冀边区的课程设置有反复，1945年4月，《冀中行署关于建立中等学校的指示》指出，中学班的课程内容包括政治思想教育（占30%）、文化教育（占50%）、军事教育（5%）和生产教育（占15%）[5]。

从陕甘宁边区和晋察冀边区的中学课程设置可以看出，边区的中学德育课程内容领域较多，课时占比较大。

三、解放战争时期解放区的中小学德育课程

解放战争，亦称"第三次国内革命战争"，是1945年8月至1949年9月中国人民解放军在中国共

[1] 徐艳妮. 延安时期中国共产党陕北地区学校教育研究[D]. 齐齐哈尔：齐齐哈尔大学，2016：37.

[2] 五台教育志编纂组. 五台教育志[M]. 太原：山西人民出版社，1991：70.

[3] 边区行政委员会. 边区中学发展的新阶段[J]. 边区教育，1940（5、6合刊）：1-17.

[4] 边区行政委员会. 晋察冀边区行政委员会工作报告[C]//王谦. 晋察冀边区教育资料选编：教育方针政策分册（下）. 石家庄：河北教育出版社，1999：85.

[5] 王谦. 晋察冀边区教育资料选编：教育方针政策分册：下[C]. 石家庄：河北教育出版社，1999：87.

产党的领导下，为推翻国民党统治、解放全中国而进行的战争，国共内战第二阶段。

解放战争时期各解放区的中小学课程大致以1947年7月解放军由战略防御转入战略进攻为时间分界，前后有差异。各解放区的中小学都有专门德育课程，多数为"政治"。

以东北解放区为例，东北解放区的各级教育是在日伪军和国民党遗留下来的旧教育废墟上，经过四年的改造、发展、整顿和提高，逐步建立起来的具有中国特色的新民主主义教育。它培育了大批政治、经济、军事、文化、教育等各方面的人才，提高了广大人民群众的政治思想觉悟和文化科技水平，从而为解放战争和经济建设作出了应有的贡献。[1]

根据东北解放区第三次教育会议精神，东北行政委员会于1948年10月10日颁发了《关于教育工作的指示》，规定了学制和课程：小学四二制，中学三三制，高中按地方需要分科，需要工科办工科，需要农科办农科。中学课程的比重：文化课占90%，政治课占10%。文化课包括国文、历史、地理、数学、自然科学、生理卫生、音乐、美术、体育等科。俄文为大城市中学的必修科。政治课包括政治、常识、时事。

小学课程的比重：高小文化课占90%，政治课占10%，其中文化课包括国语、算术、历史、地理、自然、音乐、美术、体育等科。初小课程包括国语、算术、常识、唱游、体育等，全部为文化课，只在常识和国语课里包括一些政治常识。[2]

第一节　红色革命区的中小学德育课程

[1] 杜君，王金艳. 浅谈东北解放区各级教育的发展历程及基本经验[J]. 史学集刊，2009（6）：105-110.
[2] 辽宁省教育科学研究所. 东北解放区教育资料选编[C]. 北京：教育科学出版社，1983：30.

第二节
红色革命区的德育教科书建设

教科书具有动员大众、宣传思想的功能。教科书对大众的影响不如政治类文本来得直接有力，但它们来得更持久、更深远、更含蓄而不知不觉、潜移默化。中国共产党充分认识到了教科书的价值，自1927年在井冈山创建第一个革命根据地开始，不论是在土地革命战争时期，还是在全民族抗战时期、解放战争时期，都一直重视教科书建设。而德育类教科书又是红色革命区最重要的教科书，受到特别重视。[1]

一、土地革命战争时期苏区的德育教科书建设

各苏区的教科书建设以适应革命斗争和本区建设的需要为出发点，既受中央苏区的统一管理，也有自己的个性化举措。

中华苏维埃共和国成立后规定，中央苏区以外的苏区教材由（各）省编审出版委员会审定，中央苏区及与中央苏区发生了直接联系的苏区，重要材料的审查权一律在中央教育部。

1931年7月，鄂豫皖苏区举行第二次工农兵苏维埃代表大会，通过了《关于文化教育政策的决议》，提出"审查各种教材，严格反对三民主义的、孔孟之道的、耶稣教会的以及一切反映地主资产阶级思想的材料，统一教材的内容。严格以马克思列宁主义为指导，编定各种模范读本，供学校使用。[2]"1931年10月，中共湘赣省第一次全体代表大会通过《苏维埃问题决议案》，指出"列宁学校的教材，苏维埃文化部应立即自编"。之后，"湘赣省苏维埃文化部立即组织力量编辑出版了列宁初级小学适用的国语读本、常识读本、四则算术简要、儿童游戏等作为全省通用的教材"[3]。这是目前已知根据地最早的小学分学科编撰的教科书。

1932年6月，中华苏维埃临时中央政府举行第十六次会议，决定在中央教育人民委员部内设立教材编审委员会，以徐特立为主任。1933年5月，中央教育人民委员部组织人力编写的6册《共产儿童

---

[1] 石鸥，吴驰. 中国革命根据地教科书的政治宣传效应[J]. 教育学报，2011（6）：105-111.

[2] 鄂豫皖区第二次苏维埃代表大会文件之六：文化教育政策[J]. 红旗周报，1932（43）：49-50.

[3] 黄定元，张希仁，《江西省教育志》编纂委员会. 江西省教育志[M]. 北京：方志出版社，1996：72.

读本》完成初稿，供各地列宁小学采用。[1]这套教科书在当时广为流传，影响很大。

中央苏区教材建设有三个阶段：第一个阶段是区、乡革命政权刚建立，因根据地还不稳定，编写新教材实在来不及，学生又等着用，就采用删去旧教材中有反动内容的部分，借用具有知识性的非社会科学内容部分，暂时作应急之用；第二个阶段是县和省苏维埃政府成立后，县文化、省教育主管部门开始着手整顿和改造旧学校，调整课程设置，组织编写新教材，同时作出废除旧教材的规定，要求各学校使用由省文化部统一印制的教材；第三个阶段是中华苏维埃共和国临时中央政府成立到1934年，中央苏区的教材已基本上得到了统一，各级各类学校有了统一的成套的教材。[2]

现保存比较完整的中央苏区教科书有17种。苏区教科书展现出革命性、科学性、实用性、通俗性、内容少而精等特点，尤以革命性为甚。这些教科书密切联系革命战争和阶级斗争的实际，把宣传革命道理、动员群众参加革命斗争、打土豪、分田地等政治内容贯穿到了教学内容中。[3]

在中央苏区教科书建设工作中实施共产主义精神教育是中央苏区教育性质的客观要求。中央苏区教育是在革命根据地建立后产生、发展起来的。土地革命战争时期中国革命的民主主义性质，决定了中央苏区教育是民主主义时期的教育，中国共产党领导的新民主主义革命作为社会主义革命的必要准备，客观上要求中央苏区教育应服从和服务于中国民主主义革命的需要，因此中央苏区在进行教科书建设时，要求其必须而且只能对广大劳动群众进行共产主义精神教育。实施共产主义精神教育也是解除反动统治阶级加于工农群众精神上的桎梏，提高军队、干部、工农群众思想政治觉悟的需要。[4]

二、全民族抗战时期边区的德育教科书建设

全民族抗战初期，中国共产党包括辛安亭在内的一批知识分子以强烈的使命感和责任心积极地投入教材编写中。各根据地大都编写了战时小学教材。1938年2月，陕甘宁边区教育厅陆续出版发行了第一套小学教科书。[5]这套教科书包括了小学用《政治常识》《常识》，内容以抗战建国为中心，以"培养有民族觉悟、有民主作风、有现代生活知识技能、能担负抗战建国之任务的战士和建设者"[6]。1941年2月，陕甘宁边区教育厅组织人力对该套小学教科书进行了全面改编，并于1942年陆续出版，改编者主要有董纯才、辛安亭、温济泽等。此后，陕甘宁边区政府教育厅多次组织人力修改这套教科书，使之成为了根据地最有影响的教科书，各地大量翻印使用。对于中学德育类教科

[1] 皇甫束玉，宋荐戈.中国革命根据地教育纪事：1927.8—1949.9[M].北京：教育科学出版社，1989：290.

[2] 张挚.论中央苏区教育教材建设[J].赣南医学院学报，2006（5）：772-773.

[3] 张挚.论中央苏区教育教材建设[J].赣南医学院学报，2006（5）：772-773.

[4] 张挚.论中央苏区教育教材建设[J].赣南医学院学报，2006（5）：772-773.

[5] 皇甫束玉，宋荐戈.中国革命根据地教育纪事：1927.8—1949.9[M].北京：教育科学出版社，1989：290.

[6] 陕西师范大学教育科学研究所.陕甘宁边区教育资料：小学教育部分：上[M].北京：教育科学出版社，1981：26.

书，陕甘宁边区教育厅多次提出编写原则，比如1940年的《边区教育宗旨和实施原则》（草案）提到，政治课本着重抗日战争和基本理论的研究，指导青年以正确的政治方向；社会科学课本，应以唯物辩证法的观点叙述社会发展的规律及未来发展的方向。[1]因为条件艰苦，边区的德育教科书有石印、木刻等印刷形式，更多的是抄写和油印的。全民族抗战时期，教育被提到"国防"的高度。1938年5月，中共胶东特委成立国防教育委员会，编写了《国防教育课本》。1941年3月，国防教育委员会改称国防教材编辑委员会，专门负责编写教材。他们编写了小学国语课本、常识课本、自然课本以及民众课本、妇女课本等多种教材，供各地学校采用。其中之一就是《国防政治课本》。此外，多数边区以毛泽东的《论持久战》作为中学代用课本，以激励学生的抗战理念。抗战胜利后，边区教育开始向正规化发展，德育教科书也由此开始了转型。

三、解放战争时期解放区的德育教科书建设

抗日战争胜利以后，中国革命进入了一个新的历史阶段——解放战争时期（1945—1949年）。尽管解放区的环境和条件恶劣艰苦，教育事业不仅没有停滞，反而取得了巨大成就。解放区的教科书事业随着解放战争的进行和解放区的巩固而不断调整，并随着土地改革和生产建设的需要而不断进步和提高，进而推动了中小学教育朝着规范统一的方向发展。多数解放区的人民政府教育部或行政委员会教育部等教育主管部门重视教科书编写，如东北行政委员会教育部自1948年起陆续编辑了40余种中小学教科书。

1949年4月，作为新中国教育部前身的华北人民政府教育部成立教科书编审委员会，以叶圣陶为主任委员，周建人、胡绳为副主任委员，开始全力编撰出版新中国中小学教科书。德育类教科书有张腾霄的《政治常识（高小）》等。

[1] 陕西师范大学教育研究所.陕甘宁边区教育资料：中等教育部分：上[M].北京：教育科学出版社，1981：83.

第三节
红色革命区的中小学德育教科书

不同时期的革命区有不同的历史环境和革命任务，其德育教科书也差异很大。

一、红色革命区的小学德育教科书

自1920年代成立革命根据地后，中国共产党就开始出版小学用德育教科书，一直到中华人民共和国成立。但遗憾的是，红色革命区的教科书出版在战乱年代陷入了低谷，很多教科书也已散佚，现可查的不多。

（一）苏区的小学德育教科书

土地革命战争时期中国共产党领导下的红色革命区的一些机构编制了专门的小学德育教科书，据《民国时期总书目·中小学教科书》以及《湖南日报》等新闻媒体的报道统计如下：

湘鄂赣边境工农兵暴动委员会红孩儿编辑委员会编写的《红孩儿读本》，1930年，小学用；

莲花县赤色工农联合会编的《革命常识》，1931年，小学用；

鄂豫皖苏维埃政府文化委员会编的《政府常识》，1931年，小学用；

中共通山县委秘书处编的《政治常识》，1931年，小学用；

中国工农红军第四方面军九师政治部编的《政治课本》，1933年，小学用；

红十一军政治部编的《苏维埃课本》，1933年，小学用；

中央教育人民委员部组织编写的《共产儿童读本》，1932年，初小用。

苏区小学的任务是提高苏区少年儿童的文化知识和政治认知。因此教科书的编写依据"政治化、社会化、劳动化、实际化"的原则，贯彻阶级斗争的精神，思想性、政治性和战斗性突出。各科的教学内容主要是揭露帝国主义、国民党和封建地主对劳动人民的剥削压迫，积极贯彻共产党和红军的精神，拥护共产党，拥护红军，拥护苏维埃政府，启发儿童阶级意识，提高他们的阶级觉悟。[1]这个时期革命区的小学德育教科书以政治为主，让学生学习民权革命的基本知识，对革命有

---

[1] 陈元晖. 老解放区教育简史[M]. 北京：教育科学出版社，1981：40.

正确的概念。

苏区的德育教科书为革命战争服务，其"战斗性"可以从中央教育人民委员部1933年发出的第四号训令得到印证，该训令指出，"在目前一切给予战争，一切服从战争利益这一国内战争环境中，苏区文化教育不应是和平的建设事业，恰恰相反，文化教育应成为战争动员中一个不可少的力量"[1]。

1. 湘鄂赣边境工农兵暴动委员会红孩儿编辑委员会编写的《红孩儿读本》

《红孩儿读本》是湘鄂赣边境浏阳第八区苏维埃政府1930年组织编写，以政治为主的综合性读本，每册20课，供初级小学用，其中第一册1930年5月出版。

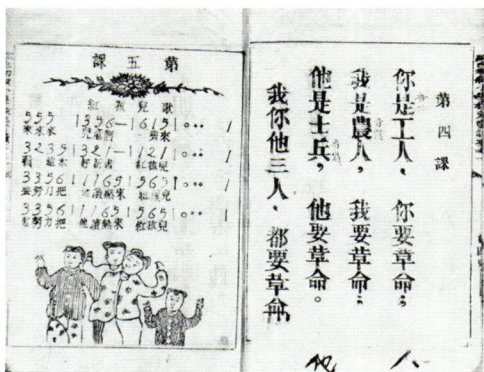

7—1

图7—1 《红孩儿读本》（第一册），湘鄂赣边境工农兵暴动委员会红孩儿编辑委员会编写，1930年5月湘鄂赣边境浏阳第八区苏维埃政府出版

第一册扉页后就是一幅黑白花鸟图，然后依次是见面话、发刊词、说明、目录和正文。发刊词这样写道："我是红孩儿，我是革命的红孩儿，有创造的天才能力，有伟大的牺牲精神，不怕那穷凶极恶的统治者，不怕那糊涂黑暗的旧世界，我要放出万丈的光芒，把他们的狰狞面目损破，我要大挥犀利的宝剑，斩除那些凶恶的妖魔！把糊涂黑暗的世界，创造得灿烂光明！愿爱我的朋友，与我一齐来，冲锋前进，跑到共产社会的乐园，尝尝看自由平等的果子。"[2]

该套教科书图文歌结合，形式丰富，让人一看就喜欢。书中的内容大多仿照《三字经》《弟子规》的语言短句，通俗易懂，朗朗上口，简单好记。如经常用"跑！跑！跑！向前跑！跑到共产社会几多好""儿童！儿童！不要懵懂"等简单易懂的词句，读起来节奏感十足。不过，这是典型的文化宣传材料的语言特征。

如第一册第四课写道："你是工人，你要革命；我是农人，我要革命；他是士兵，他要革命。我你他三人，都要革命。"

第一册第五课则是一首歌："来来来，儿童们，一齐来。看这本，好新书，红孩儿。要努力把它读熟来，红孩儿。要努力把它读熟来，红孩儿。"[3]歌词上面谱了曲子，并配了一幅几个少年儿

[1] 江西省教育学会. 苏区教育资料选编：1929—1934[C]. 南昌：江西人民出版社，1981：12.

[2] 湘鄂赣边境工农兵暴动委员会红孩儿编辑委员会. 红孩儿读本[M]. 长沙：湘鄂赣边境浏阳第八区苏维埃政府，1930：发刊词.

[3] 湘鄂赣边境工农兵暴动委员会红孩儿编辑委员会. 红孩儿读本[M]. 长沙：湘鄂赣边境浏阳第八区苏维埃政府，1930：4-5.

童兴高采烈模样的简笔画。

该套教科书竹纸，黑墨石印，右侧线装订。封面为一竖排文本框，自右向左印有"红色初级小学校儿童读本之一""红孩儿读本"、册次、"湘鄂赣边境浏阳第八区苏维埃政府"。扉页和封面形式相同，接着为插页、发刊词、说明、目录和正文。目录仅有课次（没有"课"字）和课名；正文多数竖排，少量横排，图文并茂。

2. 中央教育人民委员部组织编写的《共产儿童读本（初级列宁小学用）》

《共产儿童读本》是1931年11月中华苏维埃共和国临时中央政府成立以后，由中央教育人民委员部组织编写，福建省苏维埃政府文化部出版的第一套以政治为主的综合性教科书，也是第一套在全苏区统一使用的综合性教科书。该套教科书总共6册，每册20课，于1932年7月至1933年10月间出版。

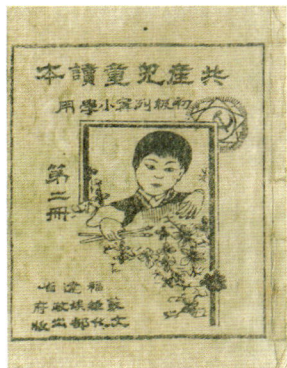

图7-2 《共产儿童读本（初级列宁小学用）》（第二册），中央教育人民委员部组织编写，1932年福建省苏维埃政府文化部出版，江西省胜利县苏维埃政府文化部翻印，1932年7月再版

《共产儿童读本》的内容主要是宣传革命，宣传红军，有着强烈的政治气息，同时也关注学生的生活。如第二册前10课依次是"第一天""我是小学生""红军""排排坐""来唱歌""不平等""我们要组织""你家的猫""哥哥问弟弟""小泥人"。

该套教科书毛边纸质，黑墨石印，尺寸为12 cm×18 cm，右侧线装订。封面印有"共产儿童读本""初级列宁小学用""福建省苏维埃政府文化部出版"的字样、图案及册次，接着为目录、正文。目录仅有课次（没有"课"字）和课名；正文竖排，图文并茂。封三印有出版者、翻印者、印刷者、定价等信息。

（二）边区的小学德育教科书

针对日军发动的侵华战争，毛泽东强调了政治、军事、经济以及教育对国防的重要性，他认为过去的教育方针和教育制度不合适。在阐述实行全面抗战的八项主张时，他提出要"根本改革过去的教育方针和教育制度"，使文化、教育、宣传等一切活动都符合国防的利益。1938年，中国共产党六届六中全会作出了"实行国防教育政策，使教育为民族自卫战争服务"的决议。1938年4月陕甘宁边区国防教育会在延安召开第一次代表大会，在开幕式上，毛泽东发表重要讲话，指出："应该用全力来应对抗战，用教育来支持抗战，这就叫作抗战教育。"[1]

---

[1] 牛瑞雪.战火中不灭的民族魂：抗战时期教科书[N].中华读书报，2015-09-09（14）.

就德育教科书而言，各根据地都从当地斗争的形势与任务出发，编写政治科教科书，比如，晋察冀边区1938年编写的油印本《国难讲话》《抗战常识》等。《国难讲话》第四册的目录：日本为什么要侵略中国、打日本救中国、好男儿上前线、赞助抗日军、和鬼子拼命、自卫队、肃清汉奸、慰劳伤兵、优待军人家属、执行坚壁清野……意义很深，但编得通俗浅显，且有插图。[1]董纯才于1942年为陕甘宁边区编写的《初级新课本》，有初小政治常识1册[2]，将战争经验纳入课本的内容体系中，使学生了解在抗战中所需承担的职责，并向学生传达抗战必胜的政治信息，直接体现了"为抗战服务"的教育方针。这些教科书思想观点明确，密切联系革命战争、抗日战争、阶级斗争和生产劳动实际，革命性、思想性较强。教科书呈现形式有故事、问答、对比、歌谣、韵文、顺口溜等，文字通俗易懂，有的贴近生活，符合学生的认知水平；有的配上插图，形象生动。不过，这些教科书同时也存在"政治口号化""对儿童要求过高""反映儿童社会生活的内容太少"等弊端。[3]

现可查的边区的小学德育教科书主要有1938年陕甘宁边区教育厅编审科出版发行的初小《政治常识》、胶东国防教材编辑委员会1943年编辑的《国防政治课本》以及晋察冀边区行政委员会1943年编印的《政治常识》。

1. 胶东国防教材编辑委员会编辑的《国防政治课本（高级）》

《国防政治课本（高级）》现可查的共5册，胶东国防教材编辑委员会1943年编辑，供高级小学用。

图7-3 《国防政治课本（高级）》（第一册），胶东国防教材编辑委员会编辑，胶东牙前县民生印刷社1943年1月出版

该套教科书的内容涉及社会发展史，当时中国的政治、经济、社会状况，帝国主义侵华，抗日战争，国民党反动派反共的本质等内容。如《国防政治课本（高级）》第一册共24课，目录为：鸦片战争前的中国经济、帝国主义侵略下中国经济的演变（一）、帝国主义侵略下中国经济的演变（二）、帝国主义侵略下中国经济的演变（三）、帝国主义在中国投资的性质、帝国主义在中国投资的目的、帝国主义在中国的银行、帝国主义统治中国经济的方法、中国民族工业的发展史、中国民族工业不能发展的原因、封建势力对民族工业、中国民族工业的性质、帝国主义侵略中国农村经

[1] 克寒. 晋察冀边区教育[J]. 教育杂志，1938，28（11）：83-85.

[2] 皇甫束玉，宋荐戈. 中国革命根据地教育纪事：1927.8—1949.9[M]. 北京：教育科学出版社，1989：291.

[3] 刘松涛. 对编辑七部小学国语课本的回顾[J]. 人民教育，1950（9）：52-57.

济、封建势力在农村中的剥削、农村中三位一体的剥削者、军阀统治下的中国农村、中国经济的性质、中国的军阀、军阀政治、中华民族的解放战争、中日战争的持久性、展开敌后抗日游击战争、八路军敌后抗战、巩固与发展敌后抗日根据地。第二册有原始共产社会、奴隶社会产生的原因和生产力、三阶段的战争形式、反攻前的准备工作、太平洋各民族抗日统一战线、"反共""反八"是投降的准备等内容。

该套教科书毛边纸，黑墨石印，右侧线装订。封面上半部分印有书名"国防政治课本"和"高级第一（二、三、四、五）册"，下半部分为一群学生学习的图案。接着为目录、正文。目录仅有课次（没有"课"字）和课名；正文竖排，没有插图，也没有思考题。封三印有出版者、翻印者、印刷者、定价等信息。不同版次的封面形式不一样，有的版次封面没有插图。

2. 晋察冀边区行政委员会编印的《政治常识（高级小学用）》

《政治常识（高级小学用）》，晋察冀边区行政委员会编印，束鹿县政府教育科翻印，高级小学用。

7—4

图7—4 《政治常识（高级小学用）》（第二册），晋察冀边区行政委员会编印，束鹿县政府教育科翻印，1943年出版

该套教科书第二册目录：中国革命的任务、中国革命的特点、太平天国运动、戊戌政变与义和团运动、辛亥革命、五四运动、中国共产党的产生与第一次国共合作、五卅运动、大革命运动、十年内战的经验教训、双十二、现阶段的抗日战争、三民主义是怎样的、三民主义的革命性（一）、三民主义的革命性（二）、三民主义与共产主义、三民主义的基本内容、抗战建国纲领、反对假三民主义、边区是三民主义的真正阵地、边区的民政政策（一）、边区的民政政策（二）、边区的财政经济政策（一）、边区的财政经济政策（二）、边区的财政经济政策（三）、边区的财政经济政策（四）、边区的财政经济政策（五）、边区的教育政策、边区基本政策粉碎了敌人的政策、边区是向三民主义新中国的。

该套教科书毛边纸，黑墨石印，平装。封面主体为室外学习图，图的上方印有书名"政治常识""高级小学用"以及册次；扉页为目录，目录仅有课次和课名；正文多为政论性文体，没有插图，但文后有问题供学生思考；封三有编者、翻印者等信息。

（三）解放区的小学德育教科书

解放战争时期，为配合战争需要，也为迎接即将新生的共和国，一些解放区编辑、出版发行了适合当地的小学德育课本，这些课本多数叫政治或政治常识，极少数叫公民课本。如，1945年12月，苏皖解放区政府教育厅成立中小学教科书编审室，半年内编辑中学国文、数学、历史、地理、物理、化学课本和小学数学、政治教科书。[1]遗憾的是有些课本已经失传，现可查的解放区出版的小学政治课本有四种。这些课本分别为：张腾霄编，华北新华书店出版的《国民政治课本》（1948年），高小用；东北政委会编审委员会编审，东北书店出版、印行的《高小政治常识》（1948年）；山东省教育厅编审室编写，华东新华书店胶东版的《政治常识（高小用）》（1949年）；关东公署教育厅编审，大众书店出版、印刷的《公民（高级小学用）》（1948年）。

1. 新华书店出版的《国民政治课本》

《国民政治课本》共4册，1948年张腾霄编，徐特立校阅，新华书店出版、发行，供高小用。

图7-5 《国民政治课本》（第一册），张腾霄编，徐特立校阅，1948年华北新华书店出版、发行，1949年5月5版

第一册主要内容包括为什么要学习、在学校里怎样学习、我们怎样团结互助、师生敬爱、从改造旧家庭中建设新家庭、婚姻自主、劳动与节约、优良的生活习惯、怎样开会、怎样当主席、自觉的纪律、批评与检讨、我们要爱护大家的利益、我们要爱护自己的组织、打破小宗派思想和改良风俗习惯等内容。

这套教科书以具体事实为例子，在此基础上，再归纳出一般的原则与结论。如该套书第一册第六课"婚姻自主"：

> 李秀香去年才十五岁，她娘便把她许给赵老大的儿子，现在要让两个素不相识的人过门结婚。李秀香自然不同意她娘的意见，便把这事告诉王老师，让他帮助解决。
>
> 一天，王老师为这事到李秀香家里，见了她娘说道："我听说你作主让秀香结婚，关于这件事我可以谈些意见，请你考虑。她年龄很小，如果这么早就结了婚，对于她是很不合适的。
>
> 首先她现在正是学习的时候，结了婚就要妨碍学习。错过了青年时候学习的机会，是无法挽

---

[1] 皇甫束玉，宋荐戈. 中国革命根据地教育纪事：1927.8—1949.9[M]. 北京：教育科学出版社，1989：304.

救和弥补的，甚至影响将来的事业和幸福，成为一生的憾事。其次她年龄小，身体正在发育，结了婚往往影响正常的发育，妨碍身体的健康，同时也会很早的衰颓下来。再其次生下来的孩子，因为父母的关系，必然先天不足，身体不会健壮，要直接影响到子孙的后一代。这种害处真是说不完呀！就是到了结婚的年龄，婚姻因为是子女自己的事，做父母的关心她这件终身大事，是应该的，但不经子女同意，强给子女作主，就不对了。过去常说的'夫妻合不着''夫妻不合'，闹离婚，大都不是自主的婚姻。就是自主的婚姻，如果不经过深刻的认识了解，仍然不会发生深厚的感情，没有感情的结合，是不牢固的。正当合理的婚姻，应该是慎重的考虑对方的条件：政治上是不是完全一致？工作学习上能不能互相帮助进步？是不是爱好劳动？和自己志趣是不是相投？如果这些条件大体都已满意，还要经过较长时间的了解，从了解对方，并在帮助对方进步中增进感情，然后结合，才会是美好的婚姻。"

　　李秀香娘听了王老师的话以后，才明白自己错了，子女的婚姻应该由子女自己作主，父母只能给些帮助，不应该代为作主。[1]

从这个例子中还可以看到，在那个年代，教科书赋予了教师光辉的身份，教师是学识、明理、明智、热心的象征。书中的李秀香遇到了生活上的问题，就去找王老师解决。王老师通过三个理由，从李秀香的年龄、身体及其后代入手，层次清晰，有理有据，说明了李秀香这个时候结婚的不合适。在此基础上，论述结婚应该是自主的，进而又提出自主婚姻应考虑的条件。通过这个例子，说明了婚姻应当由子女作主，并经过双方深刻的了解自然结合，父母不应该一手包办，而应该提出建议和帮助的道理。

　　除此之外，这套书叙述了新社会学校的学生关系、师生关系以及风俗习惯，如第一册第三课"我们怎样团结互助"论述了新社会的学生关系应该是互相帮助的。

　　新社会里面，工人与农民是团结互助的，贫农与中农是团结互助的，青年更应该成为团结互助的模范。我们学校，程度高的要帮助程度低的，国语好、算学不好，或算学好、国语不好的，要互相帮助；进步快的要帮助进步慢的；年岁大的要帮助年岁小的；身体强的要帮助身体弱的；富的要帮助穷的解决经济上的困难；男女同学间，也应该互相帮助。我们高年级应该照顾初年级，他们不能办而我们能办的事，应该帮助解决。[2]

再以第一册第四课'师生敬爱'为例。

　　新社会的教师担任培养人民大众子弟的工作，和别的工作一样，是整个革命工作的一部分，那么教师是革命的干部……，工作是繁忙的，任务是艰巨的，因而教师应该自尊，同时应该受人民大众尊敬。但是过去因为环境和经济困难，教师的物质食粮和精神食粮是不充分的，除了简单的吃饭穿衣以外，没有余力购买书籍和报纸，政府发的报纸也很少。今后随着革命的

[1] 张腾霄. 国民政治课本：第一册[M]. 延安：华北新华书店，1948：13-14.

[2] 张腾霄. 国民政治课本：第一册[M]. 延安：华北新华书店，1948：6.

胜利，群众生活的提高，教师无论是物质生活，还是精神生活，都会合理的改善。[1]

通过叙述过去教师生活的窘迫以及政府工作的不足，阐述了教师作为革命工作者，应当自尊，同时也应受到他人和社会的尊敬以及政府的资助。

再如下文：

> 我们教师自己对于工作应该是认真负责的。首先要把功课教好，课前仔细的准备，上课时耐心的讲解，并启发学生思索，讨论课文，讨论社会发生的问题。并特别注意，从行动中培养学生的知识技能，即生产的本领和做事的能力。教师与学生的关系应该是密切的，欢迎学生给教师提意见，慎重考虑学生的意见。但是有的教师和学生的关系却不密切，因为责任心差，不到同学里面去，不了解同学，便不能有效的进行教育，对于学生的意见，也不能很好的考虑。有的教师虽然整天和学生在一起打打闹闹，却建立不起自己的威信，也不能有效的进行教育。这两种态度，都不是新社会教师应有的态度。[2]

这里从教师的角度出发，叙述了教师对于工作应有的态度和不应有的态度。对于工作，教师应认真负责，并将知识传授与行为塑造相结合，这样才能建立良好的师生关系。同时认为，学生可以对教师提意见，对于学生的意见，教师也应慎重考虑。

本课的最后部分则从学生的角度出发，阐述了学生对教师应有的态度。

> 我们学生有不明白的道理，有无法解决的问题，常常要请老师帮助我们解决。因此，对于我们老师是应该尊敬的。要尊重老师的话，服从老师的指示，有时还要帮助老师做些事情，解决些困难问题。如果老师有缺点，或对老师的意见不同意，善意的提出来，帮助老师改正，是应该的；但是如果老师一时没有接受自己的意见，而采取轻视或者嘲笑的态度也是错误的。[3]

教师应尽力解决学生的问题，师生之间的关系除了密切，更应该是互相尊重，学生对于教师的缺点或有不同意见，应秉着尊重的原则善意提出。

这本书从第九课"怎样开会"开始，后面的"怎样当主席""自觉的纪律""批评与检讨""我们要爱护大家的利益""我们要爱护自己的组织""打破小宗派思想"几乎都为公民教育与政治教育的内容，教育学生在学校和社会中怎样成为一个合格的公民，与此同时，也向学生传达相关的政治知识。如第九课"怎样开会"：

> 开会是一种重要的民主活动，现在人民大众已经向统治阶级争得了这种权利。在解放区里面，每一个公民，人人都可以开会，都可以在会议上自由发表自己的意见，自由选举自己的代表。
>
> 我们怎样才能更好地发挥大家的民主呢？如全校选举学生会，全村选举农会等，首先要进行酝酿宣传，造成选举的热潮。（然后）布置会场，准备标语，规定会议程序，登记参选人数

[1] 张腾霄. 国民政治课本：第一册[M]. 延安：华北新华书店，1948：8.

[2] 张腾霄. 国民政治课本：第一册[M]. 延安：华北新华书店，1948：9.

[3] 张腾霄. 国民政治课本：第一册[M]. 延安：华北新华书店，1948：9.

等。这都是会前的准备工作。开会时，先由司仪员宣布开会。然后由大家选举三人或五人为主席团。再由主席团推出一人做主席，简要地报告为什么选举，它的意义在哪里，应该注意些什么。候选人要由大家提，可进行竞选。选举时，或是举手表决，或是用票选举。用票选举一般是把应选人写在一张票上，不写自己的名字，这叫作不记名的投票法。选票最好当场宣布，以免发生弊端。开票之后，看备选人的票数多少，依次当选。

不要受形式拘束。小组会由小组长主持进行，较大的讨论会，看人数多少，适合规定讨论办法，以便进行讨论。重要的是要有提纲，要抓住中心，别人已经讲过的，即使自己准备了，最好不要重复。要仔细听别人的发言，有不同意见的地方，要经过仔细分析研究，然后才提出来反驳。

总之，会的组织和开法，要根据会的性质、内容和人数多少，要从开会人的具体情形出发决定，上述办法只可灵活运用，切不可拘泥机械的形式。[1]

书中较为详细地说明了开会应有的流程以及开会时的注意事项，较为具体地说明了开会的民主，虽然范围是在学校学生会，但是这些流程与注意事项同时也适用于政治生活中。

该书铅印，尺寸为13 cm×18.5 cm，平装。封面彩印；目录有课次和课名；正文体裁多样，有故事，有训词，有论说，有对话。封底为版权信息，有编者、校阅者、出版者、定价等信息。

2. 东北书店出版的《高小政治常识》

《高小政治常识》共4册，每册14至18课不等，东北政委会编审委员会编，1948年东北书店出版。

图7-6 《高小政治常识》（第三册），东北政委会编审委员会编，1948年东北书店出版、发行，辽南行政公署教育处翻印

该套教科书主要围绕当时中国的国情向学生介绍一些政治常识，就抗日战争、新民主主义革命等对学生进行深刻的思想教育，同时引导学生对东北人民要什么样的政府、为什么要推行人民教育等展开思考。

第二册目录：第一课 好儿童应加入儿童团，第二课 日本鬼子横行东北，第三课 蒋介石是怎样抗日的，第四课 解放军是怎样抗日的，第五课 毛主席飞重庆谈和平，第六课 蒋介石卖国打内

---

[1] 张腾霄. 国民政治课本：第一册[M]. 延安：华北新华书店，1948：21-22.

战，第七课 蒋管区百姓活不下去了，第八课 蒋介石再也统治不住了，第九课 蒋家暴政必倒台，第十课 老百姓掌印当权，第十一课 耕者有其田，第十二课 劳资合作发展工业，第十三课 由穷变富的必由之路，第十四课 要人人读书有文化，第十五课 地上天堂——解放区，第十六课 新民主主义共和国，第十七课 孙中山和他的三大政策，第十八课 从孙中山给苏联的信说起。

第三册前14课目录：第一课 怎样过集体生活，第二课 我们的民主生活，第三课 中共和东北抗日联军，第四课 东北民主联军，第五课 农会和工会，第六课 东北人民的政权组织，第七课 建设和平民主繁荣的新东北（一），第八课 建设和平民主繁荣的新东北（二），第九课 我们的祖国，第十课 窃国大盗袁世凯，第十一课 国民党反动派，第十二课 中国共产党，第十三课 一般日月两个世界（一），第十四课 一般日月两个世界（二）。

该套教科书铅印，尺寸为13 cm×18.5 cm，平装。封面彩印，有工农业的图案以及书名、册次及编者等信息；目录有课次和课名；正文体裁多为故事和论说文，有框题和少量插图，每课后面有"想一想"或"讨论"题。封底为版权信息，有编者、校阅者、出版者、发行者以及定价等信息。不同版次的形式有差异，有的版次没有彩印，有的版次封面没有图案。

3. 大众书店的高级小学《公民（高级小学用）》

《公民（高级小学用）》共4册，每册5篇16课，关东公署教育厅编审，1948年大众书店印刷厂印刷，1948年大众书店发行。

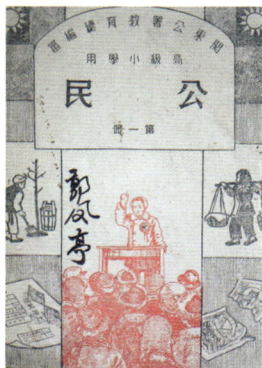

图7-7　《公民（高级小学用）》（第一册），关东公署教育厅编审，1948年2月大众书店印刷厂印刷，1948年3月大众书店发行

该套教科书内容涉及的领域较广，有关于关东形势的、关于国际关系的、关于祖国历史的、关于个人品德修养的、关于自我管理的、关于劳动模范的、关于政府的等。以第一册为例，该册第一篇"学做主人"有3课："学做主人""我们是小主人""我们要自己管理自己"；第二篇"热爱祖国"有4课："痛苦的回忆（一）""痛苦的回忆（二）""永远不会忘记的仇恨""热爱祖国"；第三篇"朋友和敌人"有3课："我们得到苏军的帮助""谁是敌人，谁是朋友""怎样对敌人？怎样对朋友？"；第四篇"我们的新关东"共3课："我们成立了民主政府""民主政府叫我们过好日子（一）""民主政府叫我们过好日子（二）"；第五篇"向劳动模范学习"也是3课："关东特等劳动模范薛吉瑞""农业劳动模范""学好榜样"。

该套教科书土纸，铅印，尺寸为13 cm×18.5 cm，平装，竖排，主题式编排。封面彩印，有多个图案以及书名、册次及编审者等信息；目录有篇次、篇名以及课次和课名；正文体裁多为故事和论说文，无插图，每课后面有"研究和做"；封底为版权信息，有书名、册次、编审者、印刷者、发行者以及发行时间等信息，没有定价。

二、红色革命区的中学德育教科书

大革命时期，中国共产党创办的中学极少，有学者认为仅有两所，分别是上海大学附中和湘江学校。上海大学附中的德育工作状况已无从考证，毛泽东创办的湘江学校留下了不少珍贵的资料。根据国家档案馆收藏的该校一个名叫贺尔康的学生的日记记载，湘江学校以思想政治教育为核心的德育工作一般采取4种形式：一是利用北洋政府教育部规定的"修身""公民"等课程形式纳入无产阶级的政治教育内容，向学生讲述阶级和阶级斗争的道理，讲述无产阶级革命的道理，讲述苏联的无产阶级革命情况；二是在各学科教学中结合有关知识对学生进行无产阶级的思想政治教育，如在数学学科教学中结合计算，举例讲述地主向农民收租的比例，揭露地主残酷剥削农民的罪恶；三是在社会科学教学中见缝插针讲述社会主义的有关道理，如在作文课上习作"大家何不信仰共产主义"的作文，国文教师何叔衡首先向学生介绍什么是共产主义、为什么要实现共产主义的道理，然后让学生进行命题作文；四是教师经常性地给个别学生做思想政治教育工作。[1]

土地革命战争时期，苏区中等教育系统的思想政治教育内容主要是4个方面：一是进行革命形势教育，说明苏区的革命活动得到苏联的支持，得到其他革命根据地的支援，形势很好，一定会胜利，使干部和群众树立革命必胜的信心；二是进行苏区政权建设知识教育，如开设党的历史、党纲、红军的建设与发展、政策、土地法等课程，对学生进行党的纲领、路线、方针和政策教育，提高学生的政策水平，因为中等学校的学生都是党的革命骨干，毕业后都得投身于革命斗争；三是进行无产阶级革命基本知识和理论教育，如开设社会发展史、什么是社会主义、什么是帝国主义等课程，提高学生的政治理论水平，为建立一支革命领导队伍奠定思想基础；四是进行马列主义理论和国际共产主义运动教育，如开设共产党宣言、第一国际到第三国际、少共国际史等课程。

抗日战争时期，各根据地的中学思政课程差异较大。陕甘宁边区政府在制定的《初级中学课程教材讲授提纲》中明确规定初一至高三分别开设边区历史、边区政策、边区组织、经济政治常识、抗日战争与三民主义、组织生活与工作方法等政治教育课程，并努力提高这些课程的教学质量。苏皖边区政府明确规定各中学开设论持久战、新民主主义论、公民等抗日课程。晋察冀边区政府规定中学开设"公民""社会常识"，并要求充实这些科目的抗战教材[2]。此外，各根据地中学还开设政治教育的选修课程，如陇东中学开设中国问题和公民知识课程。

[1] 赵振寰. 论中学思想政治课的形成及其启示[J]. 扬州师院学报（社会科学版），1992（S1）：138-142.
[2] 邵子涵. 漫谈晋察冀区的文化[J]. 战时教育，1939，4（12）：14-16.

解放战争时期，各解放区的教育行政部门都能根据本地区的实际情况选择适当的德育内容，如苏皖解放区除了开设新民主主义论外，还开设了革命人生观，所用的教科书是俞铭璜编写的《共产主义人生观》，很受学生欢迎。[1]

1948年以前的红色革命区中学德育教科书出版较少，存世则更少，目前能查的仅有华中新华书店出版的《民主建设讲话》，光明书店出版的《中国革命问题》以及东北书店1947年印行的《初中政治常识》（合记联合中学等编）；此后两年，红色革命区中学德育教科书的出版出现了较为繁荣的景象，东北书店和新华书店仅在1949年就出版了10种德育教科书，部分是代用课本（以名人著作作课本）。这些教科书包括：解放社编写的《社会发展简史》（两家出版机构），洛甫著的《论青年的修养》（两家出版机构），程今吾编著的《青年修养》（多家出版机构），薛暮桥著的《政治经济学》（多家出版机构），苏联列昂节夫著、中国翻译过来的《政治经济学》（东北书店），东北政委会编审委员会编的《政治常识》（东北书店），吴黎平、杨松编的《社会科学概论》（东北书店），毛泽东著的《新民主主义论（高中三年暂用课本）》（东北书店），王惠德、于光远著的《中国革命读本》（共两册）（新华书店），王城著的《世界现状》（新华书店）。

（一）华中新华书店出版的《民主建设讲话》

《民主建设讲话》全一册，孙蔚民、郑炜编，苏皖边区政府审定，1946年2月华中新华书店出版、发行，为青年读物及中学教本。该书不同版本形式略有差异。

7—8

图7—8 《民主建设讲话》（全一册），孙蔚民、郑炜编，苏皖边区政府审定，1946年2月华中新华书店出版、发行

该书有绪论、附录和五讲内容，目录依次为解放区概况、民主政治建设、经济建设、武装建设、几种工作的研究，涉及解放区发展及其社会生活的方方面面。

该书铅印，尺寸为13 cm×18.5 cm，平装。封面较为简洁，没有图案，从上至下印有"苏皖边区政府审定""青年读物及中学教本""民主建设讲话""孙蔚民 郑炜编""华中新华书店出版"以及出版日期等信息，正中间的书名极为醒目；章（讲）节式编排，正文多为政论文，文后有思考题，个别课文有图示；版权信息在封底，有编者、出版者、发行者等信息。

---

[1] 赵振赛. 论中学思想政治课的形成及其启示[J]. 扬州师院学报（社会科学版），1992（S1）：138-142.

（二）东北书店出版的《政治常识》

《政治常识》共5册，主要供初级中学用，东北政委会编审委员会编，东北书店1947年出版、发行。

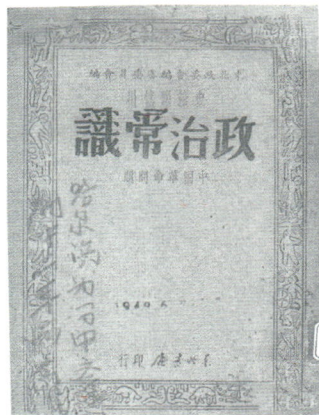

图7-9　《政治常识（中国革命问题）》，东北政委会编审委员会编，1947年东北书店出版、发行

该套教科书内容分为中国革命问题、解放区建设、国际知识、社会知识与青年修养五部分，每部分单独编成一册（五部分的教学顺序和期限没有统一规定）。其中《政治常识（中国革命问题）》的目录为：伟大的中华民族、古代的封建社会、百年来祖国的灾难、中国是个半殖民地半封建社会（上）、中国是个半殖民地半封建社会（下）、中国革命的任务是推翻"两架大山"、中国社会的各阶级、爱国自卫战争、土地改革问题、中国共产党、中国人民领袖毛主席、国民党、人民解放军、蒋介石的军队——反人民的军队、民主政府、国民党政府、解放区——新中国的雏形、人间地狱蒋管区、旧中国的最后统治者、我们要建设一个新中国。从目录可以看出，该书注重对比共产党和国民党，凸显共产党的伟大和正确，国民党的腐败和无能。

《政治常识（国际常识）》分三篇，上篇"世界反法西斯大战"有3课：第一课　大战的起因和性质，第二课　法西斯国家发动战争的三个阶级，第三课　苏联在反法西斯战争中的决定作用；中篇"战后的国际形势"也有三课：第四课　战后国际力量的基本变化，第五课　目前世界上的基本矛盾，第六课　世界前途的展望；下篇"现世界几个类型的国家"有4课：第七课　伟大的社会主义国家苏联，第八课　新兴的新民主主义及其过渡国家，第九课　殖民地半殖民地及其民族解放运动，第十课　没落的资本主义国家——美、英等。

该套书铅印，尺寸为13 cm×18.5 cm，平装。封面四周边沿有图案，中间自上而下印有"东北政委会编审委员会编""中等学校用""政治常识　中国革命问题""东北书店印行"的字样；扉页为"几点说明"，阐述该套书的内容领域及分册、教学建议等；接下来为目录、正文、版权页。目录仅有课次和课名；正文多为政论文，没有插图，有讨论题；版权页在封三，有编者、印行者、定价、出版者等信息。

（三）东北书店出版的《社会发展简史》

《社会发展简史》全一册，96页，由解放社编写，1949年东北书店出版、发行，供初中二年级用。

全书共分为7章：谁是我们的祖先、原始共产主义、奴隶占有制度、封建制度（农奴制度）、资本主义、从资本主义到共产主义的过渡时期、共产主义。全书以历史唯物主义的立场讲述人类社会怎样发生和发展，在人类社会发展的不同历史形态为什么会采用这种或那种方式进行生产、分配和交换，为什么会产生这样或那样的阶级，为什么会产生这样或那样的国家形式和法律形式，人类社会的发展过程是有规律的还是无序的，人类社会为什么必然超越资本主义社会而到社会主义并最终达到共产主义社会等问题，主张了共产主义是历史发展的必然。全书一方面贯穿着马克思主义基本常识教育，阐述人类社会发展的一般过程及其规律；另一方面，在这些理论知识背后又蕴含着丰富的德育内容。它具有智育和德育的双重属性。该书前4章摘自列昂节夫的《政治经济学初级读本》，后3章摘自韶华译辑的苏联新百科全书版《社会科学简明教程》。

图7-10　《社会发展简史》，解放社编写，1949年东北书店出版、发行，供初中二年级用

该书铅印，尺寸为13 cm×18.5 cm，平装。封面主体为文本框，自上而下印有"东北行政委员会教育部规定""初中二年级政治课参考书""社会发展简史""解放社编""东北书店印行""1949"的字样；课式编排，正文没有插图，有思考题；版权页有编者、印行者、定价、出版者等信息。

（四）新华书店出版的《论青年的修养》

该教科书为洛甫著，最早是他1938年在陕北公学作的"论青年的修养"演讲，后成为教科书并由东北书店、新华书店等多家出版机构出版、印行，主要供初中三年级用。目录分为4个部分：一　要有坚固的高尚的理想，二　要为自己的理想奋斗到底，三　要学习实现理想的办法，四　要同群众在一起去实现自己的理想。书中提到："我认为中国现代的青年，有他们很多共同的优点，而同时也有一些共同的弱点。怎样发挥这些优点，纠正哪些弱点：即是青年的修养问题的内容。"[1]

---

[1]　洛甫.论青年的修养[M].沈阳：新华书店，1949：1.

图7-11 《论青年的修养》，洛甫著，1949年7月新华书店印行

《论青年的修养》这本书闪耀着思想光辉，在知识青年中引发了强烈的反响。在革命的年代里，书籍体现的意识形态不是革命就是发展，要不然就是批判国民政府，批判资本主义，或者直接颂扬无产阶级与中国共产党。教科书结合革命理想和唯物史观，不仅有阶级斗争的内容，还撷取了儒家思想的精华，阐述了青年的修养问题、青年的学习问题以及青年的困惑，同时还为青年提供了实现理想的具体方法，对青年进行道德、人性和人格的熏陶，鼓励青少年要树立高尚的理想，为自己的理想奋斗到底，并学会同人民群众一起去实现。

这本书在今天依然散发着真理的光芒，它所蕴含的民主、科学、求真、务实的精神，已经成为我们这个时代的精神。

该书铅印，尺寸为13 cm×18.5 cm，平装。封面彩印，主体为红色方框，框中央为白色书名"论青年的修养"，非常醒目，框的右上角印有"洛甫著"，左下角印有"新华书店印行"的字样。版权页有著者、出版者、发行者、出版时间等信息。

（五）程今吾编著的《青年修养》

《青年修养》全一册，程今吾编著，华东新华书店、中原新华书店、北平光华出版部等多家出版机构于1949年出版、印行，作为初级中学教科书。

图7-12 《青年修养》，程今吾编著，1949年华东新华书店出版、发行

该书主要针对当时初中程度青年的一些实际情况，阐述如何抓住最重要的问题来进行思想教育。全书共16课：第一课 首先要确定立场，第二课 为人民服务，第三课 实事求是，第四课 理想和实践统一，第五课 劳动观点，第六课 群众观点，第七课 组织观念，第八课 怎样过民主的生

活，第九课　国家观念，第十课　怎样对待别人，第十一课　怎样对待同志，第十二课　批评与自我批评，第十三课　学习，第十四课　工作，第十五课　家庭与恋爱，第十六课　日常生活。作者在书中指出，修养不是为帝国主义和封建主义服务的，而是摒弃所有自私自利的个人打算，全心全意为人民大众服务的品质。新社会的青年是为人民大众服务的，就要摒弃言行不一的品性，因为人民大众的立场不仅要求实事求是，而且要求坚持理论与实践的统一；对待朋友，要用对待朋友的态度；对待敌人，要用对待敌人的态度，决不能把对待朋友的态度用来对待敌人，也绝不能把对待敌人的态度用来对待朋友；青年要学会相互批评和自我批评；要有"做到老，学到老"的精神。[1]

中华人民共和国成立后，中学政治课继承和发扬了革命根据地学校思想政治教育的优良传统，开设了青年修养课。这本教科书在新中国成立初期也作为初级中学的政治课本。

该书平装，左翻页，竖排。不同版本的封面不尽相同，上面主要有"初级中学政治课本""青年修养""程今吾编著"以及出版机构等信息；扉页一般有书名、著者以及出版日期等信息；接着为目录、正文、版权页和封底。目录有课次、课名和页码；正文为议论文，没有插图，每课正文后有两个问题供学生思考和讨论；版权页一般有书名、编著者、出版者、出版日期、印数等信息。

（六）东北书店出版的《政治经济学》

《政治经济学》，列昂节夫著（1935年出版，苏联外国工人出版社曾把它译为中文本），在我国最早由解放社1944年出版发行，后由辽东建国书社、东北书店、华东新华书店等翻印、出版、发行，1949年以后由东北行政委员会教育部规定作为中学政治课参考书，供高中一年级用。

图7-13　《政治经济学》，（苏）列昂节夫著，1949年东北书店出版、发行，东北书店印刷厂印刷

这部著作对马克思主义政治经济学中的一些主要范畴、原理和规律都有明确的表述，对马克思主义政治经济学中的基本理论，如劳动价值理论、积累和工人阶级贫困化的理论、剩余价值分配的理论、社会资本再生产和经济危机的理论、帝国主义基本特征及其历史地位的理论、资本主义政治经济发展不平衡和社会主义首先在一国胜利的理论等都有较为详细的论述。[2]

---

[1] 程今吾. 程今吾教育文集[M]. 北京：北京师范大学出版社，1982：380-472.

[2] 刘以昌. 一部通俗易懂的政治经济学读本：《政治经济学（［苏］列昂节夫著）》简介[J]. 学习与研究，1993（9）：25.

该书采用章节式编排，目录如下：第一章 什么是政治经济学，政治经济学是研究些什么；第二章 在资本主义以前的社会是怎样发展起来的呢；第三章 商品生产；第四章 资本主义剥削的实质；第五章 工资和资本主义制度中工人阶级的贫穷化；第六章 资本主义瓜分价值的形式；第七章 农业中的资本主义；第八章 资本主义制度中的再生产和危机；第九章 帝国主义是无产阶级社会主义革命的前夜；第十章 战争和资本主义的总危机；第十一章 资本主义总危机基础上的经济危机；附录。

这部著作也是马克思主义政治经济学的普及本。它的行文简明扼要，通俗易懂，并能用一些事例和资本主义发展的实际材料来说明原理，便于读者理解和接受。

该书铅印，尺寸为13 cm×18.5 cm，平装，左翻页，正文竖排。封面主体为一文本框，框内自上而下印有横排的"东北行政委员会教育部规定""高中一年政治课参考书""政治经济学""列昂节夫著""东北书店印行""1949"。封二为版权页，主要有著者、出版者、发行者、印刷者、总店、分店等信息，接着为目录、正文、插页、封底。目录有章节名和页码；正文没有插图，每章后面有6～8道复习问题供学生思考；封底有一个由斧头、镰刀和步枪组成的图案，以及书名、出版时间、印数和定价等信息。

（七）华北新华书店出版的《政治经济学》

《政治经济学》全一册，薛暮桥于反"扫荡"斗争中著，后由冀鲁豫书店、新华书店、东北书店等多家出版机构出版发行，1948年以后华北新华书店、山东新华书店等将该书作为中学教材出版、发行，供高级中学第一学年第一学期政治科用。

图7-14 《政治经济学》，薛暮桥著，1948年12月华北新华书店出版、发行

薛暮桥先后读了威尔斯的《世界史纲》《欧洲近代史》，并利用阶级斗争观点来分析、研究历史，懂得了解决土地问题的几种方式，为以后研究政治经济学、农村经济打下了基础。他还阅读了英文版的法国《人权宣言》、美国《独立宣言》、美国宪法，懂得了各国的政治制度，如总统制、内阁制、各种选举制度等。

薛暮桥读得最多的是政治经济学方面的书，如苏联布格达诺夫的《政治经济学》、日本河上肇的《资本主义经济思想史》、日本古典经济学和近代资本主义经济学的著作，并对所读经济学书籍进行比较，加深理解。还读了摩尔根的《古代社会》、达尔文的《物种起源》，以及生物学、天文学的一些名著，丰富了他的世界观、宇宙观。[1]

正是由于有这些知识积累，薛暮桥编写的这本教科书才能如此发人深省，读者可以从中感受到世界上所有和政治经济学有关的思想汇聚到了一起，并在头脑中完美地融合。

这本书的绪言"政治经济学的研究对象"是这样说的：

人类是社会的动物，任何人都不能离开社会单独生存。他们在日常生活中，必然同其他人们密切地联系着，构成各种社会关系。像地主把土地租给农民耕种，资本家雇佣工人到自己的工厂里来劳动——这是经济关系（又称社会生产关系）。有些人组织政府，统率军队、警察等来管理全国人民，有些人组织工会、农会等来保护自己的利益——这是政治关系。有些人办学校，有些人办教会，他们吸收许多学生、许多教徒来接受他们的教育和宣传——这是文化关系。大至国家、民族，小至家庭生活，都有一定的社会关系来互相结合着。

人类的社会关系，虽然形形色色，非常复杂；但这各种社会关系是互相联系着，形成一个完整体系。如在封建社会便有封建的经济关系（地主与农民），封建的政治关系，一切文化教育也是宣传封建思想，提倡封建道德（农民方面则有反封建的思想）。资本主义社会便有资本主义的经济关系（资本家与工人），资本主义的政治关系以及资本主义的文化教育（工人方面则有反资本主义思想）。小至男女间的两性生活，也不能不受其他社会生活的影响。

在人类的各种社会关系中，经济关系（社会生产关系）是最基本的；经济关系（社会生产关系）决定政治关系、文化关系。所以我们研究各种社会关系的时候，首先就要研究经济关系（社会生产关系）。人类的社会生产关系，有些时代是无阶级、无剥削的，例如原始共产社会，和目前的苏联社会主义社会。有些时代是有阶级、有剥削的，例如奴隶社会、封建社会和资本主义社会。在阶级对立的社会中，剥削阶级与被剥削阶级的斗争，便常常成为一切社会关系的中心。因此我们研究各种社会关系的时候，就不能不把重心放在阶级关系的分析上。[2]

绪言中提到了社会的复杂关系，包括经济关系、政治关系和文化关系。其中，经济关系作为基础性关系，决定了社会的政治关系和文化关系，所以研究经济关系是关键，只有厘清经济关系，才能进一步去研究政治关系和文化关系。该书以研究经济关系为主。

该书章节式编排，目录如下：绪言——政治经济学的研究对象，第一章 原始共产社会，第二章 奴隶社会，第三章 封建社会，第四章 资本主义社会（上），第五章 资本主义社会（下），第六章 社会主义社会的诞生，结论——社会发展的基本规律。显然，该书主要"研究各种社会生产方式的发展和变化"[3]。

---

[1] 薛暮桥. 薛暮桥回忆录[M]. 天津：天津人民出版社，2006：38-45.

[2] 薛暮桥. 政治经济学[M]. 沈阳：东北书店，1949：1.

[3] 薛暮桥. 政治经济学[M]. 沈阳：东北书店，1949：7.

该书铅印，尺寸为13 cm×18.5 cm，平装，左翻页，正文竖排。封面自上而下印有横排的"华北人民政府教育部审定""高中一年级第一学期政治课本""政治经济学""薛暮桥著""华北新华书店印行""冀东新华书店翻印"，其中书名"政治经济学"位于封面中上方，红底（或蓝底）白字，很醒目。接着为扉页、目录、正文、版权页和封底。扉页类似内封，自上而下印有横排的书名、著者、出版机构以及出版时间等信息；目录有章节名和页码；正文多为议论性文体，有框题，但没有插图和思考题；版权页主体为一文本框，内有书名、著者、审定者、出版者、发行者、总分店、分店、出版时间等信息。该教科书有多家出版机构印刷、发行，版本较多，不同版面的封面和版权页有差异。

（八）华东新华书店出版的《调查研究》

《调查研究》全一册，于光远著，华东新华书店1949年出版，供高级中学用。

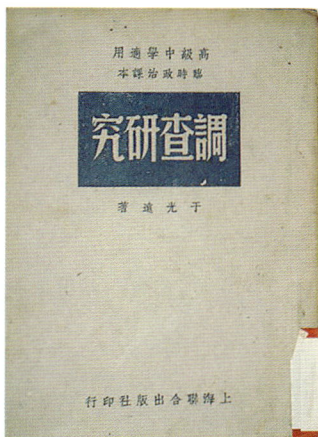

图7-15　《调查研究》，于光远著，华东新华书店出版，1949年8月初版，上海联合出版社印刷、发行

该书是华东新华书店1949年出版的中等学校政治课教材，是作者对调查研究进行思考，并亲身实践而写出的，主要介绍调查研究的基本知识和方法。如绪言所说：

> 同学们在学习这门课程中所要达到的目的，第一就是要从实际调查研究中增进对现社会的正确了解；第二就是要获得关于调查研究的若干知识，以便在今后工作与学习中应用；第三就是由此对马列主义的科学精神有所领会，以养成实事求是、切实朴素的工作作风与学习态度。要达到这三个目的，不能光读书本，光靠上课听讲，必须采用课堂内听讲与课外实际相结合的方法。[1]

全书采用篇—章—节式编排，一共有3篇。第一篇"对调查研究的基本认识"共3章：一　调查研究的意义，二　实事求是的科学态度，三　用辩证的方法进行分析研究；第二篇"怎样进行调查研究"共7章：一　调查前的准备工作，二　普遍调查和典型调查，三　调查的各种方式，四　调查工作中的组织领导，五　怎样收集和整理材料，六　调查材料进一步的使用，七　调查研究实习

---

[1] 于光远. 调查研究[M]. 上海：华东新华书店，1949：1.

举例；第三篇"怎样作数字统计"共5章：一　对数字统计的认识，二　怎样作统计，三　平均数和指数，四　统计表，五　简单统计举例。

《调查研究》的出现，开启了实地调查、理论联系实际的先风，引导学生用实证的方法去研究和解决问题，树立实事求是的科学态度。

该书铅印，尺寸13 cm×18.5 cm，平装。封面彩印，中上方一红色文本框内镶嵌白色书名"调查研究"，十分醒目，框上方印有"高级中学""适用临时政治课本"，框下方印有"于光远著"。正文多为说明性质的文体，有实践性题目；版权页有著者、出版者、发行者、定价等信息。不同版本封面形式和内容有差异。

（九）华东新华书店出版的《中国革命读本》

《中国革命读本》共上、下两册，华东新华书店出版，王惠德、于光远著，苏南新华书店1949年印行。

图7-16　《中国革命读本》（上册），王惠德、于光远著，1949年9月初版，苏南新华书店印行

该套教科书采用篇—章—节式编排，上册主要分为两篇：第一篇是"半殖民地、半封建的旧中国"，包括旧中国的贫困和落后、封建主义在旧中国的统治、帝国主义的侵略和压迫、官僚资本主义在旧中国的统治、国民党反动派是一切反动势力的总代表人、美帝国主义的侵略与国民党反动派的卖国、旧中国是半殖民地半封建社会，共7章；第二篇为"新民主主义的革命"，也有7章，依次为中国革命的对象与任务、无产阶级——中国革命的领导者、农民阶级——无产阶级最可靠的同盟军、小资产阶级在革命中的地位、民族资产阶级在革命中的地位、中国革命的性质、中国共产党及其在革命中的领导作用。第一篇痛惜中国的贫困和落后，痛斥帝国主义对我国的侵害，愤恨封建政府的无能，无奈官僚主义对中国发展的阻碍；第二篇称赞了无产阶级对新民主主义革命的贡献，歌颂了中国共产党在革命中的领导作用。其中，第二篇第十三章"中国革命的性质"一文内容如下：

在现阶段，中国所进行的是什么性质的革命呢？是一九一七年俄国十月革命那样的无产阶级的社会主义革命呢？还是十八、十九世纪欧美各国那样的资产阶级的民主主义革命呢？旧中国是一个半殖民地半封建社会，现阶段革命的对象是帝国主义和官僚资本主义；现阶段革命的任务就是推翻帝国主义、封建主义、官僚资本主义的统治；参加这个革命都有无产阶级、农民、小资产阶级，民族资产阶级也可以参与，无产阶级是这个革命的主导阶级，所有这些就决定了现阶段革命的性质，他不是无产阶级领导的社会主义革命，而是资产阶级民主主义革命，是新的民主主义革命。[1]

书中明确了革命的对象为帝国主义、封建主义和官僚资本主义，革命的任务是为了推翻它们，而领导革命的人民大众不但包括无产阶级、农民阶级，还有一部分的民族资产阶级和城市小资产阶级，由于资产阶级也在领导革命的队伍里，所以这次革命的性质为资产阶级民主主义革命。

该套书下册也分两篇，分别为"新民主主义的新中国"和"建设新中国"，包括旧中国的死亡与新中国的诞生、人民民主专政、新中国在国际上的地位与责任、政权建设、军事建设、经济建设等方面的内容，主要阐述了新中国的诞生是全体人民团结奋斗的结果、土地革命以来中国阶级关系的变化、人民民主专政对人民的教育与改造，介绍了新中国成立后的发展与建设。

该套书铅印，尺寸为13 cm×18.5 cm，平装，左翻页，正文竖排。封面彩印，自上而下印有横排的"中等学校政治课适用""中国革命读本""上（下）册""王惠德　于光远著""苏南新华书店印行"，其中书名"中国革命读本"位于封面中上方，白底蓝字，很醒目。接着为扉页、目录、正文、版权页和封底。扉页类似内封，主体为一文本框，框内印的内容与封面基本相同，仅比封面少"中等学校政治课适用"，字体为红色；目录有篇章节名称和页码；正文多为政论性文体，没有插图和思考题；版权页主体为一文本框，内有书名、著者、出版者、发行者、出版时间等信息。

---

[1] 王惠德，于光远. 中国革命读本：上册[M]. 沈阳：华东新华书店，1949：121.

本章小结

　　教育对于中国共产党取得革命的胜利有着不可磨灭的作用，而作为教育主要内容载体的教科书，在其中的作用更是不可忽视。不同时期红色革命区的中小学德育教科书名称不尽相同；类型既有专门教科书，也有代用课本；内容紧跟时代步伐，及时反映革命区政治、经济和文化形势需要，坚持与革命战争和阶级斗争相联系，与生产劳动及儿童生活的实际相结合；编写设计上总体贴近现实生活，符合学生的认知水平，将政治、道德及兴趣相协调统一，使学生既能掌握基本的知识，又能培养道德，发展能力，为所在地区培养了文化基础扎实、政治思想觉悟高的人才。无论是内容还是形式，红色革命区的中小学德育教科书为中华人民共和国成立初期的同类教科书建设树立了典范。不仅如此，这些教科书中的一部分（尤其是解放区的）在新中国成立后被中小学继续作为教材使用了一段时间。总之，红色革命区的德育教科书在中国近现代教科书史上具有重要的历史地位，并对当代德育课程与教学改革具有深层启示价值。

第八章

奴化教育的工具——抗日战争时期沦陷区的
中小学德育教科书（1931—1945）

1931

抗日战争时期，日本侵略者在东北、华北等广大沦陷区实行愚民政策，以培养服从其殖民统治的"顺民"，进而巩固其在沦陷区的殖民统治。因为"国文"、日语、历史、地理、修身、"公民"等意识形态色彩相对较浓的文科课程对学生世界观和人生观的形成有着极为重要的作用，故而侵略者对这些课程极为重视。

不同沦陷区不同时期的中小学德育课程名称不完全相同。伪满洲国的中小学德育课程在1937年以前以修身科为主；此后，小学以"国民科"为主，中学以"国民道德科"为主。伪中华民国维新政府、伪华北临时政府、伪蒙古联合自治政府、伪蒙疆自治政府辖区的中小学德育课程以修身科为主。汪伪南京政府辖区的中小学德育课程在1941年前以修身科为主，此后以"公民科"为主。伪冀东防共自治政府辖区的中小学德育课程以修身科为主。

为使德育课程实施达到预想的效果，日伪教育当局对于德育教科书不断"破旧立新"。一方面删改原商务印书馆、中华书局等出版机构的修身及公民等教科书，以应急需；另一方面新编中小学德育教科书，加紧实施奴化教育。

无论是被删改的修身或公民教科书，还是日伪当局新编的修身、"公民"或"国民道德"等教科书，其目的皆在于"泯灭中国人民的民族意识和国家观念，培养服从于日本侵略、殖民统治的顺民和为其掠夺我国资源服务的劳动力，用效忠于至高无上的日本天皇为核心价值观念的军国主义文化取代中华文化，使中国永远沦为日本侵略者的殖民地"[1]。

这些教科书在使用过程中都遭到了一定的抵制。随着中国人民抗日战争的胜利，它们也被扫进了历史的垃圾堆。

[1] 朱林林. 抗战时沦陷区的教科书[J]. 人民文摘，2014（4）：76-77.

第一节
沦陷区的中小学德育课程

沦陷区日伪政权重视中小学德育课程，将其视为实施殖民统治的有效工具。不同沦陷区的中小学德育课程不尽相同。

一、伪满洲国的中小学德育课程

1932年伪满洲国刚成立时，基本沿袭1922年的学制，德育课程有改动，中小学设修身科。

1935年12月，伪满文教部"训令"第一二七号规定："初级小学课程有修身、'国语'、日语、算术、自然、作业、体育、音乐和图画。高级小学课程增加经学、历史、地理、实业以及女子家庭裁缝"[1]。初中和高中的课程未统一规定，但都取消党义科，增加经学、日语和修身科。

1937年5月2日，"新学制"正式公布实行，进一步确立了奴化中国青少年的殖民主义教育制度。所谓的"新学制"，是将原小学改成四年的"国民学校"，原高小改为两年的"国民优级学校"；取消原初级中学和高级中学的六年教育，缩成四年的"国民高等学校"。在课程内容的编制上，"新学制"强调精神教育。"以精神教育为根基，陶冶学生之人格，涵养其德行，以期国家观念与国民精神之发扬光大。"[2]其言虽善，但其本质上是对"国民"的思想进行控制和改造。在各级各类学校教育中，道德教育，特别是以"国民精神"为基础的精神教育置于各学科之上。

"新学制"公布后，伪满洲国民生部在1937年10月10日公布《各级各类学校规程》，对各级各类学校的课程设置和教学内容均作了规定。旧制下中小学教育中设置的修身、经学等必修课全部改变，小学的改为"国民科"，中学的改为"国民道德科"，且作为主课，被置于其他课程之首。"国民科"和"国民道德科"都是日本侵略者进行奴化教育和精神统驭的工具，在教育内容上，大量增加了对日本天皇的崇拜、忠于日本侵略者、效忠天皇的思想，充斥着反苏、反共的反动思想。此后，伪满洲国民生部编辑出版了小学用《国民读本》（有满语版、日语版），中学用《国民道德》（有满语版、日语版）。

---

[1] （伪）满洲帝国教育会. （伪）满洲教育[G]. 沈阳：（伪）满洲图书株式会社，1937：4-5.

[2] 武强. 东北沦陷十四年教育史料：第一辑[C]. 长春：吉林教育出版社，1989：451.

1940年7月15日，溥仪颁布了《"国本"奠定诏书》，推行"惟神之道"（惟日本天照大神之道）。随后，伪满文教当局依据诏书中的"国本奠于惟神之道，国纲张于忠孝之教"之精神，制定了新的教育方针——"神道教育"。"神道教育"比起"皇道教育"是更彻底的奴化教育。为配合"神道教育"，伪满文教当局于1943年3月31日对学校规程作了"修正"，把过去的"国民科"以及"国民道德科"改为"建国精神科"。"建国精神科"以"惟神之道"为基点，利用日本固有的宗教——神道，对学生进行"尊皇敬神""日满一如"的奴化教育[1]。基于此，伪满文教部编辑了中小学用《国本》《国势》教科书，但未及发行。

二、汪伪政府辖区的中小学德育课程

汪伪政府辖区的中小学课程基本沿袭了抗战前的课程安排，略有改动。小学开设"国语"、常识（初小）、算数、"公民"、历史（高小）、地理（高小）等科目。初级中学开设"公民"、体育、童子军、卫生、"国文"、英语、日语、算学、自然、历史、地理、劳作、"国书"、音乐等科目。高级中学的学科主要有"公民"、军训、日语、英语、体育、"国文"、算学、生物学、物理、化学、历史、地理、论理、劳作等。[2]

1942年，伪江苏省兴化县教育局所制定的中学各学期各科学分表规定中学有"国文"、日文、英文、算数、"公民"等20科，其中"公民科"每周1次课，1学分。该地的中学课程体系也是汪伪政府辖区的中学课程的一个缩影。这些课程中，"公民科"为德育课程。

1941年2月，汪伪教育当局对高级中学的"公民"课程标准作了暂行"修正"，认为"公民"课程的目标是"使学生习得社会生活必须之知识以及组织能力、办事方法，为社会服务；使学生认识中国国民党之主义、政纲、政策，为'建国'及解决社会问题唯一途径；使学生明了人生之意义，启发其自觉心，以确定其人生观，并养成其对于复兴民族之责任心；使学生了解和平反共'建国'为善邻友好、树立东亚永久和平及新秩序建设之基础"[3]。

1941年12月，汪伪政府推动"新国民运动"，其基本内容是鼓吹从精神和物质上支援日本发动的"大东亚战争""把爱中国爱东亚的心，打成一片"。"新国民运动"之"五育"为"德智体群美"，其中"德"是指以忠孝仁爱信义和平为修身目标，不为"共产邪说所蛊惑"。在这种背景下，中学"公民教育"的目的是"皆明了和平反共建国之意义，肃清依赖英美观念，实行王道精神，与友邦联络，完成东亚和平运动等"[4]。

[1] 江站. 伪满时期日本在东北的奴化教育研究[J]. 兰台世界，2023（12）：139-143.

[2] （伪）国民政府教育部. 初级中学每周各学科及自习时数表[J]. （伪）教育公报，1940（2）：8-20.

[3] 曹必宏，夏军，沈岚. 汪伪统治区奴化教育研究[M]. 北京：社会科学文献出版社，2015：250-251.

[4] 何宇海. 中学公民教学问题的探讨[J]. （伪）教育建设，1941，3（2）：61-65.

1943年2月，汪伪国民政府规定"大亚洲主义、领袖言论、新国民运动纲要，为公民教育主要内容"[1]。

三、伪中华民国临时政府辖区的中小学德育课程

1937年7月30日，日军在北平组成"治安维持会"，以负责地方治安。"北平治安维持会"的文化组当即着手改变学校教授科目。

1937年8月6日，伪北京市政府成立，伪警察厅通令所属学校，取消党义课程，并将小学教科书中有关爱国教育的内容全部删除。

1937年9月16日，伪华北临时政府社会局召开"中小学教科书审定委员会第三次全体审查委员会会议"，决定将中小学教育的"公民科"改为"修身科"，实施经学教育，同时设计经学科"标准课本"的编写计划及要求。[2]修身科强调"东亚和平精神"，要求学生重视"东方固有的道义""谋求东亚一体的共荣"，从而"炼成致力于发展东亚文化、健全有为之人格"，使日本侵略者统治下的中国儿童都甘心受其奴役。[3]

1937年11月，伪京津地方治安维持会联合成立"京津教科书审订委员会"，规定初小添修身一科，高小改卫生为修身，修身课本由"编审局"编纂。

1938年5月，伪中华民国临时政府教育部提出，"新政权"统辖下的教育必须根绝党化及排外容共等思想；依据"东亚民族集团"的精神，发扬中国传统的美德，以完成"新中国"的使命[4]。这是华北沦陷区德育课程的根本指针，其根本目的是消灭中华民族意识，排除一切反日思想，并利用中国固有的封建伦理道德来灌输亲日奴化思想。

1938年8月，伪中华民国临时政府教育部公布了《中小学暨师范学校教学科目及每周教学时数表》，规定小学的修身科在原有基础上每周增加1节（30分钟），为每周2节；中学的修身科则每周增加1小时，为每周2小时。

四、（伪）蒙疆辖区的中小学德育课程

1931年日本关东军发动"九一八"事变并在中国东北地区成立伪满洲国以后，又向内蒙古西部地区进行渗透和侵略。1935年冬，日军占领察北，迅速扶植起傀儡政权。1936年5月在察哈尔盟德化县策划成立"蒙古军政府"。七七事变后，日军占领内蒙古西部地区的绥远省大部分地区，于

[1]（伪）国民政府训令：第八十七号：1943年2月20日[J].（伪）国民政府公报，1943（451）：1.
[2] 吴洪成，于明珠.日本侵华时期华北沦陷区中小学教科书述论[J].社会科学论坛，2018（5）：214-222.
[3] 郝东升.山西沦陷区教育研究[D].太原：山西大学，2021：87.
[4] 北京师范大学历史系中国现代史教研室.中国现代史：下册[M].北京：北京师范大学出版社，1983：94.

1937年10月在当时的绥远省省会归绥（今呼和浩特市）改组"蒙古军政府"，成立了"蒙古联盟自治政府"，并于同年11月在张家口成立了以日本人为主的统辖"蒙古联盟自治政府"和"察南自治政府""晋北自治政府"的"蒙疆联合委员会"；1939年9月，日军撤销上述三个傀儡政权，在"蒙疆联合委员会"基础上成立了"蒙古联合自治政府"，1941年8月改称"蒙古自治邦"。历史上将日本帝国主义者扶植成立的这一傀儡政权称为"蒙疆政权"。[1]

1936年3月后，日本侵略者根据强化奴化教育的政策宗旨，着手"整顿"课程。"另制新制度，于是课目亦因而改易"，具体科目有"国语"、算术、修身、理科、音乐、体育、手工、图画、习字等，"并有添授四书者，而处处均以抑制民族观念，革除反动行为，及发扬尊君思想为原则"[2]。

1936年5月，伪蒙古军政府成立。直至1939年9月，其辖区的中小学采用伪满洲早期的课程体系，中小学设修身科作为"德育课程"。1939年4月伪蒙古联盟自治政府颁布的《蒙古联盟自治政府检定小学教师制令》规定"正教师"的笔试科目之一为修身，这从侧面证明了该沦陷区的小学开设修身科。1939年9月，刚成立的伪蒙古联合自治政府就颁布《学制要纲》，该学制规定，（伪）蒙疆地区的小学学习科目为"国语"、修身、算数等11个，使用伪蒙古联合自治政府自编的教科书；中学学习科目为"国民道德"、"国语"、日语、数学等12个，使用伪蒙古联合自治政府编纂或检定的教科书。其中，小学的修身和中学的"国民道德"为德育课程，是日方对该区域学生进行奴化思想、麻痹神经的主要阵地。

1940年4月17日，伪蒙古联合自治政府民政部公布《中等学校用认可教科书之件》，强调"国民道德（或修身）之教材以修养人格为基础，由齐家之德进而达及对于社会之任务，以宣扬东亚之道义、防共、民族协和之精神为原则，给予以迈进建设东亚新秩序之自觉"[3]。

关于修身科的主旨，"善邻协会"在编纂蒙古族小学教科书时明确提出，蒙古族小学修身科目的教授目的和意义为"把握处于新时代之复兴精神，掌握和培养作为防共圈之一员所应具有的建设东亚新秩序的理念"[4]。《教科规程》第三条规定："修身以咸使体会友邦大日本及'满洲帝国'之亲善不可分之关系，并防共、民族协和陶冶德性与指导道德之实践为宗旨。"[5]

五、其他沦陷区的中小学德育课程

根据遗存的伪冀东防共自治政府（1935年11月—1938年1月）所编中小学教材以及《滦县教育

[1] 金海，姚金峰.（伪）蒙疆政权时期内蒙古西部地区教育述略[J]. 蒙古史研究，2007：387-401.

[2] 中国人民政治协商会议内蒙古自治区委员会文史资料研究委员会. 内蒙古文史资料：第七辑[C]. 呼和浩特：内蒙古人民出版社，1982：172.

[3]（伪）蒙古联合自治政府总务部.（伪）蒙古法令辑览：第一卷：民政篇[M]. 张家口：（伪）蒙疆行政学会，1941：16.

[4]（伪）察哈尔蒙旗特派员公署.（伪）蒙政治经济概况[M]. 南京：正中书局，1943：38.

[5]（伪）察哈尔蒙旗特派员公署.（伪）蒙政治经济概况[M]. 南京：正中书局，1943：40.

志》等文献进行分析，得出如下结论：伪冀东防共自治政府辖区的中小学德育课程为修身科。

伪中华民国维新政府（1938年3月—1940年3月）辖区的中小学德育课程为修身科和"公民科"。1938年12月，伪中华民国维新政府教育部公布了《小学暂行规程》；1939年8月，其又公布了《中学暂行规程》。《小学暂行规程》规定，小学开设修身、"国语"、日语、算数、体育、社会等10多门课程。《中学暂行规程》规定，中学开设修身、"公民"、"国文"、日语、第二外国语、数学、地理、体育等10多门课程。1939年5月，伪中华民国维新政府教育部还公布了《简易小学暂行规程》《短期小学暂行规程》《模范小学暂行办法大纲》，规定这几类小学的课程包括修身、"国语"、算数、常识、体育等课程。

1939年4月，伪武汉特别市政府成立，其教育局规定小学课程包括"公民训练"、"国语"、算数、常识、体育等。其中，"公民训练"为德育课程。[1]

---

[1] 吴洪城，于明珠. 日本侵华时期汪伪政权统治区学校教科书探析[J]. 教育文化论坛，2020（1）：9-17.

第二节
沦陷区的教科书管理

为服务殖民统治，沦陷区日伪当局非常重视对教科书的管控，并设立相关机构，出台相关制度。

一、伪满洲国的教科书管理

"九一八"事变前，日本侵略者主要在旅顺、大连租借（关东州）及南满铁路沿线各地实施文化侵略。当时日本在关东州和南满铁路附属地为中国学童办了一些公学堂（小学校），主要教授日语。为了更有效地实行殖民教育，1922年"南满洲教育会教科书编辑部"在大连成立，专门负责编写公学堂教材，该机构编辑的教科书涵盖多个学科，其中有修身教科书（现能见的最早于1926年出版）。

1932年3月1日，伪满洲国成立，伪民政部立即连续下发清查、删改中小学原有教材的"训令"，包括《各学校课程令用四书孝经讲授之件》《关于发布之重要教育命令、改废法规、编纂教科书之件》等，实行教科书"应急改订"和审定制。这些"训令"强调"凡有关党义教科书等，一律废止""今后务须贯彻政府建国宣言之精神，对于排外教材，切实取缔，以一民志""各校如采用自行编纂的教材，须经文教司核准，方可施用"[1]。同年7月，"文教司"升格为"文教部"，成立"教科书编审委员会"以控制教科书编辑及审查事宜，随即展开中小学教科书的编纂工作，以期从速编成"永久适用之教科书"。[2]次年发布教科书编写的指导思想，即所谓的"教科书编纂八条纲领"，明令各科教科书的编纂必须贯彻"五族协和"与"王道乐土"的"理想"。

"文教部"1933年4月制订了"国定"教科书编纂计划，并于该年7月着手编纂，至1934年9月第一期"国定"教科书编纂结束；1934年3月实施帝制以后，"文教部"颁布《有关国定教科书的决定》。自1934年9月至1938年初，伪满政权的教科书编审制度是"国定制"与"审定制"并行，指定各校必须采用其新编或是其审定的教科书。

---

[1] 辽宁省教育志编纂委员会. 辽宁教育史志资料：第三集：上[M]. 沈阳：辽宁大学出版社，1990：283-284.

[2] 刘学利. 伪满洲国教科书的演进阶段[J]. 教育评论，2016（3）：161-165.

从1935年起，日伪当局对东北各校使用的教材进行了全面彻底的审查，以杜绝教科书中存在日伪当局认为"不稳当之内容"。[1]关于教科书的印刷发行工作，日伪当局则委托伪满洲图书株式会社即"满图"一手承办。

1935年5月2日，伪满政权颁布《回銮训民诏书》，对后续的教科书编纂工作提出新的规定，即应使学生彻底体会《即位诏书》及《回銮训民诏书》的精神，并要求对之前发行的教科书进行改订。1936年1月，其又发布《"国定"学校教科书采用之件》，规定了初等小学校、高等小学校、初级中学校、高级中学校和中等学校各科教科书的选用细则。

1937年7月，伪满政权撤伪文教部，设伪民生部，其下"教育司"内设"编审官室"，以掌管中小学教科书编纂与审查事务。

1938年1月推行"新学制"，学校体系、科目、教授要旨等发生变化，教科书因此必须重新编纂。此后，伪满政权实行"国定制"与"检定制"并行的教科书编审制度。为了"依政府之构想而编纂"适应"新学制"之教科书，1939年末，伪满政权再次扩充、强化"编审官室"，增设"编审官"4人，并确立初等和中等学校教科书全面实施"国定制"之方针。编审教科书的权力则被牢牢把持在日本人手中。

1942年以后，伪满政权实行"国定制"与"指定制"并行的教科书制度。"指定"教科书暂作为"应急之用"。[2]

1942年12月伪满政权发布《基本国策大纲》，根据战时需要调整教育方针政策、教育内容与方法。1943年4月重建"文教部"，其下设的"教学司"具体负责中小学教科书的编纂事宜。"编审部"按学校的课程设置分"建国精神班""日语班""普通班（理数科）""满语班"等若干"班"掌管教科书编纂事务。

二、汪伪国民政府的教科书管理

汪伪教育部于1940年3月成立"编审委员会"，掌理各种学校的图书编辑及审定事项。同年4月，汪伪行政院恢复"国立编译馆"，该馆的主要任务是"掌理关于各种学校之图书编译事务"。该馆初期主要工作是协同汪伪教育部编审委员会编辑、审订"国定"教科书。[3]

1942年2月，汪伪第三次"全国"教育行政会议在南京举行，会议决定，"关于教科书问题，由教育部呈请行政院设立'国营印刷公司'，且于教科书编审后，准许各书局自由印行，辗转翻印，以应急需"。[4]

[1] 杨家余. 伪满时期日伪对中小学教材的控制路径[J]. 合肥师范学院学报，2011，29（2）：29-33+45.

[2] 刘学利. 伪满洲国教科书的演进阶段[J]. 教育评论，2016（3）：161-165.

[3] 曹必宏，夏军，沈岚. 汪伪统治区奴化教育研究[M]. 北京：社会科学文献出版社，2015：84.

[4] 申报年鉴社. 申报年鉴[M]. 上海：申报社，1942：963.

除了汪伪教育部掌理教科书事务外，各伪特别市教育局也有编辑和审查非"国定"教材的职责[1]。

汪伪教育部成立伊始即对抗战爆发前及伪中华民国维新政府、伪中华民国临时政府出版的教科书进行改造，其原则是："教育方针既确定在于反共，则凡各级学校的教科书上含有阶级斗争，或有足以引起阶级斗争的一切思想，皆当全部删除""教育方针既确定在于和平，则凡各级学校的教科书上，含有民族国家间的仇恨，或足以引起将来的民族国家的仇恨思想，亦当加以适当修正。"[2]1940年8月，汪伪教育部公布对幼稚园、初小、"国小"、初中等各类教科书审查表，删除一切"妨碍中日邦交之点"。所有教科书中含有"中华民国""武昌起义""孙中山""国民党"以及"苏联""战歌"等字眼的文章被删除殆尽；而关于不平等条约、"九一八"事变、"郑成功""倭寇"等国耻史料也遭遇了同样的命运。[3]

在审查和"改造"从前发行的中小学各种教科书的同时，汪伪教育部责成"编审委员会"及伪国立编译馆切实编撰各级学校教科书。新编的初小用"国语"、常识、算术，高小用"国语"、历史、地理、算术、自然、"公民"等教科书，从1941年第一学期开始陆续出版并分发各地使用；而中学各科教材的重新编纂则进度缓慢。1941年，汪伪教育部曾函请伪国立编译馆协助编辑"国定"初中"公民"、中外史地等各类教科书。至1943年初，"新印初中公民、中外史地及最近修订付印之初中第四版各教科书，业由承印商华中印书局检送到会"[4]，共计15种32册，其中"公民"3册。另专门增加一套名为"和平反共建国中心思想教育大纲"的补充教材；其余未编写成的课程仍采用审定制度。[5]汪伪当局下令，已编写成的"国定教科书"由其指定的华中印刷公司印行，规定各中、小学一律遵用"国定课本"。[6]

三、华北沦陷区的教科书管理

1937年8月6日，伪北京市政府成立，伪警察厅通令各学校将小学教科书中有关爱国教育的内容全部删除。

1937年8月16日，伪北京治安维持会就提出并通过了《各级学校教科书修订案》，成立"临时教科书审定委员会"，制定"审定标准"，包括："（1）关于妨碍邦交者；（2）关于义务教育者；

[1]（伪）上海特别市政府.（伪）上海市政府组织规则[J].（伪）国民政府公报，1941（2）：37.

[2] 杨鸿烈. 国民政府还都后的"文化政策"[J].（伪）中日文化月刊，1941（2）：19-22.

[3] 吴洪成，于明珠. 日本侵华时期华北沦陷区中小学教科书述论[J]. 社会科学论坛，2018（5）：214-222.

[4] 教育部编审委员会致国立编译馆函：1943-02-09[A]. 南京：中国第二历史档案馆（汪伪国立编译馆档案，二〇九五）：76.

[5] 经盛鸿. 南京沦陷八年史：下[M]. 北京：社会科学文献出版社，2005：864.

[6] 杨鸿烈. 国民政府还都后的"文化政策"[J].（伪）中日文化月刊，1941（2）：19-22.

（3）关于隐含共产主义者；（4）地理历史上有虚构者。"[1]

1937年8月20日，伪天津治安维持会社会局成立了"临时审定教科书委员会"，先后议订"删正中小学教科书实施规则"，规定："除部分中学教科书因种类繁多现正审查未竣候再另案呈报外，所有小学教科书，如国语、自然、卫生、地理、历史等类分别审查，其中涉有妨碍中日邦交及赤化意义者，已经分别删去修正。"[2]

1937年11月，伪京津地方治安维持会联合成立"京津教科书审订委员会"，分区域设计任务：天津负责审定普通小学、短期小学（一、二年制）教科书及民众学校教科书；北京集中审定初高中、师范、简师、乡师教科书，主要是清理"有碍中日邦交"的课本内容。[3]并决定，小学用书，除初小改用中华书局出版的自然、卫生，以及商务印书馆出版的常识外，另添修身一科。高小改卫生为修身，修身课本由"编审局"编纂[4]。

1938年1月，伪中华民国临时政府为提高教科书审核效率，专门成立了"中小学教科书编审局"，由日本人藤水葛治主持局务，该局的唯一任务是"修订"中小学教科书，将所有涉及三民主义和爱国思想的文字都以"有碍邦交"和"荒谬"的借口予以删除。紧接着，伪中华民国临时政府所管辖的其他沦陷区"教育行政部门"也颁布了各类教科书审查条例，借以向日本殖民统治者表达效忠的决心。1938年3月1日，伪华北临时政府以汤尔和为"委员长"，组成伪教育部直辖的"教科书编审会"[5]。1939年1月，"教科书编审会"更名为"修正教育部直辖编审会"，执掌初、中等教育教科书及其他印刷品的审查。

1938年4月5日，伪华北临时政府颁布《教育部训令》，明确规定教育方针为：彻底取缔党化排日教育；实践职业教育；禁止男女共学；奖励体育；组织学校少年团；采用新定教科书……[6]同年5月，伪华北临时政府教育部公布《教科图书审查规程》及《审查教科图书共同标准》，规定"学校所用之教科图书未经临时政府教育部审定者不得发行或采用"，教科书的精神应"适合国情""适合时代性"[7]。

在此后的两年间，伪华北政权陆续颁发《训令市私立各中小学、补习民众、聋哑学校为奉教育部令各中小学教科用书不得再用未审定之各项课本》《修正教科图书审定规程》，除了重申并强化上述教科书审查要目之外，还强调随着重编版或沿用伪满洲学校课本渐次发行，原来试用的教科书一律禁用，并"饬令"各地伪教育当局"随时注意抽查取缔之"[8]。规定学校所用一切教科图书，

[1] 邓菊英，高莹. 北京近代教育行政史料：下[M]. 北京：北京教育出版社，1995：161.

[2] 余子侠，宋恩荣. 日本侵华殖民教育史料：第二卷[M]. 北京：人民教育出版社，2016：87.

[3] 余子侠，宋恩荣. 日本侵华殖民教育史料：第二卷[M]. 北京：人民教育出版社，2016：87.

[4] （伪）天津特别市教育局. 公令[J]. （伪）教育公报，1938（1）：7.

[5] 吴洪成，于明珠. 日本侵华时期华北沦陷区中小学教科书述论[J]. 社会科学论坛，2018（5）：214-222.

[6] 东亚同文会研究编纂部. 最新支那年鉴：第七回[M]. 东京：东亚同文会，1939：795-796.

[7] 曹必宏，夏军，沈岚. 汪伪统治区奴化教育研究[M]. 北京：社会科学文献出版社，2015：55-56.

[8] 中共中央党史研究室科研管理部. 纪念中国人民抗日战争暨世界反法西斯战争胜利60周年学术研讨会论文集：下[C]. 北京：中共党史出版社，2005：1081.

须经伪华北临时政府教育部审定，其未经审定者不得发行或采用。各校订购教科书须先呈报伪省公署审核，审核通过后方可购买[1]。在此背景下，1939年起，华北沦陷区的伪省级教育厅相继要求本地学校使用"新教科书"。

1940年，伪华北政务委员会成立后，原"中华民国临时政府教育部编审会"变为"教育总署编审会"。值得一提的是，伪华北政务委员会名义上归属南京汪伪国民政府，但是独立性较强，基本不受南京的裁定，而是接受日本华北驻屯军的领导。

1941年，伪华北教育总署的施政方针再次强调要统一华北沦陷区的教材，并指出各级中小学应用的教科书及教学法已由"编审会"积极编订。[2]

四、伪蒙疆政府的教科书管理

1936年5月，伪蒙古军政府成立后，其辖区内的小学暂时采用伪满洲国编纂出版的教科书。直至1937年10月，伪蒙古联盟自治政府成立后，继续采用伪满所颁教科书，不过对其中一些内容进行了特别处理。

1937年11月22日，日伪在张家口组建伪蒙疆联合委员会，该伪委员会内设"编纂委员会"，着手编纂适用于"蒙疆区域"之教本，教科书"主要内容不外乎以'防共亲日''民族协和'造成亡国奴的思想为目的"[3]。此时的察省中等教育所用课本亦"皆由伪满洲国学校课本脱胎"。[4]

1939年9月，"蒙古联合自治政府"成立后，在其"政务院民政部"下设"教科书编审室"。

1940年4月17日，伪蒙古联合自治政府民政部公布《中等学校用认可教科书之件》，提及了历史、地理以及修身（或国民道德）教科书编纂及使用的注意事项。

1940年8月20日，伪蒙疆政权为强化对教材编写和使用的管理，仿照伪满做法，成立了"教育用图书审议会"，并颁布《教育用图书审议会官制》，规定"教育用图书审议会属于政务院长监督，而应其咨问审议关于教育用图书编纂重要事项"。

伪蒙疆政府于1940年12月18日公布《教育用图书采定规程》，规定"初等学校、中等学校及临时地方教员训练所、青年训练所以及此类训练机关须有民政部长著作权之教育用图书或经民政部长检定或审查之教育用图书，经监督官厅之认可方可使用"[5]。

[1] 中共中央党史研究室科研管理部. 纪念中国人民抗日战争暨世界反法西斯战争胜利60周年学术研讨会论文集：下[C]. 北京：中共党史出版社，2005：1081.

[2] 曹必宏，夏军，沈岚. 汪伪统治区奴化教育研究[M]. 北京：社会科学文献出版社，2015：133.

[3] 察青编撰委员会. 日寇宰割下的察哈尔[J]. 察省青年，1941（4）：6.

[4] 张建军. 伪蒙疆时期蒙古学校教科书编辑与使用情况浅述[J]. 内蒙古师范大学学报（哲学社会科学版），2009（1）：58-62.

[5] （伪）蒙古联合自治政府.（伪）蒙古法令辑览：第一卷[M]. 张家口：（伪）蒙古行政学会，1941：24-25.

1940年，伪蒙疆政府民政部教育科制订了"三年计划"，准备全面实施伪蒙疆辖区中小学教材的编审工作。为保证教材中奴化教育思想的贯彻，使教育更好地为殖民统治服务，日本顾问制定了教材的编写要领，具体如下：（1）为了建设作为东亚新秩序一翼的（伪）蒙疆，强调团结一致的精神；（2）发扬东洋道义的精华；（3）针对各民族的特点，突出其特征；（4）特别强调民族协和、防共、厚生；（5）认识到本地区的特殊性；（6）适应时代的趋势；（7）顺应高度"国防政权"的建成。[1]

1941年6月伪蒙古联合自治政府行政机构改革时，撤销了"教科书编审室"，由伪民政部文教科编纂汉族、回族学生所用教科书，"兴蒙委员会教育处"负责编纂蒙古族学生所用的教科书。1942年12月，又集中上述两个部门教科书编纂人员，在"总务厅"设立了"临时编审室"，负责教科书的编纂出版，并于当年编纂出版了高级小学日语读本全套，初级小学用蒙古语读本4册、蒙文算术4册。

五、其他沦陷区的教科书管理

伪冀东防共自治政府辖区的中小学教材由伪冀东防共自治政府教科书编纂委员会编纂，伪冀东防共自治政府教育厅发行。

伪中华民国维新政府小学教科书管理采用的是"国定制"，中学教科书管理采用的是"审定制"。

1938年12月26日，伪中华民国维新政府教育部公布《小学暂行规程》，规定小学教材要目属于"全国"通用部分，由"教育部"依照课程标准之规定另订之；属于地方特殊部分，由各"省市主管教育行政机关"订定，呈请"教育部"备案施行。[2]

伪中华民国维新政府编审中小学教科书主要根据伪中华民国临时政府编审的教科书。1938年11月，伪中华民国临时政府回复伪中华民国维新政府的公函——《维新政府教育部公函》中写道："贵部函字第一○三○号公函为送中小学各级各科教科书计二百五十三册并附书目清单七页纸，希查收见复等，由过部当经照单核对，除初中用书地理第一册、外国地理第一册、高小用书修身第一册、自然第四册各少一册外，其余各书俱据经点收共计二百四十九册。查照此后新编及改版重印之教科书仍希贵部随时绩检二份连同上却各书一并寄，以备参考。"由此可见，伪中华民国维新政府和伪中华民国临时政府在中小学教科书的编审上是沆瀣一气的。[3]

---

[1]（伪）蒙疆新闻社.（伪）蒙疆年鉴[M].张家口：（伪）蒙疆新闻社，1944：374.

[2] 伪中华民国维新政府教育部.小学暂行规程[J].（伪）政府公报，1938（34）：5-10.

[3] 兰丽红.汪伪政府中小学教科书编审制度研究[D].重庆：重庆师范大学，2019：17.

第三节
沦陷区的中小学德育教科书

多数沦陷区编辑、出版本区用的中小学德育教科书，这些教科书虽在内容和形式上有异，但其本质相同，就是为日本殖民统治服务。

一、沦陷区中小学德育教科书出版情况

根据遗存的沦陷区中小学德育教科书、日伪政府的"政府公报"以及"地方志"等文献，对沦陷区中小学德育教科书进行梳理和统计，具体结果如下。

1. 伪满洲国的中小学德育教科书出版情况

伪满政权共审定和出版了11种中小学德育教科书，具体情况见表8-1。

表8-1　伪满洲国出版的中小学德育教科书情况表

教科书	册数	编纂者	出版者	初版时间	审定者
（初级中学校）修身教科书	3	伪满洲国文教部	康德图书印刷所	1935	—
（高级中学校　师范学校）修身教科书	3	伪满洲帝国教育会	康德图书印刷所	1936	伪文教部
（女子国民高等学校）国民道德	4	伪民生部	伪满洲图书株式会社	1938	—
（国民高等学校）国民道德	4	伪民生部	伪满洲图书株式会社	1938	—
（小学）修身教科书	2	伪奉天教育厅图书编纂委员会	伪奉天教育厅	1934	伪文教部
（初小）新满洲修身教科书	8	伪南满洲教育会教科书编辑部	伪满洲日报社	1934	伪文教部
（高小）新满洲修身教科书	4	伪南满洲教育会教科书编辑部	伪满洲日报社	1934	伪文教部
（初级小学校）修身教科书	8	伪满洲国文教部	伪满洲图书株式会社	1935	—
（高级小学校）修身教科书	4	伪满洲国文教部	伪满洲图书株式会社	1935	—
（国民优级学校）国民读本	4	伪满洲国民生部	伪满洲图书株式会社	1938	—
（国民学校）国民读本	8	伪满洲国民生部	伪满洲图书株式会社	1938	—

注："国民学校"即初级小学，"国民优级学校"即高级小学，"国民高等学校"即四年制中学。《国民读本》《国民道德》分满语版和日语版两种。

此外，伪南满洲教育会教科书编辑部于1926年出版了《修身教科书》6册。该套书第二册（第二学年用）目录，如下：第一课 总得用功，第二课 要强壮身体，第三课 要孝顺，第四课 要叫老年人欢喜，第五课 同族，第六课 要疼爱年幼的人，第七课 救别人的难处，第八课 爱惜生物，第九课 不忘恩，第十课 要容让人，第十一课 不要胆小，第十二课 守约，第十三课 诚实，第十四课 别跟旁人做不好的事情，第十五课 要俭省，第十六课 不要争先，第十七课 公德，第十八课 不要赌钱，第十九课 守规矩，第二十课 好学生。该套书多次再版，现能见到的最后一版是伪满洲日报社1934年印刷的。

2. 其他沦陷区的中小学德育教科书出版情况

除了伪满洲国外，另有5个沦陷区出版了中小学德育教科书，具体情况见表8-2。

表8-2　其他沦陷区出版的中小学德育教科书情况表

沦陷区	教科书	册数	编纂者	出版者	初版时间
汪伪国民政府辖区	初中修身	3	伪教育总署编审会	新民印书馆	1941
	初中女子修身	3	伪教育总署编审会	新民印书馆	1941
	高中修身	3	伪教育总署编审会	新民印书馆	1941
	高中女子修身	3	伪教育总署编审会	新民印书馆	1941
	（初级中学）公民	3	伪教育部编审委员会	伪教育部编审委员会	1943
	（高小）公民	4	伪教育部编审委员会	伪教育部编审委员会	1941
伪蒙疆辖区	（国民学校）修身教科书	4	伪蒙古联合自治政府	伪满洲图书株式会社	1940
	（高级国民学校）修身教科书	2	伪蒙古联合自治政府	伪满洲图书株式会社	1940
伪中华民国维新政府辖区	初小修身教科书	8	伪中华民国维新政府教育部	伪中华民国维新政府教育部	1938
	高小修身教科书	4	伪中华民国维新政府教育部	伪中华民国维新政府教育部	1938
伪中华民国临时政府辖区	初小修身教科书	8	伪临时政府教育部编审会	新民印书馆	1938
	高小修身教科书	4	伪临时政府教育部编审会	新民印书馆	1939
	初中修身	3	伪临时政府教育部编审会	新民印书馆	1938
	初中女子修身	3	伪临时政府教育部编审会	新民印书馆	1939
	高中修身	3	伪临时政府教育部编审会	新民印书馆	1939
	高中女子修身	3	伪临时政府教育部编审会	新民印书馆	1939
伪冀东防共自治政府辖区	（初小）修身	8	伪冀东防共自治政府教科书编纂委员会	伪冀东防共自治政府教育厅	1936
	（高小）修身	4	伪冀东防共自治政府教科书编纂委员会	伪冀东防共自治政府教育厅	1936

二、沦陷区有代表性的中小学德育教科书

1. 伪南满洲教育会教科书编辑部出版的《新满洲修身教科书》

该套书分初级小学用和高级小学用两种，其中初级小学用8册、高级小学用4册，每学期一册，伪南满洲教育会教科书编辑部著、发行，伪满政府文教部审定，1932年起陆续出版发行。

"满洲国小学校初级用"第二册（23课）的目录依次为：今天又开学，同学谈话，值日生，运动，出了汗不好脱衣服，吃了饭不可就运动，工作，自己做事，温课，整理东西，勤勉的孩子，懒惰的孩子，好母亲，父亲往那里去，储蓄，节俭，救人之急，还债，说话要想想，不失约，爱惜别人的东西，做公益的事，爱生物。

初小前两册每课为一合页，一般为左图右文，少数为上文下图或上图下文；初小后6册课文文字渐增，插图则渐少。高小4册书插图极少。

该套书土纸，铅印，尺寸为13 cm×18.5 cm，左翻页。封面主体为文本框，框分3列，右列印有"文教部审定"，中列印有书名"新满洲修身教科书"和册次，左列印有"满洲国小学校初（高）级用"。扉页为目录，接着为正文、版权页。正文叙述方式与同时期国统区的公民教科书形式接近，课文后没有思考题。版权页信息较少，仅有著作兼发行者、印刷所、印刷和发行时间等信息。该套书不同版次的版权页略有差异。

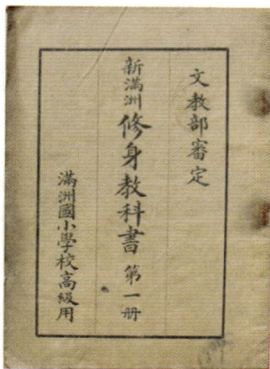

图8-1　《"满洲国小学校高级用"新满洲修身教科书》（第一册），1934年3月伪南满洲教育会教科书编辑部著、发行，伪满政府文教部审定，伪满洲日报社印刷所印刷

2. 伪中华民国临时政府教育部编审会出版的《初小修身教科书》

《初小修身教科书》共八册，供初小用，每学期一册，伪中华民国临时政府教育部编审会著兼发行，新民印书馆印刷，1938年印刷、发行，后多次再版。

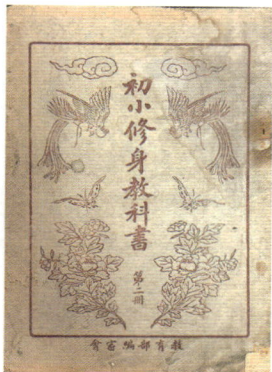

图8-2　《初小修身教科书》（第二册），1938年12月由伪中华民国临时政府教育部编审会著、发行，新民印书馆印刷

第一册（18课）目录依次为：上学，上课，游戏，敬先生，爱同学，不打人不骂人，不高声乱叫，出入教室要守秩序，自己和别人的东西要分清，嘴里不随便含东西，手脸牙齿要保持清洁，吃东西不要贪多，每天早晨要如厕一次，不在路上逗留，不涂抹墙壁门窗，不说谎不骗人，爸爸妈妈，兄弟姊妹。

第五册（18课）目录依次为：今天的事今天做完，不轻易请假，努力和成功，受了别人的夸奖不骄傲，气候和衣服，头发应常剪常洗，洗澡的必要，蔬菜和滋养，赈济灾民，使用公共器具应依照先后次序，迷信，不打断人家的话，说话应谨慎，不随便赊账，定期储蓄，不扰乱别人的作业，尽力做轮值的事情，不站在妨碍别人的地方。

第八册（18课）目录依次为：做事要先立志，遇到困难不垂头丧气，非礼勿取、对朋友要患难相共，不忘人家的好处，侠义，不说人家的隐私，宽厚待人，公正无私，不到不好的场所，要有正当的娱乐，公众卫生，多数人的意见应尊重，社会事业须要协力，社会服务，对待外国人的态度，尊崇正义人道，好"国民"。

该套书的内容大都为生活常识，根本不涉及民族解放和国家独立，以培养对日伪的顺民为根本取向。其呈现方式跟同时期国统区的公民课本基本一致。

该套书土纸，铅印，尺寸为13 cm×18.5 cm。封面主体为一文本框，框内主体则为两边对称的图案，图案中间竖排书名"初小修身教科书"和册次。扉页为编辑大意，阐释编写目的、编写原则、教学建议、体例等。接下来为目录、正文、版权页。目录仅有课次和课名，没有页码。第一册的正文全为图，标题有注音；后几册课文文字（有注音）渐加，插图渐少；自第五册起，每课课文后有"问题"和"实践"若干条，以"诱导儿童思考与实行"[1]。版权页有书名、著作者兼发行者、印刷所、发行所、定价、印刷及发行时间等信息。

3. 伪中华民国临时政府教育部编审会著的《高小修身教科书》

《高小修身教科书》共4册，供高小用，每学期一册，伪中华民国临时政府教育部编审会著兼发行，新民印书馆印刷，1939年印刷、发行。

第一册第12课名称为"东亚文化的协进"。

第三册的目录为：改过迁善，不吸烟不喝酒，不赌博，经济公开，生产和消费，诉讼的手续，遵守"国家"的法律，尊崇政府，注重"国交"，中日"满"经济提携，中日"满"亲善与东亚和平，发扬东方固有之文化。

从目录可以看出，该书鼓吹"中日满亲善""民族协进""东亚和平"等观念，奴化、麻痹年轻人的思想，号召对伪政府"无限忠诚"，使学生从小养成亲日和崇日思想。该书编辑大意写道："本书系本诸中国固有之道德，顺应时代之趋势，以涵养儿童之德性……造成'新中国'善良有为

---

[1] 伪临时政府教育部编审会.初小修身教科书：第一册[M].北京：新民印书馆，1938：编辑大意.

之国民为目的而编纂者""本书特别留意养成孝悌忠诚之子女，以适应'新国家'之家庭"[1]。

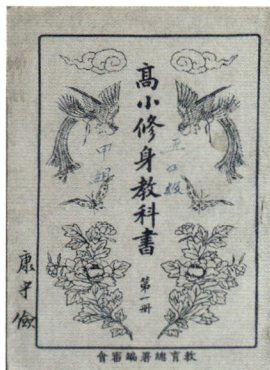

8—3

图8—3　《高小修身教科书》（第一册），1939年12月伪临时政府教育部编审会著、发行，新民印书馆印刷

该书的形式同伪中华民国临时政府教育部编审会的《初小修身教科书》基本一样。

4. 伪满洲国文教部著并发行的"国定"《修身教科书》

《修身教科书》分为初小4册、高小2册、初级中学3册，于1934年9月出版发行，后经历了1次校订。

初小第二册（32课）目录依次为：入学，上课，教室规则，教师，同学亲爱，游戏，温课，整理，早起，清洁，深呼吸，衣服整齐，食礼，行路，戒惰，仪容，敬礼，守时刻，洒扫，应对，戒骂人，事亲，助父母工作，兄弟姊妹，礼让，敬客，敬老，怜贫，不拾遗，爱生物，惜物，放假。

初小第三册（28课）目录依次为：皇帝陛下，万寿节，建"国"日，勤学，节俭，清洁，身体锻炼，孝道，友爱，家庭，敬老慈幼，睦邻，礼节，守时，庆祭与"国旗"，诚实，守信，择交，规过，报恩，戒迷信，公德，公益，义勇，慈善，协和，"我国"，"忠君爱国"。

初小第四册（28课）目录依次为：皇帝陛下（一），皇帝陛下（二），诚实，不妄取，谦逊，宽大，修省，戒烟酒，养生，习劳，有恒，立志，孝道，敬祖先，男与女，自立，职业，治产，名誉，戒迷信，公众卫生，博爱，守法律，纳租税，民族协和，"满日"关系，"我国"，"忠君爱国"。

高小上册（28课），前13课的目录依次为：御极大典，学生本分，健康，自制，自信，作业，父母之恩，友爱之情，夫妇，家族，敬师，交友，谦和；最后2课目录为："建国精神"，"尽忠报国"。

初级中学上册（20课）目录依次为：入学须知，修己总说，身体修养，修学，内省，自制，孝行，兄弟姊妹，家族，师弟，交友，处事待人，言语仪容，勤勉，勇敢，节俭，理家，制用，亲邻，"爱国"。

初级中学中册（20课），前10课目录依次为：立志，读书，作业与娱乐，诚实与正直，廉洁，自重与大度，谦和，公平，习惯与改过，责任心；最后2课目录为：纳税，权利和义务。

从目录可以看出，多册讲"忠君爱国""民族协和"等内容，其殖民性特征一览无遗。

[1] 伪中华民国临时政府教育部编审会. 高小修身教科书：第一册[M]. 北京：新民印书馆，1939：编辑大意.

初小第一册课文全图，第二册起文字渐增，插图渐少；高小和初级中学用的课本插图极少。正文叙述方式多为解释或"故事加义理式阐述"。

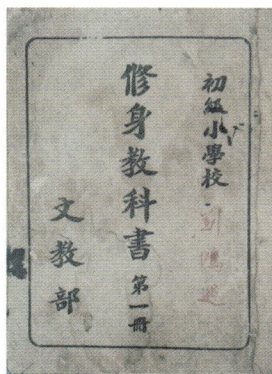

图8—4　《（初级小学校）修身教科书》（第一册），1934年12月伪满洲国文教部著、发行，康德图书印刷所印刷

该套书土纸，铅印，尺寸为13 cm×18.5 cm。封面主体为一文本框，框内文字分3列：右列印有适用学段，中列印有书名"修身教科书"和册次，左列印有"文教部"。扉页形式跟封面基本一样，仅在左上角多了一幅"民生部图书发行许可证"图案。接下来为"即位诏书"、目录、正文和版权页。目录有课次、课名和页码。课文后没有"问题"和"实践"。版权页在封三，主要有书名、定价、著作兼发行者、承办发行兼印刷者、印刷兼发行所、发行时间、印刷时间、承印时间和承办发行时间等信息。

5. 伪中华民国临时政府教育部编审会出版的《初中修身》

《初中修身》共3册，供初中3年用，每学年一册，1938年11月伪中华民国临时政府教育部编审会（伪教育总署编审会的前身）著兼发行，新民印书馆印刷；1941年伪教育总署编审会"修正"发行。

该套书第一册讲家庭生活、学校生活和社会生活等，第二册讲智育、体育、办事方法等，第三册讲修养方法和经济生活、法制生活、文化生活等。

第一册目录：第一章 中学生之生活，第二章 尊师，第三章 对同学之道，第四章 孝养，第五章 友爱，第六章 服务社会，第七章 忠恕，第八章 礼貌，第九章 服从，第十章 群与己，第十一章 自治，第十二章 守秩序。

第三册目录：第一章 克己，第二章 反省与悔悟，第三章 过失，第四章 廉洁，第五章 俭约，第六章 生活与财富，第七章 守法，第八章 公正，第九章 名誉，第十章 教育，第十一章 信仰，第十二章 仁爱。

该套书编纂大意写道："本书编纂，不分修身与公民，以实践固有道德为精神，以顺应时代趋势为方法，其目的在造成'新中国'健全有为之国民。""使学生明了法制、经济、文化的大意，并特别注意东方文化，以保持我东方民族特有的美德，从而促进东亚诸国的提携发展。"[1]由此可

[1] 伪中华民国临时政府教育部编审会.初中修身：第一册[M].北京：新民印书馆，1939：编纂大意.

以看出，该套书宣扬"中日提携"，意在培养学生的亲日思想。

该套书土纸，铅印，尺寸为13 cm×18 cm，左翻页。封面极为简单，上半部分有一个文本框，框内印有自右向左横排的书名"初中修身"和册次；下端印有自右向左横排的"教育总署编审会"的字样。扉页和封面一样，接着为编纂大意、目录、正文和版权页。编纂大意介绍各册的内容领域、编写目的、选材理念和编写原则等；目录竖排，有章节名和页码；正文章节式编排，课文大都为议论文，每章之末均附有问题数则，以资学生复习、研究和实践。版权页有书名、著作兼发行者、印刷所、发行所、定价、印刷时间及发行时间等信息。不同版次的版权页信息略有差异。

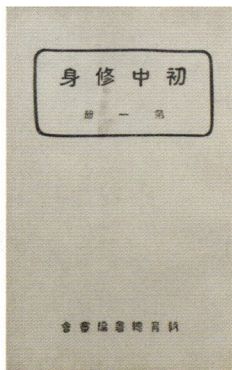

图8-5 《初中修身》第一册，1939年8月伪中华民国临时政府教育部编审会著、发行；1941年8月伪教育总署编审会"修正"发行，新民印书馆"修正"印刷

6. 伪满洲帝国教育会著、发行的《（高级中学校 师范学校）修身教科书》

《（高级中学校 师范学校）修身教科书》共3册，供高级中学、师范学校用，每学年一册，1936年3月伪满洲帝国教育会著、发行，伪满洲国文教部审定，康德图书印刷所印刷。

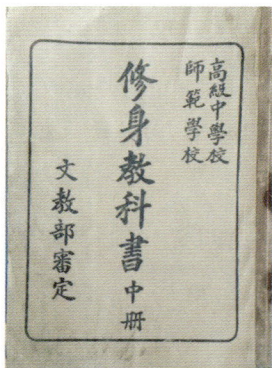

图8-6 《修身教科书》（中册），1936年3月伪满洲帝国教育会著、发行，伪满洲国文教部审定，康德图书印刷所印刷

该套书中册共2章，分别为家族篇和社会篇。其中，家族篇有7节，依次为家族总说、祖先及族戚、父母、夫妇、兄弟姊妹、子女、主仆；社会篇有5节，依次为社会总说、公义、公德、礼让、交际。

该书"公义"部分写道："战场之杀人，出自'国家'之正当防卫……然世界渐趋大同，'国民'果能实行国际道德，则世界和平亦可见矣。"[1]将日本侵略者在中国土地上烧杀抢掠说成是"正当防卫"，这种歪理、此等无耻着实令人发指。

---

[1]（伪）满洲帝国教育会.（高级中学校 师范学校）修身教科书[M].沈阳：康德图书印刷所，1936：43.

该套书土纸，铅印，尺寸为13 cm×18.5 cm，平装。封面主体为一文本框，框内自右向左竖排印有"高级中学校"、"师范学校"、"修身教科书"、册次、"文教部审定"等字样。扉页跟封面一样，接下来为"建国宣言""满洲国执政宣言""即位诏书""诏书"、目录、正文、版权页。目录有章节名和页码；正文多为论说文；版权页有书名、著作兼发行者、印刷兼发行所、定价、印刷及发行时间等信息。

7. 伪中华民国临时政府教育部编审会发行的《高中修身》

《高中修身》共3册，供高级中学用，每学年一册，1939年8月由伪中华民国临时政府教育部编审会著、发行，1941年由伪教育总署编审修正发行，新民印书馆印刷。

该套书第一册讲政治、法律生活及一般国际问题，第二册讲社会生活及经济生活，第三册讲伦理及文化生活等。

第一册目录：第一章 人类生活与"国家"，第二章 "国体"和政体，第三章 统治的规范，第四章 "国民"的权利和义务，第五章 行政制度，第六章 议会，第七章 法律，第八章 行为，第九章 物，第十章 守法和犯罪，第十一章 争讼，第十二章 "国民"和"国交"。

第二册目录：第一章 家庭，第二章 夫妻，第三章 家庭卫生，第四章 家庭生计，第五章 职业，第六章 欲望，第七章 劳动，第八章 "我国"的农业，第九章 "我国"的工业，第十章 "我国"的商业，第十一章 分配和消费，第十二章 "我国"的财政。

该套书编纂大意写道："第一要使学生了解东方道德的特点，并比较东西伦理思想，俾对于道德的标准，确实认识。第二要使学生明了"国家"、社会的组织，认识政治、法律、经济的作用，俾将来服务社会得有良好指针。第三要使学生明了人类生活的意义、文化的进步，俾对于东方文化之发展有所努力。"[1]

该书光看目录几乎看不出该套书的殖民性，但分析其正文内容就能发现其强烈的殖民色彩，比如，该套书第二册第八章 "'我国'的农业"列举各地的农业状况时，没有涉及我国东北的状况，将伪满政府控制区排除在外，其意思很明显，暗指"伪满洲国"不属于中国，是"他国"的领土。

该套书的形式和《初中修身》类似。

图8-7　《高中修身》（第二册），1939年8月伪中华民国临时政府教育部编审会著、发行；1941年8月伪教育总署编审会"修正"发行，新民印书馆"修正"印刷

---

[1] 伪中华民国临时政府教育部编审会. 高中修身：第一册[M]. 北京：新民印书馆，1939：编辑大意.

8. 伪满洲国民生部编著的《（女子国民高等学校）（满语）国民道德》

《（女子国民高等学校）（满语）国民道德》共4卷，每卷18课，供女子国民高等学校4学年用，每学年一卷，1938年1月由伪民生部编著，伪满洲图书株式会社印刷、发行。

第一卷目录：第一课 中坚女子，第二课 学生之本分，第三课 青年与修养，第四课 报恩感谢，第五课 自律与服从，第六课 人生与"国家"，第七课 "我国"之"建国"，第八课 "友邦"之仗义援助，第九课 皇帝之即位，第十课 回銮训民诏书，第十一课 天壤无穷之"国家"，第十二课 历代天皇之御仁慈，第十三课 "国民"之忠诚，第十四课 孝道之尊重，第十五课 皇帝之宏谋，第十六课 "国民"之信念，第十七课 "国家"之清明，第十八课 责任之尊重。

该套书第一卷第16课 "'国民'之信念"写道："与友邦实现一德一心之明效，以巩固两国之永久基础……此陛下之圣旨，实为吾三千万同胞不可须臾或忘之国民信念也，吾等国民本此信念，始得实现其君民一体、祖孙一致之观念。"

图8—8 《（女子国民高等学校）（满语）国民道德》（第一卷），1938年1月伪民生部著，伪满洲图书株式会社印刷、发行；1938年10月伪满洲图书株式会社翻刻印刷、翻刻发行

该套书用纸、印刷及尺寸等物理属性与同期其他德育教科书一样。其封面印有"满洲帝国政府""女子国民高等学校""（满语）国民道德""××卷"字样以及"民生部图书发行许可证"图案，封面字体为手写楷体。扉页跟封面一样。接下来为"建国宣言""满洲国执政宣言""即位诏书""回銮训民诏书"、目录、正文、注解和版权页。目录有课次、课名和页码；正文表达方式跟初中修身教科书类似，有少量图示，没有思考题；注解主要是对文中出现的重要人名的解释；版权页有书名、册次、著作者、印刷兼发行者、发行所、印刷时间、发行时间、定价等信息。

本章小结

沦陷区的中小学德育教科书种类主要有修身、"公民"、"国民道德"等。这些教科书由日伪政权审定或编纂，体现了日本侵略者的意志，被用作日本在沦陷区进行殖民统治的重要工具。

这些教科书的内容表现出四个方面的特点。其一，竭力推崇日本的元素，如天皇、历史人物及文化等，出现大量日本历史上著名的将军、武士及忠孝人物，如福泽谕吉、二宫尊德、武藤元帅等。其二，极力鼓吹"（中）日满一德一心""中日提携""亲仁善邻""民族协和""大东亚共荣"等思想。比如，伪中华民国临时政府教育部编审会的《高中女子修身》第一册第九课"国际亲善"写道："讲信修睦，亲仁善邻……吾人为维持世界永久和平计，为求人类协调的充分发展计，不在以邻为壑，损人肥己，而在提携并进，共存共荣。"[1]其三，美化侵略，重构历史，"去中国化"。比如，伪中华民国维新政府、伪蒙疆联合自治政府辖区的修身教科书都将伪满洲国列为一个单独的国家，将其从我国领土上分割出去。其四，以封建伦理道德的"忠孝"思想淡化民族意识，压制学生，妄图泯灭年轻一代的反抗意识。比如，伪满洲国的修身教科书几乎每册都要多次提及"忠君爱国"，有的直接以"忠君爱国"为课文名。

历史不能忘记，研究还需继续。对沦陷区中小学德育教科书的理解应更多地放在战争文化、殖民地教育的背景下去思考，而不应该只是置于道德主义的框架下去谴责。这样的研究才能更全面，更接近历史的真相。

---

[1] 伪中华民国临时政府教育部编审会. 高中女子修身：第一册[M]. 北京：新民印书馆，1939：80-81.

后　记

　　今年的盛夏七月，太阳用非同寻常的热情炙烤着大地，也许正是冥冥中的注定，在这如火的、难忘的季节，我也将为自己付出四年心血的研究时光画上句号。

　　我研究德育教材近20年了。在读博士期间，恩师石鸥先生以极具前瞻性的眼光建议和指导我研究小学德育教材。在写博士学位论文的过程中，我上北京、下广州、逛书摊，流连于孔夫子旧书网，以搜寻代表性小学德育教材。我的博士学位论文《控制与教化——小学思品教科书研究》主要从社会学视角分析了我国小学德育教材的发展历程与特点，探讨了小学德育教材的内容及呈现方式的共性原理。毕业后，我将研究拓展到中学德育教材领域，多途径查寻、多维度分析我国近代的中小学德育教材，还将搜集到的教材扫描成电子文档，为本书的写作奠定了一定的基础。要是没有此前的相关研究，我估计完不成这部书稿，建不了这"空中楼阁"。

　　本书的写作始于2018年初，六年多的写作时间里，多种感受交织，有快乐、有惊喜、有困惑……这些复杂的情感都源自与教材的"相遇"。也许是习惯使然，也许是写作需要，我几乎每天都会在网上搜寻近代中小学德育教材。每当看到自己手头还没有的教材时，哪怕仅是一张图或寥寥几行字的介绍，也仿佛在一堆沙砾中发现了黄金，想立即拥有，虽算不上欣喜若狂，但起码也是兴奋不已；再有，阅读和分析教材时，常常会惊喜于某些颇有冲击力的内容和形式，感叹于大师们强烈的民族使命感、卓越的教育智慧和审美品位，自己的某些认识也得以深化甚至被纠正。记得，读到会文学社1905年出版的《初级蒙学修身教科书（官话）》用白话文编辑的第一编（"编一以白话文演说之"）时，心中暗暗称奇，也改变了此前的认识。此前我一直以为1920年后才有白话文编的教材，因为1920年5月北洋政府教育部通令各省——1922年前所有教材改用白话文。与教材"相遇"不仅有惊喜，也是乐趣，是我写本书的最大乐趣。

　　四年时间，说长也长，说短也短，回望断断续续的研究和写作历程，眼前浮现出一幕幕难忘的情景。难忘兴起时挑灯夜战；难忘困惑时眉头紧锁；难忘"发现新大陆"时开眉展眼；难忘考据时心无旁骛；难忘拖沓时"幡然悔悟"……这些"难忘"伴随这部书稿一路"成长"，也将为我未来的研究之路投去一缕温暖的光。

　　书稿已初成。当我翻看着广东教育出版社编辑林检妹寄给我的清样，刻在心头的谢意汹涌如海。本书能够完成，得益于很多人的帮助。

首先感谢恩师石鸥先生。本书是他主编的丛书"百年中国教科书图文史：1840—1949"（13册）中的一本。写作初期，他多次指导我修改本书的写作提纲，启发我厘清写作思路，提点我搜集德育教科书文本的路径，还将自己的"珍藏"拍照分享于我，让我有了重要的文本依据。当我在创作中遭遇困难时，恩师的一句句关心、一个个提醒、一声声鞭策，犹如阵阵及时雨，给予我动力，让我坚持至今。

感谢广东教育出版社编辑林检妹。她细致入微、一丝不苟地编辑书稿，提出修改建议。2021年4月以来几乎每个星期都跟我沟通书稿修改事宜，大到观点、小到标点，助我全方位完善书稿。她的"火眼金睛"让我钦佩。

感谢同门的师兄师姐、学弟学妹。本书写作最基础、最重要也是最难的一项工作就是尽量搜集到所有存世的中国近代中小学德育教材文本。但是，这类教材的现存文本分散于各地的图书馆或博物馆，故而我时常麻烦首都师范大学的张增田教授、人民教育出版社的王润博士、中央民族大学的侯前伟博士等同门帮我找书并拍照，他们每次都在第一时间给我发来相应照片。我知道，搜寻一本书可能耗去他们一天甚至几天时间。

感谢我的一批研究生，孟肖肖、张贝杰、李亚香、黎婉婷、季欣宇、王玲、何懿枭、谢玲玲、张雪、张雨桐、刘雪妍。他们用数个周末甚至暑假给教材拍照，加工照片，甚至还通过网络广泛搜索、甄别相关教材的扫描版或其他类型的图片，把握并转录其内容，不放过任何有价值的"蛛丝马迹"，助我考据，助我分析，助我丰富本书内容。

感谢我的父母、我的爱人、我的孩子，他们给了我无限的支持、无限的爱与力量，让我有了六年多悠游的写作岁月。

每一出戏的落幕都有很多应该感谢的人，但所有的谢词都只是幕间词，重要的是谋划和实施下一出戏的上演。本书出版在即，我内心充斥着收获的快乐，同时也增添了一份研究的激情，"路漫漫其修远兮，吾将上下而求索"，我将继续在德育教材研究的"林中路"前行。

2024年7月于南通

（李祖祥，南通大学教育科学学院教授，全国教学论专业委员会常务理事）